Seit der Hippie-Bewegung der fünfziger und der Jesuspeople-Bewegung der sechziger Jahre schockieren religiöse Protesthaltungen von Jugendlichen die Öffentlichkeit in den westlichen Industrieländern. Die sogenannten Jugendreligionen haben das Erbe von Hippies und Jesus People angetreten. Sie verheißen einer enttäuschten jungen Generation neuartige Wege der Glückssuche. Ihre Glaubensangebote sind vielfach Mischungen von asiatischer Religiosität, Christentum und Psychomanipulation. In ihren Existenzangeboten dominieren Abkehr von zivilisatorischen Lebensnormen zugunsten der Selbsthingabe an die Gemeinschaft und den Guru, Meister oder Propheten. Die geforderte Bereitschaft, Selbstfindung in der Selbstaufgabe zu suchen, familiäre Bindungen abzubrechen und auf eine herkömmliche Sinngestaltung des Lebens zu verzichten, hat die Jugendreligionen wiederholt zu Skandalobjekten werden lassen. Journalistische Berichterstattung, die sich an das aufsehenerregende Oberflächenbild hält, bleibt aber dem Wesen des Phänomens ebenso fern wie eine tendenziöse Beschäftigung von starren theologisch-konfessionellen Positionen aus. Antikampagnen verhinderten nicht, daß Jugendliche mit religiös motivierter Aussteigermentalität weiterhin fasziniert auf die Extremangebote dieser Gemeinschaften reagieren.

Der Hallenser Theologe Helmut Obst, Spezialist auf dem Gebiet religiöser Randgruppen, Autor des Standardwerkes »Apostel und Propheten der Neuzeit«, unternimmt eine sachdienliche Bestandsaufnahme der neureligiösen Szene. Er informiert ausführlich über Geschichte, Organisation und Verbreitung der wichtigsten Gruppen und beschreibt ihre Lehrgrundzüge und Lebensformen. Sein vorurteilsfreies Herangehen bereitet den Boden für eine tiefgründige Auseinandersetzung mit diesen Erscheinungen in ihrer grellen Widersprüchlichkeit. Mit einem fundierten Abriß der New Age-Bewegung wird der Anschluß an neueste Entwicklungen auf dem außerkirchlichen religiös-weltanschaulichen Gebiet hergestellt.

D1937753

Helmut Obst

Neureligionen
Jugendreligionen
New Age

Verlags-Anstalt Union
Berlin

Bildnachweis:

Der größte Teil des Bildmaterials wurde freundlicherweise vom Archiv Haack, München, zur Verfügung gestellt.
Die Abbildungen S. 25, 26 (2) wurden mit freundlicher Genehmigung des Kando-Verlages aus „Weitblick", 2. Jg. Nr. 2, entnommen. Die Abbildung S. 28 stellte Herr Lutz Sebastian, Halle, die Abbildungen auf S. 51, 52 u., 53, 54 u. und 55 u. Herr Wolfgang Titze, Königs Wusterhausen, zur Verfügung.

ISBN 3-372-00414-0

1. Auflage 1991
Erweiterte, überarbeitete Fassung der Auflage
»Neureligionen, Jugendreligionen, destruktive Kulte«, 1986
© Verlags-Anstalt Union Berlin GmbH
Gesamtherstellung: Union-Druck Halle
Buchgestaltung: Michael Roggemann / osthafen-design

Inhalt

Die religiöse Revolte

Gurus und Gottmenschen, Apostel und Propheten, neue Religionen und Glaubensgemeinschaften, aber auch Esoteriker, moderne Schamanen, Hexen und Medizinmänner gehören zum Bild unserer Zeit. Freilich, sie stehen nicht im Zentrum des Zeitgeschehens. Sie siedeln in vielfarbig schillernden Randzonen, faszinierend für Menschen, die religiös fragen und suchen, die, oft enttäuscht von der Sinnlehre ihres Lebens, von traditioneller Glaubensverkündigung der Kirchen und einseitig linearem Denken und Forschen der Wissenschaften, Grund, Zweck und Ziel des Daseins aus einem ungewöhnlichen Blickwinkel zu sehen beginnen.

Der Protest, ja die Revolte gegen traditionelle kirchliche, gesellschaftliche, kulturelle und wissenschaftliche Dogmen und Autoritäten ist angesichts großer Vielfalt meist das, was die unterschiedlichsten Anbieter auf dem bunten alternativen religiösen Markt der Gegenwart verbindet. Die Neuzeit ist reich an religiösen Revolten. Eine der interessantesten und eigenartigsten ist die religiöse Revolte, die nach dem zweiten Weltkrieg unter der Jugend westlicher Industrieländer einsetzte und bis heute anhält.

Seit Mitte der fünfziger Jahre war für viele Jugendliche der »westlichen Welt« der Aufbruch und Ausbruch aus einer Gesellschaft, die ihnen kein Glück, keine sinnvolle Perspektive zu bieten schien, zur Zielvorstellung und teilweise zur Lebenswirklichkeit geworden. Jugendliche suchen Alternativen! Unter verschiedenen Möglichkeiten wählten nicht wenige die religiöse Alternative. Das allein ist nichts Neues, derartige Erscheinungen hat es immer gegeben. Neu war die relativ große Zahl dieser Aussteiger, und neu war vor allem der Ort, an dem sie die religiöse Alternative suchten und aus ihrer Sicht zunächst auch fanden: jenseits der traditionellen christlichen Kirchen, ja selbst jenseits kirchenkritischer Religionsgemeinschaften, traditioneller »Sekten«, im religiösen Untergrund, in asiatischen Religionen, in Neureligionen.

Im Vorfeld stand die Beat-Generation in den USA, »die sich um eine Gruppe begabter Literaten wie Allen Ginsberg und Alan Watts scharte, sich gegen die Zwänge einer rationalen Weltdeutung und technologischen Zivilisation sowie gegen die Gefahr atomarer Vernichtung auflehnte und ihnen die Ideale der Liebe, des Pazifismus und Anarchismus entgegenstellte«./1/ Es entwikkelte sich weithin eine »Gegenkultur«, und als solche bediente sie sich in einer christlich geprägten Umwelt bewußt nichtchristlicher religiöser Traditionen oder war für diese zumindest offen. Asiatische Religionen, insbesondere der Buddhismus, wurden neu entdeckt. »Die Beatniks waren fasziniert von der Vorliebe des Zen [Buddhismus] für paradoxe Formulierungen und Rätselfragen sowie für seine Hochschätzung des Konkreten und Natürlichen. Bei dem Ringen um ein neues Naturgefühl bot sich die Identifizierung von Welt und Buddha-Natur im Mahayana-Buddhismus als Hilfe an. Die Vorliebe für den tantrischen Buddhismus Tibets hängt mit der Ablehnung der puritanischen Sexualmoral durch die Beatgeneration zusammen.«/2/

Der Beat-Generation folgte Mitte der sechziger Jahre die Hippie-Bewegung. »Es handelt sich bei den Hippies um eine Massenbewegung zunächst nordamerikanischer Jugendlicher bürgerlicher Herkunft, die sich gegen alles auflehnten, was sie als gesellschaftlichen Rollenzwang, Versklavung an Macht und Besitz, Erfolgsstreben und Konkurrenzdenken, kurz als den ›American way of life‹ empfanden. Was sie dem entgegenstellten, war das Bekenntnis zur eigenen Subjektivität, die Suche nach neuen Formen der Gemeinschaft und die Hoffnung auf ein neues Zeitalter, auf Blumen statt Panzer und Frieden statt Krieg. Das primäre Interesse galt freilich nicht rationalen Konzepten zur Problembewältigung, sondern der Veränderung des eigenen Bewußtseins. Davon ist auch der Umgang der Hippie-Kultur mit religiösen Traditionen bestimmt.«/3/ Besondere Offenheit bestand – im Rahmen einer nach wie vor vorhandenen Hinneigung zu asiatischer Religiosität und Mystik – gegenüber dem Hinduismus. »Man macht sich auf den Weg nach Katmandu, erhofft sich von der Seele Asiens, was man zu Hause nicht gefunden hat. Sehnsucht richtet sich auf Buddhismus, Hinduismus, Yoga und Mystik. Auf der Hippiestraße von Teheran nach Kabul nimmt man nicht nur Drogen auf. Die Welt Asiens und manchmal auch des Islam kommt ins geistige Reisegepäck. Bei der Suche nach dem neuen Leben verzichtet man auf Komfort, Geld und Vergnügen, Bequemlichkeit und Technik. Der einzige Wunsch ist: den Guru zu finden, der helfen, der führen wird. Man sucht Ekstase und Enthusiasmus, auch wenn der Drogen-Flash nachgelassen hat. Man sehnt sich nach der humanen Welt des einfachen Lebens.«/4/

Ausschlaggebende Mittlerfunktion zwischen Hippie-Bewegung und asiatischer Religiosität werden der psychodelischen Drogenerfahrung vieler Hippies zugeschrieben. Die Droge gehörte zur Hippie-Kultur, sie wurde als Tor zur religiösen Erfahrung verstanden und benutzt. Allen Ginsberg und Timothy Leary, führende Vertreter der religiösen Drogenanwendung, verkündigten die »Psychodelische Weltrevolution«, sahen in der Droge die »Religion des einundzwanzigsten Jahrhunderts« und prophezeiten in diesem Sinne die Wiederbelebung der Religion als revolutionären Akt. Die Droge, ob nun als Mittel religiöser Tiefenerfahrung oder menschlicher Bewußtseinserweiterung angewandt, führte zwangsläufig in die Katastrophe, da die rituellen bzw. kultischen Anwendungsbeschränkungen vergleichbarer Natur- oder Volksreligionen fehlten. Der Preis, den Zehntausende »Blumenkinder« schließlich zahlen mußten, war enorm hoch. Nicht Befreiung, sondern seelischer und körperlicher Ruin standen am Ende dieses Irrweges.

Neue Formen des jugendlichen religiösen Protestes entstanden. Ende der sechziger Jahre formierte sich, von Kalifornien ausgehend, die Jesus-people-Bewegung./5/ Die »Kinder Gottes« versprachen den gescheiterten »Blumenkindern« *und* den enttäuschten politischen Systemveränderern unter den Jugendlichen eine Alternative. An die Stelle der Droge setzte man die Begegnung mit Jesus, Bekehrung und Wiedergeburt, Erfahrung und Bezeugung seiner Liebe im Kreis der durch ihn von allen Bindungen befreiten Kinder Gottes. Die Erfolge in der Drogenszene waren aufsehenerregend. »Jesus ist der größte Trip«, hieß die Devise. Statt um Systemverwandlung ging es um Selbstveränderung in der »Jesusrevolution«. Jesus wurde zum »Superstar«,

Beat zum Rock. Auch diese Alternative war von Anfang an – auf dem Hintergrund ihrer baptistischen und pfingstlerischen Traditionen – bunt und vielgestaltig, keineswegs überall ihrem Wesen nach christlich. Der »Superstar« der Jesus-Bewegung hatte mit dem Jesus des Neuen Testamentes vielfach nur den Namen gemeinsam. Wo biblisch erweckte Gruppen entstanden, mündeten sie schließlich in die Pfingstbewegung oder fanden einen Platz in den Randzonen des evangelikalen Lagers. Als ein extremer Ausläufer der Jesus-people-Bewegung können die »Kinder Gottes – Familie der Liebe« des David Berg (MO) angesehen werden.

Die Jesus-Bewegung blieb eine kurze, wenn auch wichtige Episode in der religiösen Revolte der Jugend. Anfang der siebziger Jahre begann der Siegeszug der »Jugendreligionen«. Sie prägten entscheidend die religiöse Protestszene des folgenden Jahrzehnts. Ihre Angebotspalette war von Anfang an sehr breit. Meditation steht bei den meisten im Mittelpunkt, alle kreisen um das Ziel der Selbstfindung, der Selbstbefreiung, der Suche nach dem wahren Glück. Das für östliche Religiosität weithin zentrale Streben nach religiöser Selbsterfahrung, nach der Befreiung und Entfaltung des Göttlichen im Menschen tritt in den Vordergrund. Der Kampf gilt in diesem Zusammenhang dem »mind«, dem intellektuellen Denken, auch wo dem »mind« seine Berechtigung für das Alltagsleben nicht aberkannt wird. »Ob in rhythmischen Atemübungen des Hata-Yoga, in ekstatischer Hingabe beim Bhakti-Yoga, durch asketischen Triebverzicht im Raja-Yoga, durch distanzierende Philosophie des Jnana-Yoga oder in scheinbar sinnlosen Denkrätseln, die Denken überhaupt ad absurdum führen, wie im Zen – immer sollen Verstand und Sinne still werden für die Regungen aus der Tiefe der Seele.«/6/ »Diese Kehrtwende von außen nach innen«, so urteilte ein zeitgenössischer Beobachter, »ist die eigentliche religiöse Revolte, die die junge Generation in den letzten zehn oder zwanzig Jahren vollzogen hat, bei der sie mindestens die Führung übernommen und mit der sie sich von der Generation ihrer Eltern losgesagt hat.«/7/ Der Beatle George Harrison drückte dies so aus: Meditation »hilft dir, im Leben Erfüllung zu finden, hilft dir, dein

Leben mit Erfüllung zu leben. Junge Leute suchen nach ein bißchen Frieden in ihrem Innern.« Das bedeutet auch: Nur die Gegenwart ist von Interesse, Vergangenheit und Zukunft werden beiseite geschoben./8/ Die Gefahren einer solchen Einstellung liegen auf der Hand. »Das Wichtigste ist nicht«, sagte der Beatle John Lennon, »an die Zukunft oder die Vergangenheit zu denken. Die Hauptsache ist, mit dem *Jetzt* fertig zu werden.«/9/

Auf verschiedene Weise traten die »Jugendreligionen« das Erbe der Hippie- und Jesus-people-Bewegung, psychodelischer und psychologischer Ersatzreligionen an und boten neue Varianten. Die gesellschaftlichen und religiösen Defizite, die ihren Nährboden bildeten, waren inzwischen weiter gewachsen. Das allgemeine Klima unter großen Teilen der Jugend blieb für sie günstig. Die Jugend ist zunächst, und dies fast ausschließlich, ihre Zielgruppe. Schon das unterschied sie von anderen parallellaufenden religiösen Protestbewegungen. Asiatische Religion war nach wie vor stark gefragt, der Hinduismus trat noch stärker in den Mittelpunkt. Dem Zug der Hippies nach Indien folgte nun jedoch der Zug neohinduistisch geprägter Gurus nach Nordamerika und Westeuropa.

»Jugendreligionen« – das ist der Versuch, einen Oberbegriff für einen außerordentlich vielschichtigen, schwer überschaubaren Tatbestand zu finden. Die Bezeichnung an sich ist umstritten. Drei »neue Lebensbezüge« zeichnen sie aus: »die Gerettete Familie, das Rettende Rezept und der Heilige Meister«. Hinzu kommt nach F.-W. Haack »die Tatsache einer internationalen Organisation, da das Rettende Rezept des Heiligen Meisters ja ein Global- und nicht ein Teil-Rezept sein will«./10/ Andere betrachten als typisch, »daß die Normen und Hierarchien der Gemeinschaft gegenüber dem direkten Bezug zum ›Göttlichen‹ autoritär in den Vordergrund treten und vom Menschen absoluten Gehorsam fordern«. In den Jugendreligionen bestehe »die Tendenz, daß die Institutionen selbst (Führer, Normen, Lebensgewohnheiten) unbedingten, ›göttlichen‹ Wert erhalten und das Leben der Gemeinschaft schon jetzt als der totale ›himmlische‹ Gegenentwurf zur Welt verstanden wird. Etwas Relatives, Weltliches, die bloße Vermittlungsinstanz zum Unbedingten beansprucht für sich bereits absolute (göttliche) Gültigkeit.«/11/

Die Problematik der Bezeichnung »Jugendreligionen« nahm nicht zuletzt in dem Maße zu, wie die Jugendlichen in den Bewegungen zu Erwachsenen wurden, wie die Jugend nicht mehr hauptsächliche Zielgruppe der missionarischen Aktivitäten blieb. Trotz des berechtigten Ansatzes wurde es zunehmend schwieriger, von Jugendreligionen oder gar »Jugendsekten« zu sprechen. Die Bezeichnung »Neureligionen« findet verstärkt Anwendung, man spricht von »neuen religiös-weltanschaulichen Gruppierungen«. Aus den USA kommend, fand auch die Bezeichnung »destruktive Kulte« (destructive cults) Anwendung. Von den Betroffenen selbst werden fast alle diese Bezeichnungen abgelehnt.

Schwierigkeiten bereitet auch die formale Einordnung und Systematisierung der einzelnen Gruppierungen. Herkömmliche Maßstäbe fassen die Vielfalt kaum. Die eigenartigsten Mischungen aus westlicher und östlicher Religiosität, Christentum und Hinduismus, Buddhismus, Konfuzianismus, Wissenschaft und Pseudowissenschaft, Meditations-, Selbstfindungs- und Okkulttechniken, Religion und Geschäft, echter Glaubenshingabe und modischer Exklusivität treten hervor. Gewisse grundlegende Unterschiede in Herkommen, Selbstverständnis und Anliegen zeichnen sich dennoch ab.

An erster Stelle sind die Gruppen hinduistisch-indischer Herkunft bzw. Verwurzelung unter der Leitung eines Gurus, eines erleuchteten Seelenführers und Meisters, zu nennen. Hierzu gehören u. a. die Internationale Gesellschaft für Krishna-Bewußtsein (ISKCON) von Swami Prabhupada, die Mission des göttlichen Lichtes von Guru Maharaj Ji, die Transzendentale Meditation von Maharishi Mahesh Yogi, die Neo-Sannyas-Bewegung von Shree Rajneesh (Bhagwan, Osho), Ananda Marga von Shri Anandamurti. Bei diesen Gruppen ist die nichtchristliche hinduistische Tradition, freilich in mehr oder weniger »westlicher«, euro-amerikanischer Ausrichtung, deutlich erkennbar.

Um eine Art Psychotechnik mit religiösem Anstrich bzw. religiösen Voraussetzungen handelt es sich bei der

Hubbard-Scientology-Organisation und ihren Nebenzweigen.

Von christlich-endzeitlichen Reich-Gottes-Vorstellungen geprägt, wenn auch im Einzelfall mit nichtchristlichen Elementen durchsetzt, sind Gruppen, deren Ziel die Verwirklichung einer endzeitlich-eschatologischen Antigesellschaft ist, die gleichzeitig die neue Gesellschaft repräsentiert. Anliegen der Jesus-people-Bewegung werden unübersehbar aufgenommen. In diesen Kreis sind die Kinder Gottes (Familie der Liebe) des David Berg (MO) und – mit konfuzianischem Einschlag – die Vereinigungskirche des Koreaners San Myung Mun einzuordnen.

Zu den ungewollten Gemeinsamkeiten der neureligiösen Gruppen gehört ihre Wirkung in der Öffentlichkeit und auf die Öffentlichkeit. Das Aufsehen, das sie hervorriefen, stand dennoch oft in keinem rechten Verhältnis zu ihrer tatsächlichen Größe und Bedeutung. Doch Methoden ihrer Werbung, ihrer Lebens- und Geschäftspraktiken erregten breiteste Kreise. Jugendliche, bisweilen Minderjährige, verschwanden in religiösen Lebensgemeinschaften, lösten radikal alle Bindungen zu Eltern und Freunden, brachen Studium oder Lehre ab, verzichteten auf ihren Besitz zugunsten der Gruppe, arbeiteten kostenlos in gemeinschaftseigenen Unternehmen, wurden Methoden der Gehirn- bzw. Seelenwäsche unterzogen, erlitten mancherlei innere und äußere Schädigungen. Neben negativen Erfahrungsberichten, Untersuchungen und Stellungnahmen stehen allerdings die Zeugnisse derer, die meinen, durch diese religiösen Bewegungen *den* Heilsweg, *die* Sinngebung ihres Lebens gefunden zu haben.

Zu Beginn der achtziger Jahre war es ruhiger um die Jugendreligionen geworden. Kritische Sachlichkeit und Nüchternheit dominierten stärker in der notwendigen Auseinandersetzung, die Konturen wurden klarer. Innerhalb einzelner Gruppen waren deutlich Tendenzen der Anpassung, des teilweisen Abbaus stark angefochtener Verhaltensweisen erkennbar. Die religiöse Alternative »Jugendreligionen« blieb dennoch aktuell. Sie wurde aber je länger, je mehr ergänzt und überlagert durch die New Age-Bewegung. Auch ihre Wurzeln führen in die Zeit nach dem Vietnam-Krieg zurück, auch hier gilt die Hippie-Kultur als wesentlicher Ausgangspunkt. Vieles zwischen »Jugendreligionen« und New Age vermischt sich. Die Jugendlichen der sechziger Jahre sind die Erwachsenen der achtziger Jahre. »Der ›Traum vom meditativen, zärtlichen, solidarischen, bedürfnislosen, kreativen Leben‹ (R. Lenz) der Alternativkultur wird nicht einfach vergessen. Es wird vielmehr versucht, ihn den Problemen der wissenschaftlich-technischen Zivilisation besser anzupassen. Nicht mehr Schaffung des ›neuen Menschen‹ durch Rückzug in eine vorindustrielle Gegenwelt, ›Alternative‹, lautet jetzt die Devise, sondern Evolution, Weiterentwicklung der Kreativität des Menschen, ›Transformation‹ von Mensch und Welt mit Hilfe der modernsten Techniken, ›Versöhnung von Esoterik und Elektronik‹ (G. Gerken), ›sanfte Wende‹, ›sanfte Verschwörung‹ usw. Aber es wird im Übergang zum neuen Bewußtsein durchweg *die gnostische Revolte gegen die ›condition humaine‹ des Kreatürlichen* festgehalten, der Glaube nicht nur an die Verbesserungsfähigkeit, sondern darüber hinaus an die prinzipielle Übersteigbarkeit der menschlichen Kreatürlichkeit.«/12/ Das gilt für alle Gebiete des Lebens und alle Bereiche der Wissenschaft. Der Mensch nimmt nicht nur seine Evolution in die eigenen Hände, sondern die der ganzen Erde. New Age-Denken eröffnet so dem Menschen ungeheure Perspektiven und bietet ihm gleichzeitig eine denkbar bunte, jeder Individualität Rechnung tragende Palette von Methoden und Wegen zur Erreichung dieses Zieles an. Von daher können in den neunziger Jahren auch viele »Jugendreligionen« im Strome von New Age mitschwimmen. Nicht wenige tun dies schon, wohl am augenfälligsten die Jünger Shree Rajneeshs (Bhagwan, Osho).

Die umfassende Herausforderung auf allen Gebieten des Lebens durch die »Jugendreligionen«, die New Age-Bewegung, durch die neuzeitliche religiöse Revolte bleibt auch in den neunziger Jahren bestehen und weitet sich von der »westlichen« Welt auf die »östliche« Welt aus. Um sich dieser Herausforderung zu stellen, ist Sachinformation eine Grundvoraussetzung. Sie anzubieten ist Ziel dieses Buches.

Um dem Leser ein möglichst adäquates Bild des Lehr- bzw. Gedankengutes der einzelnen Gruppen zu vermitteln, wird ausführlich originalgetreu zitiert. Erfahrungsberichte sollen einen unmittelbaren Eindruck von den kultischen Formen und dem täglichen Leben geben.

Die Darstellung der verschiedenen Bewegungen enthält notwendigerweise gewisse Lücken; doch wird nicht absolute Vollständigkeit angestrebt, sondern vielmehr der Versuch unternommen, die Besonderheiten hervorzuheben. Es geht um einen informativen Abriß von Geschichte, Lehre und Lebensformen. Dabei darf nicht übersehen werden, die neureligiöse Szene ist ständig im Fluß. Die Notwendigkeit der korrigierenden Fortschreibung besteht in jedem Fall.

Der darzustellende Stoff ist in sich reich an Ungewöhnlichem, Aufregendem und zu Widerspruch Reizendem. Auf kritische Randbemerkungen und weiterführende Denkanstöße, wie sie sich aus der Sicht eines evangelischen Theologen ergeben, wurde deshalb nicht verzichtet. Diffamierung und Sensationsmache liegen dem Verfasser fern. Sollte es dennoch zu Verzerrungen und Irrtümern kommen, werden begründete kritische Hinweise gern entgegengenommen.

Mißbrauch der Religion hat es zu allen Zeiten gegeben. Jede Religion und Weltanschauung ist dieser Gefahr ausgesetzt. Die Pervertierung religiösen Glaubens kann kein zwingendes Argument gegen den religiösen Glauben an sich sein.

1/ Reinhart Hummel, Indische Mission und neue Frömmigkeit im Westen, Stuttgart 1980, 198
2/ Ebd.
3/ Ebd., 199
4/ Hans J. Geppert, Wir Gotteskinder. Die Jesus-people-Bewegung, Gütersloh und Würzburg 1972, 32
5/ Vgl. u. a. Gerhard Adler, Die Jesus Bewegung. Aufbruch der enttäuschten Jugend, Düsseldorf 1972 -
6/ Michael Pakleppa, Divine Light Mission – Ein Modellfall, in: Materialdienst der EZW, 1975, 86
7/ Michael Mildenberger, Die religiöse Revolte. Jugend zwischen Flucht und Aufbruch, Frankfurt a. M. 1979, 121
8/ Miles/Pearce Marchbank (Hrsg.), Die Beatles, wie sie sich selbst sehen, Köln und Bergisch Gladbach [3]1981, 57
9/ Ebd., 58
10/ Friedrich-Wilhelm Haack, Jugendreligionen. Ursachen, Trends, Reaktionen, München 1979, 23; vgl. auch ders., Gurismus und Guru-Bewegungen, München 1982
11/ Bernhard Kosak, Jugendreligionen – Die »Kinder Gottes«, in: Religionsgemeinschaften neben den Kirchen. Von den Mormonen bis zu den Kindern Gottes, bearb. von B. Kosak, Wolfgang Schwieder, Reimar Kakuschke Göttingen 1980, 11
12/ Hans-Jürgen Ruppert, Durchbruch zur Innenwelt. Spirituelle Impulse aus New Age und Esoterik in kritischer Beleuchtung, Stuttgart 1988, 75 f.

Jugendreligionen und New Age auf dem Weg nach Osten

Es gab Prognosen, die besagten, die Zeit der Jugendreligionen sei mit den 80er Jahren vorbei. Das stimmt nicht. Sicher hat es Veränderungen gegeben, Anpassungen. Um einige Gruppen ist es still geworden, z. B. der Divine Light Mission, andere expandierten und expandieren weiter. Eine völlig neue Perspektive, ein fruchtbares Missionsfeld scheint sich zu Beginn der 90er Jahre in Osteuropa und in den Ländern der Sowjetunion aufzutun. Neue und alte religiöse Gruppen sind von der Vision einer umfassenden »Ostexpansion« fasziniert, blasen zum großen Zug nach Osten. Interesse für die ehemals sozialistischen Länder bestand seit langem. Die dort herrschende politische Ordnung verhinderte jedoch ein offizielles Auftreten. Die missionarischen Aktivitäten mußten sich auf den individuellen Bereich beschränken, hatten stets etwas Konspiratives. Von den östlichen Geheimdiensten wurden eigens Abteilungen zur Abwehr »religiöser Subversion« eingerichtet. Verschiedene, wenn nicht alle Gruppen konnten dennoch im Verborgenen im Osten Fuß fassen. Interesse für ihre Heilsangebote war in weiten Kreisen der religiös suchenden Jugend und Intelligenz da. Die mystischen Traditionen im Bereich des orthodoxen Christentums und die im alten Rußland verbreitete Neigung zu Okkultismus, Spiritismus, Theosophie usw. boten günstige Anknüpfungspunkte. Die modernen Medien, besonders der Rundfunk, teilweise auch Fernsehen, Bücher und Zeitschriften vermittelten wichtige Anliegen und Inhalte dieser neuen religiösen Welle. Zunehmende private Reisemöglichkeiten erleichterten und vertieften jenseits der von Anfang an durch Messebesuche, Buchausstellungen, Kulturveranstaltungen etc. geknüpften persönlichen Kontakte die Kommunikation.

Der offizielle Abwehrkampf wurde durch die sozialistischen Staaten mit administrativen und propagandistischen Mitteln geführt. Neureligionen, Esoterik und New Age galten als Krisensymptome der zerfallenden kapitalistischen Gesellschaft. Schwindel und Geschäft werden entscheidende Stichworte in der Auseinandersetzung. Ähnliche Sichtweisen in westlichen Zeitungen und bei populären Sektenjägern wurden dankbar aufgegriffen und für die Agitation verwendet. In Kreisen, die dem System kritisch gegenüberstanden, hat diese Art Polemik eher Interesse und Sympathie geweckt als abgeschreckt. Besondere Faszination übte in einer offiziell atheistisch geprägten Umwelt das Angebot unmittelbarer religiöser Erfahrung, das Erleben von Transzendenz aus. Die Botschaft der New Age-Denker vom Paradigmenwechsel in der Wissenschaft mußte dort, wo die allein gültige wissenschaftliche Weltanschauung des Historischen und Dialektischen Materialismus einen Absolutheitsanspruch erhob, der von der Wirklichkeit nicht gedeckt wurde, eine besondere Anziehungskraft auf Gebildete und Halbgebildete ausüben. Der schnelle innere Verfall der kommunistischen Systeme in den letzten Jahren mit seinem immer grotesker werdenden Dissens zwischen Theorie und Praxis erweiterte ständig den Kreis der Suchenden, der weltanschaulich Orientierungslosen, welche aus verschiedenen Gründen keinen Zugang zu den traditionellen Kirchen und Religionen fanden. Mit dem 1989/90 offen zutage tretenden Zusammenbruch der osteuropäischen kommunistischen Systeme und der tiefgreifenden Folgen für große Bevölkerungsgruppen hat sich diese Entwicklung rasant beschleunigt. Jetzt suchen auch viele derer, die als Lehrer, Offiziere und Parteioffizielle in das System eingebunden waren, nach neuen Werten und Normen, kommt es zu tiefen persönlichen Identitäts- und Sinnkrisen, welche durch die allgemeinen gesellschaftlichen und wirtschaftlichen Krisensymptome noch verstärkt, keinesfalls aber abgefangen werden. Es gibt kaum Institutionen, die hier umfassend eingreifen, Hilfe anbieten können. Die Kirchen sind überfordert, stark mit inneren Problemen überlastet und mit aktuellen Existenzfragen beschäftigt. Teilweise werden sie zu Kristallisationspunkten nationalen Selbstbewußtseins, erstickt das Angebot einer lebendigen religiösen Alternative im Angebot konfessioneller und nationaler Traditionen.

Osteuropa und die Sowjetunion scheinen zu Beginn der 90er Jahre ein geradezu ideales Missionsfeld für religiöse Alternativbewegungen zu sein. Diese haben das klar erkannt. Einige Beispiele sollen das belegen. Es sind nur unvollkommene Einzelaufnahmen eines großen Bildes. Es kann hier nicht um Vollständigkeit gehen, nur die Richtung soll anhand ausgewählter Aktivitäten einiger Gruppen in der Tendenz gekennzeichnet werden.

Typisch für die Sichtweise der meisten neureligiösen Gruppen ist, was die Internationale Rajneesh Times schon 1987 in einem Artikel über die internationale Buchmesse in Moskau als Überschrift gab: »Rußland braucht Bhagwan, nicht Wodka!« Der Stand des Rajneesh Verlages, berichtete die Süddeutsche Zeitung, sei schon damals neben einem amerikanischen Stand, einer israelischen Repräsentation und dem Stand eines Pop-Musik Verlages der gesuchteste gewesen. Die Rajneesh Times stellte fest:

> »Wir hatten nicht mit den Menschenmassen gerechnet, die unseren Stand besuchten. Wir sind so etwas nicht gewöhnt. Im Westen sind die Leute so abwertend, so skeptisch, so voller Zynismus. Die russischen Menschen waren tief, tief berührt von Bhagwan. Sie sehen wirklich seine Schönheit. Sie waren so offen, sie verheimlichten ihre Gefühle nicht.«/1/

Russische Sannyasins gab es, als diese Zeilen geschrieben wurden, bereits. Auch in der DDR existierten seit Mitte der 80er Jahre kleinere Gruppen, deren Mitglieder aber das Bestreben hatten, in den Westen zu kommen. Inzwischen sind Sannyasins in fast allen ehemals sozialistischen Ländern an der Arbeit und versuchen ein Netz von Angeboten im Sinne ihres Meisters aufzubauen.

Recht publikumswirksam und spektakulär trat die Scientology Kirche ihren offiziellen Weg in den Osten an. Sofort nach Öffnung der Berliner Mauer waren die Scientologen präsent und überreichten damaligen DDR-Bürgern zuerst geschenkweise, dann gegen Ostmark das Standardwerk ihres Gründers L. Ron Hubbard: Dianetik. Die moderne Wissenschaft der geistigen Gesundheit. Das Interesse war groß und sehr bald auch die Präsenz von Scientology auf dem Gebiet der ehemaligen DDR. In den Fußgängerzonen entstanden Verkaufs- und Informationsstände, kostenlose Persönlichkeitsteste wurden angeboten. Nicht wenige Ahnungslose griffen zu. Leserzuschriften sorgten auch

Der sowjetische Präsident Michael Gorbatschow empfängt San Myung Mun.

Raissa Gorbatschow bei dem Mun-Ballett Little Angels

Begegnung Gorbatschows mit Mun und seiner Frau, der »Mutter«

Die Scientology Kirche wirbt mit kostenlosen Persönlichkeitstests

Hare-Krishna-Mönche auf dem Marktplatz in Halle

für Aufmerksamkeit in der Presse. In einem Bericht im Magazin der Dianetik und Scientology in Norddeutschland vom Dezember 1989 wird berichtet:

> »... Der eiserne Vorhang ist gefallen – das 4. Dynamik-Engramm ist am Verlöschen. Der Weg zur Freiheit, der völligen Freiheit, ist jetzt für alle Menschen möglich. Es ist unsere Verantwortung, diese Menschen nicht von einer Unterdrückung in die andere laufen zu lassen. Nichts ist wichtiger als jetzt zu handeln, und daß wir direkt vor Ort Hilfe bieten, auf dem Weg in die Freiheit. Noch bevor diese Neuigkeiten überall durchgedrungen waren, hat sich der Hamburger Dianetik-Bus mit einem Trupp von 4 Leuten und 2000 Dianetik-Büchern auf den Weg nach Berlin gemacht. Es ist das erste Wochenende und tausende von Ost-Berlinern sind auf dem Weg in den Westen. Einer der frequentiertesten Übergänge ist der in der Bornholmer Straße. Eine Brücke führt hier von Ost nach West. Ein junges Ehepaar steht auf der Brücke, schaut auf das düstere Bild unter und hinter ihnen. Die Tränen der Erleichterung laufen über ihre Wangen – es ist kaum zu glauben, der Weg ist wirklich frei und er wird frei bleiben. Nach kaum 100 Metern, zurückgelegt in der Freiheit, begegnet ihnen DIANETIK. Sie kaufen das Buch – sie spüren und wissen, dies ist das Werkzeug, um eine neue Zivilisation zu schaffen.«/2/

Eine neue Zivilisation durch Dianetik, das ist also das Ziel, entsprechend sind die Aktivitäten. Es wurden in der ersten Woche über 2700 Dianetik-Bücher an DDR-Bürger verkauft. Aus allen Gruppen der Organisation gehen Spenden ein, z. B. »München spendete 10 000 ›Der Weg zum Glücklichsein‹, 300 Dianetik-Bücher und 250 ›Der Weg zur Freiheit‹-Kassetten«. Und es gibt weitere Erfolgsmeldungen: »Es wurden 150 000 Handzettel an DDR-Bürger verteilt. ... NEW ERA PUBLICATIONS druckt Tag und Nacht Informationsmaterial und Dianetik-Bücher.«

Werbefaltblatt der »Kinder Gottes – Familie der Liebe«

Schließlich heißt es:

»In den nächsten Wochen werden die ersten Dianetik-Seminare in der DDR gehalten. Die Teams aus Frankfurt, Stuttgart und Hamburg sind immer noch an der Front, Dianetik-Bücher zu verkaufen. Allen, die diese Aktion ermöglichten, sei an dieser Stelle unser Dank ausgesprochen. Und alle anderen werden zur Unterstützung weiterer Aktionen aufgerufen. Vielleicht will der eine oder andere eine Mission in Dresden, Magdeburg, Leipzig, Schwerin oder Rostock unterstützen? Vielleicht auch ›nur‹ zum Wochenende an den Übergängen Bücher verkaufen oder ›Der Weg zum Glücklichsein‹-Broschüren verteilen, oder zu Weihnachten jemand einladen? Möglichkeiten der Hilfe gibt es genug. Jetzt muß und kann es getan werden, alle Menschen auf den Weg zur völligen Freiheit zu bringen.«/3/

Dianetik zählte, das zeigt allein dieser Bericht, zu den Aktivisten der ersten Stunde. Die weitere Entwicklung bestätigte dies. Aktivitäten werden aus allen ehemals sozialistischen Staaten gemeldet. Scientologische Zeitungen wissen ständig interessante »Missionsneuigkeiten« zu berichten und verkünden: »Scientologen in Ostblockländern führen den Weg zur Freiheit.«/4/

Ein ganz anderes Beispiel. Exotik, aber auch die alternative Anziehungskraft indischer Religiosität half der Hare-Krishna-Bewegung von Anfang an bei ihrer Mission im Osten. Sehr früh war man in der Sowjetunion präsent. »Die Geschichte beginnt im Frühsommer 1971. Ein junger, in Moskau lebender Labortechniker namens Anatoli Pinjajew begegnete eines Tages in der Nähe des Roten Platzes einer außergewöhnlichen Gestalt – es war ein junger Engländer mit glattrasiertem Kopf, gekleidet wie ein indischer Tempelpriester. Anatoli hielt an, um sich mit dem Mann zu unterhalten. Er erfuhr von ihm, daß er Syamasundara hieß und seinen spirituellen Meister A. C. Bhaktivedanta Swami Prabhupada auf seiner Moskaureise begleitete, die auf Einladung Professor Kotowskis, des Leiters der Fakultät für Indische und Südasiatische Studien an der Wissenschaftlichen Akademie der UdSSR, stattfand.« Prabhupada, der Gründer der Hare-Krishna-Bewegung,

> »sah in diesem jungen Mann einen Hinweis darauf, daß Millionen von Russen für das Krsna-Bewußtsein empfänglich sein würden. Er sah Anatoli als Funken, der in der Sowjetunion ein großes Feuer würde entfachen können, und hoffte, daß die Schulung, die er ihm erteilt hatte, ihn nicht nur befähigen würde, selbst Krsna-bewußt zu werden, sondern auch, dieses Bewußtsein an andere Menschen in der Sowjetunion weiterzugeben. Srila Prabhupadas Hoffnungen blieben nicht unerfüllt.«/5/

In 15 Sowjetrepubliken bildeten sich in den nächsten Jahren Gruppen von Krishna-Geweihten. Sie bestanden vor allem aus Intellektuellen, Künstlern und Studenten. 1981 kam es zum offenen Konflikt mit den Behörden. Über 40 Mitglieder wurden zu langjährigen Haftstrafen in Gefängnissen, Arbeitslagern und psychiatrischen Kliniken verurteilt. Es gab Todesfälle. 1984 entstand ein internationales Komitee zur Freilassung sowjetischer Hare-Krishna-Anhänger. Die Gipfeltreffen zwischen dem amerikanischen Präsidenten Reagan und Michail Gorbatschow von 1985, 1986 und 1987 waren von Demonstrationen für die Haftentlassung der sowjetischen Hare-Krishna-Jünger begleitet. Ende 1987 hatten diese und andere Demonstrationen Erfolg, es kam zu Freilassungen. Im Mai 1988 erfolgte dann der große Umschwung, die Hare-Krishna-Bewegung wurde in der Sowjetunion offiziell als Religionsgemeinschaft registriert. 10 000 Anhänger und 450 Mönche und Nonnen soll zu diesem Zeitpunkt die Bewegung dort gezählt haben. Etwa 50 Mönche und Nonnen durften 1989 sogar eine Pilgerreise nach Indien unternehmen. Vielfältige Aktivitäten und massive Unterstützung von außen sorgen für ein weiteres Wachstum der sowjetischen Hare-Krishna-Bewegung.

Die Sowjetunion ist nur ein Modellfall für die Ostexpansion von Hare-Krishna. Alle verfügbaren personellen und materiellen Ressourcen werden seit 1989 vom Weltzentrum der Bewegung aus in Osteuropa eingesetzt. Hier sieht man eine große Zukunft voraus. Daß die Hare-Krishna-Bewegung auch in der ehemaligen DDR schon lange vor der Wende aktiv war, ist bekannt. Nach Öffnung der Grenzen traten Hare-Krishna-Leute dann aber sehr öffentlichkeitswirksam auf. Krishna-Jünger, die früher das Land verlassen hatten, kehrten zurück, missionierten, verkauften Schriften und Kassetten, tanzten und chanteten, luden zu vegetarischen Mahlzeiten und zu Vorträgen ein. In Leipzig entstand ein erstes Kulturzentrum. Unter den vielen weiteren Beispielen für Hare-Krishna-Aktivitäten im Osten sei ein Bericht über das Auftreten der Hare-Krishna-Anhänger in Prag zitiert: »Tausende von erstaunten tschechischen Bürgern wurden am Donnerstag, dem 08. 02. 90 Zeuge eines Ereignisses, das wie eine Erscheinung aus einer anderen Welt anmutete. Fünf Hare Krishna Devotees sangen unter Begleitung traditioneller Instrumente die Heiligen Namen Krishnas und tanzten dabei unbeschwert auf dem berühmten Wenzel-Platz.« Es heißt weiter:

> »Das Interesse der tschechischen Bevölkerung an transzendentaler Literatur ist außergewöhnlich. Der Buchtisch wurde (und wird noch immer) ständig von Menschenmengen umlagert, die offensichtlich einen großen Nachholbedarf an transzendentalem Wissen haben und in großer Begeisterung die Bücher mit nach Hause nehmen – und auch lesen, wie uns die Prager Devotees versichern. Für sie gibt es keine ruhige Minute mehr. Wißbegierige Anrufer lassen das Tempeltelefon nicht mehr zur Ruhe kommen.«/6/

Zur Ruhe kommen seit der großen Wende in Osteuropa auch andere den »Jugendreligionen« zuzurechnende Gruppen indischer Herkunft nicht mehr.

Die Transzendentale Meditation des Inders Maharishi Mahesh Yogi nimmt für sich in Anspruch, die positiven Veränderungen in der Welt, insbesondere in Osteuropa, durch ihre Meditationsmethoden und vielfältigen Aktivitäten bewirkt zu haben. Als Auslöser gilt der »Maharishi-Effekt«. Er besagt, »dass bereits die Quadratwurzel von 1% einer Bevölkerung, die Maharishis Programme der Transzendentalen Meditation und der TM-Sidhis gemeinsam an einem Ort ausübt, ausreicht, um negative Trends, wie Konflikte, Kriminalität und Krankheiten drastisch zu verringern und positive, evolutionäre Tendenzen in einer Gesellschaft zu verstärken«./7/

Ende November 1989 versammelte sich der »deutsche Maharishi-Rat der Höchsten Intelligenz« am Brandenburger Tor, um »am Punkt des aktuellen Geschehens in Berlin präsent zu sein«. Der Rat nahm auch mit Maharishi direkt Kontakt auf. Der sagte ihnen: »Macht weiterhin Euer Gruppenprogramm, verstärkt es in jedem Center in Deutschland, und besonders jetzt in Berlin. Auf die weitere Frage, ob denn nun offizielle Kontakte zur DDR aufzunehmen seien, war Maharishis Antwort: ›Macht ein starkes Gruppenprogramm.‹«/8/ Daran hielten sich seine deutschen Anhänger. In den Centern der Bewegung wurden die Wochenenden unter das Thema »Flugfest für Deutschland« gestellt, am ersten Dezemberwochenende 1989 fand in vier deutschen Städten ein »Flugfest« unter dem Motto »900 für Deutschland« statt.

Bei öffentlichen Veranstaltungen in dieser bewegten Zeit blieben die TM-Anhänger nach Möglichkeit präsent, um auf sich z. B. durch Plakate aufmerksam zu machen. Auch waren Werbeblätter in Umlauf gebracht worden mit dem Slogan: »Jetzt transzendieren wir die Mauer.« In Berlin, im grenznahen Raum, aber auch in Großstädten der ehemaligen DDR wurde geworben. In Großstädten bot die TM unverbindliche Informationsvorträge an. Für Interessenten, die man dann das nächste Mal zum Gespräch mit der Lehrerin oder dem Lehrer einlud, wurde es aber sofort verbindlich. Die Initiation erfolgte umgehend. Geworben wird mit der Verheißung:

> »Transzendentale Meditation. Die zeitgemäße Entspannungstechnik für zu Hause. Ohne jede Konzentration. Nachweislich: mehr Selbstvertrauen und Gelassenheit; erheblich verbesserte Gesundheit; zunehmende Leistungsfähigkeit.«/9/

Die strategischen Ziele der TM gingen schon seit längerer Zeit weiter nach Osten, ins Zentrum der »sozialistischen Welt«. Vor Jahren bereits soll, wenn Presseberichte zutreffen, Maharishi als Gast der sowjetischen Akademie der Wissenschaften in Moskau gewesen sein. Die TM versuchte offenbar, über das von Maharishi in den letzten Jahren entwickelte, auf uralte indische medizinische Traditionen zurückgehende ganzheitliche Natursystem Ayurveda in der sowjetischen Gesellschaft Einfluß zu gewinnen. »Gesundheit im Ayurveda ist gleichbedeutend mit dem Zustand des Gleichgewichts aller körperlichen und geistigen Funktionen.«/10/ Bedenkt man die dort jahrzehntelang herrschende starre Bindung an ein materialistisches staatliches Gesundheitssystem, ist dieser Versuch sicherlich relativ erfolgversprechend, werden damit objektiv bestehende Defizite geschickt im Sinne der TM aufgegriffen. Am 14. Juli 1989 wurde in Moskau ein Maharishi-Ayurveda Institut eröffnet. Es ist ein Gemeinschaftsprojekt des sowjetischen Forschungszentrums für Präventivmedizin und der »Maharishi Ayurved Foundation of India«.

> »Zustande kam das Moskauer Institut infolge des Besuchs einer indischen Delegation unter Leitung von Dr. Chopra und Dr. Triguna auf Einladung des Sowjetischen Forschungszentrums für Präventivmedizin in Moskau. In der im März 1989 unterzeichneten Absichtserklärung werden als Aufgaben des Instituts genannt: 1. die von Maharishi Mahesh Yogi begründete Technik der Transzendentalen Meditation landesweit zu lehren, 2. Maharishi-Ayurveda Kliniken für die Behandlung von chronischen Krankheiten einzurichten und 3. ein auf dem Maharishi-Ayurveda gründendes Präventivsystem zur Behandlung verbreiteter Risikofaktoren in das bestehende Gesundheitssystem zu integrieren. Im Anschluß an die Einweihungsfeierlichkeiten am 14. Juli wird eine sowjetische Delegation unter Leitung von Dr. Ignatiew nach Maharishi Nagar in Indien an das dortige Internationale Ayurvedazentrum reisen, um eine Ausbildung in ayurvedischen Techniken zu erhalten.«/11/

Auch aus anderen ehemals sozialistischen Ländern (Polen, Ungarn) sei, so war zu hören, Interesse signalisiert worden. In die Reihe dieser und anderer Aktivitäten der TM im ehemaligen Ostblock paßt sich auch das Angebot ein, nach dem schweren Erdbeben, das 1989 Armenien heimsuchte, die zerstörte Stadt Leninakan als Modellstadt der Zukunft aufzubauen. Das Angebot wurde von der indischen und der amerikanischen Ayurveda-Stiftung gemacht.

> »Dr. Deepak Chopra, Präsident der Amerikanischen Gesellschaft für Ayurveda, sagte: ›Unsere Stiftung ist bereit, 1000 Experten zu mobilisieren, die Mittel bereitzustellen und die Kuppeln noch vor Einbruch des Winters zu bauen. Die starke positive Atmosphäre, die sich um die Kuppeln herum aufbauen wird, wird das Bewußtsein der Bevölkerung dieser Gegend von Grund auf beleben und enorme Kreativitätsreserven freisetzen, die den gesamten Wiederaufbau unterstützen werden.«/12/

Daß dies gleichzeitig intensive Werbung für TM beinhaltet, ergibt sich aus dem Wesen dieses Systems. Chopra sagte weiter:

> »Kohärenz zu erzeugen ist eine der wichtigsten Aufgaben unserer Experten. Zudem werden sie während ihres Aufenthaltes in Leninakan bis zum Frühjahr 1990 mehrere tausend Armenier darin ausbilden.«/13/

Angesichts der neuesten Entwicklungen muß damit gerechnet werden, daß die Transzendentale Meditation ihre Präsenz in Osteuropa und der Sowjetunion erheblich, wenn auch nicht spektakulär, verstärken kann.

Besonderes Interesse verdient in diesem Zusammenhang auch die Vereinigungskirche des Koreaners San Myung Mun. Hier kam es zu einer Entwicklung, die fast sensationell zu bezeichnen ist, bedenkt man den jahrzehntelangen Kampf Muns gegen den Kommunismus. Die Vereinigungskirche trat den Marsch nach Osten mit einem heilsgeschichtlich begründeten Konzept an. Mun sagte in einem Interview mit der Moscow News:

> »Meiner Meinung nach wird die Sowjetunion im nächsten Jahrhundert im Zentrum von Gottes Vorsehung stehen. Glücklicherweise ist die Sowjetunion einigen Übeln der westlichen Gesellschaft entgangen. ... Ich kann mir ganz klar eine moralische Renaissance in der Sowjetunion vorstellen, die ganz entscheidend die ganze Welt beeinflussen wird. Eines meiner wichtigsten Ziele ist es, diese Renaissance in Bewegung zu setzen.«/14/

Anläufe dazu hatte es schon lange gegeben. Sie waren angesichts des Antikommunismus der Vereinigungskirche bis zu der großen Wende im Osten aber auf erbitterten Widerstand der Herrschenden in den sozialistischen Staaten gestoßen. Das ist verständlich, kam es doch immer wieder – nicht nur in Nikaragua durch die Unterstützung der Contras – zu gezielten antikommunistischen Aktionen. Als CARP, die Studentenorganisation der Vereinigungskirche, vom 2. bis 8. August 1987 ihren 4. Weltkongreß in Westberlin abhielt, unternahmen Teilnehmer eine Demonstration zur Mauer und stürmten mit Rufen: »Die Mauer muß weg« und »Die Jugend Berlins für die Einheit Berlins« bis auf Ostberliner Gebiet. Es kam zu Handgreiflichkeiten mit der Polizei und Grenztruppen. In einem Flugblatt wurde Mun mit einer Rede vom 23. 9. 1981 zitiert: »Eines Tages werden wir nach Berlin gehen und den Kommunisten zurufen: Reißt diese Mauer nieder! Diese Mauer muß weg! Ich sprach davon, daß wir Moskau befreien wollen. Die Befreiung Berlins ist der erste Schritt. In Berlin wird der Kampf gegen den Kommunismus entschieden.«/15/ Als dann 1989 die Mauer fiel, waren die Munis natürlich mit vielerlei Angeboten und Aktionen hier wie in der DDR präsent.

Werbung und Mission der Vereinigungskirche waren im kommunistischen Machtbereich nur im ständigen Kampf mit den Geheimdiensten möglich. Munis galten von vornherein als Staatsfeinde. Trotzdem hat es sie vereinzelt auch vor der Wende in der Sowjetunion, der DDR, Ungarn und anderen sozialistischen Staaten gegeben. Noch bevor sich die Sowjetunion öffnete, eröffneten sich bemerkenswerte Kontakte nach China, konnten dort sogar Konferenzen abgehalten werden. Die Öffnung seitens der Sowjetunion gegenüber der Mun-Bewegung hat offenbar wirtschaftliche Gründe. Wirtschaftliche Aspekte ermöglichten auch die Durchführung der von Mun gegründeten und gesponserten »Weltmedienkonferenz«, das Treffen des »Gipfelrates für Weltfrieden« mit 41 ehemaligen Staatsoberhäuptern und Ministerpräsidenten sowie der »Vereinigung für die Freiheit Lateinamerikas« vom 9. bis 13. April 1990 in Moskau.

Das Treffen der Ehepaare Gorbatschow und Mun erregte international Aufsehen. Was sich Gorbatschow von diesem vor Jahren noch absolut undenkbaren Zusammentreffen erhoffte, brachte er klar zum Ausdruck:

> »In erster Linie hoffe ich, daß Sie die wirtschaftliche Grundlage, die die Vereinigungsbewegung in vielen Ländern aufgebaut hat, benützen können, damit Ihre weltweite Organisation direkt und indirekt zur Entwicklung der Sowjetunion beitragen kann. Ich hoffe, daß Sie das tun werden.«/16/

Und Mun versprach zu investieren, nicht nur in das von ihm initiierte Globalprojekt der »Internationalen Friedensautobahn«, das von der »International Highway Construction Compay« bereits konkret geplant wird und die Sowjetunion einbezieht. Ein großes Industriezentrum, man spricht von Investitionen in Höhe von 1 Milliarde Dollar, soll in Rußland aufgebaut werden. Alle verfügbaren wirtschaftlichen Kapazitäten will man auf den Osten konzentrieren. Große Aufmerksamkeit wird von dem in Medienarbeit erfahrenen Mun nach wie vor auch der sowjetischen Presse als wichtigstem Multiplikator gewidmet. Als Ende Februar 1990 die Redaktionsgebäude von »Moscow News« abbrannten, spendete Mun 100 000 Dollar für den Wiederaufbau. Übrigens gelang es der Vereinigungskirche auch, unter dem Vorzeichen des interreligiösen Dialogs und der Ökumene hochrangige Kontakte zur Russisch-Orthodoxen Kirche herzustellen. Die Sowjetunion wird auch in den nächsten Jahren bevorzugtes Aktions- und Missionsgebiet bleiben, und es dürfte dort für die Vereinigungskirche leichter sein, Anhänger zu gewinnen, als in den durch Wohlstand geprägten Industriegesellschaften des Westens.

Vielfältige Aktivitäten der Vereinigungskirche werden auch aus den anderen ehemals sozialistischen Ländern gemeldet. Die seit Jahren in der westlichen Welt laufende Kongreßarbeit wurde intensiviert, so fand z. B. im Februar 1990 in Prag eine internationale Konferenz über die Vereinigungsbewegung statt. Da die Kosten in der Regel von den Veranstaltern getragen werden und man auch die Referenten gut bezahlt, ist die Teilnahme meist eine recht zufriedenstellende. Im März 1990 wurde in Bratislava (CSFR) ein Symposium »Religion – Gestaltende Kraft im neuen Europa« durchgeführt, und im April 1990 war Bukarest Ort eines Symposiums über die Vereinigungsbewegung. Eine erste Konferenz in der ehemaligen DDR fand im März 1990 in Eisenach statt, gefolgt von einer zweiten im Juni in Jena und einer dritten im Dezember 1990 in Leipzig. Auch CAUSA, eine primär politisch ausgerichtete Tochterorganisation der Vereinigungskirche, führte in Leipzig ein Seminar durch, auf dem u. a. deutlich gemacht wurde, warum CAUSA von einem entschiedenen Gegner des Kommunismus zu einem Befürworter der Perestroika Gorbatschows wurde. Diese Arbeit läuft auf verschiedenen Ebenen weiter. Auch durch humanitäre Aktionen soll die Präsenz in Osteuropa gefördert werden. So beteiligt sich ein Hilfstrupp der Vereinigungskirche am Aufbau eines Freundschaftsdorfes für Rumänienflüchtlinge in Ungarn, und CARP organisierte im März 1990 eine Aktion, um durch Bücher Studenten und Professoren in Rumänien zu unterstützen. Zwei Musikgruppen wurden nach Polen und Jugoslawien geschickt. Weitere Aktionen und Projekte wären zu nennen. Selbst Albanien ist mit konkreten Vorhaben in das missionarische Blickfeld der Vereinigungskirche getreten.

In der ehemaligen DDR versucht man außerdem, über Hauskreise Gemeinden aufzubauen. Neben Berlin kommt Leipzig eine zentrale Rolle zu. Die Anknüpfungspunkte sind auch bei dieser Arbeit sehr breit gewählt, nicht von vornherein religiös. Allgemein kann man sagen, die Vereinigungskirche scheint besonders klar erkannt zu haben, daß trotz der prinzipiellen Offenheit neuen religiösen Angeboten gegenüber ihre religiöse Botschaft in Osteuropa in Verbindung mit wirtschaftlichen, politischen und wissenschaftlich-kulturellen Aktivitäten leichter breitere Kreise der Intelligenz erreichen kann als im Westen.

Schließlich sei nur noch kurz erwähnt, daß die heute unter dem Begriff New Age zusammengefaßten Gruppen, Bewegungen und Strömungen im Osten ohnehin alte und vielfältige Wurzeln haben, an die angeknüpft werden konnte. Ihr Vormarsch ist weit unübersichtlicher, aber nicht weniger energischer und erfolgreicher als der der ehemaligen »Jugendreligionen«. Lassen wir es mit diesen Beispielen bewenden.

Neureligionen, »Jugendreligionen« und New Age, aber auch alte und neue religiöse Protestgruppen von den Zeugen Jehovas bis zum »Heimholungswerk Christi – Universelles Leben« auf dem Marsch in den Osten? Man muß die Lage nüchtern sehen. Es wird keine Massenbekehrungen geben, denn mit der religiösen Welle kommt auch verstärkt westlicher Pluralismus, Individualismus und nicht zuletzt Konsumdenken. Insgesamt dürfte jedoch die missionarische Situation für alle diese Gruppen mittelfristig im Osten günstig bleiben. Die inneren Freiräume, die durch den Zusammenbruch der herrschenden Ideologie und den Bankrott des als Krönung der geschichtlichen Entwicklung angesehenen sozialistischen Gesellschaftssystems gerade bei bisher jeder Religion völlig entfremdeten Menschen entstanden sind, bedürfen der Füllung.

Nichtchristliche oder »wissenschaftlich« interpretierte Varianten, die unmittelbare Erfahrung und vertieftes Wissen versprechen, können im Einzelfall von den bei vielen Menschen tief sitzenden kirchenkritischen Argumenten des Kommunismus profitieren, zumal wenn die Kirchen nichts weiter zu bieten haben als restaurierte Positionen.

Weitere Gründe sind geltend zu machen. Der Reiz des absolut Neuen und Ungewohnten ist nicht zu unterschätzen. Die Erfahrung, daß Religion auch ganz anders sein kann als bisher gedacht, in ganz anderen Formen auftreten und individuell, die persönliche Situation aufnehmend, an den einzelnen herantreten kann, vermag zu faszinieren. Außerdem, das Angebot verbindlicher Gemeinschaft, oft auch das verbindlicher Lebensformen, beeindruckt fast immer. Nicht vergessen werden darf ferner, wo autoritäre Strukturen zur allgemeinen Lebenswirklichkeit gehörten, kann dies den Zugang zu autoritären religiösen Strukturen fördern. Sollte nicht auch die eine oder andere Gruppe gerade im Osten ihren Anhängern das Gefühl vermitteln können, Zugang zur großen, weiten Welt gewonnen zu haben und nun Glied einer Gemeinschaft zu sein, die weltweit die neue Gesellschaft verwirklicht, nicht mehr durch Weltrevolution, sondern durch Weltevolution?

Es gibt auch eine ganze Reihe Gegengründe. Feststeht, für die neuen religiösen Bewegungen mag die Ansprechgruppe zur Zeit im Osten größer sein als im Westen, aber sie ist auch im Osten begrenzt. Der Teich kann nicht unbegrenzt abgefischt werden, die Zahl der Fische läßt sich nicht endlos vermehren. Das wissen die verschiedenen Gruppen. Sie werfen deshalb möglichst schnell ihre Angel aus. Und die Fische sehen oft nur den Köder, nicht aber den verborgenen Haken.

1/ Internationale Rajneesh Times, 3.10.1987
2/ Der Durchbruch in Berlin, in: Das Magazin der Dianetik und Scientology in Norddeutschland, 1989, Ausgabe 62, 9
3/ Ebd., 10
4/ The Auditor, 1990, 251, 6
5/ Govinda, Heft 1, Mai/Juni 1988
6/ Ekstatischer Harinam in Prag, in: Einfach Leben – Hoch Denken!, Rundbrief Hare Krsna Farm, Bayrischer Wald, Jandelsbrunn, 1/90, 5
7/ Maharishis Angebot an jede Regierung, in: Neue Zürcher Zeitung, 52/1990, 14
8/ Maharishi-Rat in Berlin, in: Die TM-Zeitung, Sonderausgabe, 28. 11. 1989
9/ Wollen Sie, was Ihnen zusteht?, Werbeplakat für Halle/S., November 1990
10/ Deutsche Gesellschaft für Ayurveda, Presseinformation (1989)
11/ Indien exportiert uralte Heilkunde in die UdSSR, in: Neue Zürcher Zeitung, 47/1989, 15f.
12/ Leninakan: Modellstadt der Zukunft?, in: Die TM-Zeitung, Nr. 11, November 1989
13/ Ebd.
14/ Vorurteile und Haß sind das Resultat von Ignoranz, in: Weltblick, Beiträge zur Verständigung und Einheit, Nr. 2, Juni 1990, 12
15/ Die Empörung junger Menschen aus aller Welt über Kommunismus und Mauer, Flugblatt 1987
16/ Gorbatschow macht Koreanern Hoffnung, in: Weltblick, Nr. 2, Juni 1990, 9

Die Hare-Krishna-Bewegung

(Internationale Gesellschaft für Krishna-Bewußtsein)

1. Die Weltmission Seiner Göttlichen Gnade A. C. Bhaktivedanta Swami Prabhupada

(Geschichte – Organisation – Verbreitung)

»Die Szene ist beklemmend. Von einer Pariser Straße mit ihrem quirlenden Menschenstrom, ihren Autos und Geschäften heraufgekommen, stehe ich plötzlich mittelalterlicher Mystik gegenüber. Der seltsame Geruch der Räucherstäbchen mischt sich mit der ohnehin dumpfen Luft im Tempelraum. An den Stirnwänden auf schwarzhölzernen Thronen, exotisch glitzernd, sind Gottheiten und höchste Gottgeweihte aufgebaut. ... Die Zeremonie läuft nach strengem Ritual ab. Jede Handlung der Vaisnavas in der indischen Kleidung ist vorgeschrieben. Ununterbrochen tönt monotoner Singsang. Krishnas Diener preisen den Namen ihres Herrn und Herrschers.«/1/ So beginnt einer der unzähligen – mehr oder weniger zutreffenden – Zeitschriftenberichte über die »exotischste« unter den indischen Meditationsbewegungen im Westen, die Hare-Krishna-Bewegung.

Ist es wirklich »mittelalterliche Mystik«, was dort gelehrt und praktiziert wird, oder nicht vielmehr hinduistische Religiosität als bewußtes Alternativangebot an eine europäisch-nordamerikanische Gesellschaft in der Krise? Was in Indien kaum auffällt, wird hier zum Exempel ausgesuchtester Exotik. Nur wenige nehmen das Alternativangebot an, aber das Ungewöhnliche dieses Angebotes, sein Anspruch wie auch seine Folgen verleihen ihm eine Aufmerksamkeit, die weit über die tatsächliche Bedeutung hinausreicht. Was verbirgt sich hinter der Bezeichnung »Hare-Krishna-Bewegung«? Ihr Gründer und prägender geistlicher Meister war der Inder Abhay Charan De (1896–1977), bekannt wurde er unter dem Namen A. C. Bhaktivedanta Swami Prabhupada. Er ist durchaus nicht ein neuer Religionsstifter. Seine Lehre und der von ihm geforderte und praktizierte Lebensstil bleiben im Rahmen des Hinduismus, knüpfen hier allerdings an eine bestimmte Richtung an. Prabhupada und die von ihm ins Leben gerufene Gemeinschaft sind tief in der Bhakti-Tradition verwurzelt und nur auf diesem Hintergrund zu verstehen.

Die theologische Grundlage der Bhakti-Frömmigkeit bildet vor allem die Bhagavadgita./2/ Sie ist Teil des großen indischen religiösen Epos Mahabharada und wurde etwa im 2. bis 3. Jahrhundert v. Chr. zusammengestellt. Für die Befreiung des suchenden Menschen kennt die Bhagavadgita drei Heilswege: Wissen (jana), Handeln (karma) und liebende Hingabe an Gott (bhakti). Der dritte Weg (die liebende Hingabe an Gott) wurde nach der mohammedanischen Invasion in Nordindien, vermutlich unter Einwirkung der islamischen Sufi-Mystik um die Jahrtausendwende, durch eine Reihe von Gurus in den Mittelpunkt der Lehre und Frömmigkeit gestellt. Es entstanden Bhakti-Sekten mit einer monotheistischen Verehrung Vishnus und Shivas. »Das entscheidende Merkmal aller Bhaktisekten ist die selbstlose Hingabe an einen persönlichen Gott. Der Einfluß der Brahmanen wird zwar nicht aufgehoben, aber doch zurückgedrängt. Die strenge Kasteneinteilung wirkt nicht mehr trennend. An der Spitze der Sekte steht nun der Guru, bei dem die Kastenzugehörigkeit keine Rolle spielt. Der Kirtan, das Singen der Gottesnamen oder das rhythmische Singen von Hymnen wird für die Bhakti-Sekten typisch. Der Kirtan soll bei den Gläubigen den Zustand der Ekstase auslösen, da durch seine transzendentalen Lautschwingungen der unmittelbare Kontakt mit dem Göttlichen aufgenommen wird.«/3/

Eine besondere, in unserem Zusammenhang wichtige Ausprägung erhielt die Bhakti-Frömmigkeit durch den bengalischen Guru Caitanya Mahaprabhu (1486 bis 1534). Er gilt als der »goldene Avatar Krishnas«, d. h. als die entscheidende Verkörperung dieses Gottes, der im gegenwärtigen dunklen Zeitalter (Kali Yuga) in der Person von Caitanya die wahre Verehrung seiner Person lehrt und damit den kürzesten Heilsweg zeigt. Viele Legenden unterstreichen die Größe und Bedeutung Caitanyas. Bereits seine Geburt bzw. »Erscheinung« soll sich unter wunderbaren Umständen abgespielt haben: »Es war Mondfinsternis, als seine Mutter ihn unter einem Nimai-Baum zur Welt brachte. Die gesamte Bevölkerung war zur Stunde der Mondfinsternis nach altem Brauch unterwegs, um ein Bad im Ganges oder den anderen heiligen Flüssen zu nehmen. Dazu sang man den Mahamantra Hare Krishna Hare Krishna, Krishna, Krishna, Hare Hare ..., so daß zur Stunde der Geburt Caitanyas ganz Indien von der Schwingung des heiligen Mantra erfüllt gewesen sei. Das Kind konnte von seinen Eltern nur durch das Singen der heiligen Namen zur Ruhe gebracht werden.« Ebenso ungewöhnlich und für sein Anliegen und seine Lehre charakteristisch, wie sein Erscheinen auf dieser Welt war, soll sein Abschied von dieser Welt gewesen sein. Er habe den »Tod gefunden, als er im Zustand schrankenloser Ekstase in den Jummna sprang und dort ertrank. ›Höchste Seligkeit bedeutete es ihm, sich mit Radha (der Gespielin Krishnas) zu identifizieren und sich so den leidenschaftlichen Umarmungen seines Herrn zu ergeben.‹ Die Liebe zu Krishna soll so groß gewesen sein, daß er in Gedanken an ihn in ekstatischer Raserei umhertanzte und in bewußtloser Verzückung das Spiel des Gottes mit den Hirtinnen zu sehen glaubte.«/4/

Auf Caitanya gehen verschiedene Vaishnava-Gruppen zurück. Interessant ist, daß der öffentliche kultische Tanz und das öffentliche Singen der Gottesnamen später nicht mehr gepflegt wurden und erst im 19. Jahrhundert bei einer Vaishnava-Gruppe wieder Aufnahme fanden.

Mitte des 19. Jahrhunderts begann eine neue Blüte der Bhakti-Frömmigkeit in Form der sogenannten Neo-Krishna-Bewegung Bengalens, die seit der Jahrhundertwende durch verschiedene Vertreter auch in Europa und Nordamerika wirkte. Der missionarische Aufbruch zeigte sich in mancherlei Aktivitäten. 1902 kam der Bengale Premananda Bharati nach New York und gründete später in Los Angeles einen Radhakrishna-Tempel. Weitreichende Auswirkungen hatte die Tätigkeit von Bhaktivinoda Thakur (1838–1914), der schon 1886 die Gaudiya Vaishnava Mission ins Leben gerufen hatte und noch vor der Jahrhundertwende versuchte, auf literarischem Wege im Westen missionarisch tätig zu werden. Sein Sohn, Srila Bhaktisiddhanta Saraswati Goswami (1874 bis 1937), »ist die Schlüsselfigur in der Ausbreitung der Caitanya-Botschaft in den Westen«./5/ Bevor er sich aus dem Berufsleben zurückzog und als Guru lehrte, war er Professor für Astronomie gewesen. Seine Ausstrahlungskraft war auch in Indien erheblich, wo er 64 Klöster gründen konnte. Zu seinen Hauptanliegen gehörte in Fortsetzung der Linie seines Vaters die Ausbreitung des Krishna-Bewußtseins außerhalb Indiens durch die Schaffung einer englischsprachigen Literatur. Auch in Europa hatte er Schüler, so war er der »Guru des Deutschen Dr. Ernst Georg Schulze, der von ihm den Mönchsnamen Sadananda empfing und seinerseits Guru des Indologen Walther Eidlitz wurde und diesem den Auftrag gab: ›Tragen Sie den Schatz, den Sie empfangen haben, ins Abendland hinüber.‹«/6/ Die größte öffentliche Wirkung erreichte aber zweifellos sein indischer Schüler Bhaktivedanta Swami Prabhupada, der Gründer der Hare-Krishna-Bewegung.

Abhay Charan De, so sein Geburtsname, wurde am 1. 9. 1896 in einer Brahmanenfamilie in Kalkutta geboren. Er erhielt eine höhere Schulbildung und studierte an der Universität Kalkutta Englisch, Philosophie und Volkswirtschaft. 1920 beendete er sein Studium. Bereits 1912 soll er seinem späteren geistigen Meister Bhaktisiddhanta Saraswati begegnet sein, 1922 kam es dann aber zur ersten prägenden Begegnung. Saraswati soll gefragt haben: »Warum predigt ihr nicht Sri Caitanyas Botschaft auf der ganzen Welt?« Abhay Charan De darauf: »Wer wird deine Botschaft von Caitanya hören wollen? Wir sind ein abhängiges Land. Zuerst einmal muß Indien unabhängig werden. Wie können wir Indiens Kultur verbreiten, wenn wir unter britischer Herrschaft stehen?« Bhaktisiddhanta Saraswati »erwiderte, daß Krsna-Bewußtsein weder auf einen Umschwung in Indiens Politik zu warten brauche noch davon abhängig sei, wer regiere. Krsna-Bewußtsein sei so wichtig, daß es nicht warten könne.«/7/ Bevor Prabhupada der Aufforderung nachkam, vergingen noch Jahrzehnte.

Er hatte geheiratet, mußte für seine Familie sorgen und leitete ein chemisches Unternehmen. Literarisch war er jedoch bereits zu dieser Zeit tätig, so schrieb er einen Kommentar zur Bhagavadgita. Die Verbindung zu Bhaktisiddhanta Saraswati blieb offenbar bestehen, 1933 erhielt er von ihm seine Initiation, und 1936, kurz vor dem Tod seines geistigen Meisters, empfing er nochmals den verpflichtenden Auftrag, das Krishna-Bewußtsein im Westen zu verbreiten. Auch jetzt konnte sich Prabhupada nicht entschließen, dem Ruf kompromißlos zu folgen, und beschränkte sich auf die literarische Arbeit. 1936 gab er die Zeitschrift »Back to Godhead« heraus. Doch der ihm gewordene Auftrag ließ ihn nicht mehr los. Unter dem Eindruck der Lektüre des Bhagavadgita-Kommentars von Bhaktivinoda Thakur, dem Vater seines Meisters, kam es nach dem zweiten Weltkrieg zum richtungweisenden Durchbruch. Wie die Seele in dieser Welt nicht vom Körper getrennt werden könne, hieß es in diesem Kommentar, so sei es unmöglich, daß sich in diesem Leben der Schüler vom Auftrag seines geistigen Meisters, seines Gurus, trennen könne.

1950 zog sich Prabhupada von seiner Familie zurück, 1954 ging er als »Waldeinsiedler« nach Vrindaban, dem Zentrum der Krishna-Verehrung. Fünf Jahre später legte er das Mönchsgelübde ab und bereitete sich intensiv auf seine vermeintliche Mission vor. Im Jahre 1965 hielt er die Zeit für gekommen, seine Mission in der von Krisen geschüttelten westlichen Welt öffentlich zu beginnen. Wie andere vor ihm und nach ihm erkannte er, daß der Weg nach Westeuropa über Nordamerika führt, und so reiste er nach New York. Dort erregte der etwa 70jährige indische Mönch bald einiges Aufsehen. »Der Schädel war kahl geschoren, der magere Körper in einen indischen Dhoti gehüllt. War schon die Aufmachung eigenwillig, so wirkte noch seltsamer, was er tat. Er setzte sich an eine übersichtliche Stelle der City und stimmte einen fremdartigen monotonen Gesang an:

Hare Krishna, hare Krishna, Krishna Krishna
hare hare
Hare Rama, hare Rama, Rama Rama
hare hare …

Hier erklang zum ersten Male der Krishna-Mantra, der bald darauf einen bemerkenswerten Siegeszug durch die westliche Welt antreten sollte.«/8/

Schnell sammelte sich ein Kreis von Interessenten um ihn. »Seine ersten Anhänger kamen aus der Hippie-Bewegung, waren Jugendliche, die schon längere Zeit außerhalb der Gesellschaft lebten. Viele hatten in Kommunen gelebt, sich mit östlicher Literatur oder Yoga-Techniken beschäftigt, waren den verschiedensten

Gurus gefolgt oder hatten mit Drogen Erfahrungen einer ›wahren Realität‹ gemacht.«/9/

Prabhupada organisierte bereits 1966 die »Internationale Gesellschaft für Krishna-Bewußtsein« und gründete im selben Jahr den ersten Tempel in New York. Für seine meist jugendlichen Anhänger schuf er streng geordnete religiöse Wohngemeinschaften (Ashrams). Außerdem rief er, der mit nur einem Koffer in New York angekommen war, eigene Fabriken mit Seifen-, Shampoo- und Ölproduktion ins Leben, in denen ein Teil seiner Jünger arbeitete. Hinzu kam die Gründung eines umfangreichen Verlagswesens zur Verbreitung der heiligen Schriften Indiens und der Kommentare Prabhupadas. Der Vertrieb wurde und wird auch hier wesentlich von seinen Anhängern durchgeführt. Die von Anfang an vorhandene kommerzielle Seite erregte, nicht zuletzt wegen der in diesem Zusammenhang angewandten Praktiken, vielfach heftige Kritik.

1972 begann Prabhupada in den USA ein eigenes Schulwerk für die Kinder seiner Anhänger zu organisieren. Die erste »Gurukula« (Haus des Lehrers) entstand in Dallas (Texas), weitere folgten. Der Tagesablauf und der Unterricht sind ganz von den Zielen und Anliegen der Hare-Krishna-Bewegung geprägt. Morgens beginnt man um 4.30 Uhr mit Singen und Tanzen zu Ehren Krishnas und seiner Geliebten. »Danach gehen die Drei- bis Fünfjährigen wieder schlafen, während die Älteren mit den Lehrern die nächsten beiden Stunden mit Chanten verbringen. Anschließend wird eine ›Vorlesung‹ aus den ›Heiligen Schriften‹ (Bhagavad-Gita und Shrimad-Bhagavatam) gehalten, an der wieder alle teilnehmen. Nach dem Frühstück gibt es für die ganz Kleinen Unterricht im Schreiben und Lesen, während sich die älteren Kinder mit anderen Fächern beschäftigen ... Im Alter von 12 Jahren wechseln die Schüler der amerikanischen ›Gurukulas‹ auf die gemeinschaftseigene Farm in New Vrindavana/West Virginia, um dort auch die Bereiche Landwirtschaft und Tierzucht (Kuhpflege) kennenzulernen.«/10/

In Europa konnte die Hare-Krishna-Bewegung 1968 durch das Wirken eines ehemaligen Botanik-Studenten namens Samuel Greer (geb. 1946) Fuß fassen. Greer war vor der Einberufung in die Armee der Vereinigten Staaten nach Kanada geflüchtet und leitete dort einen Hare-Krishna-Tempel in Montreal. Als er von dritter Seite 10 000 Dollar erhielt, um sein Studium in England fortzusetzen, entschloß er sich – mit Zustimmung Prabhupadas –, das Geld lieber für die Ausbreitung des Krishna-Bewußtseins in Europa zu verwenden. Der Meister gab ihm dabei folgende, für die Missionsmethode der Krishna-Leute charakteristische Weisung mit auf den Weg: »Sobald du aus dem Flugzeug gestiegen bist, setzt du dich irgendwo hin, wo es Leute gibt und ›chantest‹ zu deinen Karatalas (Zimbeln) Hare Krishna. Und wenn sich nach einigen Minuten eine Menge angesammelt hat, sprich etwas über das Krishna-Bewußtsein und bitte die Leute um eine kleine Spende für die Verbreitung unserer Mission. So hast du bestimmt Erfolg.«/11/

In London, seiner ersten Station, hatte Greer – jetzt Sivananda dasa Brahmakari genannt – keine Aufenthaltsgenehmigung erhalten. Er ging über Amsterdam nach Hamburg und hatte dort erste Erfolge. Sein Weg führte ihn weiter nach Westberlin, wo er ebenfalls erfolgreich war. Anschließend ging er wieder nach Hamburg, das zunächst zum Zentrum der Bewegung in der BRD wurde. Im Frühjahr 1969 traf ein weiterer Schüler Prabhupadas, Mandali Bhadra, mit dem Auftrag in Hamburg ein, das englische Schrifttum der Gesellschaft in die deutsche Sprache zu übersetzen. Die Anfänge in der Bundesrepublik waren offenbar so erfolgversprechend, daß Prabhupada im August 1969 für 2 Monate selbst nach Hamburg kam, dort Vorträge hielt und auch mit deutschen Indologen zusammentraf. In einer Reihe von Städten (u. a. Köln, München, Heidelberg und Düsseldorf) entstanden Ashrams bzw. Tempel, die von Tempelpräsidenten geleitet werden. Nicht überall waren diese Gründungen von Bestand. Zentrum der Bewegung wurde 1974 bis 1980 Schloß Rettershof im Taunus, seitdem Jandelsbrunn bei Passau. Auf Schloß Rettershof führte Prabhupada im Sommer 1974 vielbeachtete Gespräche mit Graf Dürckheim, Professor Porsch, Pater Emmanuel Jungclausen und Kardinal Danielou über das Verhältnis seiner Bewegung zum Christen-

Seine Göttliche Gnade A. C. Bhaktivedanta Swami Prabhupada – Gründer der Hare-Krishna-Bewegung

Der goldene Tempel Prabhupadas in New Vrindavana (West Virginia/ USA)

Ein Saal wurde zum Tempel für Krishna

Dienst für Krishna am Altar

Hare-Krishna-Anhänger vor einem Tempel im Bayerischen Wald

Demonstration für Krishna

Werbung für den Kauf eines Bead-Bag (Perlentasche)

Blick in einen europäischen Ashram der Hare-Krishna-Bewegung

Zubereitung des heiligen Mahles (Prasadam)

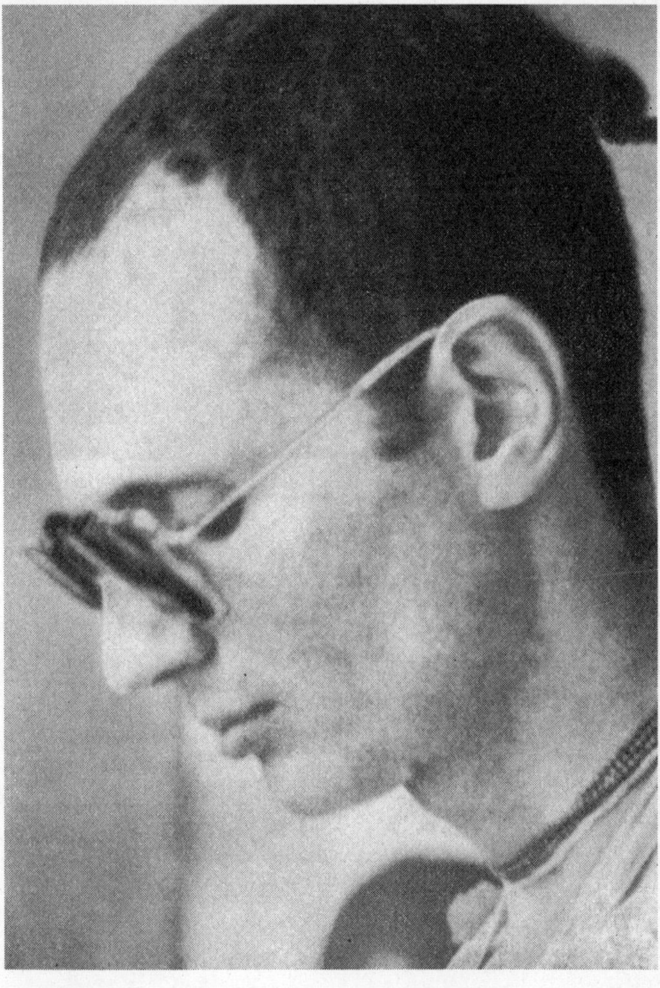

Swami Visnupada – der spirituelle Meister für die deutschsprachigen Länder

Ein Mitglied der Hare-Krishna-Bewegung überreicht 1981 Papst Johannes Paul II. im Petersdom die Bhagavadgita

Der Meister lehrt – A. C. Bhaktivedanta Swami Prabhupada (1896 bis 1977)

tum. Im August 1982 wurde im Bayerischen Wald als Europa-Zentrum ein weiterer Tempel eingeweiht. »Der 108 Quadratmeter große Tempelraum ist vollständig mit rotem Marmor und Mahagoniholz ausgekleidet; der Altar ist aus Rosenholz handgeschnitzt. Auf diesem Altar befinden sich zwanzig verehrungswürdige Formen Krsnas, der Höchsten Persönlichkeit Gottes. Sechsmal pro Tag werden diese Bildgestalten durch kirtana, das gemeinsame Chanten von spirituellen Liedern, und dem Darbringen von Speisen verehrt.«/12/ In den acht deutschen Zentren sollen nur ca. 100 »Gottgeweihte« leben. Auf dem Gebiet der ehemaligen DDR ist ein Zentrum im Aufbau. 1990 wurde in einer Wohnung der Leipziger Innenstadt ein erster »Krishna-Tempel« eingerichtet. Publikationsorgan der Bewegung in den deutschsprachigen Ländern ist seit November 1989 »Govinda – Das Magazin für Krsna-Bewußtsein«. In Österreich und in der Schweiz gibt es jeweils drei Zentren.

Auch in anderen nord- und westeuropäischen Ländern, wie z. B. in Großbritannien, Frankreich und Schweden, entstanden Tempel und Zentren. Bis nach Australien gelangte die Bewegung und unter die Angehörigen der indischen Minderheit in Afrika, vor allem in Kenia. In der Sowjetunion, die Prabhupada selbst mehrfach besuchte, konnte die Bewegung frühzeitig Anhänger gewinnen. Nach einer Zeit der Verfolgung wurde sie im Mai 1988 offiziell als Religionsgemeinschaft registriert. Einen kleinen Kreis von »Gottgeweihten« gab es seit den achtziger Jahren auch in der DDR. Der Zusammenbruch der sozialistischen Gesellschaftssysteme in Osteuropa war auch für die Hare-Krishna-Bewegung Anlaß, ihre missionarischen Aktivitäten in Europa auf die Länder des ehemaligen Ostblocks zu konzentrieren. Ihre Erfolge entsprechen auch hier nicht dem Aufsehen, das sie in der Öffentlichkeit hervorruft. Weltweit wird die Zahl der »Gottgeweihten« 1990 auf 10 000 geschätzt, die Zahl der Laienmitglieder und der Sympathisanten dürfte freilich wesentlich höher liegen.

Hauptzentrum blieb Indien. Dort befindet sich in Mayapur (Bengalen) heute das Welthauptquartier. In der heiligen Stadt Vrindaban wurde 1974 mit großem

Aufwand der Krishna-Balarama-Tempel mit einem internationalen Gästehaus errichtet. Indien war und ist das heilige Land, doch sind für die Hare-Krishna-Bewegung im Gegensatz zum orthodoxen Hinduismus die völkisch-nationalen und geographischen Schranken weggefallen. Auch die Kaste verliert ihre traditionelle Bedeutung, sie wird im Sinne einer geistlichen Qualifikation spiritualisiert. Es geht nicht um Geburt, Volk oder Kaste, sondern um dienende Hingabe an Krishna. Diese vollzieht sich aber im Rahmen traditionell hinduistischer kultischer Formen und Vorschriften, die nicht den westlichen Vorstellungen angepaßt sind. Gerade diese Exotik, die zunächst den streng asketischen Zug verdecken kann, mag auf viele Jugendliche der religiösen Protestszene gewirkt haben und wirken. Die Werbung und der Erfolg der Bewegung basiert, äußerlich betrachtet, auf der Exotik der Lebens- und Erscheinungsformen, auf dem Kultus sowie der intensiven literarischen Werbung. Letztere kann auf beeindruckende Zahlen verweisen: 1966 erreichte das von Prabhupada gegründete »Bhaktivedanta Book Trust«-Verlagshaus eine Produktion von 1000 Büchern, 1971 wurde die Millionengrenze überschritten, und bis Jahresende 1976 waren insgesamt 66 Millionen Bücher verlegt worden. Die Erfolgsbilanz setzte sich fort. Von verschiedenen Seiten wurde der Vorwurf erhoben, »die Verbreitung der massenweise produzierten Leinenbände, Paperbacks, Taschenbücher, Zeitschriften, Kalender, Bilder und Schallplatten« werde »so hemmungslos betrieben, daß man ohne zu übertreiben die Krishna-Gesellschaft als groß angelegte internationale Vertriebsorganisation mit kapitalistisch-expansivem Zuschnitt charakterisieren kann. Das gilt, auch wenn sich der Bhaktivedanta Book Trust ausdrücklich als ›Non-Profit-Unternehmen‹ bezeichnet.«/13/ Neben der Art und Weise der öffentlichen Buchwerbung führte das religiös motivierte Betteln der Krishna-Mönche immer wieder zu Auseinandersetzungen und zu Prozessen, die freilich keine grundlegende Klärung brachten./14/

Ein schwerer Schlag für die Bewegung war der Tod Prabhupadas. Er starb am 14. November 1977 in Indien. Die Totenfeier fand im Tempel der Krishna-Bewegung in Vrindaban statt. Die »Internationale Gesellschaft für Krishna-Bewußtsein« (ISKCON) wird seitdem von 24 Gurus geführt – der bereits 1970 gebildeten Governing Body Commission. Jedes Mitglied dieses Rates ist für eine Ländergruppe zuständig. Für die deutschsprachigen Länder, Skandinavien und Osteuropa ist Harikesa Swami Visnupada der Leiter. Die Kommission tritt einmal im Jahr in Mayapur in Indien zusammen.

Prabhupada bleibt für seine Anhänger die einmalige Gestalt der »selbstverwirklichten Seele« des »reinen Gottgeweihten«. Seine Schüler, die in der Bezeichnung »Seine Göttliche Gnade« keinen leeren Titel sahen, erhoffen von ihm und durch ihn nach wie vor ihr Heil, gegenwärtiges und zukünftiges. Vrindaban, die heilige Stadt Krishnas, ist heute für die Hare-Krishna-Jünger aus aller Welt auch Mittelpunkt für die Verehrung ihres Meisters. Reinhart Hummel, Teilnehmer einer internationalen theologischen Studienreise zu indischen Ashrams, berichtet über den Besuch im Tempelzentrum der Krishna-Bewegung in Vrindaban: »Einer indischen Familie, die diesen Tempel besucht, ist die Verblüffung deutlich anzumerken. Wohl vollzieht sie die üblichen Formen der Verehrung, aber zwischendurch kichert und tuschelt sie über den seltsamen Anblick, der sich bei der mittäglichen Arati-Zeremonie darbietet: Es sind Weiße – Franzosen, Deutsche und andere –, die die Öllampen vor den Altären feierlich schwenken und die Gesänge zu Ehren Krishnas mit Trommelbegleitung anstimmen.

Schon sind die Pläne fertig für das Grabmal Swami Prabhupadas, das fünfeinhalb Millionen Rupien kosten soll. Die Auseinandersetzungen über die Bettelmethoden der Hare-Krishna-Mönche im Westen verblassen angesichts der Tatsache, daß diese große Summe zur Verfügung steht, um den Meister zu ehren, der das Krishnabewußtsein im Westen verbreitet hat. Der überraschte Besucher wird mit der leiblichen Erscheinung des verstorbenen Swamis konfrontiert: lebensecht in Wachs abgebildet, sitzt er an seinem Schreibtisch, die nimmermüde Feder in der Hand, mit der er die klassischen Schriften der Krishnaverehrung ins Englische übersetzt hat. Die zweite Generation der Krishnajünger wächst heran und wird in einer Schule unterrichtet, die sich um keine offiziellen Lehrpläne schert. Hier werden zukünftige Krishnamissionare herangebildet.«/15/

In Indien hat sich die Bewegung nach Prabhupadas Tod weiter ausgebreitet. Die größten Ashrams befinden sich in Mayapur, dem Geburtsort Caitanyas, in Bombay und Vrindaban. Mayapur soll nach Prabhupadas Willen eine krishnabewußte Stadt werden. Das Projekt zeigt, in welch starkem Maße dabei auch soziale und gesellschaftliche Anliegen einbezogen werden. »Das Mayapur-Projekt versteht sich als Begegnungsstätte für die Menschen der modernen Welt, die an der praktischen Anwendung von spirituellem Wissen interessiert sind. Durch den Aufbau eines einzigartigen spirituellen Zentrums, umgeben von Schulen für spirituelle Ausbildung, sowie einer Reihe von Wohnanlagen, die 50 000 Menschen Unterkunft bieten wird, soll sich das Mayapur-Projekt zum Kronjuwel der wirklichen Herrlichkeit Indiens entwickeln.«/16/ Auf fast 100 Hektar wird biologischer Landbau zur Ernährung der Bewohner und Gäste betrieben. Drei Gästehäuser mit 1200 Betten stehen bereits zur Verfügung, ein weiteres Gästehaus für 1000 Betten ist im Bau. Für Prabhupada wird ein großes Monument errichtet, das 1991 eingeweiht werden soll. Gegenwärtig kann das Gelände, zu dem auch ein großer Tempel gehört, etwa 200 000 Pilger aufnehmen. In Zukunft soll hier »einer der größten Tempel der Welt« entstehen, auch eine Universität ist vorgesehen. Als ihren Vorläufer kann man die »Gurukula, eine Stätte der Bildung und Erziehung für junge Menschen zwischen 5 und 25 Jahren«, ansehen, die im Sinne des traditionellen vedischen Ausbildungssystems arbeitet. »Das Ziel des Mayapur-Projektes ist die Bildung einer Gemeinschaft, deren Mittelpunkt hingebungsvoller Dienst, spirituelle Kultur und vedisches Wissen in Verbindung mit den Errungenschaften der modernen Welt darstellt.«/17/

2. Erlösung durch Krishna-Bewußtsein

(Lehrgrundzüge)

Swami Prabhupada behauptet nichts weniger, als der Menschheit den Weg der Erlösung, der Befreiung und damit des großen Glücks zeigen zu können. Die Welt befindet sich, so lehrt er, entsprechend der vedischen Anschauung von den vier Weltzeitaltern, im dunklen Kali-Yuga, der Epoche des Streites und der Heuchelei. Sie beginnt mit dem Tode Krishnas am 17. Februar 3102 v. Chr. und wird noch fast 427 000 Jahre dauern. Dann erst wird sie wieder durch ein neues, besseres Zeitalter abgelöst werden. Im Mittelpunkt des Weges aus der Dunkelheit des gegenwärtigen Zeitalters steht die Erlangung des Krishna-Bewußtseins durch dienende Hingabe an Krishna und das Singen seines heiligen Namens. Lehrgrundlage für diesen Weg sind die heiligen Schriften des Hinduismus im Rahmen der Bhakti-Frömmigkeit.

Gott ist nach Prabhupadas Auffassung, im Unterschied zu verbreiteten hinduistischen Traditionen, nur *einer*, er ist Krishna. Neben ihm gibt es lediglich Halbgötter, wie Indra, Brahma und viele andere. Die ganze, fast unübersehbar reich gestaltete indische Götterwelt geht so letztlich in Krishna auf. In ihm liegt die ganze Fülle des Seins und des Glücks. Das Glaubensbekenntnis der Bewegung gibt in Punkt 2 folgende Definition: »Gott, oder Krishna ist unvergänglich, allwissend, allgegenwärtig, allmächtig und alles anziehend, der Samen gebende Vater der Menschen und aller lebenden Wesen. Er ist die erhaltende Kraft allen Lebens, des Natur- sowie kosmischen Zustandes.«/18/ Da der Mensch eine »ewige Geistes-Seele, ein wesentlicher Bestandteil Gottes« ist (Punkt 3), liegt das Krishna-Bewußtsein als Urbewußtsein, als »Überseele« im eigentlichen Wesenskern eines jeden Menschen. Durch die falsche Einstellung zur Materie sowie durch Nichtwissen um die wahren Zusammenhänge des Seins und der Welt ist das Krishna-Bewußtsein allerdings bei den meisten Menschen verdeckt. Der große menschliche Grundirrtum wird darin gesehen, daß sich der Mensch mit seinem Körper gleichsetzt und sich damit selbst unter die Herrschaft der Materie stellt. Aber das Göttliche im Menschen drängt zu Krishna zurück. Prabhupada betont: »Jeder hat eine ewige Beziehung mit dem Herrn [Krishna], entweder als Meister und Diener, Freund und Freund, Eltern und Kinder, Mann und Frau oder Liebender und Geliebte.«/19/ Die ursprünglich vollkommenen Beziehungen eines jeden Menschen zu Krishna spiegeln sich jetzt nur, vielfach gleichsam pervertiert, in irdischen Beziehungen wider. Auch die Liebe zum Irdischen, zur Materie, ist in diesem Sinn eine – wenn auch in die entgegengesetzte und falsche Richtung geleitete – Form der wesensmäßigen Mensch-Krishna-Beziehung.

Im materiellen Genuß und der Identifikation mit der Materie sucht der Mensch sein Glück und gerät gerade dadurch immer stärker ins Unglück. Der letzte Grund für diese verderbliche, weitverbreitete Lebensweise vieler Menschen ist ihre Unwissenheit (avidya). Denn das Nichtwissen »erzeugt die Illusion (maya), als könnte die Glückseligkeit (moksha) durch Fortschritt in materieller Erkenntnis und durch steigende Sinnesbefriedigung erreicht werden. Diese Illusion aber erzeugt nur Leiden, zwingt den Menschen unter das Gesetz des Karma (Folge der durch Nichtwissen entstandenen Taten) und spannt ihn in den Kreislauf der Wiedergeburten (samsara) ein.«/20/ Der einzige Weg aus diesem Teufelskreis der Verstrickung in die Materie führt dennoch über das Wissen (vidya), ist Erlösung durch das Krishna-Bewußtsein. Zu diesem Wissen, das jedem Menschen offensteht und für die gesamte Menschheit da ist, gelangt man jedoch nicht nur aus eigener Kraft, dazu bedarf es auch des geistigen Meisters, des Gurus. Er führt den Schüler mit absoluter göttlicher Autorität auf den Weg des Wissens und der Krishna-Erkenntnis.

In den 20 Richtlinien, die Prabhupada seinen Schülern gab, heißt es hierzu u. a.:

»1. Der ernsthaft Suchende muß einen echten Geisteslehrer aufsuchen, um wissenschaftlich geschult zu werden. Weil die Sinne aus Stoffeskraft gebildet sind, ist es nicht möglich, mit ihnen die Transzendenz zu erkennen. Deshalb müssen sie durch ein vorgeschriebenes System unter der Führung des Geistigen Meisters geläutert werden.

2. Wenn der Schüler einen echten Geisteslehrer gefunden hat, dann muß er von ihm die Initiation empfangen. Damit beginnt dann das überweltliche Studium.

3. Der Schüler muß bereit sein, den Geistigen Meister in jeder Hinsicht zufriedenzustellen. ...«/21/

Der Guru wird ihn, wenn der Schüler diese und andere Bedingungen erfüllt, über das Prinzip der dienenden Hingabe zum wahren Krishna-Bewußtsein führen. Das bedeutet Befreiung vom Kreislauf der Wiedergeburt, Lösung von den Verstrickungen in die Materie und damit ewige Glückseligkeit.

»Auf die Frage, *wie* wir unser praktisches Handeln in den liebevollen Dienst Gottes stellen können, empfehlen sämtliche Veden für das gegenwärtige Kali-Zeitalter insbesondere *eine* Methode der spirituellen Praxis, welche, da sie direkt die Aufmerksamkeit und Barmherzigkeit Gottes erweckt, die Kraft in sich birgt, uns aus der Verstrickung des Karma und der Reinkarnation zu befreien: Das Chanten (Singen oder Sprechen) der Heiligen Namen Gottes, insbesondere des folgenden *Mahāmantra* (›Großer Gesang der Befreiung‹):

Hare Krsna Hare Krsna
Krsna Krsna Hare Hare
Hare Rama Hare Rama
Rama Rama Hare Hare.«/22/

»Wenn man einfach nur diese Namen Gottes chantet, wird man sein Leben zur Vollkommenheit führen und allmählich durch direkte Erfahrung bereits im gegenwärtigen Leben seine natürliche Aufgabe als Diener Gottes erkennen können. Dieses Chanten ist eine spirituelle Klangschwingung, die direkt die spirituelle Seele erreicht. ›Hare‹ bezieht sich auf Gottes spirituelle Energie, und ›Krsna‹ ist der Hauptname Gottes, der so viel bedeutet wie ›der Allanziehende‹. ›Rāma‹ schließlich ist ein weiterer Name Gottes und bezieht sich auf Seine Eigenschaft als ›der Ursprung aller Freude‹. Der gesamte Hare-Krsna-Mantra ist also ein Gebet in Form einer Anrufung der Person Gottes und Seiner Energien, verbunden mit der Bitte um hingebungsvollen Dienst.«/23/

Man empfiehlt, täglich mindestens 1728mal zu chanten. Dabei können nach und nach drei Stufen der inneren Entwicklung durchschritten werden. In der ersten Stufe wird der Spiegel des Geistes vom Staub materiellen Denkens gereinigt. Die zweite Stufe bringt die Überwindung von Symptomen des materiellen Daseins, während die dritte Stufe der Transzendenz und Vollkommenheit zum »glückseligen Leben« führt. »Wer diese ›Stufe der Transzendenz‹ erreicht hat, zeigt beim ›Chanten‹ auch äußerliche ›Zeichen des Transzendentalen Glücks‹, von denen acht genannt werden: 1. Sprachloses Innehalten, 2. Schweißausbruch, 3. Sträuben der Körperhaare, 4. Brechen der Stimme, 5. Zittern, 6. Ohnmacht, 7. Ekstatisches Weinen und 8. Trance.«/24/ Er hat das Krishna-Bewußtsein und damit das höchste Glück erlangt. All sein Denken und Tun, auch in den alltäglichsten Dingen, ist auf die ewige Wahrheit, auf Krishna, ausgerichtet, an die Stelle des weltlichen Bewußtseins ist das Krishna-Bewußtsein getreten. Allerdings ist die volle Wirksamkeit des Chantens an die Einhaltung bestimmter Regeln gebunden. Vier grundlegende Prinzipien der Lebensführung sind zu nennen:

1. Der Krishna-Verehrer lebt rein vegetarisch, er verzichtet auf den Genuß von Fleisch, Fisch und Eiern.

2. Er meidet alle Rauschmittel, Drogen, Alkohol, Kaffee, Tee und Tabak.

3. Glücksspiele und jede Art »frivolen« Sports und Spiels sind ihm verboten.

4. Die sexuelle Betätigung beschränkt sich allein auf die Zeugung von Kindern.

Die Beachtung dieser Gebote während eines Zeitraums von mindestens 6 Monaten ist die Voraussetzung für die Einführung (Initiation) in die Bewegung durch einen Meister. Der Schüler empfängt bei seiner Einführung einen Sanskritnamen. Bewährt er sich, so kann er die nächsthöhere Weihe erhalten, die brahmanische Initiation. Dabei wird ihm die heilige Schnur als Zeichen seiner neuen, geistig verstandenen Kastenzugehörigkeit verliehen. Von einem unverheiratet eintretenden Mann wird für mindestens zwei Jahre die Ehelosigkeit erwartet, danach kann er die Ehe mit einer Gottgeweihten eingehen. Allerdings ist auch der Fall möglich, daß ein Verheirateter bei seinem Eintritt in die Bewegung und damit in die Lebensgemeinschaft eines Ashrams das Mönchsgelübde ablegt. Dies tat 1950 Prabhupada. Die dritte mögliche Lebensform des Waldeinsiedlers scheint sich heute keiner Wertschätzung mehr zu erfreuen.

Der hohe Anspruch der Hare-Krishna-Bewegung wirft die Frage nach ihrem Verhältnis zu den anderen Weltreligionen, insbesondere zum Christentum auf.

Prabhupada löst dieses Problem im Sinne der hinduistischen Tradition. In Punkt 1 des Glaubensbekenntnisses wird hervorgehoben: »Die Absolute Wahrheit ist in allen heiligen Schriften dieser Welt enthalten, wie der Bibel, dem Koran, dem (sic!) Torah, usw. Jedoch sind die Veden die ältesten der bestehenden Offenbarungsurkunden, vor allem die Bhagavad Gita, die eine genaue Aufzeichnung von Gottes eigentlichen Worten ist.«/25/ Den Religionen außerhalb des Hinduismus kommt also nur eine vorbereitende, bestenfalls eine Nebenrolle zu.

Da sich Prabhupada mit seiner Mission besonders an die »westliche Welt« gewiesen wußte, war die Auseinandersetzung mit dem Christentum unvermeidbar. Dabei scheint er, wie ein Sachkenner feststellt, eine gewisse Wandlung zumindest in der Methode und im Ton der Auseinandersetzung durchgemacht zu haben./26/ Die Kritik am Christentum erfolgt zunächst von der als weit überlegen angesehenen Position hinduistischen Weisheits- und Kulturbewußtseins aus. 1973 stellt Prabhupada im Bewußtsein seines überragenden göttlichen Wissens dem Christentum im Zusammenhang mit einer verächtlichen Beurteilung gleichsam den Totenschein aus: »Hier (im Krishna-Bewußtsein) findet man Wissenschaft – und dort (im Christentum) nur Torheit ... Sie haben keine Philosophie ... Dieses Religionssystem wurde vor ungefähr 2000 Jahren einigen Hirten gelehrt, viertklassigen Menschen; wie soll der moderne Mensch, der sich durch die Wissenschaft fortgeschritten dünkt, es annehmen? Jesus Christus lehrte als erstes ›Du sollst nicht töten‹. Das bedeutet, er predigte zu Mördern, zu zehntklassigen Menschen. Wie soll nun diese für zehntklassige Menschen bestimmte Religion für erstklassige Menschen annehmbar sein?«/27/ Neben der schroffen Kritik des Christentums klingt hier auch Prabhupadas scharfe Kritik der westlichen Wissenschaft und der Wissenschaftler selbst an, von denen er an anderer Stelle sagt: »Das ist das Unsinnige an den heutigen Wissenschaftlern. Sie haben sich selbst gegenseitig alles bewiesen, außer – wer sie selbst sind.«/28/

Ohne von seiner grundsätzlichen Position abzugehen, bemühte sich Prabhupada dann aber in den Rettershofer Gesprächen (1974) mit Vertretern des Christentums, die Übereinstimmung des Krishna-Glaubens und Christus-Glaubens aufzuzeigen. Voraussetzung dafür ist auf dem Hintergrund des universellen Anspruchs des Krishna-Bewußtseins eine Umdeutung grundlegender christlicher Aussagen und Traditionen. Man muß sich allerdings fragen, ob Prabhupada die christliche Lehre überhaupt näher kannte, wenn er z. B. behauptete, Jesus habe als erstes Gebot gelehrt, nicht zu töten. Durch die äußerst fragwürdige Gleichsetzung »Christus-Krischto-Krishna« – so der Titel einer Publikation über die Rettershofer Gespräche – wird die Einmaligkeit Jesu Christi aufgehoben. Interessant ist in diesem Zusammenhang, daß schon die Theosophie und ihr verwandte Strömungen Krishna als eine Inkarnation Christi ansehen. Auch bei Prabhupada taucht die in verschiedenen religiösen Bewegungen in unterschiedlichsten Varianten vorkommende Anschauung auf, Jesus habe seine erste Ausbildung bei den Weisen Indiens, Ägyptens und Mesopotamiens erhalten. Begründet wird dies auch hier mit in den Geheimarchiven des Vatikans oder in buddhistischen Klöstern vorhandenen, bisher unbekannten Schriften, die geistig geschaut wurden. Auch Vegetarismus und Wiederverkörperungslehre werden mit dem Hinweis auf zwei unbekannte Evangelien, auf christlich gnostische Schriften sowie Teile der urchristlichen Tradition als ursprünglich christlich ausgewiesen. Einem seiner deutschen Schüler konnte Prabhupada deshalb schreiben: »Wenn es Dir also ernst damit ist, dem Pfad von Jesus Christus zu folgen, solltest Du von dem breiten philosophischen Hintergrund dieser Bewegung für Krsna-Bewußtsein Gebrauch machen, Dein Leben Krsna hingeben und die Menschen gottesbewußt machen. ... Du wolltest nun wissen, worin der Unterschied zwischen Jesus Christus und Krsna besteht. In vielen Gesprächen und Vorträgen haben wir bereits erklärt, daß Krsna Gott selbst ist und Jesus Christus Sein Sohn. So, wie in gewissem Sinne kein Unterschied zwischen dem Vater und dem Sohn besteht (›Der Wille meines Vaters ist auch mein Wille‹), gibt es keinen Unterschied zwischen Krsna und Jesus Christus; aber dennoch ist der Sohn nicht gleich dem Vater.«/29/ Es ist unübersehbar, daß bei all dem das Christentum bestenfalls eine Art »degeneriertes

Krishna-Bewußtsein« ist. Eine Verbindung von Krishna- und Christusglauben erweist sich aus christlicher Sicht als unmöglich. Jesus oder Krishna, nicht Jesus und Krishna! Die tiefe Verwurzelung der Hare-Krishna-Bewegung im Hinduismus zeigt sich nicht zuletzt auch in ihren Lebensformen.

3. Leben für Krishna
(Lebensformen)

Die Lebenspraxis der Hare-Krishna-Anhänger wurde unter das Motto gestellt: »Einfach leben – Hoch denken«./30/ Dies läßt sich am vollkommensten in einer klösterlichen Wohngemeinschaft, einem Ashram, verwirklichen. Viele davon bestehen bereits; neue werden gegründet, wenn die Zahl der Bewohner, zu denen auch Ehepaare mit Kindern gehören, zu groß wird. Heute spricht man kaum mehr von Ashrams, sondern von »Farmgemeinschaften« und von »Bauernhof-Projekten«, in denen sich Krishna-Bewußtsein am besten erlangen und vertiefen läßt. Selbstverständlich gibt es auf jedem dieser rein biologischen Landbau betreibenden »Bauernhöfe« – wo z. B. nicht mit Traktoren, sondern mit Ochsen gepflügt wird – einen Tempel. Das Ashram-Modell steckt also unverkennbar im »Bauernhof-Projekt«.

Wer in einen Ashram eintritt, bricht radikal mit der Welt. Der Bruch mit der Umwelt und die neue Identität werden auch äußerlich sichtbar. Kahlgeschoren tragen die Männer am Hinterkopf nur einen schmalen Zopf und kleiden sich mit dem Dhoti, einem indischen Gewand. Bei Mönchen ist es safranfarbig, bei verheirateten Männern weiß. Frauen tragen den indischen Sari; ob sie verheiratet sind, erkennt man an einem roten Punkt auf der Stirn.

Einen weltlichen Beruf üben die Gottgeweihten nicht mehr aus. Ihre Hauptaufgabe besteht im Pflegen des Krishna-Bewußtseins durch liebende, dienende Hingabe, im Chanten, im Arbeiten für den Ashram und in Mission. Zu letzterer gehört auch der Verkauf von Literatur, das Einsammeln von Spenden und Opfergaben.

Von den erzielten Einnahmen haben die Mitglieder der Ashrams keine persönlichen Vorteile; das Geld wird nach eigenen Angaben zur Förderung der Bewegung verwendet, dazu gehört etwa auch der Einstieg ins Reformhausgeschäft, sowie zu karitativen Aufgaben, namentlich in Indien.

Der Aufnahme in die Bewegung geht ein Noviziat von ein bis zwei Jahren voraus. Ein Austritt ist möglich, im speziellen Fall aber ohne äußere Hilfe schwer zu vollziehen. Neben den Gottgeweihten gibt es einen Freundeskreis von Anhängern und Sympathisanten, die in der Welt, im bürgerlichen Leben geblieben sind.

Im Leben aller Krishna-Gläubigen und Verehrer spielt der Gottesdienst eine zentrale Rolle. Gottesdienst ist nicht zuletzt auch Dienst an den Gottes- und Götterbildern, den Idolen, die eigens aus Indien bezogen werden. Allenthalben ist die religiöse und kulturelle Tradition Indiens gegenwärtig. Der Besucher eines Gottesdienstes in einem Tempel in Hamburg am 14.6.1971 schildert seine Eindrücke so: »Als wir eintreffen, hat der Gottesdienst schon begonnen. Es ist 19 Uhr. Laut dringt uns auf der Treppe der Sankirtana, das Hare Krishna in die Ohren. Dumpf dröhnt die Mradanga, hell klirren die Kartals, rhythmisch rasseln die Tanpuras, sanft untermalt vom Klatschen der Hände.

Wir betreten den Tempel. Ein ehemaliger Lagerraum, auf indisch hergerichtet. Die Fenster bunt bemalt, auf dem Fußboden Sitzkissen. Die Wände verschiedenfarbig getüncht, vor den Altären Teppiche, die Altäre selbst mit Blumen, Seide und Spitzen geschmückt. Duft von Weihrauch umfängt uns.

Eine junge Frau im Sari tritt uns entgegen, eine Räucherschale in den Händen. Sie heißt uns unsere Hände darüber halten und sie mit Weihrauch gefüllt an unser Gesicht führen. Dann geht sie zurück zum Altar. Sie ist die Vorsängerin des Krishna-Mantras und Priesterin des Altars. Sie steht links vor dem Räucheraltar, auf dem sich mehrere brennende Lampen und Weihrauch ausströmende Räucherschalen befinden. Nach gewissen Intervallen ergreift sie eine dieser Schalen und geht singend um den Kreis der auf dem Boden sitzenden Gottesbrüder, unter denen sich auch einige Adepten befinden, herum. Sie fangen den Rauch mit den Händen auf und führen sie dann an das Gesicht. Das wiederholt sich im Laufe des Gottesdienstes mehrere Male. Auf der rechten Stirnseite des Raumes, ganz rechts, steht der Altar Sri Caitanyas, des goldenen Avatars Krishnas, in der Mitte der liebevoll geschmückte Altar Krishnas selbst. Sein Bild, wie übrigens auch das Caitanyas, strahlt in jugendlicher Schönheit. Sie ist das Symbol seiner ›sechs Füllen‹: des Wissens, des Reichtums, des Ruhms, der Kraft, der Schönheit und der Entsagung. Von der Längswand des Tempelraumes blicken die Bilder der drei letzten Gurus in der Traditionsfolge auf die kleine Schar der Krishna mit Hingabe dienenden Gottgeweihten. Da ist Srila Bhaktisiddanta Saraswati Goswami, der Geistige Meister Swami Prabhupadas. Daneben Srila Bhaktivinoda Thakur. Und da ist das Bild eines asketisch wirkenden Einsiedlers, des Sannyasi Gauvakishora, des Geistigen Meisters Bhaktisiddanta Saraswatis. Direkt dem Altar Krishnas gegenüber, auf der anderen Schmalseite des Raumes, auf einem mit Spitzen, Samt und Blumen geschmückten Throne, prangt das Bild des Gründers ISKCON, seine göttliche Heiligkeit A. C. Bhaktivedanta Swami Prabhupada, der Geistige Meister der Hare-Krishna-Bewegung in der westlichen Welt.

Ununterbrochen tönt der Krishna Mantra. Mal verhalten monoton, dann mehrstimmig, sich von Piano im Crescendo zum Fortissimo steigernd, unwillkürlich mitreißend, ekstatisch. Die beiden außer der Vorsängerin anwesenden Gottesschwestern sind aufgestanden. Sie tanzen mit verzückten Gesichtern sich Krishna zuwendend, die Hände wie segnend erhoben, die nackten Füße schwingend in anmutiger Bewegung zum Rhythmus der dumpfen Mradanga.

So geht es über eine Stunde. Hin und wieder unterbrechen nun gemurmelte Gebete den Gesang, wobei die Beter Hände und Stirn demütig auf die Erde legen.

Hier lerne ich ihn kennen, den Bhaktiyoga. Das dringt in die Ohren, klopft ans Gehirn, greift nach dem Herzen. Hände und Füße zucken. Denn jede Seele schreit nach Gott und will zurück zu ihm. Und nun, beim Singen seines Namens, ist er gegenwärtig, ergreift die Seele und bereitet sie zum liebenden Dienst und erfüllt sie mit seinem beglückenden Bewußtsein.

Im Anschluß an jeden Gottesdienst, besser zum Abschluß, legt ein Schriftkundiger Vaishnava einen heiligen Text aus. In der Regel wird daraus eine richtige Predigt, allerdings im Sitzen gehalten, ohne Kanzel.«/31/ Soweit der Bericht über einen Gottesdienst.

Das ganz andere, die »exotische« Religionsausübung in Verbindung mit dem Angebot einer totalen Glaubens- und Lebensalternative, ließ die Hare-Krishna-Bewegung offenbar in Nordamerika und Europa Fuß fassen. Ihre missionarische Zielgruppe war von Anfang an – nicht zufällig – die Jugend, hier erlangte sie ihre Erfolge. Auf die »Ausgeflippten«, die Ausgestiegenen ist ihre Werbung in erster Linie ausgerichtet, aber auch ökologische Fragen und Probleme des Tierschutzes werden verwendet. Der Text des folgenden Werbeblattes zeigt geradezu charakteristisch die Anknüpfungspunkte, aber auch die religiösen Zielvorstellungen und Verheißungen dieser Bewegung bei ihrem Werben um Jugendliche in der Krise:

»MACH EIN EXPERIMENT!!!!!!!!!!!

stay high forever – wie man immer oben bleiben kann: Wenn wir die Grenzen des Bewußtseins überschreiten, gelangen wir in Bereiche, die sich jenseits von Raum und Zeit befinden und jenseits von Geburt und Tod. Schon psychodelische [Drogen] Erfahrungen der Vergangenheit haben uns vielleicht gezeigt, daß jenseits der Bereiche normaler Wahrnehmung sich Welten auftun, von denen sich unsere Eltern nicht träumen lassen, doch weil die Mittel zum Vorstoß in den Weltraum der übersinnlichen Erfahrungen materiell sind (Drogen zum Beispiel), sind auch die Erfahrungen materiell und nicht spirituell. Und materielle Erfahrungen haben einen Anfang und ein Ende und so kommen wir wieder herunter auf die Ebene der alltäglichen und belanglosen Situationen genau wie die Mondfahrer wieder zurück müssen, weil sie dort oben keine Zuflucht finden können. ...

Eigentlich ist das Leben dazu gemacht: Die Reise zum inneren Selbst anzutreten, sich Selbst zu finden – Selbsterkenntnis ist der erste Weg zur Besserung. Nicht ein Professor zu werden oder Kranführer, denn ob Du Professor bist oder Kranführer, wenn Du nicht schwimmen gelernt hast, mußt Du ertrinken im Moment des Todes, und Mama und Papa und Bundeskanzler und Doktor und Freundin und Dein Hund können Dir nicht helfen, das mußt Du verstehen. Und ob Dein Körper deutsch ist oder russisch oder jüdisch, Hindu, Moslem, sozialistisch denkt oder kapitalistisch, altruistisch oder humanistisch – wie auch immer, all das wird Dir nicht helfen, all Deine Bildung, Gedanken, guten Worte und Vorsätze, es ist alles nutzlos im Moment des Todes und Du bist ein erstklassiger Idiot, wenn Du glaubst, Du kommst so einfach davon.

Atatho Brahma jijnasa heißt es: Dein Leben ist gemacht dazu Dich zu erkennen. Daß Du nicht dieser Körper bist, der ist nur ein Hemd, das Du anhast. Daß Du spirituelle Seele bist – in der materiellen Welt fehl am Platz wie ein Fisch an Land. Und daß Du das nicht nur verstehen, sondern verwirklichen mußt. NICHT MORGEN ODER ÜBERMORGEN, SONDERN JETZT, DENN MAN KANN ALTEN HUNDEN KEINE NEUEN TRICKS MEHR BEIBRINGEN.

Denn wenn Du das verstanden hast, dann weißt Du: Du wirst nicht alt, Du wirst nicht krank, und das was da jetzt röchelt und jetzt stirbt: Du bist es nicht! Es ist nur Dein Körper. Und Du bist verschieden davon.

Dann hat Dein Bewußtsein die Ebene der Unsterblichkeit erreicht und DU BIST ABSOLUT FREI – EWIG, GLÜCKSELIG UND IN VOLLKOMMENEM WISSEN.

Da wollen wir Krishnaleute hin. Keine Frage mehr, es sich im Gefängnis der Welt bequem machen zu wollen. Die einzige Frage ist: wie komm ich raus?«/32/

Ausstieg aus dieser Welt und Einstieg in eine andere, geistige Welt ist *das* Angebot der Hare-Krishna-Bewegung. Die Krise der säkularen Gesellschaft bildet den kontrastreichen Hintergrund für die verheißene ewige Welt absoluter Freiheit, Glückseligkeit und Vollkommenheit. Der Weg führt ins Innere, denn nur dort findet man Krishna.

Unbestreitbar werden die Symptome der gesellschaftlichen Krise, einschließlich der damit verbundenen Bewußtseinskrise, weithin richtig beschrieben, wenn jugendliche Anhänger sagen: »Die Gesellschaft funktioniert nicht mehr. Ein Unwetter ist im Anrollen unter den großen Wolken der nuklearen Bedrohung, der Umweltverschmutzung, der Energiekrise und der Kriege. Eine ganze Generation von Schiffbrüchigen möchte das Schiff verlassen. Alles wird suspekt, die bürgerlichen Parteien beschuldigen sich gegenseitig der Unfähigkeit. Friedliche Demonstrationen enden in blutigen Tumulten. Unsere Bildungsstätten und die Medien schüren Verbrechen, Gewalttätigkeit, Drogensucht und Prostitution.«/33/ Die Symptome stimmen, das angebotene Alternativkonzept ist zweifellos radikal, führt aber auch ins radikale Abseits.

1/ Wolfgang Tietze, Demütiger als Gras, in: Jugendmagazin Neues Leben, Nr. 10, 1981, 41
2/ Vgl. Die Bhagavadgita, hrsg. von Klaus Mylius, Leipzig 1980
3/ Handbuch Religiöse Gemeinschaften, hrsg. von Horst Reller, Gütersloh ²1979, 631
4/ Ebd., 632
5/ Reinhart Hummel, Indische Mission und Neue Frömmigkeit im Westen, Stuttgart 1980, 51
6/ Ebd.; vgl. auch Die Geschichte der Hare-Krsna-Bewegung vom 16. Jahrhundert bis heute, in: Wie es ist. Das Magazin der Hare-Krsna-Bewegung, Nr. 3/9, 1982, 2
7/ Satsvarupa Dasa Goswami, Prabhupada. Der Mensch. Der Weise. Sein Leben. Sein Vermächtnis, o.O., 1983, 7
8/ Handbuch Religiöse Gemeinschaften, a.a.O., 627
9/ Barbara Zinke, Der einfachste Weg. Die »Hare-Krishna-Gemeinschaft«, in: Ludger Zinke (Hrsg.), Religionen am Rande der Gesellschaft. Jugend im Sog neuer Heilsversprechungen, München ²1978, 115
10/ Rüdiger Hauth, Jugendsekten und Psychogruppen von A–Z, Gütersloh 1981, 54
11/ Handbuch Religiöse Gemeinschaften, a.a.O., 628 f.
12/ Im neuen Tempel im Bayerischen Wald, in: Wie es ist, a.a.O., 16
13/ Michael Mildenberger, Die religiöse Revolte. Jugend zwischen Flucht und Aufbruch, Frankfurt a. M. 1979, 112
14/ Ebd., 112 f.
15/ R. Hummel, Das Indien der Gurus, Eindrücke einer Studienreise, in: Materialdienst der EZW, 1981, 101 f.
16/ Informationsblatt – Sri Mayapur-Projekt, Zug 1990
17/ Ebd.
18/ Zitiert nach F.-W. Haack, Jugendreligionen. Ursachen, Trends, Reaktionen, München 1979, 87; eine sprachlich etwas andere Fassung der 8 Grundsätze der Bewegung findet sich in: Wie es ist, a.a.O., 2
19/ A. C. Bhaktivedanta Swami Prabhupada, The Perfection of Yoga, BBT 1972, 71, zitiert nach R. Hummel, Indische Mission, a.a.O., 56
20/ Handbuch Religiöse Gemeinschaften, a.a.O., 635
21/ Swami Prabhupada, Jenseits von Zeit und Raum. Über die Möglichkeit, mit Yogakräften die antimateriellen Planeten zu erreichen, Broschüre, 31, zitiert nach Handbuch Religiöse Gemeinschaften, a.a.O., 636
22/ Ronald Zürrer, Reinkarnation. Die umfassende Wissenschaft der Seelenwanderung, Zürich 1989, 343
23/ Ātma-tattva dāsa (Armin Risi), Die Hare-Krsna-Bewegung (Eine Selbstdarstellung), Düdingen 1990, 12
24/ R. Hauth, von A–Z, a.a.O., 23
25/ Zitiert nach F.-W. Haack, Jugendreligionen, a.a.O., 87
26/ Vgl. R. Hummel, Indische Mission, a.a.O., 168 f.
27/ Swami Prabhupada, Leben kommt von Leben. Gespräche, Schloß Rettershof i. Ts. 1974, 114, zitiert nach B. Zinke, Der einfachste Weg, a.a.O., 123

28/ M. Mildenberger, Die religiöse Revolte, a.a.O., 117
29/ Christus und das Christentum, in: Wie es ist, a.a.O., 7
30/ Eine Selbstdarstellung, a.a.O., 15
31/ Zitiert nach Handbuch Religiöse Gemeinschaften, a.a.O., 641 f.
32/ Flugblatt der ISKCON, München o. J., zitiert nach F.-W. Haack, Jugendreligionen, a.a.O., 88 f.
33/ W. Tietze, Demütiger als Gras, a.a.O., 41

Mission des göttlichen Lichts (Divine Light Mission)

1. Guru Maharaj Ji – der vollkommen erleuchtete göttliche Meister

(Geschichte – Organisation – Verbreitung)

Im Jahre 1960 wurde in der indischen Hauptstadt Delhi die »Mission des göttlichen Lichts« (Divine Light Mission), auch bekannt als »Göttliche Vereinigte Organisation« (Divine United Organisation), gegründet. Sie ist zu unterscheiden von dem 1966 in der Schweiz durch Swami Omkarananda ins Leben gerufenen Divine Light Zentrum. Der geistliche Vater und erste Leiter der Mission des göttlichen Lichts war Shri Hans Ji Maharaj, ein aus Badrinath im Vorgebirge des Himalaja stammender Inder. Über seinen Lebensweg ist verhältnismäßig wenig bekannt. In den zwanziger Jahren wurde er Anhänger der 1875 gegründeten militant nationalistischen Reformbewegung Arya Samaj, die mit betont antiwestlicher und antichristlicher Ausrichtung die Erneuerung der vedischen Religiosität und Kultur anstrebte. In einer lebensgefährlichen Notlage erkannte er, daß wahre Gotteserfahrung und Selbstfindung nur mit Hilfe eines Gurus, eines geistlichen Lehrers, erreichbar sei, und er schloß sich Guru Swami Sarupanand an. Von ihm wurde er nachhaltig geprägt. Sarupanand führte ihn in die vier bis heute für die Mission des göttlichen Lichts grundlegenden Yoga-Techniken ein.

Die Abwendung von der Reformbewegung Arya Samaj hatte keine Hinwendung zum traditionellen Hinduismus zur Folge. Shri Hans ging einen eigenen Weg, der durch die Auseinandersetzung mit dem reformerischen und orthodoxen Hinduismus auf dem Hintergrund des Islam Nordwestindiens geprägt ist. »Vom orthodoxen Hinduismus trennt Sri Hans seine Ablehnung der Kaste, seine Verurteilung des Ritualismus, seine Initiierung von Frauen und sein Mangel an Sanskritbildung, vom Arya Samaj vor allem seine Verteidigung des Avataraglaubens und der Guruverehrung, seine unpolitische Betonung des Spirituellen und wahrscheinlich auch sein irenisches Verhältnis zum Islam. Er gehört in den Zusammenhang des wiederauflebenden Devotionalismus.«/1/

Seine öffentliche Wirksamkeit begann Shri Hans im

heutigen Pakistan. 1930 ging er nach Delhi und war vor allem im benachbarten Bundesstaat Uttar Pradesh als »Guru der Armen« erfolgreich. Eine wachsende Zahl von Anhängern sammelte er um sich. Es entstanden Ashrams, lokale Stützpunkte der Bewegung. Bei der Leitung und Betreuung seiner Bewegung wurde Shri Hans zunehmend von Mitarbeitern, Mahatmas, unterstützt. Shri Hans war, auch das unterschied ihn vom traditionellen Guru, verheiratet. Nach einer kinderlosen Ehe ging er eine zweite Ehe ein, in der ihm vier Söhne geboren wurden. Am 16. Juli 1966, nur sechs Jahre nach der organisatorischen Zusammenfassung seiner Anhänger in der Mission des göttlichen Lichts, starb Shri Hans Ji Maharaj. Die Bewegung stand angesichts der überragenden Bedeutung des Gurus vor schweren Problemen.

Zunächst übernahm die Frau von Shri Hans, Mata Ji, als »Patronin« die Leitung der Vereinigung. Als neuer geistlicher Meister und Satguru konnte sich der jüngste Sohn, der sich nun Guru Maharaj Ji nennt, durchsetzen. Prem Pal Singh Rabat, so sein bürgerlicher Name, war am 10. Dezember 1957 in Hardwar (Indien) geboren worden. Seine Schulbildung erhielt er an einer christlichen Ausbildungsstätte. Beim Tode seines Vaters war er erst acht Jahre alt. Daß es ihm dennoch gelang, sich innerhalb der Familie gegenüber seinen älteren Brüdern und vor allem bei der Mehrheit der Anhänger seines Vaters durchzusetzen, läßt auf zweifellos vorhandene spirituelle Fähigkeiten schließen.

In der Schrift »Wer ist Guru Maharaj Ji?« wird dazu ausgeführt: Bereits als Zweijähriger habe er zum Erstaunen seiner Familie von der Notwendigkeit gesprochen, »Gott zu verwirklichen«. Mit seinen Brüdern nahm er an den öffentlichen Veranstaltungen des Vaters teil, ergriff verschiedentlich das Wort und sprach zu den Versammelten. Als er sechs Jahre alt war, führte ihn Shri Hans in die Meditationstechniken, ins wahre Wissen (knowledge) ein. Kurze Zeit später hielt er seine erste Ansprache auf Englisch. Sie war so überzeugend, daß sich auch der Vater von der Erleuchtung und der Weisheit seines jüngsten Sohnes beeindruckt zeigte und glaubte, dieser werde »eines Tages über die ganze Welt so hell leuchten wie die Sonne am Himmel«. Nach dem

Tod des Vaters sah deshalb die Familie in Maharaj Ji den gegebenen Nachfolger und krönte ihn mit der »Krone Ramas und Krishnas«. Danach sprach zu ihm eine Stimme: »... Du bist Er. Du mußt der Welt dieses Wissen bringen!« Zum zweiten Mal hörte er diese Stimme, als er 13 Tage nach der Verbrennung des Leichnams seines Vaters Knochen und Asche sammelte. Die Stimme sagte wieder: »Du bist Er. Du bist derjenige, der hinausgehen und Es der Welt bringen muß.« Zum dritten Mal ließ sich die Stimme bei den Bestattungsfeierlichkeiten für Shri Hans am 1. August 1966 vernehmen./2/ Nun legitimierte sich Maharaj Ji vor der Masse der Anhänger seines Vaters. Es wird berichtet: »Doch während alle verzweifelt waren, war Guru Maharaj Ji der einzige, der nicht von Sorgen erfüllt war. Lächelnd beobachtete Er, was um Ihn herum geschah. Er war zu jener Zeit schon vollkommen erleuchtet. Die spirituelle Kraft Seines Vaters war auf Ihn übergegangen, und Er allein hatte die Möglichkeit, ihnen zu helfen. Zwar war Er noch ein Kind, und unter den Anhängern Seines Vaters waren viele alte Leute und Gelehrte, doch Vollkommenheit ist unabhängig von Alter und Intellekt. Plötzlich bestieg Er den hohen Thron des Meisters. Die ganze Versammlung war überrascht, denn niemand würde es wagen, auf dem Platz zu sitzen, der dem vollkommenen Meister vorbehalten war. Guru Maharaj Ji sprach dann stundenlang zu ihnen über die Unvergänglichkeit des Geistes.

Kinder Gottes, warum weint ihr? Habt ihr nicht gelernt, was euer Meister euch gelehrt hat? Wißt ihr nicht, daß der vollkommene Meister niemals stirbt? Der Meister ist nicht der Körper, sondern die universale Kraft, die immer in der Welt ist. Sie ist jetzt hier in einem neuen Körper. Maharaj Ji ist hier und jetzt unter euch. Erkennt Ihn, folgt Ihm und verehrt Ihn! Als sie diese Weisheit eines erleuchteten Herzens hörten, verwandelten sich ihre Tränen der Trauer in Freudentränen. Sie erkannten Ihn als den vollkommenen Meister und brachten Ihm ihre Verehrung und Hingabe entgegen. Er sagte: ›Wartet, ihr werdet sehen, daß Ich diese Botschaft nicht nur in Indien, sondern in der ganzen Welt verbreiten werde.‹«/3/

Neben ihm blieb der Einfluß der Mutter, sie galt als »Mutter der Schöpfung«, weiterhin bestimmend. Überhaupt wurde der ganzen »heiligen Familie« Verehrung erwiesen. Den ältesten Sohn, Bal Bhagwan, verehrte man als »Verkörperung der Glückseligkeit« und Bole Ji als »Verkörperung der Musik und des Tanzes«.

Innere Schwierigkeiten blieben nach der »Thronbesteigung« des noch so jungen »vollendeten Meisters« nicht aus. Während eines Satsang, einer heiligen Belehrung, die er 1970 in Delhi abhielt, beklagte sich Maharaj Ji über das Fernbleiben alter Anhänger, sprach von einem »Jahr der Prüfung« und setzte sich mit Vorwürfen auseinander, er sei zu jung und habe sich als Schmuggler betätigt. Die Zahl der Anhänger, die als Premies (Liebende) bezeichnet werden, soll zu diesem Zeitpunkt bei 100 000 gelegen haben.

Angesichts dieser Schwierigkeiten wurde Maharaj Jis Ankündigung, die Bewegung in die westliche Welt zu tragen, vielfach als Flucht nach vorn verstanden. Vor allem der Jugend wollte er die Botschaft von der Verwirklichung des Weltfriedens und des Menschheitsheiles durch Meditation und wahres Wissen vom Göttlichen (knowledge) bringen.

Die Voraussetzungen für einen Erfolg des jungen Gurus bei Teilen der westeuropäischen und nordamerikanischen Jugend waren denkbar günstig. »Die politischen Ideale waren begraben, die Sehnsucht nach innerer Erfüllung, nach Hingabe und offener, intensiver Kommunikation mit dem Nächsten unerfüllt. Eine hohe soziale Verantwortlichkeit und die offenkundige Ohnmacht gegenüber sozialen Problemen belasteten ebenso wie die – oft durch Drogengebrauch oder den sozialen Druck, dem nonkonforme Randgruppen ausgesetzt sind, noch verstärkte – Konfusion philosophischer und theologischer Fragmente. Das Vertrauen in die Kirchen war tief erschüttert, die Auseinandersetzung mit fremden Glaubensinhalten und Denkformen scheiterte oft an mangelnden Voraussetzungen. Das existentielle Mißtrauen gegenüber allem, was etabliert schien, brachte zugleich volles Vertrauen für alles, was dem widersprach.«/4/

Seine erste große Friedensreise, auch als »Zündung der göttlichen Friedensatombombe« bezeichnet, begann Guru Maharaj Ji in Großbritannien. Am 17. Januar 1971 traf er in London ein. Von dort ging er in die USA und besuchte in der Folgezeit viele westliche Länder, 1972 kam er in die Bundesrepublik Deutschland. »Die Mischung zwischen Popstar und indisch-religiöser Offenbarergestalt, in der sich der Guru einer von den westlichen Ideen und Realitäten frustrierten, religiös aufgerissenen Jugend präsentierte, machte die Bewegung rasch zum Welterfolg.«/5/

Besonders groß war der Erfolg in den USA. Hauptreservoir, aus dem die Anhänger kamen, war auch hier die »politische, religiöse und Drogen-Subkultur«. So schloß sich z. B. Rennie Davis, ein Vertreter der sogenannten politischen Linken, Maharaj Ji an. Zu den Anhängern zählten aber auch »Menschen, die einen überdurchschnittlichen Bildungsgrad aufwiesen, von Reformideen enttäuscht waren, ihre materielle Existenz nicht riskieren wollten und doch deren Rollenverhalten nicht mehr ertragen konnten«./6/ Den neugewonnenen Anhängern wurde ein Zusammenleben in Wohngemeinschaften mit verschiedenen Verbindlichkeitsgraden (Ashram, DUO-Haus, Divine Light Center, Premiehaus) angeboten. Viele zogen sich aus Gesellschaft und Familie zurück, brachten all ihre Kraft und ihr Geld in die neue Gemeinschaft ein. Problemlos blieb diese Art, eine eigene Gemeinschaft zu schaffen, freilich nicht, ebensowenig die finanzielle Seite dieses Vorhabens.

Ausdruck des Bestrebens, eine Art neuer Gesellschaft zu verwirklichen, war auch hier – wie bei vergleichbaren anderen religiösen Gemeinschaften – der 1973/1974 verkündete Plan, eine eigene Stadt für etwa 144 000 Bewohner zu bauen. (144 000, das ist interessanterweise nach christlichem Verständnis die Zahl der endzeitlichen Auserwählten [Offb. 14,1]). Als Name der Siedlung war »Divine City – Stadt der Zukunft« vorgesehen. Ihre äußere Gestaltung und das Zusammenleben der Bewohner sollte den von Maharaj Ji verkündeten Prinzipien folgen.

Dieser Plan kam nicht zur Verwirklichung. Auch sonst wurden nicht alle hochgesteckten Ziele erfüllt. So war die Beteiligung an dem Friedensfestival »Millennium 73«, zu dem man mit Hunderttausenden gerechnet hatte und das 1973 in Houston (Texas) stattfand, geringer als erhofft. Dennoch soll die Zahl der Anhänger nach zweijähriger Wirksamkeit von Maharaj Ji im Westen auf 8 Millionen angestiegen sein. Durch öffentliche Werbung im großen Stil mit Flugblättern, Kleinschrifttum, Handzetteln, Plakaten und Aufmärschen machte die Mission des göttlichen Lichts auf sich aufmerksam. Maharaj Ji trat in großen Versammlungen auf, seine Mitarbeiter (Mahatmas) verbreiteten durch Vorträge die Angebote der Bewegung. Auch die Presse nahm sich Maharaj Jis in breiter Front an. Dazu trugen nicht zuletzt sein Privatleben und sein Lebensstil bei. Er liebte offensichtlich den Luxus und gab große Summen dafür aus. Das notwendige Geld kam aus dem westlichen Teil der Organisation. Neben den Beiträgen in Höhe von 10 Prozent des Einkommens und persönlichen Geldgeschenken bei den Satsangs sind in diesem Zusammenhang die kommerziellen Unternehmungen der Mission des göttlichen Lichts zu nennen. Zu ihnen sollen Reformkostläden, Film- und Schallplattenstudios, Reisebüros und Druckereien gehören. Seit 1973 besaß Maharaj Ji das Verfügungsrecht über das Vermögen der Mission des göttlichen Lichts in den USA.

Sein Lebensstil erregte innerhalb der Organisation vor allem in Indien Kritik, das er 1973 vorerst zum letzten Mal besucht hatte. Man warf ihm Alkohol- und Fleischgenuß, den Besuch von Nachtklubs und intime Beziehungen zu Frauen vor. Seine Mutter wurde als »Patronin« der Bewegung zum Sprecher dieser kritischen Stimmen. Ein interner Machtkampf deutete sich an. Er kam offen zum Ausbruch, als Maharaj Ji am 20. Mai 1974, damals sechzehnjährig, seine um acht Jahre ältere amerikanische Sekretärin Marylin Louise Johnson heiratete. Zu dieser Eheschließung bedurfte es der Sondergenehmigung eines Jugendrichters. Von seinen Anhängern erhielt Maharaj Ji als Hochzeitsgeschenk eine Jacht und einen versilberten Rolls Royce. Seine Frau, jetzt Durga Ji genannt, erfuhr nun ebenfalls von den Anhängern religiöse Verehrung. Dem jungen Paar wurde am 9. 3. 1975 eine Tochter geboren, weitere Kinder folgten.

Die Eheschließung des jungen Gurus führte zu endgültigem Bruch mit seiner Mutter und der überwiegenden Mehrheit der indischen Anhänger. Mata Ji setzte

Maharaj Ji als Satguru ab. Sie ließ ihren ältesten Sohn Bal Bhagwan Ji (Sat Pal Singh Rabat) zum neuen vollkommenen Meister proklamieren und ihn mit der angeblich in der Familie überlieferten Krone Ramas und Krishnas krönen. Bal Bhagwan Ji konnte sich nur in Indien durchsetzen. Sein Bruder Raja Ji trennte sich aber von ihm und schloß sich Maharaj Ji an. Alle westlichen Bereiche der Mission des göttlichen Lichts blieben bei Maharaj Ji. Allerdings kam es auch hier zu erheblichem Rückgang und krisenhaften Erscheinungen. Der luxuriöse Lebensstil des Gurus war und ist für den harten Kern seiner westlichen Anhängerschaft kein Grund zum Ärgernis, obwohl sie selbst in den verschiedenen Formen gemeinschaftlichen Zusammenlebens auf Luxus verzichten. In einem Interview antwortete ein führender Vertreter der Bewegung, Mahatmi Ji, im April 1973 in London auf die Frage, warum Guru Maharaj Ji einen Rolls Royce habe, weil dies »das beste Auto in England« sei. Der Guru habe seinen Anhängern die »Erkenntnis ewigen Himmels« gegeben, sie könnten ihm deshalb keinesfalls das anbieten, »was nicht das Beste dieser Welt wäre«./7/

Die neue »heilige Familie«, bestehend aus Maharaj Ji und Raja Ji sowie deren Frauen, lebte zunächst in Malibu (Kalifornien), seit 1979 in Miami (Florida). Die Zentrale befindet sich in Denver (Colorado). Von Anfang an war die Organisation der Bewegung, verglichen mit ähnlichen Gruppen, recht locker. Von der Zentrale werden Gebiets- bzw. Landesdirektoren ernannt. Die einzelnen Gruppen werden von örtlichen Direktoren geleitet, für die geschäftlichen Aktivitäten sind Divine Sales Manager zuständig. Maharaj Ji selbst beschäftigt sich offenbar nicht mit Leitungs- und Organisationsproblemen. Schwierigkeiten traten immer wieder auf. Auch sollen die finanziellen Anforderungen der heiligen Familie die finanziellen Möglichkeiten der Organisation verschiedentlich überschritten haben.

Die Jahre 1975/76 sind zweifellos Krisenjahre der Bewegung. Der Kampf um die Macht und das Vermögen der Mission des göttlichen Lichts erreichte seinen Höhepunkt. Maharaj Ji ging dabei scharf gegen seine Mutter vor. Der Versuch, die negativen Folgen dieses Strei-

Guru Maharaj Ji – Oberhaupt der Divine Light Mission

Maharaj Ji – der vollkommen erleuchtete göttliche Meister

Meditation in der Öffentlichkeit

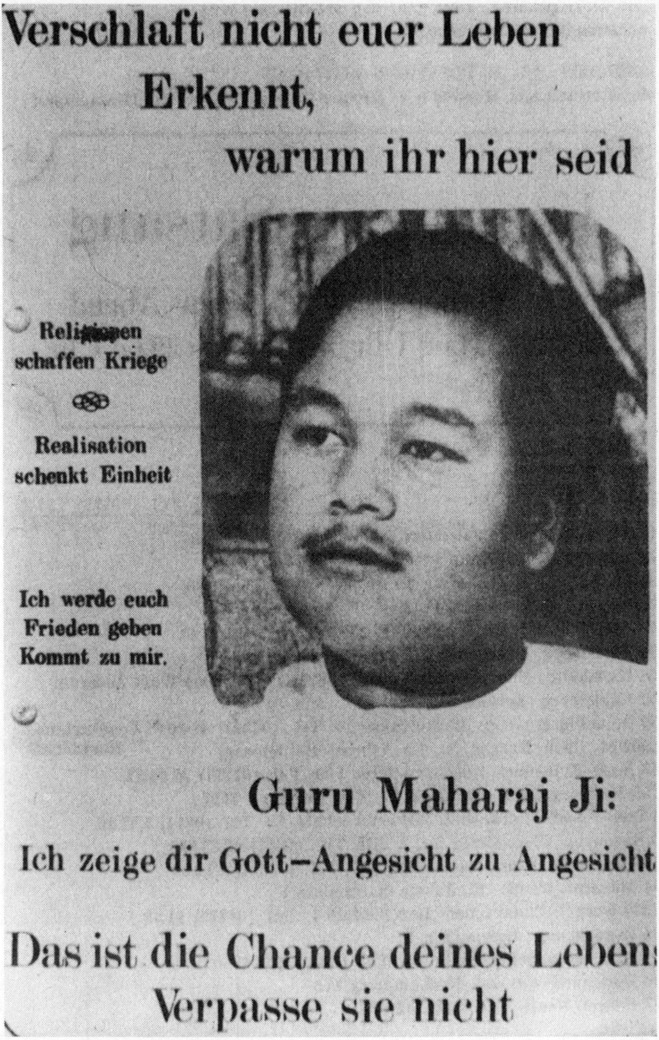

Werbeblatt der Divine Light Mission

Guru Maharaj Ji vor dem Bild seines Vaters Shri Hans

tes dadurch zu überwinden, daß man das Jahr 1975 zum »Jahr der Propagation« machte, schlug fehl.

In der Folgezeit setzte sich in der Bewegung eine neue Linie durch. Hatten Maharaj Ji und die Mission des göttlichen Lichts bisher die Öffentlichkeit bewußt gesucht, so zogen sie sich nun weitgehend aus der Öffentlichkeit zurück. Die starke Ausrichtung der Bewegung auf Maharaj Ji als den vollkommenen Meister trat nach außen zurück, man betonte stärker seine Methode, das Angebot von Wissen (knowledge) und Erfahrung. Der Weg zum Wissen führt aber nur über ihn, er bleibt, wie es seine offiziellen Titel besagen, »geborener Herr aller Yogis, großer König, wahrer, göttlicher Vertreiber der Dunkelheit, Enthüller des Lichtes«./8/

Die früheren Werbemethoden wurden aufgegeben. An ihre Stelle trat die Werbung durch persönliche Kontakte. Der neue Stil war wesentlich geräuschloser und unauffälliger. Auch die nach wie vor durchgeführten »Feste zur Verehrung des Gurus« (Guru Puja) wurden zu geschlossenen Veranstaltungen. Daß die Sturm- und Drangperiode der Bewegung vorüber ist, macht heute der eher bürgerlich als alternativ zusammengesetzte Anhängerkreis Maharaj Jis deutlich. Es sind nicht mehr die Jugendlichen der Anfangsjahre, sondern im Durchschnitt 35- bis 40jährige. Ein fester Stamm überzeugter Anhänger, die ihrer religiösen Erfahrung leben, trägt heute die Bewegung in Westeuropa. Über Zahlen liegen keine zuverlässigen Nachrichten vor. In der Bundesrepublik werden die Mitglieder auf maximal 2000 geschätzt. Der größte Teil lebt außerhalb der Ashrams. Die spektakulären Ziele der Weltmission scheinen hier in den Hintergrund getreten zu sein. »›Wir sind eine kleine Randgruppe und werden es sicher auch bleiben‹, sagte einer der deutschen Premies. ›Wichtiger als öffentlicher Erfolg ist, was beim einzelnen geschieht, in seiner persönlichen Erfahrung und inneren Entwicklung.‹«/9/ Allerdings wirbt Guru Maharaj Ji weiterhin weltweit Anhänger.

An der zentralen Bedeutung des Gurus hat sich nichts geändert. Der Rückzug aus dem Rampenlicht der Öffentlichkeit hat Maharaj Ji und seine Mission des göttlichen Lichts weithin auch der Kritik der Öffentlichkeit entzogen. Auch dies scheint beabsichtigt.

Eine Auflösung der Bewegung ist nicht in Sicht, sie lebt und arbeitet. Die Akten können noch nicht geschlossen werden. Sie kann jederzeit unter günstigen äußeren Bedingungen wieder aufleben. Ihr Angebot, auf undoktrinäre Weise, durch einfache Meditationsregeln und praktische Übungen zum inneren Frieden, zum wahren Wissen zu gelangen, läßt die Mission des göttlichen Lichts auch im Kreise der anderen indischen Meditationsbewegungen im Westen konkurrenzfähig bleiben.

2. Meditation – Erfahrung – Wissen

(Lehrgrundzüge)

Im Zentrum des Heilsangebotes, welches die Mission des göttlichen Lichts der Menschheit bringen zu müssen glaubt, steht die Verheißung wahren Wissens (knowledge). Dieses Wissen ist aber, so wird hervorgehoben, keine Theorie, kein Lehrsystem. Es steht im Gegensatz zu allem menschlichen Wissen. Menschliches Wissen verhindert wahres Wissen, der Verstand (mind) des Menschen hält ihn vom Weg zum wahren Wissen ab. »Intellektuelles Wissen ist wirklich nur ein dicker Ableger der Unwissenheit, so dick, daß er uns vortäuscht, Wissen zu sein.« Es gilt, die Fesselung des Menschen, vor allem des westlichen Menschen, durch seinen Verstand zu erkennen und zu durchbrechen. Denn »Bücherwissen und intellektuelle Erkenntnis nähren das Ego des Menschen und halten ihn in Illusion und Verblendung«./10/ Wer sich also nicht von der Fesselung durch den Verstand befreit, bleibt in Unwissenheit, Schmerz, Leid und Unfrieden verfangen. Wahres Wissen vermittelt hingegen »immerwährenden, gleichbleibenden Frieden und Glück«, es ist das Wissen um die wahre Meditation, »das heilige Wissen von Gott«./11/

Gott wird monistisch verstanden, er ist der Urgrund allen Seins (brahma), die göttliche Kraft im Menschen. Gott ist Energie. Als solcher ist er Zielpunkt und Mittelpunkt der Meditation. Und »dieses Eine, über das zu meditieren ist, wird das ›WORT‹ genannt. Dieses Wort ist die Essenz aus allen heiligen Schriften (Bibel, Koran, Bhagavad Gita) und der Ursprung aller Sprachen. Aber keine Sprache der Welt kann dieses Wort aussprechen. Es gibt allen Wesen das Leben, aber nur der Mensch kann es in sich erfahren. Es ist der Lebensstrom, der sich in uns manifestiert. Dieses Wort existiert vor allem in der Form von Licht, das in jedem Menschen leuchtet. Es ist die Quelle allen äußeren Lichts von Sonne, Feuer und elektrischem Licht, aber wir können es nicht mit unseren zwei Augen sehen.«/12/ An anderer Stelle wird gesagt: »Dieses Wort ist kein Wort, das man mit dem Mund aussprechen kann, sondern es ist die reine Lebensenergie, die Ursprung allen Lebens ist, das reine Bewußtsein Gottes. Das Wort ist ewige Ruhe und die Quelle des Glücks. Es ist in jedem Menschen verborgen und wartet darauf, entdeckt zu werden.«/13/ Um es entdecken zu können, müssen zwei grundlegende Voraussetzungen vorhanden sein, der wahre Meister und das wahre Wissen, d. h. die rechte Meditationsmethode. Bleiben wir zunächst bei der Methode. Sie hatte Shri Hans, der Vater Maharaj Jis, von seinem Guru Swami Sarupanand übernommen. Vier Meditationstechniken sind in ihr zusammengefaßt. Nach dem Urteil eines Sachkenners handelt es sich dabei um »eine Simplifizierung von vier ursprünglich anspruchsvollen Yogatechniken ..., die zum Ausgleich dafür additiv nebeneinander angewendet werden«./14/

Diese vier Meditationstechniken, das Knowledge, beziehen sich auf das Licht, den Klang, den Nektar und das Wort. Ihre praktische Ausübung wurde geheimgehalten, ist aber inzwischen durch ehemalige Mitglieder bekannt geworden. So wird z. B. die Meditation auf das göttliche Licht nach diesen Berichten folgendermaßen durchgeführt: »Stützen Sie, wieder unter der Decke, Ihre Arme auf ein T-förmiges Holzinstrument nach dem Muster der alten Weisen Indiens. Dann fassen Sie mit der linken Hand unter Ihr rechtes Armgelenk. Drücken Sie nun mit dem rechten Zeigefinger auf die Stelle zwischen den Augenbrauen. Mit dem rechten Daumen drücken Sie von unten auf das geschlossene rechte Auge, mit dem rechten Mittelfinger von unten auf das linke Auge.«/15/ Das Licht, das man während dieser 15minütigen Meditation sehen könne, sei dann das göttliche Licht.

Eigene Erfahrung und damit wahres Wissen ist es, was Maharaj Jis Meditationsmethoden verheißen. Entgegen dem christlichen Grundsatz, daß Glaube zum Schauen führt, betont er: »Sehen ist Glauben.« Dem durch fremde Autorität begründeten Glauben und dem aus persönlicher, meist intellektueller Einsicht hervorgegangenen Glauben stellt er seinen dritten Weg des Knowledge gegenüber: »Was ihr seht, was ihr fühlt, das realisiert ihr praktisch – ohne das Konzept von irgendwelchen Leuten, ohne daß ihr mit dieser oder jener Vorstellung übereinstimmen oder Dinge bei verschiedenen Namen nennen müßt; sondern ihr könnt alles wirklich frei und unabhängig realisieren.«/16/

Immer wieder verweist Guru Maharaj Ji seine Anhänger auf diesen Weg der Erfahrung, der in die Freiheit wahren Wissens führe: »Und darum bitte ich jeden Premie. Anstatt dauernd nur einem Haufen von Konzepten hinterherzurennen, erkennt dieses Knowledge, glaubt an dieses Knowledge aus eurer eigenen Erfahrung, unabhängig von allen Konzepten, Gedanken, Meinungen. Und dann werdet ihr wirklich sehen können, ja, es gibt wirklich so etwas wie Knowledge, und ihr werdet es besser zu schätzen wissen, weil ihr es unabhängig von anderen Dingen erfahren habt.«/17/

Der Weg zum Wissen bleibt aber unbegehbar, wenn er nicht von Guru Maharaj Ji oder einem seiner Beauftragten geöffnet wird. Es ist kein neutraler, von jedem aus eigener Kraft beschreitbarer Weg, denn Guru Maharaj Ji selbst ist die erste und grundsätzliche Voraussetzung des Knowledge. Denn, um das göttliche Licht sehen zu können, brauchen die Menschen ein von dem vollendeten Meister geöffnetes inneres Auge. So steht die Person des Gurus im Mittelpunkt des angebotenen Weges zur Erfahrung des Göttlichen.

Maharaj Ji erscheint als göttlicher Heilsmittler von epochaler Bedeutung. Mit seinem Erscheinen geht die dunkle Periode des Kali Yuga, in der die Menschen unter dem verderblichen Einfluß des Verstandes und der Selbstillusion leben, zu Ende. Ein neues Zeitalter bricht an. Das alte, in dem die Illusion, nicht die Wahrheit herrschte, ist durch Streit und Friedlosigkeit gekennzeichnet. Guru Maharaj Ji wirkt angesichts dieser Situation als Retter der Menschheit. Er bringt das Zeitalter umfassenden Friedens, durch seinen missionarischen Aufbruch aus Indien in den Westen wurde die »Friedens-Atombombe« gezündet. Denn er zeigt anschaulich und praktizierbar durch seine Meditationsmethode, wie wirklicher Frieden zu erlangen und zu verwirklichen ist. Alle persönlichen und gesellschaftlichen Probleme können so schließlich überwunden werden.

Seine Funktion als göttlicher Heilsbringer, behauptet man, übt Maharaj Ji schon seit Jahrtausenden auf dem Wege der Wiedergeburten aus. In den Stiftern der großen Weltreligionen, einschließlich Jesus Christus, sowie in anderen hervorragenden Gestalten der Religionsgeschichte war er am Werk. Jetzt erreicht sein Wirken jedoch den Höhepunkt, nun ist er der Vollender aller Religionen und bringt den Menschen sämtlicher Glaubensbekenntnisse wahres Wissen jenseits ihrer Dogmen, Zeremonien und Kulte. Gott verwirklicht sich in ihm, um anderen zur Verwirklichung des Göttlichen in sich zu verhelfen.

Seine Gegenwart, seine Satsangs für die Premies sind die Offenbarung des Göttlichen, sind die Begegnung mit der Liebe, mit der letzten Wirklichkeit an sich. Am klarsten und eindrucksvollsten, wenn auch für den christlichen Beobachter am abschreckendsten, kommt die zentrale Bedeutung Maharaj Jis, eingeordnet in das Gedankengut der Mission des göttlichen Lichts und in die »Frömmigkeit« ihrer Mitglieder, in einem Lied (arti) zum Ausdruck. Es soll auf Wunsch von Maharaj Ji täglich vor Sonnenaufgang und abends vor der Meditation gesungen werden, auch bei den Satsangs des Gurus singen es seine Verehrer. Melodie und »weitgehend« auch der Text sind, so wird hervorgehoben, »mehrere tausend Jahre alt«:

»Jai Gurudeva Maharaj Ji
Dein Ruhm erfüllt die ganze Welt
Du bist der Schutz der Schwachen dieser Welt
Du machst unsern Bindungen ein Ende
Du bringst unserm Geist wahre Freiheit
Hilf uns aus dem Meer der Illusion
Jai Dev, Jai Satgurudev.

Schöpfer, Erhalter, Zerstörer
Beugen ihr Haupt vor Dir
Sie verneigen sich und beten zu Dir
Deinen Ruhm verkünden alle Schriften
Sie beschreiben Deine Geschichte
Deine Größe ist für ewig wahr
Jai Dev, Jai Satgurudev.

Singen, Fasten, Barmherzigkeit, Enthaltsamkeit
Zeigen euch eure Seele nicht
Werden niemals eure Seele euch enthüll'n
Ohne die Gnade von Satguru
Ohne das Wissen von Satguru
Kommen wir nie an unser Ziel
Jai Dev, Jai Satgurudev.

In dem Flusse der Maja [Illusion]
Werden wir hinausgeschwemmt ins Meer
Wir versinken in den Tiefen des Meers
Gurus Boot ist Sein Name
Gurus Schiff, das ist Gottes Wort
Er ist es, der uns im Nu befreit
Jai Dev, Jai Satgurudev.

Bindungen, Zorn und Begierden
Rauben unserm Leben Ewigkeit
Nehmen unserm Leben die Glückseligkeit
Satguru gibt Wissen der Wahrheit
Er ist das Wissen der Ewigkeit
Das Schwert, das den Problemen bringt den Tod
Jai Dev, Jai Satgurudev.

Alle Religionen singen ihren Ruhm
Und rufen mich zu folgen ihrem Pfad
Laden mich ein, auf ihrem Weg zu gehn
Ihr wahres Wesen ist mir enthüllt
Mein Durst nach Wahrheit wird nun gestillt
Jetzt geh' ich auf dem wahren Weg
Jai Dev, Jai Satgurudev.

Nektar von Guru Maharaj Ji
Ist heilig und reinigt unsern Mind [Verstand]

Macht unser Herz von allen Sünden rein
Wenn *Er* spricht, muß Dunkelheit entfliehn
Wenn *Er* spricht, dann kann sie nicht mehr bestehn
Zweifel fliehn, das Leben neu beginnt
Jai Dev, Jai Satgurudev.

Mein, Dein, Reichtum, Kraft und Macht
Gib sie dem Herrn der Liebe hin
Gib sie hin den Lotosfüßen des Herrn
Gib dich selbst dem Satguru
Sei stets mit Glückseligkeit vereint
Jai Dev, Jai Satgurudev.

Bibel, Koran, Ramayana und Gita
Singen Deines Namens Ruhm
Alle Schriften singen Deines Namens Ruhm
Engel singen und rühmen Dich
Himmlische Heerscharen preisen Dich
Und finden kein Ende Deines Ruhms
Jai Dev, Jai Satgurudev.

Begierden ergriffen mich und ließen mich
Zurück in der Dunkelheit der Nacht
Fingen mich ein mit ihrer dunklen Macht
Guru gibt das Heilige Wort und Licht
Er schenkt euren Augen wieder Sicht
Durchquert das Meer mit Seiner Liebe Licht
Jai Dev, Jai Satgurudev.

Oft schon bist Du gekommen
Jetzt sind wir in Deinem Schutz
Uns zu erretten, bist Du wieder hier
In dieser Zeit der Dunkelheit
Führst Du uns zum Licht der Wahrheit
Als reine Seele, Paramhans [höchste Seele]
Jai Dev, Jai Satgurudev.

Kommt in den Schutz von Gurus Gnade
Kommt mit ganzer Seele, ganzem Herz
Gebt Ihm eure Seele, gebt Ihm euer Herz
Über den weltlichen Ozean
Kann man nur mit Demut und Liebe fahrn

So kommt man zu dem höchsten Ziel
Jai Dev, Jai Satgurudev.«/18/

Ursehnsüchte enttäuschter Menschen nach Geborgenheit und Schutz, nach Befreiung von niederdrückenden Bindungen und Begierden, das Verlangen nach Liebe und letztem Glück, die Suche des Menschen nach Gott kulminieren hier in der göttlichen Verehrung eines Menschen als Heilsbringer und Garant des Heiles. Die Persönlichkeit des so Verehrten, seine Entwicklung und Lebensführung, der Gehalt seiner Botschaft erscheinen dafür weder aus allgemein menschlicher noch aus hinduistischer oder gar christlicher Sicht vertretbar und erfolgversprechend. Der dennoch unübersehbare Erfolg dieses Gurus in der westlichen Welt hat neben anderen sicherlich vor allem soziopsychologische Ursachen. Für den Christen stehen außerdem metaphysische Faktoren im Hintergrund. Vielleicht ist es zu einfach, wie es der Gründer der Hare-Krishna-Bewegung, Swami Prabhupada, tat, Maharaj Ji als »billigen Betrüger« abzutun./19/

3. Zu den Lotosfüßen des Meisters
(Lebensformen)

Die Mission des göttlichen Lichts lehnt bewußt die Rituale und Zeremonien des traditionellen Hinduismus ab. Bereits Shri Hans kritisierte unter dem Einfluß der nordindischen Sant-Tradition die kultische Erstarrung der Religionen und propagierte die Befreiung aus überlebten Normen. Deshalb kennt die Mission des göttlichen Lichts vergleichsweise wenige kultische Handlungen, verfügt aber dennoch über besondere Formen religiösen Kultes, indem sie an die Stelle der hinduistischen Verehrung des Götterbildes die Verehrung des Gurus setzte.

Wer sich der Gemeinschaft anschließen will, bedarf der Einführung in die vier Techniken der Meditation, ins Knowledge. Sie wird in der Regel durch einen von Maharaj Ji Beauftragten vorgenommen. Nicht jeder, der dies möchte, wird sofort aufgenommen. Mancher muß längere Zeit warten und seine Bitte erneut vortragen. Die Aufnahme bringt bestimmte Verpflichtungen mit sich. »›Mitglied‹ sein bedeutet, daß wir dazu gehören, weil wir erkannt haben, daß Guru Maharaj Ji in uns allen ist, daß wir alle ein Teil von ihm sind, daß wir eine Familie sind. Und das können wir in der Welt zeigen, indem wir als eine Einheit zusammenarbeiten ... als organisierter Körper von Guru Maharaj Ji. Alles, was wir Guru Maharaj Ji geben können, sind unsere Zeit und Energie, unsere Ideen und unser Geld.«/20/ Neben der Verpflichtung, die Gebote von Maharaj Ji einzuhalten, steht die Zusage, 10 Prozent des Einkommens als Beitrag abzuführen, an zweiter Stelle der Beitrittsbedingungen.

Um das Knowledge, überhaupt die Verpflichtung zu Meditation, Service und Satsang bestmöglich durchführen zu können, empfahl der Guru seinen Anhängern das Zusammenleben in Premiegemeinschaften. Vier Formen des gemeinschaftlichen Zusammenlebens wurden entwickelt.

Viele, vermutlich die meisten Anhänger von Maharaj Ji leben heute außerhalb dieser Gemeinschaftsformen. Dies bringt sowohl für sie als auch für die Leitung der Mission des göttlichen Lichts viel weniger Probleme mit sich. Für die frei lebenden Premies ist die tägliche Meditation in Verbindung mit der Verehrung Guru Maharaj Jis wichtig. Der abendliche Satsang gehört ebenso dazu wie das Lied (arti) auf den vollendeten Meister. Dieser ist nach Möglichkeit durch sein Bild stets gegenwärtig, zeigt sich doch in ihm das Göttliche. Die Begegnung mit dem Guru ist die Begegnung mit dem Göttlichen. Deshalb sind für die Premies die Feste, an denen eine solche Begegnung mit Maharaj Ji direkt erfolgt, von fundamentaler Bedeutung.

Neben dem »Hans Jajanti«, einer Feier zu Ehren seines Vaters Shri Hans, ist es vor allem das »Guru Puja« (Fest zur Verehrung des Gurus), das als Höhepunkt die direkte Begegnung mit dem Göttlichen bringt. Von Anfang an erregten diese meist zweitägigen Feierlichkeiten großes Aufsehen in der Öffentlichkeit. In den Anfangsjahren der Bewegung vollzogen sie sich oft spektakulär unter großer Beteiligung von Jugendlichen aus der religiösen Protestszene. Heute ist die Öffentlichkeit ausgeschlossen. Die Vorgänge an sich bleiben aber eine Herausforderung und zwingen zur Auseinandersetzung. Das macht folgender Bericht eines sachkundigen Beobachters deutlich, der an dem großen Guru Puja teilnahm, das im Jahre 1978 in Dortmund stattfand.

»Die äußere Szene in Dortmund war gut vorbereitet: Großzelte zum Übernachten, vegetarische Küche, in den Wandelgängen Büros und Infostände usw. – alles vom eigenen Organisations- und Versorgungsdienst arrangiert. In der Halle ist eine große Bühne aufgebaut, ganz in Blau und Weiß, mit Kameras, Lautsprechern und Videoanlage bestückt; mitten darauf, im Scheinwerferlicht gleißend, ein breit ausladender, weiß ausgeschlagener Thron in Form einer Muschel. Blumen. Zwei Musikbands, deren Repertoire von gelegentlichen harten Rocktönen bis zum weichen Soul reicht ...

Das Programm der drei Tage hatte einen doppelten Höhepunkt: ›Darshan‹ am Samstag und der Auftritt Guru Maharaj Jis am Sonntagabend. ›Darshan‹ ist die Audienz, die der Meister den Seinen gewährt. Stundenlang geduldig Schlange stehend, ziehen die Gläubigen an ihrem ›Lord‹, dem ›Herrn‹, vorüber, fallen vor ihm zu Boden, berühren mit der Stirn seine göttlichen Lotosfüße und bringen ihm ihre Verehrung dar. Das Programm am Sonntag steigert sich allmählich bis zur abendlichen Aufgipfelung.

Um die Mittagszeit ist die Halle halbvoll. ›Satsang‹, von den Initiatoren ›gegeben‹, wechselt mit Musik und gemeinsamen Liedern ab. ›Satsang‹ ist eine Mischung aus Erweckungspredigt und persönlichem Glaubenszeugnis. Stil und Struktur sind dem christlichen Beobachter wohlvertraut – die Initiatoren gäben hervorragende Evangelisten ab. ... Eines ist der Inhalt dieser Welt: Guru Maharaj Ji. Seine Liebe, seine Schönheit, seine Kraft. Das unerschöpfliche Glück, ihn wiederlieben zu dürfen. Ein Leben aus der Fülle seiner Gnade, im Licht seiner Wahrheit, unter seiner Führung. Liebe und Wahrheit, Erfahrung des Wesentlichen, erschließen sich in dem Maß, wie der ›mind‹, der kritische Verstand, dieser Inbegriff westlicher Wirklichkeitsfälschung und Zivilisationskrise, seine beherrschende Rolle verliert. So spitzt sich die Botschaft auf eine Bekehrung zu: weg vom ›mind‹, hin zur ›Liebe‹.

Jeder erlebt diese ›Liebe‹ anders, aber für jeden wird sie zum zentralen Element seines Lebens. Durga Ji, die Frau des Guru und Mutter seiner Kinder, schildert sie in einer perfekt inszenierten Selbstdarstellung mit geradezu kreatürlicher Betroffenheit: er ist mein Geliebter, mein Vater, meine Mutter, mein Schöpfer. Sie erzählt, wie ihr Kind in seine Gegenwart hineingeboren wird. ›So ihr nicht werdet wie ein Kind ...‹ Anderen erschließt sich die ›Liebe‹ anders. Immer jedoch wird die Sehnsucht spürbar: durchzustoßen durch Konventionen und Vorurteile und zur wahren ›Wirklichkeit‹, zum Eigentlichen vorzudringen. Das Eigentliche aber ist nicht mit dem ›mind‹ zu erfassen, sondern nur im unmittelbaren, emotionalen Erleben. Der ›mind‹ wird zum großen Feind, Irrationalismus schlägt immer hemmungsloser durch.

Was geschieht hier? Die Anwort deutet sich an im abendlichen Auftritt des Guru. Es ist – nicht mehr und nicht weniger – die Epiphanie eines Gottes. Guru Maharaj Ji betritt im dunkelblauen Maßanzug die Bühne und gibt ›Satsang‹. Was er sagt, ist weder neu noch besonders bedeutend. Aber er hat eine ganz spontane Art der Kommunikation mit seinen Zuhörern: einfach, locker, direkt. Während dieser Rede ist er nur Vermittler des Göttlichen. Deshalb spricht er immer in der dritten Person: ›Guru Maharaj Ji sagt und tut ...‹ Dann verläßt er die Bühne wieder. Die Musikbands intonieren Lied um Lied; man singt jetzt fast nur noch gemeinsam:

›Jai Gurudeva Maharaj Ji
Dein Ruhm erfüllt die ganze Welt ...‹

Dann erscheint Guru Maharaj Ji wieder in orangenen Pluderhosen, den nackten Oberkörper bedeckt mit Blumengirlanden, Ketten, Schmuck. Er läßt sich auf dem Thron nieder, Durga Ji setzt ihm eine hohe gold- und edelsteinfunkelnde Mütze, eine Art Tiara, aufs Haupt, wirft sich vor ihm nieder, küßt ihm die Füße. Dann sitzt er da – regungslos, schweigend. Nichts weiter, als daß er dasitzt. Aber jeder von den Tausenden in der riesigen Halle spürt und weiß: jetzt ist Gott da. Der Schleier ist weggezogen, die göttliche Liebe und Schönheit offenbart sich. Alles steht, wiegt sich im Rhythmus der

Musik, die einen fast intimen Klang annimmt, das Singen – ›falling in love with you‹ – wird leiser, Kerzen werden entzündet, Schalen mit Blumen hochgehoben, winkende Arme. Und allmählich öffnet sich das Gesicht des Guru in einem immer strahlenderen Lächeln – der verzückte Jubel bricht auf: ›Jai Dev, Jai Satgurudev‹.«/21/

Hier wurde und wird »Gottesdienst« zelebriert, »Gottesdienst«, der objektiv Götzendienst ist, für diejenigen aber, die ihn feiern, offenbar ein religiöses Urerleben bedeutet, das sie in den traditionellen christlichen Kirchen nicht finden können und nicht finden wollen. Der Guru und sein Management werden dadurch freilich nicht vertrauenserweckender.

1/ Reinhart Hummel, Indische Mission und neue Frömmigkeit im Westen, Stuttgart 1980, 74
2/ Rüdiger Hauth, Die nach der Seele greifen. Psychokult und Jugendsekten, Gütersloh 1979, 60 f.
3/ Divine Light Mission – Press Information, o. J., 5 ff., zitiert nach Friedrich-Wilhelm Haack, Jugendreligionen. Ursachen, Trends, Reaktionen, München 1979, 250 f.
4/ Michael Pakleppa, Divine Light Mission – Ein Modellfall, in: Materialdienst der EZW, 1975, 85
5/ Michael Mildenberger, Die religiöse Revolte. Jugend zwischen Flucht und Aufbruch, Frankfurt a. M. 1979, 99
6/ M. Pakleppa, Divine Light Mission, a.a.O. 85
7/ Hans Löffelmann, Götzen, Gurus und Geschäfte, München 1978, 56
8/ Divine Light Mission – Press Information, o. J., 1, zitiert nach F.-W. Haack, Jugendreligionen, a.a.O., 250
9/ Divine Light Mission: Guru Puja Dortmund 1978, in: Materialdienst der EZW, 1978, 307
10/ Das Wort, 4, Vorwort, 1, zitiert nach F.-W. Haack, Jugendreligionen, a.a.O., 258
11/ F.-W. Haack, Jugendreligionen, a.a.O., 248
12/ Flugblatt, München (1974), zitiert nach F.-W. Haack, Jugendreligionen, a.a.O., 258
13/ Guru Maharaj Ji – Botschaft des Friedens, Frankfurt, o. J., 11, zitiert nach F.-W. Haack, Jugendreligionen, a.a.O., 248 f.
14/ R. Hummel, Indische Mission, a.a.O., 77
15/ F.-W. Haack, Jugendreligionen, a.a.O., 249
16/ Guru Maharaj Ji, Reine und vollkommene Liebe, in: Materialien Jugendreligionen, hrsg. von der Arbeitsgemeinschaft der Evangelischen Jugend in der Bundesrepublik Deutschland und Berlin West e. V., Stuttgart 1978, 37
17/ Ebd.
18/ Ebd., 34 f.
19/ Vgl. M. Mildenberger, Die religiöse Revolte, a.a.O., 104
20/ Divine Light Mission – Antrag auf aktive Mitgliedschaft, in: Materialien Jugendreligionen, a.a.O., 39
21/ Divine Light Mission: Guru Puja Dortmund 1978, a.a.O., 307 ff.

Die Transzendentale Meditation

1. Seine Heiligkeit Maharishi Mahesh Yogi

(Geschichte – Organisation – Verbreitung)

Es waren die Beatles, die den bis dahin in der breiten Öffentlichkeit kaum bekannten indischen Guru Maharishi Mahesh Yogi Ende der sechziger Jahre weltweit, vor allem unter ihren jugendlichen Anhängern, bekannt machten. Enttäuscht von der inneren Leere einer Konsumgesellschaft und der zerstörerischen Scheinalternative des Rauschgiftes, erschien ihnen – wie großen Teilen der jugendlichen »Aussteiger« – die Meditation mit ihren Möglichkeiten der Selbsterfahrung und Bewußtseinserweiterung als neues Allheilmittel. Sie meinten, Meditation könne ihre inneren Defizite beseitigen und zu neuen Sinngebungen des Lebens führen. Der Beatle Ringo Starr bekannte damals: »Wir haben etwas gefunden, was diese Lücke füllt. Seitdem wir seine Heiligkeit Maharishi Mahesh Yogi trafen, fühle ich mich großartig.« Und John Lennon gab zu: »Wenn wir den Maharishi früher getroffen hätten, hätten wir kein LSD zu nehmen brauchen.« Meditation erschien ihnen als Ersatz für Rauschgift *und* für Religion. Denn: »... durch Meditation brauchst du dich nicht mit Religion und anderen Dingen herumzuplagen« – so der Beatle George Harrison. Man glaubte, die Botschaft und Meditationspraxis von Maharishi enthalte auf ganz einfache Weise die zentrale Botschaft aller Religionen. »Was er über das Leben und das Universum sagt, ist die gleiche Botschaft, die Jesus, Buddha und Krishna und all die großen Jungs überliefert haben«, sagte John Lennon in einem Interview./1/

Diese Äußerungen der Beatles sind symptomatisch für viele Jugendliche jener Jahre. Doch die Begeisterung für Maharishi hielt nicht an. Die Beatles wandten sich wieder von ihm ab, viele, die allein einem Modetrend gefolgt waren, ebenso. Ein fester Stamm blieb. Maharishi, einmal ins Bewußtsein der Öffentlichkeit getreten, gelang es zunehmend, auch Menschen aus bürgerlichen und akademischen Kreisen für die von ihm propagierte »Transzendentale Meditation« (TM) zu gewinnen. Unter den indischen Gurus im Westen konnte er die breitenwirksamste und wohl auch ernstzunehmendste Ausstrahlungskraft entfalten.

Es entspricht den Traditionen des hinduistischen Mönchtums, nach Verlassen der Welt und Annahme eines geistlichen Namens über sein vorangegangenes Leben zu schweigen. Maharishi hat sich offenbar weitgehend daran gehalten. Die bekannt gewordenen biographischen Angaben sind recht spärlich, teilweise auch ungenau. Maharishi heißt mit seinem bürgerlichen Namen Mahesh Prasad Varma. Er wurde am 12. Januar 1918 als drittes von vier Kindern eines Forstbeamten in Jabalpur (Nordindien) geboren. Die Familie gehört der Kriegerkaste an. Nach entsprechender schulischer Vorbildung studierte er an der Universität von Allahabad Physik. Sein Studium schloß er 1942 mit dem akademischen Grad eines Bakkalaureus ab. Nach dem Studium arbeitete er in einer Firma und beschäftigte sich während seiner Freizeit mit Sanskrit, der heiligen Sprache des Hinduismus. Von Kindheit an soll er großes spirituelles Interesse gezeigt haben, das sich später weiter verstärkte. Er trat in Verbindung mit Swami Brahmananda Sarasvati, der seit 1941 Jagadguru des in der Shankara-Tradition stehenden Zentralklosters von Jyotir Math war, und wurde dessen Schüler. Brahmananda, meist Guru Dev (göttlicher Lehrer) genannt, repräsentiert die bis heute bedeutendste philosophische Tradition des indischen Monismus, der auf den Religionsphilosophen Shankara (788–822 n. Chr.) zurückgeht. Im Zentrum seines Denkens steht die monistische Lehre von der Einheit allen Seins.

Durch Swami Brahmananda wurde Maharishi entscheidend geprägt. Er nennt ihn die Quelle seiner Inspiration und das führende Licht in all seinen Handlungen. Von ihm will er die maßgebenden Impulse für sein ferneres Handeln empfangen haben. Vor seinem Tode im Jahre 1953 habe Brahmananda ihm als seinem Lieblingsschüler einen zukunftsweisenden Auftrag erteilt und gesagt: »Die Zeit ist gekommen, daß ich diesen Körper verlassen muß. Ich habe nur eines versäumt: wegen der vielen Pflichten und Aufgaben in meiner Stellung als Jagadguru und Shankaracharya von Jyotir Math habe ich viel Zeit verloren, die ich eigentlich dem Ziel hätte widmen sollen, dem Volk Frieden zu geben. Ich übergebe dir diese Aufgabe; um sie erfüllen zu können, mußt du eine einfache Form der Meditation erfinden, die jeder erlernen und auch ausüben kann.«/2/

Maharishi zog sich nach dem Tode seines Meisters für zwei Jahre nach Uttarkashi im Himalaja zurück, wo der Lehrer Brahmanandas gelebt hatte. In dieser Zeit entwickelte er die Technik der Transzendentalen Meditation. Er handelt sich dabei, so wird betont, um eine uralte Technik, die dem Bedürfnis und Verständnis unserer Zeit angepaßt wurde. Ihre Bedeutung sei wahrhaft epochal, alle Bereiche des Lebens und Seins würden dadurch positiv verändert.

Nach der zweijährigen Vorbereitung auf seine Mission unternahm Maharishi zunächst Reisen durch Südindien und gründete 1956 erste »geistige Entwicklungszentren«. Von ausschlaggebender Bedeutung für die weitere Entwicklung wurde eine Erinnerungsfeier, die im Dezember 1957 in Madras für Brahmananda stattfand./3/ Auf ihr will Maharishi eine Inspiration seines Lehrers zur Begründung der »Geistigen Erneuerungsbewegung« (Spiritual Regeneration Movement) erhalten haben. Bereits am 31. Dezember 1957 erfolgte ihre Gründung.

Die Bewegung sollte nicht auf Indien beschränkt bleiben. Im Januar 1958 brach Maharishi zu einer Weltreise auf, die ihn über verschiedene Zwischenstationen in die USA führte. Dort fand die von Maharishi vertretene Transzendentale Meditation vor allem unter der studentischen Jugend Anhänger. 1959 konnte die erste »internationale Konferenz« abgehalten werden. Auch in Westeuropa wurde die Bewegung aktiv. 1960 kam Maharishi zu einem ersten Besuch in die BRD, und es entstand eine deutsche Landesgruppe in Bonn. Es wurden zunehmend Lehrer gebraucht, um Interessenten in die Meditation einführen zu können. 1961 fand deshalb der erste internationale Kurs zur Ausbildung von TM-Lehrern unter Maharishis Leitung in Indien statt. Auch Deutsche nahmen daran teil, so daß 1962 in der BRD bereits 18 Meditationszentren existierten.

Die indische Herkunft und der hinduistische Hintergrund der Bewegung traten Anfang der sechziger Jahre noch deutlich hervor. Das kommt auch in den Schriften Maharishis zum Ausdruck: Der durstige Fisch im See,

1961; Die Schatzkammer und der Markt, 1962. Bald jedoch erfolgten neue Akzentsetzungen. Mit seinem Hauptwerk »Die Wissenschaft vom Sein und die Kunst des Lebens« (1963) unternimmt Maharishi den Versuch, seine Meditationstechnik und ihre Auswirkungen im Kontext wissenschaftlichen Denkens und Forschens unter weitgehendem äußerem Verzicht auf den hinduistischen Hintergrund darzustellen und anzubieten. Seine naturwissenschaftlichen Kenntnisse kamen ihm dabei zugute.

1963 beginnt man seitens der Bewegung damit, die Transzendentale Meditation zum Gegenstand naturwissenschaftlicher Untersuchungen zu machen und ihre Ergebnisse als wissenschaftlich überprüfbar hinzustellen. Die Transzendentale Meditation präsentierte sich nun bei ihrer Werbung dem streßgeplagten Westeuropäer als moderne, religions- und ideologiefreie Meditationsbewegung: Transzendentale Meditation »ist keine Religion, keine Mystik, keine Weltanschauung und keine Philosophie, sondern eine vollkommen ideologiefreie praktische Methode, die auf einer sehr einfachen Grundgesetzmäßigkeit des menschlichen Geistes beruht«./4/

Die Bewegung begann, ihr in Theorie und Praxis letztlich neohinduistisches System immer stärker in der Sprache der Wissenschaft zu präsentieren. 1965 wurden in der BRD die ersten physiologischen und medizinischen Untersuchungen an TM-Meditierenden durchgeführt. In Bremen weihte Maharishi ein großes TM-Zentrum ein, und man begann dort mit dem Aufbau der »ersten europäischen Meditationsakademie«, an der TM-Lehrer für Europa ausgebildet werden./5/

Die folgenden Jahre brachten den großen Durchbruch. Die Initiation der Beatles durch Maharishi im Jahre 1967 in Anwesenheit von etwa 800 Reportern ist ein äußeres Symptom dafür. Der Aufbau der Transzendentalen Meditation als »Wissenschaft« wurde mit allen Mitteln weitergeführt. Sichtbarer Ausdruck dafür war, daß seit 1969 die Theorie der Transzendentalen Meditation als »Wissenschaft der schöpferischen Intelligenz« bezeichnet wird. Eine Reihe von Nebenorganisationen und »wissenschaftlichen« Forschungs- und Bildungseinrichtungen wurde aufgebaut oder mittelfristig programmiert. So begann die Bewegung im September 1971 in Santa Barbara (Kalifornien), später in Fairfield (Iowa) mit der Schaffung der »Maharishi International University«. In der BRD entstand im selben Jahr der »Forschungsring Schöpferische Intelligenz«, aus dem die »Deutsche MERU-Gesellschaft« hervorging. Weitere Gründungen folgten.

Trotz der betont westlich-wissenschaftlichen Ausrichtung seiner Bewegung gab Maharishi die Verbindung zur hinduistischen Tradition, aus der er schöpft, nicht auf. Dies zeigt auch sein Kommentar zur Bhagavadgita vom Jahre 1967, der 1971 in deutscher Sprache erschien und, wie es hieß, den »Durchbruch zum vedischen Wissen« brachte. Im Rig Veda, der die Götterhymnen der Veden umfaßt, sieht Maharishi »den vollkommenen Ausdruck vollständigen Wissens«./6/ Und die Einweihungszeremonie für Meditierende wahrt streng die Verbindung mit der heiligen Tradition. Auch bemühte sich Maharishi, die Basis seiner Bewegung in Indien zu stärken, und erkannte dort sogar das Kastensystem an. Das Zentrum in Rishikesh wurde ausgebaut. Allerdings blieben die Erfolge in Indien zunächst vergleichsweise bescheiden.

In den siebziger Jahren begann Maharishi mit der Verwirklichung eines globalen Planes mit epochaler Zielstellung. 1972 wurde zum »Jahr des Weltplans« erklärt. Maharishi rief auf der Mittelmeerinsel Mallorca einen »Weltplan« aus, der die Gründung von 3 600 lokalen »Weltplan-Zentren« und 36 Koordinationszentren vorsah und noch in dieser Generation zu einer neuen, glücklichen Welt führen sollte. Die Gesamtleitung der Weltzentren wurde einem Weltplan-Exekutivrat (World Plan Exekutive Council) übergeben. Überhaupt kam es im Jahre 1972 zu einer organisatorischen Straffung durch den »Zusammenschluß der Weltbewegung in fünf Organisationen in allen Ländern«./7/

Das Jahr 1973 wurde als »Jahr des Handelns« und das Jahr 1974 als »Jahr des Erfolgs« bezeichnet. Als äußerst bedeutungsvoll gilt das Jahr 1974 auch deshalb, weil nun die »wissenschaftliche« Bestätigung des bereits 1960 entdeckten »Maharishi-Effektes« erfolgt sei. Der Maharishi-Effekt besagt, wenn 1 Prozent der Bevölkerung einer Stadt bzw. der Welt Transzendentale Meditation ausübt, dann tritt automatisch eine spürbare Verbesserung der menschlichen und natürlichen Lebensbedingungen ein. Er ist Grundlage der breitgefächerten optimistischen Zukunftsprognosen der Bewegung.

1975 wurde zum »Jahr der Erfüllung«. Maharishi hatte die Zentrale der Bewegung und seinen Wohnsitz nach der Schweiz verlegt. In Seelisberg oberhalb des Vierwaldstätter Sees war ein ehemaliges Sanatorium erworben worden. Am 12. Januar 1975 verkündete Maharishi in einem feierlichen Akt auf dem Vierwaldstätter See für die ganze Welt die »Morgendämmerung des Zeitalters der Erleuchtung«.

Zur Begründung des Vorganges, über seinen Vollzug und seine Auswirkungen wurde folgendes gesagt: »Aufgrund der wissenschaftlichen Forschung des vergangenen Jahrzehnts über das Programm der Transzendentalen Meditation ..., die an mehr als 200 Universitäten und Forschungszentren in der Bundesrepublik Deutschland, England, Kanada, USA, den Niederlanden, Indien, Süd-Afrika und Australien durchgeführt wurde und den Lebenstrend von etwa 1,1 Milliarden Menschen im Wirkungsbereich von 1100 Weltplan-Centern in über 89 Ländern aller Kontinente einschließt, und aufgrund von öffentlichen Empfehlungsschreiben und Proklamationen von Regierungsmitgliedern, Abgeordneten, Bürgermeistern, Pädagogen, Ärzten, Juristen, Geschäftsleuten, Organisationen und Persönlichkeiten des öffentlichen Lebens sowie aufgrund seiner weltweiten, erfolgreichen Aktivitäten sah His Holiness Maharishi Mahesh Yogi, Begründer der Wissenschaft der Kreativen Intelligenz, durch das Fenster der Wissenschaft die kommende Morgendämmerung des Zeitalters der Erleuchtung und weihte sie für die ganze Welt am 12. Januar 1975 in der Schweiz ein. Danach hieß Maharishi die Morgendämmerung auf der Erde mit feierlichen Einweihungen in fünf Kontinenten willkommen und leitete Schritte in die Wege, um dem Zeitalter der Erleuchtung Dauer zu verleihen. Am 21. April 1975 eröffnete er in der Schweiz die Maharishi European Research University als europäische Forschungsuniversität, um das wissenschaftliche Potential der gesamten europäischen Gemeinschaft zu nutzen und so das Zeitalter der Erleuchtung für alle Zeiten zu begründen.«/8/ Der Maharishi European Research University (MERU) kommt danach, ebenso wie ihren amerikanischen Schwesterunternehmen, eine wichtige Rolle zur Verwirklichung des Zeitalters der Erleuchtung zu. Die acht »Hauptforschungsgebiete« der Universität sind: Altern und Unsterblichkeit; Gesundheit; Erziehung; Kriminalität; Industrielle Entwicklung; Landwirtschaft; Kulturelle Integrität; Weltbewußtsein./9/ Diese staatlich nicht anerkannte Universität lädt Wissenschaftler aus der ganzen Welt zu Kongressen, Forschungsaufenthalten und Besichtigungen ein; ihre Dozenten nehmen, soweit dies möglich ist, an internationalen wissenschaftlichen Veranstaltungen teil.

Der Verkündigung der Morgendämmerung des Zeitalters der Erleuchtung folgten vielfältige Aktivitäten. Am 19. März 1975 »weiht Maharishi auf einer Rundreise durch 5 Kontinente das Zeitalter der Erleuchtung ein, für Europa vor 4000 Menschen in der Royal Albert Hall in London. In Deutschland leitet er die Morgendämmerung des Zeitalters der Erleuchtung durch eine Reihe von Großveranstaltungen vom 4.–7. Juni ein: in der Berliner Philharmonie, der Düsseldorfer Phillipshalle, dem Hamburger Congress-Center und der Münchener Olympiahalle. In Bonn findet für Diplomaten und Vertreter der Bundesregierung im Hotel Tulpenfeld ein großer Empfang mit anschließender Pressekonferenz statt. Das direkte Ergebnis dieser Veranstaltungen ist ein Anstieg der Einführungszahlen auf über 2000 Personen monatlich.«/10/

Den Höhepunkt dieser Entwicklung bildete die Gründung der »Weltregierung des Zeitalters der Erleuchtung«. Maharishi vollzog sie am 12. Januar 1976 auf dem mit den Fahnen von 140 Ländern geschmückten Flaggschiff »Gotthard« auf dem Vierwaldstätter See. Eine Verfassung wurde angenommen und eine Regierungserklärung abgegeben. Die Regierung umfaßt 10 Ministerien. Es wurde bekanntgegeben, daß in 140 Ländern »Residenzen des Zeitalters der Erleuchtung« entstehen sollen. Unterschiedliche Vorhaben wurden dazu in Angriff genommen. Zum Beispiel ist am 21. März 1976 »weltweit das erste Frühlingsfest des Zeitalters der Erleuchtung gefeiert« worden. In Deutschland fand gleichzeitig »die ›Woche zur Verwirklichung der Idealen Gesellschaft‹ mit Präsentationen und Symposien in allen Weltplancentern statt«./11/

Nach der Gründung der »Weltregierung des Zeitalters der Erleuchtung« stellten sich der organisatorische Aufbau und die Ämterstruktur der Bewegung etwa so dar: An der Spitze steht Maharishi als oberster geistlicher und organisatorischer Leiter. Es folgen die Gouverneure des Zeitalters der Erleuchtung, die Lehrer des Zeitalters der Erleuchtung und die Bürger des Zeitalters der Erleuchtung./12/ Unterste Organisationseinheit sind die »Welt-plan-Center«, sie sind »in einem nationalen Weltplanverwaltungsrat zusammengeschlossen, der von einem ›Nationalen Leiter‹ geführt wird. Nächste Stufe ist der ›Internationale Weltplanverwaltungsrat‹ unter einem ›Internationalen Koordinator‹.«/13/ »Der vertikalen entspricht eine horizontale Gliederung in Teilorganisationen. Sie arbeiten auf jeder der drei Ebenen – lokal, national und international – und decken je besondere gesellschaftliche Bereiche und Zielgruppen ab.«/14/ 1976 sollen bereits etwa 1 Million Menschen auf der ganzen Welt Transzendentale Meditation praktiziert haben.

Die Entwicklung ging weiter. 1977, das »dritte Jahr des Zeitalters der Erleuchtung«, wurde zum »Jahr der Idealen Gesellschaft« erklärt. Aufsehen erregte nun vor allem das neu angebotene »TM-Sidhi-Programm«, in dessen Zusammenhang parapsychologische Begleitphänomene der Meditationspraxis stark hervorgehoben wurden. In einer »Einladung an alle Meditierenden zu einem Vortrag am 11.8.1977 mit Bildern über die Sidhis« hieß es: »Die Sidhis oder sog. supernormalen Kräfte wie z. B. Erfahrungen von Levitation (Fliegen), Unsichtbarwerden, das Sehen von verborgenen Dingen, ›Elefantenkräfte‹ ..., übernormale Wahrnehmungen etc. werden von der Ebene des transzendentalen Bewußtseins gesteuert, jenem Bereich reinen Bewußtseins, den wir durch unsere tägliche TM-Praxis erfahren und der ein Feld aller Möglichkeiten, unendlicher Kreativität ist.«/15/

Heftige Auseinandersetzungen entzündeten sich an der behaupteten Möglichkeit des »Flug-Sidhi«, bei dem sich »der Körper im Moment maximaler Kohärenz« vom Boden abheben soll./16/ Bereits Ende 1977 übten vorgeblich »außer den 350 Gouverneuren ebenso viele ›Bürger des Zeitalters der Erleuchtung‹« in der BRD »die Flugtechnik aus und bereiten so den Boden für den vollen Sonnenschein des Zeitalters der Erleuchtung.«/17/ Zu diesem Zeitpunkt gibt es in der BRD etwa 70 Weltplan-Center, angeblich über 1000 TM-Lehrer und ca. 80 000 die TM-Technik ausübende »Bürger des Zeitalters der Erleuchtung«. Am 29. Oktober 1977 wird dann »in einer Festsitzung und einem wissenschaftlichen Symposium in der Nationalen Residenz in Schledehausen die Weltregierung« in der BRD »etabliert. Die Chefminister der 10 Ministerien werden feierlich vereidigt. Vedische Gelehrte lassen durch Rezitation vedischer Hymnen die Verbindung des deutschen Geistes zum Bereich allen Wissens, den Veden, wieder lebendig werden.«/18/ Am selben Tag erklärte die »Weltregierung« in einer von allen Ministern unterschriebenen Proklamation die »Unbesiegbarkeit der deutschen Nation«./19/ Auch einigen anderen Staaten und Ländern, in denen der entsprechende Prozentsatz von TM-Meditierenden vorhanden ist, wurde die Unbesiegbarkeit zugesprochen. Man stellte 18 »charakteristische Zustände« fest, die eine Nation unbesiegbar machen.

Das Jahr 1977 bringt jedoch auch Rückschläge mit weitreichenden Konsequenzen. In den USA war es der Transzendentalen Meditation gelungen, durch den Anspruch, weltanschaulich neutral und wissenschaftlich begründet zu sein, teilweise auch an öffentlichen Schulen, besonders in New Jersey, staatliche Förderung zu erlangen. Dagegen gab es Proteste. Ein in diesem Zusammenhang geführter Prozeß endete mit der Feststellung des religiösen Charakters der Bewegung und dem Verbot aller Aktivitäten in staatlichen Einrichtungen, um den Verfassungsgrundsatz der Trennung von Staat und Kirche zu wahren.

Die wachsende Zahl von TM-Meditierenden in vielen Ländern veranlaßte die »Weltregierung des Zeitalters der Erleuchtung«, das Jahr 1978 zum »Jahr der Unbesiegbarkeit« zu erklären. Am 12. Januar 1978 verlieh Maharishi die »Glocke der Unbesiegbarkeit« »an die Vertreter aller Nationen in der Internationalen Residenz des Zeitalters der Erleuchtung in Seelisberg, Schweiz«. Man forderte sie auf, »sich zur Unbesiegbarkeit zu erheben und zur Harmonie in der Völkerfamilie beizutragen, indem sie die notwendige Anzahl von Menschen ermutigen, morgens und abends 20 Minuten ihrer Zeit zu benutzen, um durch die Ausübung der Technik der Transzendentalen Meditation kohärentes Bewußtsein zu entwickeln«./20/

Im Jahre 1980 ging Maharishi von Seelisberg in der Schweiz wieder nach Indien. Maharishi Nagar bei Neu-Delhi wurde nun zum Zentrum der Bewegung.

In Fortführung seines umfassenden Evolutionsprogrammes verkündete Maharishi im August 1980 schließlich die »absolute Theorie der Unsterblichkeit«. »Wer regelmäßig die TM ausübe, könne den Alterungsprozeß umkehren. Untersuchungen von ›Wissenschaftlern‹ hätten gezeigt, daß Menschen über 50 mit Hilfe der TM ihr biologisches Alter um bis zu 25 Jahre verringern konnten.«/21/ Durch diese Theorie sollen offenbar Angehörige mittlerer und älterer Jahrgänge angesprochen werden. Auch sie wird »wissenschaftlich« begründet. Überhaupt wurde und wird der Ausbau der wissenschaftlichen Begründung der Transzendentalen Meditation seitens der Bewegung mit hohem Aufwand fortgesetzt./22/ In diesem Zusammenhang ist auch die Proklamierung des Jahres 1982 zum »Jahr des Naturgesetzes« durch Maharishi am 26. 4. 1982 zu sehen. Das volle Potential des Naturgesetzes im menschlichen Bewußtsein soll durch die TM-Technik erschlossen werden. Zu diesem Zweck wurden Maharishi-Kollegs für Naturgesetze gegründet.

Ein wichtiges Jahr in der Geschichte der Bewegung ist 1988. In der neuen Hauptstadt des Zeitalters der Erleuchtung, in Maharishi Nagar, fand ein sechswöchiger Kongreß mit 10 000 Personen, unter ihnen die Gouverneure und Sidhas aus der ganzen Welt, statt. Das Thema lautete: »Maharishis Vedische Wissenschaft für den Himmel auf Erden«. Der Kongreß begann am 12. Januar 1988 mit der weltweiten Feier des Weltfriedenstages. Auf der Feier in Nagar verkündigte Maharishi den »Meisterplan« als letzte Stufe seines bereits 1972 proklamierten »Weltplans«. Sein Ziel ist es, »eine krankheitsfreie Welt zu schaffen«. Das soll auf der Grundlage der Transzendentalen Meditation und des Sidhi-Programms durch Ayurveda erfolgen, einer »medizinischen Erfahrung von Jahrtausenden«. In der Einladung (zum Kongreß) hieß es: »Die Teilnehmer des Kongresses werden darin ausgebildet, Pioniere einer krankheitsfreien Welt zu sein. Das unmittelbare Ziel ist, bei 0,5 % der Weltbevölkerung, d. h. 25 Millionen Menschen, Krankheit zu heilen bzw. zu verhüten. Dafür sollen 25 000 Maharishi-Ayurveda-Experten für eine krankheitsfreie Welt ausgebildet werden. Nach ihrem Training werden diese zusammen mit Ärzten, die bereits in Maharishi-Ayurveda ausgebildet sind, das Maharishi-Ayurveda-Gesundheitspaket jeweils 1 000 Menschen für die Heilung von Krankheiten und für die Verhütung zukünftiger Krankheiten verfügbar machen.«/23/.

Ein weiterer wichtiger Aspekt des Kongresses bestand in der Aufforderung Maharishis an seine Anhänger, in allen Teilen der Welt Zentren des Zeitalters der Erleuchtung und Veda-Länder zu errichten, »damit das Zeitalter der Erleuchtung für alle Zeiten fortdauern kann. Das Veda-Land wird sich bei dem jeweiligen Hauptcenter des Landes befinden.«/24/

Die Zielstellungen des Kongresses von 1988 bestimmen seitdem neben den schon bekannten die Arbeit der Bewegung. Die Zahl ihrer Center, Institute und »Universitäten«, unter letzteren seien besonders die 1980 gegründete Maharishi Asean Nations University (MANU) in Thailand und die bereits erwähnte Maharishi International University (MIU) in Fairfield (Iowa) genannt, wächst ständig.

Das Ayurveda-Programm wurde offenbar zu einem Erfolg. In Deutschland und Österreich, wie auch in anderen Ländern, entstanden Gesellschaften für »Ayurvedische Medizin«, 40 deutsche Ärzte boten Mitte 1990 ayurvedische Behandlung an. In Breitenbrunnen im Schwarzwald entstand 1989 das »Maharishi Institut für Ayur-Ved GmbH«. Am 14. Juli 1989 konnte in Moskau unter großer öffentlicher Beteiligung ein Zentrum eröffnet werden. Die Zahl der Ayurveda-Zentren wurde Ende 1989 mit 60 in 23 Ländern angegeben.

Die Transzendentale Meditation gehört zweifellos zu den erfolgreichsten unter den indischen Meditationsbewegungen. Millionen Menschen haben bisher von ihren Angeboten Gebrauch gemacht. Schon 1980/81 wurde die Zahl der TM-Lehrer in 140 Ländern mit 18 000 angegeben, doch wird man diese Zahlen ernsthaft bezweifeln müssen. (Zutreffender erscheinen demgegenüber Detailangaben wie diese, daß am Treffen der süddeutschen TM-Lehrer im Oktober 1989 35 Personen teilnahmen.) Die Transzendentale Meditation hat es hervorragend verstanden, seit den 80er Jahren ihre Programme und Anliegen in der New Age-Welle zu vermarkten.

2. Die Wissenschaft der Kreativen Intelligenz – die Technik der Transzendentalen Meditation

(Lehrgrundzüge)

Vollkommenheit, Rückkehr zum Wesen aller Dinge, zum reinen Bewußtsein, das ist es, war Maharishi Mahesh Yogi der gesamten Menschheit auf der Basis der Wissenschaft der Kreativen Intelligenz durch die Praxis der Transzendentalen Meditation verheißt. Das Streben nach Vollkommenheit, so betont er, sei im Grunde jedem Menschen eigen. »Immer strebte der Mensch nach Vollkommenheit – Vollkommenheit in seinem eigenen Leben und für seine Familie, seine Gesellschaft und sein Land.«/25/ Der Weg zur Vollkommenheit führe zur Überwindung aller Gegensätze und damit zu letzter Freiheit. Er ist einfach, und Maharishi bietet eine theoretische und praktische Konzeption an, die jedem Menschen die Erreichung dieses Zieles ermöglichen soll. Sie ist tief in der religiösen und philosophischen Tradition des Hinduismus verwurzelt./26/

Maharishi stellt sich einem Grundproblem des indischen Monismus, der Frage nach dem Verhältnis der Einheit zur Vielheit, des Absoluten zum Relativen. Es wird von ihm in Anlehnung an die Tradition behandelt, doch geht er in wichtigen Punkten über sie hinaus. Absolutes und Relatives, so betont auch er, sind nur zwei Bereiche des absoluten Seins, d. h. Brahmas bzw. Gottes. Der Bereich des Absoluten und der des Relativen sind einander positiv zugeordnet. Keiner darf zugunsten des anderen abgewertet werden. Mit dieser Aussage nimmt Maharishi ein Anliegen des Neohinduismus auf und wendet sich gleichzeitig entschieden gegen die Geringschätzung des Relativen in der klassischen indischen Tradition. In dieser Tendenz sieht er u. a. einen wesentlichen Grund für den Niedergang Indiens.

Auch für Maharishi ist das absolute Sein (Brahma) Bewußtsein, reine Existenz, Gott im monistischen Sinn. Der Urgrund der Schöpfung und des Lebens liegt in diesem reinen Bewußtsein. Maharishi sagt: »Im unmanifestierten Feld des Bewußtseins, welches selbst unsterblich, allgegenwärtig, absolut, unveränderlich und ewig ist, ist die gesamte Geschichte der Schöpfung enthalten So ist also das reine Feld des Bewußtseins, das unmanifestierte Selbst, die Heimstätte der gesamten Schöpfung.«/27/ Der Bereich des Bewußtseins wird von ihm auch als »der erste Beweger des Lebens, das Heim aller Naturgesetze, das Feld aller Möglichkeiten« bezeichnet./28/

Eine alte philosophische Grundsatzfrage stellt sich in diesem Zusammenhang auch für Maharishi: Wie kam es zur Entstehung des Relativen neben dem Absoluten, zum Prozeß der Evolution, zur Schöpfung? Er beantwortet dieses Problem mit dem Hinweis auf Prana (Lebensodem) und Karma (Werk) als Auslöser dieses Entwicklungsprozesses, dabei ist Prana »das reine Sein hinsichtlich seiner Tendenz, in Schwingungen zu geraten«. Denn: »Im Zusammenwirken mit Prana läßt Karma den individuellen Geist und Verstand und schließlich das ganze manifestierte Sein entstehen.«/29/ Maharishi lehrt: »Wenn das stille, nichterschaffene Feld des Bewußtseins in sich bewußt, seiner selbst gewahr wird, dann entstehen alle die unmanifesten Werte der gesamten Schöpfung (unmanifestierter Raum, Zeit, Bewegung, Richtung, Geist und Verstand, Intellekt, Ego).«/30/

Dieses – hier nur angedeutete – philosophische System ist nicht zuletzt deshalb bemerkenswert, weil die daraus abgeleiteten Konsequenzen den durch Maharishi angebotenen Heilsweg bestimmen und ihm ein gut Teil seiner Originalität verleihen. Es erweist sich als bedeutungsvoll, daß Maharishi, wie R. Hummel nachgewiesen hat, »das reine, bewegungslose Sein und die Aktivität bewußt in eine enge Verbindung miteinander«

bringt. Er »bekämpft die Ansicht derer, die ein Leben der Aktivität in der Welt für unvereinbar mit dem Zustand des absoluten Seligkeitsbewußtseins halten. In Wirklichkeit gehe es darum, ›das Feld des Karma im Licht des Seins aufleuchten zu lassen‹. Um solch eine ›Erhöhung und Erleuchtung des Karma‹ zu bewerkstelligen, ist eine Meditationsform erforderlich, die nicht Verzicht auf das Handeln, sondern – im Sinne der Bhagavadgita – ›Geschicklichkeit im Handeln‹ lehrt, eben die Transzendentale Meditation. Der die Transzendentale Meditation Praktizierende ›vereint die Werte absoluter und relativer Existenz‹.«/31/ In einem Bild ausgedrückt, kann man sagen: Wie das Spannen des Bogens den kraftvollen Schuß ermöglicht, so ist die meditative Ruhe die Voraussetzung für wirksames Handeln.

Nun bleibt aber zweifellos die für den Menschen existentiell entscheidende Frage: Wie komme ich zu diesem wirksamen Handeln? Wie gelange ich vom Relativen meines bisherigen Lebens zurück in den Bereich des absoluten Seins, zur echten Selbstverwirklichung und damit zu Vollkommenheit und Glückseligkeit? Dies ist, so lehrt Maharishi, grundsätzlich nur in Übereinstimmung mit dem »Gesetz des Universums« möglich, »das die Grundlage der unzähligen Gesetze ist, die alle Wandlungen in der Schöpfung bewirken«./32/ Er greift in diesem Zusammenhang auf den hinduistischen Begriff des Dharma (kosmisches Gesetz) zurück und interpretiert ihn als »jene unbezwingbare Macht der Natur, die die Existenz aufrechterhält. Sie erhält die Evolution und bildet die Basis des kosmischen Lebens. Sie unterstützt alles, was die Evolution fördert, und entmutigt alles, was sich ihr widersetzt.«/33/ Meist spricht Maharishi jedoch von der »Wissenschaft der Kreativen Intelligenz«, erläutert damit aber nur mit westlicher Begrifflichkeit die neohinduistische Dharmalehre. Durch den Verzicht auf eine mythologische Sprache wird von Maharishi der religiöse Raum bewußt verlassen und in einem wissenschaftsgläubigen Zeitalter der Anspruch erhoben, ein »wissenschaftliches« System zu bringen, das sich der Intelligenz des Menschen erschließt und dessen Auswirkungen objektiv nachprüfbar sind.

Es gehe, meint Maharishi, um das einmalige Angebot subjektiver und objektiver Erfahrung: »Die ganze Reichweite kreativer Intelligenz, manifest und unmanifest, steht direkter Erfahrung offen. Das Wunder kreativer Intelligenz liegt darin, ein Mittel zu schaffen, durch das sie die *Ganzheit* ihrer selbst in der unendlichen Vielfalt ihrer eigenen Schöpfung erfahren und sich an *ihr* erfreuen kann. Das menschliche Nervensystem ist dieses Mittel. Dem menschlichen Bewußtsein ist es möglich, die Wahrheit eines jeden Schöpfungsaktes als sein Selbst zu erkennen. Und nicht nur das – es kann außerdem auf ganz natürliche Weise fähig werden, alles zu vollbringen – fähig werden, sich am vollen Spielraum kreativer Intelligenz mit ihren unendlichen Kraftreserven zu erfreuen.«/34/

Mit Hilfe des »Blasendiagramms«, dem Bild vom Aufsteigen einer Luftblase, zeigt Maharishi, wie der Mensch auf dem Wege der Meditation zur Quelle der »schöpferischen Intelligenz« vordringen kann. Er sagt: »Der Ursprung eines Gedankens liegt in der tiefsten Schicht des Unterbewußten, von wo aus er durch alle Schichten des Unterbewußtseins aufsteigt, um die bewußte Ebene des Geistes zu erreichen. Hier, in der bewußten Schicht, wird der Gedanke als solcher wahrgenommen. Ein Gedanke entsteht aus der tiefsten Schicht des Unterbewußtseins, wie eine Luftblase am Grunde eines Teiches. Während die Blase aufsteigt, vergrößert sie sich. Jedoch erst, wenn sie die Oberfläche erreicht, wird sie groß genug, um wahrgenommen zu werden.«/35/ Dahinter steht im Grunde die Theorie eines Denkvorganges.

Maharishi kennt in einer östlichen und westlichen Variante fünf Wege, die in den Bereich des Absoluten, in das »Feld des Seins« zurückführen. Es sind dies in der westlichen Variante der intellektuelle, emotionale, psychologische, psycho-physiologische und mechanische Weg. Die vier ersten Wege seien von den Voraussetzungen und Bedingungen her für den modernen, aktiv in der Welt lebenden Menschen nicht geeignet. Für ihn sei nur der fünfte Weg gangbar. Dieser verwirklicht sich in der Praxis der Transzendentalen Meditation und ist der denkbar einfachste und doch zugleich denkbar vollkommenste Weg. Für ihn gilt: »Gotteserkenntnis, Selbsterkenntnis und Naturerkenntnis fallen in einem Akt zusammen und sind mit ein und derselben Technik ›leicht und mühelos‹ zu erlangen.«/36/ Der mechanische Weg der Gotteserkenntnis ist jedem offen, unabhängig von Rasse, Geschlecht, Bildung, gesellschaftlicher Stellung usw. Im Mittelpunkt steht nicht eine Theorie, so betonen Maharishi und seine Anhänger, sondern ein Programm. Es garantiert jedem »spontane Entwicklung der Qualität des Lebens, wirtschaftliche und politische Sicherheit sowie höchste geistige und kulturelle Entwicklung« und kann »in kürzester Zeit die Basis für eine harmonische, lebensfreundliche Zukunft legen«./37/ Nicht wenige streßgeplagte Menschen der westlichen Industriegesellschaft erkennen in diesem Angebot eigene Sehnsüchte wieder und erblicken in der Transzendentalen Meditation eine Alternative zu ihrer momentanen Existenz. Der immer wieder betonte nichtreligiöse, ja wissenschaftliche Charakter der Transzendentalen Meditation kann ihnen dann den Zugang weiter erleichtern und sie zu einem praktischen Versuch ermutigen.

Wie sieht nun die Praxis der Transzendentalen Meditation aus, die vorgibt, mit einem Minimum von Theorie auszukommen, sich subjektiv ganz an der auf dem Weg der Praxis gewonnenen persönlichen Erfahrung messen zu lassen und doch objektiv auch wissenschaftlich erklärbar und nachprüfbar zu sein?

Die Technik der Transzendentalen Meditation wird in einem Sieben-Stufen-Programm gelehrt./38/

1. Am Beginn steht ein 90minütiger »einführender Vortrag«, in dem »Einblick in die Möglichkeiten durch die Technik der Transzendentalen Meditation« gegeben wird. Den Interessenten sollen die Bedeutung und die positiven Wirkungen der Transzendentalen Meditation dargelegt werden. Dabei wird etwa ausgeführt: »Transzendentale Meditation oder TM ist einzigartig in der heutigen Welt. Sie ist eine einfache Technik, die zweimal täglich 15 bis 20 Minuten geübt wird und deren Theorie und Praxis, wie Sie sehen werden, grundverschieden sind von jeder anderen heute angebotenen Methode körperlicher oder geistiger Entwicklung. Heute abend werden wir die guten Wirkungen der Transzendentalen Meditation auf

vier Bereiche des Lebens betrachten.« Es handelt sich bei diesen vier Lebensbereichen um »das Potential des Geistes, Gesundheit, soziales Verhalten und Weltfrieden«, aus denen dann jeweils entsprechende Beispiele genannt werden./39/ Immer wieder wird in diesen Einführungsvorträgen auch die Einfachheit der Transzendentalen Meditation hervorgehoben: »Das Beste an der Transzendentalen Meditation ist aber, daß sie überhaupt nicht schwierig ist. Es ist sehr sehr einfach. Der Grund, weshalb es so einfach ist, ist der, daß es so ganz natürlich ist. Man braucht nur eine einzige Fähigkeit, um TM zu erlernen, und das ist die Fähigkeit, einen Gedanken zu denken.«/40/

Am Schluß des einführenden Vortrages werden alle Interessenten zum »vorbereitenden Vortrag« eingeladen.

2. Der Vorbereitungsvortrag, er dauert ebenfalls 90 Minuten, hat die Aufgabe, »Ursprung und Mechanismus der Technik der Transzendentalen Meditation« zu erklären. Er will die Interessenten von der unverbindlichen Information zur verbindlichen Praxis führen. Im Mittelpunkt stehen die theoretischen und praktischen Grundlagen der Transzendentalen Meditation.

Sie können in fünf Punkten zusammengefaßt werden:

»1. TM ist natürlich und mühelos, denn sie nützt die natürliche Tendenz des Geistes aus. Sie ist darum anders als alle anderen Methoden.

2. TM öffnet den Zugang zur Quelle der Gedanken, dem ›reinen Bewußtsein‹, und damit zum vollen Potential des Geistes.

3. Durch die Praxis der TM wird das schöpferische Potential in die Ebene des bewußten Denkens und Handelns einbezogen und macht sie wirkungsvoller.

4. Das ›Fahrzeug‹, das den Geist in die Tiefe führt, ist die Meditationssilbe, das ›Mantra‹.

5. TM geht auf eine uralte Tradition zurück, deren Reinheit durch den Meister garantiert ist.«/41/

Der Vorbereitungsvortrag leitet unmittelbar zur praktischen Einführung in die Transzendentale Meditation über. Wer einsteigen will, erhält ein Anmeldeformular und einen Termin für das persönliche Gespräch mit dem TM-Lehrer.

Seine Heiligkeit Maharishi Mahesh Yogi – Leiter der Transzendentalen Meditation (TM)

Nationale Residenz des Zeitalters der Erleuchtung in Schledehausen

Maharishi während der Ansprache anläßlich der Gründung der Weltregierung des Zeitalters der Erleuchtung

Guru Dev – Maharishis geistlicher Lehrer

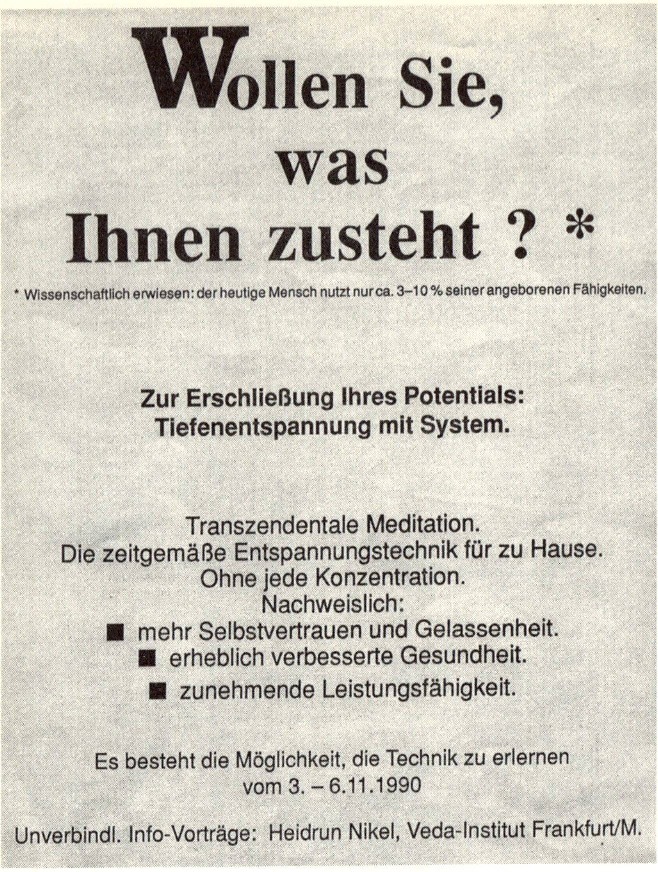

Einladung zu einer Werbeveranstaltung in Halle

Titelblatt einer der repräsentativen Publikationen der Transzendentalen Meditation

TM-Sidhi-Technik

Gründung der »Gesellschaft der Weltregierung des Zeitalters der Erleuchtung zur Förderung der Kreativen Intelligenz« am 29. 10. 1977

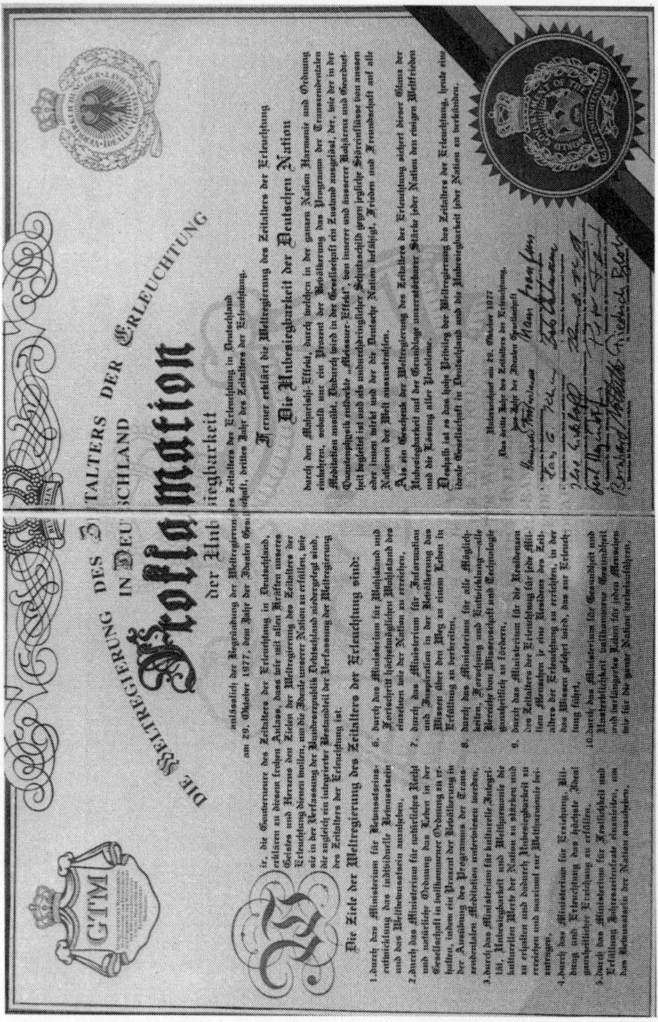

DIE WELTREGIERUNG DES ZEITALTERS DER ERLEUCHTUNG IN DEUTSCHLAND

Proklamation der Unbesiegbarkeit

Die Ziele der Weltregierung des Zeitalters der Erleuchtung sind:

Ferner erklärt die Weltregierung des Zeitalters der Erleuchtung

Die Unbesiegbarkeit der Deutschen Nation

Urkunde der Weltregierung des Zeitalters der Erleuchtung

Maharishi spricht

3. Das Gespräch mit dem Lehrer (15 Minuten) bildet die dritte Phase des Sieben-Stufen-Programms. In diesem Gespräch wird »der gesamte Bereich des Wissens aus der Perspektive des individuellen Lebens überschaut: Die persönlichen Wünsche des einzelnen werden in Betracht gezogen und die Möglichkeit ihrer Erfüllung wird durch den Lehrer bestätigt.«/42/ Auch über die Gebühren, die Notwendigkeit einer Einführungszeremonie und die dazu erforderlichen Gaben, über das Verhalten vor und während der Meditation und sonstige Verpflichtungen wird der Interessent unterrichtet.

4. Die vierte Stufe »persönliche Unterweisung« (1 Stunde) und »Erlernen der Technik« der Transzendentalen Meditation ist von besonderer Bedeutung. Hier tritt die Diskrepanz zwischen dem Anspruch, eine neutrale Meditationspraxis zu sein, und der tatsächlichen Verwurzelung in der hinduistischen Tradition deutlich hervor. Seitens der Bewegung wird der religiöse Hintergrund der »Einweihung« bzw. »persönlichen Unterweisung« immer wieder bewußt heruntergespielt, ja geradezu negiert. So heißt es z. B. in einem Papier der zur Bewegung gehörenden »Students International Meditation Society« (SIMS): »Bei der persönlichen Einweihung findet eine kurze Zeremonie statt. Es handelt sich um eine Danksagungszeremonie, die der Lehrer ausübt und bei der Sie einfach zusehen sollen. Es ist eine Zeremonie des Dankes an die Tradition, die die Reinheit der Lehre bewahrt und somit dafür gesorgt hat, daß sie wirksam blieb. Sie findet auf Sanskrit statt und mag uns deshalb in bezug auf unsere eigene Kultur ein wenig fremd erscheinen. Es handelt sich dabei jedoch keineswegs um eine religiöse Zeremonie oder etwas Ähnliches. Sie drückt lediglich Dankbarkeit in einer traditionell vorgeschriebenen Weise aus.«/43/ Sieht man sich die Einweihungszeremonie aber näher an, wird deren unverkennbar religiös-hinduistischer Charakter deutlich sichtbar./44/

Der Einzuweihende bringt Blumen, Obst, ein weißes Taschentuch und eine Geldspende mit. Die Einführung beginnt mit der »Puja«, einer Danksagungszeremonie. Folgende Beschreibung gibt einen Einblick in das Geschehen: »Der Raum liegt im Halbdunkel, vom Kerzenlicht erleuchtet und von Weihrauchduft erfüllt. Lehrer und Schüler haben die Schuhe ausgezogen. Es ist eine Art Altar aufgebaut, vor dem die Zeremonie stattfindet. Auf ihm steht ein Bild Brahmananda Sarasvatis, des ›Guru Dev‹, des Lehrers Maharishi Mahesh Yogis. Er verkörpert und garantiert die reine, göttliche Lehre. Darum gilt ihm das Ritual. Vor seinem Bild, etwas erhöht, steht ein Tablett, auf dem im Verlauf der Feier die Gaben des Schülers – Blumen, Früchte, Taschentuch – dargebracht werden. Drum herum eine brennende Kerze, Räucherstäbchen, eine Schale mit Kampfer, Wasser, Reis, Sandelholzpaste.

Die Zeremonie beginnt. Der Lehrer, im linken Arm Blumen, in der rechten Hand eine einzelne Blume, spricht bzw. singt in Sanskrit, der heiligen Sprache Indiens, eine feierliche Hymne.«/45/ Auch der Text dieser Hymne ist bekannt. Er unterstreicht eindrucksvoll den religiösen Gehalt der Zeremonie. Es heißt darin: »Vor Lord Narayana, vor dem lotosgeborenen Brahma, vor Vasishtha, vor Shakti und seinem Sohn, Parashara, ... vor anderen, vor der ewigen Tradition unserer Meister, verneige ich mich. ... Vor beiden Ausdrucksformen des Göttlichen in Shankara verneige ich mich wieder und wieder. An dessen Tür die ganze Heerschar der Götter um Vollkommenheit betet, Tag und Nacht, erleuchtet von aus sich selbst strahlendem Glanz der Weltenlehrer, indem wir uns vor ihm verneigt haben, gewinnen wir vollkommene Erfüllung. Er, der fähig ist, die Wolke der Unwissenheit der Menschen zu vertreiben, der Verleiher der Glückseligkeit, der ruhmreiche Befreier, Brahmananda Sarasvati, der höchste Lehrer, voll des Glanzes, Ihn bringe ich in mein Bewußtsein.«/46/

Auf diese Hymne folgt die Darbringung der Gaben. Jede Gabe hat eine symbolische Bedeutung und einen geistigen Wert. Nach der Darreichung der Gaben »erhebt sich die Zeremonie noch einmal zu besonderer Feierlichkeit, wenn der Lehrer die Götter Brahma, Vishnu und Shiva anruft, die im Guru Dev ›verherrlicht‹ sind, dabei Kampferlicht entzündend und darbringend sowie eine Handvoll Blumen opfernd. Der brennende

Kampfer breitet, so die symbolische Bedeutung, das Licht des Lebens aus, während die Blumen die Gabe der vollen Blüte des Lebens darstellen, welche durch die Darbringung des Lichts entstanden ist. ›Guru Dev ist die Verherrlichung Brahmas des Schöpfers, Lord Vishnus des Erhalters und des großen Lord Shiva. Guru ist die Verherrlichung des Höchsten Transzendenten in Person, vor Ihm, vor der Herrlichkeit von Shri Guru Dev verneige ich mich.‹

›Fülle ist alles, was ich bin‹, das empfindet der Lehrer am Schluß der Puja. Er ist zum Medium des Allbewußtseins geworden. Und so wendet er sich nun zu dem Schüler, um ihm intuitiv aus dieser Fülle heraus das für ihn richtige Mantra zu sagen.«/47/ Lehrer und Schüler knien zunächst schweigend nieder. Dann erhält der Schüler sein Mantra, das er geheimhalten muß. Er wiederholt es so lange, bis er es korrekt aussprechen kann.

Nach hinduistischem Verständnis ist das Mantra eine Formel, deren Rezitation göttliche, transzendente Kräfte zur Befreiung des Geistes auslöst. Die Transzendentale Meditation betont demgegenüber den religiös neutralen Charakter des Mantra.

Der Lehrer wählt das Mantra auf Grund seiner inneren Schau individuell für den Schüler aus. Zwischen den Klangwellen des Mantra und den Energieimpulsen des Meditierenden muß eine Entsprechung vorhanden sein. Denn jeder Mensch hat »seine eigene Art von Energieimpulsen, die seine Persönlichkeit ausmachen. Deshalb wird das Mantra nur von wirklichem Wert sein, wenn die Beschaffenheit der Energieimpulse, die durch den Laut des Mantra hervorgerufen werden, den Energieimpulsen des betreffenden Menschen genau entspricht. Jede falsche Wahl des Mantra wird die Harmonie in des Menschen Leben bestimmt aus dem Gleichgewicht bringen.«/48/

Berichte ehemaliger TM-Lehrer und Mitglieder lassen jedoch darauf schließen, daß die Mantras offenbar auch nach Altersgruppen vergeben werden. Danach gilt z. B. »ing« für 3- bis 10jährige, »ainga« für 20- bis 30jährige, »hirin« für 40- bis 45jährige und »shiama« für über 60jährige.

Mit seinem Mantra erhält der Schüler auch Anleitungen zum Vollzug der Meditation. Ist dies alles geschehen, beginnt er mit seiner ersten Meditation. Sie dauert etwa 15–20 Minuten.

5. Die fünfte Phase des Sieben-Stufen-Programms dient dem »Überprüfen der Richtigkeit der Praxis«. Der Schüler bekommt dazu einen Fragebogen./49/ Er muß schriftlich Fragen beantworten, wie: »War es leicht? War es friedvoll? Hat sich das Mantra irgendwie verändert? Ist das Mantra manchmal verschwunden? Haben die Gedanken Sie gestört?« Anhand des Fragebogens nimmt der Lehrer dann die Auswertung vor und gibt dem Schüler Hinweise. Es wird angestrebt, daß sich die Meditation selbst lenkt und der Meditierende danach körperliche und geistige Entspannung empfindet. Der richtigen Körperhaltung und Atmung kommen in diesem Zusammenhang Bedeutung zu. Im Mittelpunkt der Überprüfung steht aber die Erfahrung mit dem Mantra. Gibt es Probleme, kann auch Gruppenmeditation mit dem Lehrer durchgeführt werden.

6. Die »Überprüfung und Bestätigung richtiger Erfahrungen« steht im Mittelpunkt der sechsten Stufe. Der Meditierende soll erkennen, was während der Meditation geistig und körperlich in ihm vorgeht und wie dies zur natürlichen Entwicklung seiner Persönlichkeit beiträgt. Die Phasen der geistigen Beruhigung und Aktivierung werden analysiert. Es geht um die Lösung vom Streß, der als das Grundübel des modernen Menschen angesehen wird. Dieser sei tief im Menschen verwurzelt und bestehe, wie Maharishi erklärt, »nicht nur aus Müdigkeit und Spannung«, »sondern aus allen geistigen und physischen Abnormitäten – mit Ausnahme genetischer Defekte und nicht wiedergutzumachender physischer Schäden. Da man als Meditierender in jeder Meditation außerordentliche Ruhe erfährt, kann man schließlich nach mehreren Jahren Praxis allen vorhandenen Streß abbauen und die Fülle normalen menschlichen Lebens genießen.«/50/

7. Die dritte Überprüfungssitzung des Lehrers mit dem Schüler ist die siebente Stufe des Programms. In ihr soll der »Mechanismus« erkannt werden, mit dessen Hilfe »Nutzen und Gewinn aus der Technik der Trans-

zendentalen Meditation« zu stabilisieren sind. Dabei werden frühere Informationen vertieft. Der Lehrer gibt nochmals einen Ausblick auf die großen Entwicklungsmöglichkeiten, die auf der Grundlage der Transzendentalen Meditation jedem Menschen zugänglich sind. Er bezieht sich nun bewußt, die Thematik des Einführungsvortrages nochmals aufnehmend, auf die von Meditierenden gemachten persönlichen Erfahrungen. Mit Verheißungen wird nicht gespart. Die regelmäßige tägliche Praktizierung der Technik der Transzendentalen Meditation könne bis zur Erlangung des »kosmischen Bewußtseins« führen. Durch sie gelange man zu einem unverlierbaren Kräftepotential. »Wenn ein Meditierender ständigen bewußten Zugang zur kreativen Intelligenz gewonnen hat, bewahrt er dieses reine Bewußtsein immer und in allen Phasen des Wachens, Schlafens und Träumens. Ob wachend, schlafend oder träumend – er spiegelt ununterbrochen die enge Vertrautheit mit der gesamten Kapazität an geistiger Erlebnisfähigkeit wider. Ständig bringt er die unbegrenzte Energie, Intelligenz und Zufriedenheit des Basisbereiches, in dem sein Bewußtsein gegründet ist, zum Ausdruck.«/51/

Dieses hier nur in einigen Grundzügen vorgestellte Sieben-Stufen-Programm ist die Basis für die Praxis der Transzendentalen Meditation. Wer es erfolgreich absolviert hat, wird aufgefordert, aktives Glied der Bewegung zu werden. Bewährt er sich als solches, etwa durch Werbung, durch Vorträge in verschiedenen Kreisen und Mitarbeit im örtlichen Zentrum der Bewegung, kann er sich zum Lehrer ausbilden lassen. Zunächst ist dafür ein dreimonatiger Ausbildungskursus zum Assistenten notwendig. Diesem folgt dann der dreimonatige Lehrerkursus. Beide Kurse muß der Interessent selbst bezahlen.

Die Abschlußprüfung des Lehrerkursus wurde von Maharishi persönlich vorgenommen. Während der Ausbildung wird der zukünftige Lehrer innerlich ganz auf den Meister ausgerichtet, denn er leitet den letzten Schritt zum Einheitsbewußtsein. Hingabe an ihn ist Hingabe an das Göttliche. Das kommt auch in dem Vertrag zum Ausdruck, den Maharishi mit dem Lehrer abschließt und der eine Art Loyalitätserklärung darstellt.

Im Zusammenhang mit der Praxis der Transzendentalen Meditation erlangte seit 1975 das »TM-Sidhi-Programm« erhebliche Bedeutung. »Das TM-Sidhi-Programm stellt einen Durchbruch in der Entwicklung des menschlichen Potentials dar. Indem es Transzendentales Bewußtsein belebt und aktiviert und die Gewohnheit entwickelt, von dieser einfachsten Form des Bewußtseins aus Gedanken und Handlungen zu projizieren, läßt es Denken und Handeln vollkommen natürlich und daher spontan evolutionsfördernd werden und eröffnet somit den Bereich aller Möglichkeiten für die Erfüllung eines jeden Wunsches.«/52/ Die TM-Sidhi-Technik soll zeigen, wie die Bewußtseinserweiterung ins Unbewußte hinein, das Vordringen zu den Quellen schöpferischer Intelligenz schließlich zur Macht über die Natur führt, denn der Bereich reinen Seins ist auch die Basis aller Naturgesetze. Vorgänge in diesem Bereich übertragen sich in den Bereich der Naturgesetze und werden dadurch äußerlich sichtbar, bewirken scheinbar ungewöhnliche Vorgänge. Auch das Gefühl des Schwebens vollzieht sich bei der Meditation zunächst nur im Geist des Meditierenden, wird dann aber letztlich ebenfalls nach außen durch Schweben bei der Meditation in Erscheinung treten. Beim Sidhi handele es sich, so wird hervorgehoben, deshalb um einen naturwissenschaftlich nachprüfbaren Sachverhalt, nicht um eine religiöse Glaubensaussage. Die zahlreichen Einrichtungen und Organisationen der Transzendentalen Bewegung, insbesondere die MERU-Gesellschaft, erheben den Anspruch, diese These naturwissenschaftlich zu belegen und einsichtig machen zu können. Es entstand eine umfangreiche Literatur aus der Feder von Naturwissenschaftlern, die auf seiten der Transzendentalen Meditation stehen./53/ Vertreter der Fach- und Schulwissenschaft haben ihrerseits kritisch darauf reagiert./54/ Dabei ist die Frage des »Fliegens« beim Sidhi nur ein Aspekt.

In den Auseinandersetzungen spielt vor allem der medizinische Bereich eine erhebliche Rolle. Dies wird begreiflich, wirft man einen Blick auf die vielfältigen, angeblich durch Untersuchungen, Messungen usw. wissenschaftlich abgesicherten Ergebnisse, welche die

Transzendentale Meditation als Folgen ihrer Praxis für sich in Anspruch nimmt. Genannt werden u. a.: »verbessertes Gleichgewicht im autonomen Nervensystem, Biochemie des Streß-Abbaus, Andauern psychologischer Ruhe während der Aktivität, größere vegetative Stabilität und entspanntere Beziehungen zur Umwelt, Normalisierung hohen Blutdrucks, Senkung des Alkohol- und Zigarettenkonsums, Abbau von Schlaflosigkeit, Normalisierung des Körpergewichts, heilende Wirkung auf Bronchialasthma, größere körperliche Belastbarkeit bei Herzkranken, bessere sportliche Leistung, kürzere Reaktionszeit, gesteigerte Wahrnehmungsfähigkeit, stärkeres Intelligenzwachstum«./55/

Noch aufsehenerregender sind die angeblichen speziellen medizinischen Auswirkungen der TM-Sidhi-Techniken. Sie sollen zur »perfekten Gesundheit« und damit zur Verlängerung des Lebens führen. Breitenwirksam wird heute für die Schaffung einer krankheitsfreien Welt allerdings Ayurveda propagiert, ohne daß die Meditationstechniken und das Sidhi-Programm ihre Bedeutung verloren haben./56/ Entsprechend der ganzheitlichen Schau Maharishis steht dies alles in enger Beziehung zueinander. Denn, die »Grundlage des Ayur-Veda ist folgende Erkenntnis:

a) der Natur wohnt Intelligenz inne
b) der Mensch ist ein Teil der Natur
c) diesselbe Intelligenz, die die Natur durchdringt, durchdringt auch den Geist und den Körper des Menschen
d) vollkommene Gesundheit bedeutet vollkommenes Gleichgewicht zwischen der Natur und dem Geist und Körper des Menschen.«/57/

Naturgemäße Lebensformen und Medizinen spielen neben der grundlegenden inneren Transformation eine wichtige Rolle. Der Erfolg von Ayurveda, auch in Kreisen von Medizinern, zeigt, daß hier eine ernst zu nehmende Herausforderung der Schulmedizin vorliegt.

Maharishi hat es verstanden, sein ursprünglich primär auf Meditation angelegtes ganzheitliches Alternativkonzept auch angesichts der vom New Age-Denken bestimmten veränderten geistigen Situation der letzten Jahre für außerhalb der christlichen Tradition Alternativen Suchende attraktiv zu erhalten. Sein Gesellschaftskonzept ist davon ebenfalls mit betroffen.

Die Gefahren und Konsequenzen dieser utopischen Menschen- und Weltbetrachtung werden bei einem Blick auf die Vision der »idealen Gesellschaft« unter der »Weltregierung des Zeitalters der Erleuchtung«, wie sie von Maharishi nicht nur gezeigt, sondern in den Anfängen auch verwirklicht wird, nochmals deutlich.

3. Die Formel zur Verwirklichung von Utopia

(Zukunftserwartungen)

Maharishi Mahesh Yogi teilt die hinduistische Auffassung von sich ablösenden Weltzeitaltern. Das dunkle, die Vergangenheit bestimmende Zeitalter der Unwissenheit ist im Vergehen, und das Zeitalter der Erleuchtung ist im Anbruch. Die Welt befindet sich gegenwärtig in einem »Phasenübergang«, einer »qualitativen Veränderung im Leben, mit verschiedenen Ebenen von Aufruhr und von Harmonie«./58/ Alle jetzt noch vorhandenen negativen Dinge im persönlichen und gesellschaftlichen Leben der Menschheit sind im Zeitalter der Unwissenheit verwurzelt. Die Prinzipien dieser Epoche hatten und haben schädliche Auswirkungen auf alle Bereiche des menschlichen Lebens und Zusammenlebens. Sie sind weitgehend identisch mit vorhandenen gesellschaftlichen Mißständen. So wird z. B. als Ausdruck des Zeitalters der Unwissenheit im Bereich der Industrie genannt, daß Profit als Maßstab des Erfolges gilt; im Bildungsbereich, daß höhere Bildung nur einer Minderheit zugänglich ist und der Schwerpunkt auf Wissensvermittlung und Information liegt; im Militärbereich, daß Macht Recht sei und die nationale Sicherheit durch die Anhäufung von Waffen garantiert werden soll usw./59/ Vielfältige negative Kennzeichen des Zeitalters der Unwissenheit werden auch im persönlichen Leben namhaft gemacht.

In der Vergangenheit hat es allerdings, wie Maharishi hervorhebt, immer wieder Versuche gegeben, die geistige Unwissenheit der Menschen zu überwinden und sie den Weg des wahren Wissens zu führen. Erleuchtete

Lehrer traten auf, Menschen, die selbst zur Quelle des wahren Wissens vorgedrungen waren und aus ihr schöpfen konnten. Maharishi nennt in diesem Zusammenhang die drei großen Persönlichkeiten der indischen Religions- und Geistesgeschichte: Krishna, Buddha und Shankara. Doch auch sie konnten durch ihr Wirken nur vorübergehende Erfolge erzielen. Ihre Nachfolger erlagen Mißverständnissen und Irrtümern, die wieder zurück in Dunkel und in Unwissenheit führten. Es blieb Maharishi und seiner Bewegung vorbehalten, durch die Philosophie und Praxis der Transzendentalen Meditation das Zeitalter der Unwissenheit seinem Ende zuzuführen, das Goldene Zeitalter und mit ihm die ideale Gesellschaft in greifbare Nähe zu bringen. »Die Zeit ist reif, und das Wissen steht zur Verfügung«, betont Maharishi./60/ Mit wachsender Kraft gehe der Übergangsprozeß voran. Er sei durchaus nicht so schwer und kompliziert, wie viele meinen. Nur 1 Prozent der Weltbevölkerung brauche die Praxis der Transzendentalen Meditation auszuüben, so besagt es der Maharishi-Effekt, um »ideale Gesellschaften, ideale Nationen und eine ideale Welt zu schaffen«./61/ Maharishi hob deshalb bereits in seiner Eröffnungsrede anläßlich der »Begründung der Weltregierung des Zeitalters der Erleuchtung« hervor: »Da jetzt über 1 Million Menschen die Technik der Transzendentalen Meditation ausüben, durchläuft die ganze Welt einen Phasenübergang vom Zeitalter des Unwissens, in welchem man das Leben als Kampf erklärte, zum Zeitalter der Erleuchtung, wo Leben nicht länger Kampf ist, wo das Leben Glück, Harmonie und Liebe ist.«/62/

Die Anhänger der Transzendentalen Meditation glauben, heute direkt ins Zeitgeschehen eingreifen zu können. Eine Weltfriedensversammlung von 5000 nordamerikanischen TM-Sidhas vom 1. bis 15. Oktober 1989 wird in ihren Auswirkungen so kommentiert: »Man vermutet, daß die Erdbeben in San Francisco und der Börsensturz in den USA aufgrund des MIU-Kurses relativ glimpflich verlaufen sind.«/63/

Eine Schlüsselrolle bei der Verwirklichung der idealen menschlichen Gesellschaft kam der von Maharishi 1975, ein Jahr nach der Verkündigung des Zeitalters der Erleuchtung, gegründeten »Weltregierung des Zeitalters der Erleuchtung« zu. In ihrem Selbstverständnis, ihren Funktionen und Aufgaben spiegelte sich das philosophisch-religiöse System der Transzendentalen Meditation wider und offenbarte anschaulich seinen utopischen Charakter.

In der Weltregierung des Zeitalters der Erleuchtung sollen sich »die höchsten Aspirationen der Weisen aller Zeitalter« verwirklichen. Ihr Hoheitsgebiet ist der »Bereich des Bewußtseins«. Er liegt jenseits aller Begrenzungen und ist der Bereich allen Handelns, das Heim aller Naturgesetze, das Feld aller Möglichkeiten. Indem die Weltregierung durch die Praxis der Transzendentalen Meditation das Bewußtsein der Menschen vollständig belebt, lenkt sie das Leben des einzelnen und der Gesellschaft. Belebung des Bewußtseins bedeutet Evolution, Fortschritt, Glück und ist der Schlüssel zum Erfolg auch für die bestehenden nationalen Regierungen.

Die nationalen Regierungen werden von der Weltregierung weder überflüssig gemacht, noch übernimmt sie deren Funktionen oder Aufgaben. Sie können und sollen nicht ersetzt werden, »weil unterschiedliche klimatische und geographische Bedingungen verschiedenartige lokale Traditionen und kulturelle Werte entstehen lassen, die verschiedene Wege zur Verwaltung der Gesellschaft erforderlich machen«./64/

Die nationalen Regierungen sind Spiegel des Gesamtbewußtseins ihrer Völker, zwischen der Regierung und dem Bewußtsein der Bürger besteht somit ein innerer geistiger Zusammenhang. Jeder Konflikt mit den nationalen Regierungen soll von vornherein ausgeschaltet werden. Den Verdacht, die Weltregierung verfolge politische Ziele, will Maharishi nicht aufkommen lassen.

Er erklärte deshalb gleichzeitig mit der Gründung der Weltregierung jede nationale Regierung »zur Ersten Regierung des Zeitalters der Erleuchtung in ihrem Land«./65/ Auch werde die Weltregierung nur Aktivitäten gestatten, die mit den nationalen Gesetzen übereinstimmen. Die Weltregierung will gegenüber den nationalen Regierungen eine geistliche »Elternrolle« übernehmen. Ihr Geschenk an die Regierungen sei »das Feld aller Möglichkeiten«. Denn »den Regierungen fehlt nur dieses Wissen – daß es ein Feld des Lebens gibt, das die Saat aller Möglichkeiten ist, und daß dieses Feld im beruhigten Zustand des Geistes jedes einzelnen Menschen existiert«./66/ Die Weltregierung beansprucht, das übergreifende Prinzip zu vertreten, welches die Gesellschaftssysteme läutern und bei aller Vielfalt letztlich harmonisieren kann. Die dahinterstehende Verkennung der politischen Gegebenheiten und gesellschaftlichen Gesetzmäßigkeiten tritt deutlich hervor, wenn z. B. Maharishi anläßlich der Begründung der Weltregierung behauptet: »Die Kämpfe zwischen verschiedenen politischen Systemen – Kommunismus, Kapitalismus, Demokratie, Diktatur – sind entstanden, weil das Wissen von dem gemeinsamen Grundzug, der alles Leben verbindet, das Wissen vom Feld des Bewußtseins, nicht verfügbar war. ... Verschiedene Systeme politischer Organisation und sozialer Ordnung sind wie verschiedenartige Blumen in einer Blumenkomposition. Durch die Vielfalt ihrer Farben wird die Komposition schön. Die Welt ist auf Vielfalt hin entworfen. Nicht die Unterschiede zwischen politischen Systemen tragen daran die Schuld. Schuld ist der Mangel an Wissen über den gemeinsamen Nährboden, der jedem System in der Welt Leben gibt. Es ist offensichtlich, daß kein Regierungssystem vollkommen ist, denn kein System hat eine ideale Gesellschaft hervorgebracht – Probleme und Leiden existieren überall; die Weltregierung des Zeitalters der Erleuchtung wird alle Regierungssysteme stärken und wird sie alle dazu führen, unter dem unmittelbaren, lebensfördernden Einfluß der Natur zu funktionieren.«/67/ Die Vielfalt auf allen Gebieten solle also unbedingt erhalten bleiben, es werde weder ein Einheitsstaat noch eine Einheitskultur oder -religion angestrebt. Die Weltregierung erklärt ausdrücklich, sie würdige »das kulturelle Erbe und die Lebensregeln, die religiösen Überzeugungen und die sozialen und politischen Ideale jeder Nation«./68/ Tatsächlich jedoch ist der universalistische Zug der Bewegung, die im Sinne des Hinduismus nur eine vordergründige Vielfalt zuläßt, nicht zu übersehen.

Der universelle Anspruch der Weltregierung des Zeitalters der Erleuchtung in seiner religiös-hinduistischen

Verankerung findet seinen deutlichsten Ausdruck in der »Verfassung«. Sie besteht aus 16 Artikeln, die »Versionen« genannt werden./69/ Grundlage der Verfassung ist der Rig Veda, in dem man den »vollkommenen Ausdruck vollständigen Wissens« sieht, und zwar auch des Wissens über alle Naturgesetze und Entwicklungsprozesse des Universums. »Vom Rig Veda«, sagt Maharishi, »schreitet die Verfassung der Weltregierung fort zur gesamten vedischen Literatur, zu den Texten aller Religionen, zu aller schönen und wertvollen Literatur, die jemals geschrieben wurde, zu den Textbüchern aller Wissenschaften, die das Wissen von den verschiedenen Naturgesetzen entfaltet haben. Die Verfassung nimmt jeglichen Fortschritt in sich auf, der durch jegliches Wissen erreicht wurde. Sie umgreift alles Schrifttum, das in allen Sprachen ausgedrückt wurde, von den altehrwürdigsten bis zu den modernsten Zeiten, und auch alle im Sinne der Evolution verfaßten Schriften, die in der Zukunft geschaffen werden.« Diese Verfassung sei »unbegrenzt anpassungsfähig« und gleichzeitig »unbegrenzt stabil«. Der utopische Universalismus ist kaum noch zu überbieten, wenn Maharishi hervorhebt, Teil der Verfassung seien auch »die Verfassungen aller Länder und alle Überlieferungen der Wissenschaften, Künste und Kulturen«./70/

Die Weltregierung des Zeitalters der Erleuchtung als Institution umfaßt 10 Ministerien. Ihnen fällt die Aufgabe zu, »grundlegende Kanäle bereitzustellen, durch die reines Bewußtsein, das Feld der höchsten Intelligenz, die Welt regieren und das Zeitalter der Erleuchtung für die kommenden Generationen erhalten kann«./71/ Mit der Verlegung des Zentrums der Bewegung von Seelisberg, dem Sitz der Weltregierung, nach Indien wurde es ruhiger um die Regierung und ihre Ministerien. Sicherlich hatte diese Organisationsform von Anfang an in den Augen der Öffentlichkeit auch etwas Absonderliches, ja Skurriles, so daß sie sich für die Ausbreitung der Prinzipien der Transzendentalen Meditation eher hinderlich als förderlich erwies und fallen gelassen wurde. Ihre Aufgaben und Ziele wurden aber deshalb nicht gegenstandslos, sondern weiterentwickelt und in teilweise veränderten Formen fortgeführt.

1990 wandte sich beispielsweise Maharishi mit groß angelegten Inseraten in namhaften Zeitungen direkt an die Regierungen der Welt./72/ Die Überschrift lautete: »Maharishis Angebot an jede Regierung Bündnis mit der Regierung der Natur durch Maharishis Vedische Wissenschaft und Technologie zur Verwirklichung von Himmel auf Erden«. Maharishi bietet den Staatsoberhäuptern und Regierungen »eine wunderbare und noch nie dagewesene Chance«. Transzendentale Meditation, TM-Sidhi-Programme und Maharishis Ayur-Ved, die Wissenschaft vollkommener Gesundheit, lösen alle globalen und individuellen Probleme der Erde. »Jede Regierung kann jetzt alle Bereiche im Leben der Nation zur Vollkommenheit führen durch Maharishis Meisterplan für die Verwirklichung von Himmel auf Erden.«

Maharishis Meisterplan, in einem 1500 Seiten umfassenden Buch ausführlich entwickelt, wird, ebenfalls in groß angelegten Zeitungsinseraten, in den Hauptpunkten zusammengefaßt./73/ Eine Neustrukturierung der gesamten Welt nach innen und außen wird angestrebt. Nach innen bedeutet das »Vervollkommnung des inneren Lebens« durch »Entwicklung höherer Bewußtseinszustände«, »Entfaltung von höchsten Werten des Lebens und innerer Glückseligkeit« und »Unterstützung durch die Natur von innen heraus«. Alles Erwünschte ist zu erreichen, verheißt Maharishi, der, berücksichtigt man zusätzlich noch, was er zur »Vervollkommnung des äußeren Lebens« anbietet, damit indirekt den Anspruch des Weltenheilands erhebt.

Im wesentlichen finden sich hier die Anliegen wieder, die in den siebziger Jahren die Arbeitsfelder der Weltregierung des Zeitalters der Erleuchtung und ihrer 10 Ministerien ausmachten. Es ist zweifellos ein Entgegenkommen an eine verbreitete Zeitstimmung im Umfeld von Ökologiebewußtsein und New Age-Denken, wenn an erster Stelle der »Bau idealer Dörfer und Städte auf der Grundlage des Maharishi Sthapatya Ved« genannt wird. Es ist eine »Baukunst im Einklang mit dem Naturgesetz, um eine ebenso gesunde wie schöne Umwelt zu verwirklichen – frei von Verschmutzung, Lärm und Stress – in der jeder fühlt: ›Ich lebe im Himmel.‹« Der Aufbau von acht himmlischen Städten in den USA und

Kanada hat übrigens bereits begonnen. Sie sollen nach alten indischen Vorbildern mit natürlichen Materialien großzügig und mit vielen Grünanlagen gebaut werden. Eine dieser Alternativstädte entsteht in der Nähe Washingtons.

Zweiter Punkt der äußeren Neustrukturierung der Welt ist eine »weltumspannende Grüne Revolution«. Als weitere Punkte werden genannt: weltweite Beseitigung von Armut; weltweite Förderung der ländlichen Gebiete und die Sanierung der Städte; Herstellung des wirtschaftlichen Gleichgewichts in der Völkerfamilie; Verwirklichung eines idealen Erziehungswesens; vollkommene Gesundheit; Förderung von Kohärenz, Harmonie und Gleichgewicht in der Natur; Aufbau einer unbesiegbaren Verteidigung für jedes Land; Verwirklichung einer vollkommenen Regierung in jedem Land; Beleben einer in höchstem Maße lebensfördernden Kraft in der Welt, »welche die Macht der Evolution in der Natur uneingeschränkt aufrechterhält und alle zerstörerischen Tendenzen und negativen Strömungen in der Welt neutralisiert«. Zur Verwirklichung jeder dieser Forderungen wird ein von Maharishi entwickelter besonderer Weg mit entsprechenden Methoden angeboten. Der Himmel kommt nicht von allein auf die Erde, er muß geschaffen werden. Maharishi zeigt den Weg. Die Verheißung ist großartig: »Alle Menschen und Nationen werden den Himmel auf Erden genießen.«/74/

Diese utopische Zukunftsschau weist manche äußerliche Parallele zu christlichen Reich-Gottes-Erwartungen auf, besonders zu Extremformen, wie sie uns z. B. bei den Zeugen Jehovas begegnen. Im Kern unterscheiden sich beide Modelle aber diametral. Bei Maharishi gibt es keinen personalen Gottesbezug, findet man Gott in sich und in der Welt, nicht im personalen Gegenüber von Schöpfer und Geschöpf, liegt alle Aktivität beim Menschen, der mit der Selbstbefreiung die Weltbefreiung herbeiführt. Schuld, Buße, Vergebung und Erlösung haben in diesem System ebensowenig Platz wie das Böse, sofern es mehr ist als »Nicht-Gutes«. Zu den großen Zukunftsverheißungen der Transzendentalen Meditation gehört nicht zufällig die Botschaft, »daß Kampf und Leiden« aufhören./75/ Kampf und Leiden erfahren bei Maharishi eindeutig negative Wertungen. Allein schon das verschließt ihm von vornherein den Zugang zum inneren Verständnis des Christentums und zeigt die Brüchigkeit seiner These von der Vereinbarkeit von Transzendentaler Meditation und Christentum. Das biblische Bild des leidenden und durch sein Leiden erlösenden Gottessohnes Jesus Christus ist für Maharishi bestenfalls ein Mißverständnis, wenn nicht Torheit und Ärgernis. »Nein, nein, nein«, ruft er aus, »Christus litt niemals. Der Mensch erblickte ihn als leidend ... Seine Botschaft war die der Seligkeit.«/76/

Die Transzendentale Meditation und die von ihr getragenen Organisationen verstehen sich nicht nur als Vollendung aller Religionen und jeder Wissenschaft, sondern überhaupt als Träger des Fortschritts auf allen Gebieten, als Sauerteig der neuen Welt. Maharishi wird zum Bringer und Garanten des Heils, zum »lebenden Beispiel von Wissen, von Integration und Ganzheit des Lebens«, der »fähig ist, das Dämmern dieses neuen Zeitalters zu erkennen und zu führen«./77/ Es ist das ein Wissen, das keine Probleme kennt. Denn, so sagt Maharishi: »Die Antwort auf jedes Problem ist, daß es kein Problem gibt. Der Mensch erkenne diese Wahrheit, dann ist er ohne Probleme.«/78/ Die Probleme der Religion, des Menschen und der Welt werden so zu Scheinproblemen erklärt und als solche gelöst. Die Transzendentale Meditation als System muß sich dann aber – trotz der in ihr auch enthaltenen richtigen Erkenntnisse und Wahrheitsmomente – gefallen lassen, selbst als Scheinlösung bezeichnet zu werden, eine Scheinlösung mit großen Gefahren für die religiöse, individuelle und gesellschaftliche Existenz des Menschen.

1/ Miles/Pearce Marchbank (Hg.), Die Beatles, wie sie sich selbst sehen, Köln/Bergisch Gladbach [3]1981, 54
2/ I. Robbins/D. Fisher, Meditation – Glück in eigener Regie, 1973, 18, zitiert nach Rüdiger Hauth, Transzendentale Meditation – neue Wege zum Heil?, Gladbeck 1979, 11
3/ Diese wie folgende Daten beruhen auf Angaben in: Gesellschaft der Weltregierung des Zeitalters der Erleuchtung zur Förderung der Transzendentalen Meditation und der Wissenschaft der Kreativen Intelligenz (Hg.), Verwirklichung der Idealen Gesellschaft – Ein weltweites Unternehmen, o. O., 1977, 110, 124 f. Sie unterscheiden sich teilweise von den Angaben in der vorliegenden Sekundärliteratur, die der Korrektur bedürfen.
4/ Aus einem Werbetext der TM, zitiert nach Michael Mildenberger/Albrecht Schöll, Die Macht der süßen Worte, Wuppertal 1977, erschienen als Sonderdruck »Zauberformel TM. Die Bewegung der Transzendentalen Meditation«, 19
5/ Verwirklichung der Idealen Gesellschaft, a.a.O., 123
6/ Ebd., 59
7/ Ebd., 110
8/ Ebd., 111
9/ Ebd., 112 f.
10/ Ebd., 125 f.
11/ Ebd., 126
12/ Ebd., 105
13/ Friedrich-Wilhelm Haack, Jugendreligionen. Ursachen, Trends, Reaktionen, München 1979, 199; vgl. Michael Mildenberger/Albrecht Schöll, Zauberformel TM, a.a.O., 107–111
14/ Handbuch Religiöse Gemeinschaften, hrsg. von Horst Reller, Gütersloh [2]1979, 603
15/ Zitiert nach Herbert Mensen, Autogenes Training (AT) und Transzendentale Meditation (TM). Eine notwendige Abgrenzung, in: notabene medici, 10. Jg., 1980, Heft 12, 556–567, Sonderdruck, 9 f.
16/ Verwirklichung der Idealen Gesellschaft, a.a.O., 29
17/ Ebd., 127
18/ Ebd.
19/ Ebd., 140
20/ Ebd., 128 f.
21/ Rüdiger Hauth, Jugendsekten und Psychogruppen von A–Z, Gütersloh 1981, 128 f.
22/ Zur Diskussion mit der Medizin vgl. die Literaturhinweise bei Herbert Mensen, Autogenes Training, a.a.O., 26–30
23/ GTM-Gesellschaft für Transzendentale Meditation. Deutscher Verband e.V., Mitteilungsblatt, Großer Indienkurs mit Maharishi in Maharishi Nagar/Delhi, 2
24/ Ebd.
25/ Verwirklichung der Idealen Gesellschaft, a.a.O., 2
26/ Zum Folgenden vgl. die fundierte Darstellung bei Reinhart Hummel, Indische Mission und neue Frömmigkeit im Westen, Stuttgart 1980, 98–111
27/ Verwirklichung der Idealen Gesellschaft, a.a.O., 53 f.

28/ Ebd., 46
29/ Reinhart Hummel, Indische Mission, a.a.O., 101
30/ Verwirklichung der Idealen Gesellschaft, a.a.O., 53
31/ Reinhart Hummel, Indische Mission, a.a.O., 102
32/ Ebd.
33/ Zitiert nach ebd.
34/ Verwirklichung der Idealen Gesellschaft, a.a.O., 6
35/ Maharishi Mahesh Yogi, Die Wissenschaft vom Sein und die Kunst des Lebens, Stuttgart 1969, 356 f., zitiert nach Rüdiger Hauth, Transzendentale Meditation, a.a.O., 8
36/ Ebd., 339, zitiert nach Reinhart Hummel, Indische Mission, a.a.O., 106
37/ Zitiert nach Michael Mildenberger/Albrecht Schöll, Zauberformel TM, a.a.O., 8
38/ Verwirklichung der Idealen Gesellschaft, a.a.O., 7
39/ Michael Mildenberger/Albrecht Schöll, Zauberformel TM, a.a.O., 27
40/ Ebd., 29
41/ Ebd., 30–36
42/ Ebd., 43
43/ Rüdiger Hauth, Transzendentale Meditation, a.a.O., 17
44/ Vgl. in diesem Zusammenhang auch Harri Heino, Religious Dimensions of Transcendental Meditation, Tampere 1982
45/ Michael Mildenberger/Albrecht Schöll, Zauberformel TM, a.a.O., 45
46/ Ebd., 57 ff.
47/ Ebd., 46
48/ Maharishi Mahesh Yogi, Der göttliche Plan, Bremen, o.J., 17, zitiert nach Michael Mildenberger/Albrecht Schöll, Zauberformel TM, a.a.O., 65
49/ Michael Mildenberger/Albrecht Schöll, Zauberformel TM, a.a.O., V
50/ H. H. Bloomfield/M. P. Cain/D. T. Jaffe/R. B. Cory, Transzendentale Meditation, Düsseldorf/Wien 1976, 55, zitiert nach Michael Mildenberger/Albrecht Schöll, Zauberformel TM, a.a.O., 71
51/ Ebd., 208, zitiert nach Michael Mildenberger/Albrecht Schöll, Zauberformel TM, a.a.O., 73
52/ Verwirklichung der Idealen Gesellschaft, a.a.O., 28
53/ Vgl. z. B. Michael Antes, Transzendentale Meditation, TM-Sidhi-Programm und Rigidität-Flexibilität, Bielefeld 1979; Christa Kniffki, Transzendentale Meditation und Autogenes Training, München 1979; Dieter Kroener, Transzendentale Meditation als Prävention und Stütztherapie in der Medizin, in: Hamburger Ärzteblatt, 12/1980, 534–536; David W. Orme-Johnson/John T. Farrow (Hg.), Scientific Research on the Transcendental Meditation Program, Volume I, Maharishi International University 1977
54/ Vgl. die Literaturangaben bei Herbert Mensen, Autogenes Training, a.a.O., 26–30; Reinhart Hummel, Gut gehüpft ist halb geflogen, in: Materialdienst der EZW, 1982, 72–76; außerdem: Differentielle Wirkungen der Praxis der Transzendentalen Medi-

tation (TM). Eine empirische Analyse pathogener Strukturen als Hilfe für die Beratung, hrsg. vom Institut für Jugend und Gesellschaft, Bensheim 1980

55/ Verwirklichung der Idealen Gesellschaft, a.a.O., 11–20

56/ Vgl. Deepak Chopra, Die heilige Kraft – Ayurveda, das altindische Wissen vom Leben, und die modernen Naturwissenschaften, Bergisch Gladbach 1990

57/ Dr. Chopra – Vorlesungen, Ayur-Veda-Grundkurs, Hauptpunkte, Thema 2.2

58/ Verwirklichung der Idealen Gesellschaft, a.a.O., 55

59/ Karl-Wilhelm Schneider, Eine Untersuchung der Lehren neuerer spiritueller Bewegungen, Manuskript, Siegen 1980, 201 f.

60/ Verwirklichung der Idealen Gesellschaft, a.a.O., 3

61/ Ebd.

62/ Ebd., 55

63/ Die TM-Zeitung, 3. Jg., Nr. 11, November 1989, Kurznachrichten

64/ Verwirklichung der Idealen Gesellschaft, a.a.O., 46

65/ Ebd., 64

66/ Ebd., 54

67/ Ebd., 52

68/ Ebd., 64

69/ Text der Verfassung ebd., 72–77

70/ Ebd., 59

71/ Ebd., 78

72/ Neue Zürcher Zeitung, Nr. 52, 3./4. März 1990, 14

73/ Ebd.

74/ Ebd.

75/ Verwirklichung der Idealen Gesellschaft, a.a.O., 55

76/ Reinhart Hummel, Indische Mission, a.a.O., 168

77/ Pressematerial, München, Juni 1975, 2, zitiert nach Friedrich-Wilhelm Haack, Jugendreligionen, a.a.O., 195

78/ Reinhart Hummel, Indische Mission, a.a.O., 110

Ananda Marga –
eine »sozio-spirituelle«
Bewegung

ANANDA
MARGA

YOGA

1. Baba Shri Anandamurti – der geliebte Vater

(Geschichte – Organisation – Verbreitung)

»Ananda Marga ist eine humanitäre Organisation, die auf der ganzen Welt verbreitet ist. Ihr Ziel ist es, den Menschen auf dem Weg zur körperlichen und geistigen Vervollkommnung zu helfen und der Menschheit durch soziales Wirken zu dienen.«/1/ So heißt es in der Selbstdarstellung. Es waren allerdings durchaus nicht nur Akte humanitären Wirkens, durch die Ananda Marga in der Öffentlichkeit bekannt wurde. Das zeigt ein Blick auf die Geschichte von Ananda Marga.

Zum Entsetzen der Passanten übergossen sich am späten Nachmittag des 8. Februar 1978 vor der Kaiser-Wilhelm-Gedächtniskirche in Westberlin eine junge Frau und ein junger Mann mit Benzin und verbrannten sich. Zuvor hatten sie durch Transparente, die sie am Turm der Kirche anbrachten, und auf Flugblättern ihr Vorhaben angekündigt. Niemand hatte sie ernst genommen. Die beiden, Erika Ruppert und Helmut Kleinknecht, waren Nonne bzw. Mönch in der indischen Bewegung Ananda Marga und nannten sich als solche Didi Uma und Dada Lokesha. Ihr Selbstmord sollte ein Zeichen, ein Aufruf sein. In dem von ihnen verteilten Flugblatt schrieben sie:

»Die Flamme unserer Körper ist Symbol für das Feuer des selbstlosen Dienstes von *Ananda Marga.*

Es wird die Nacht der Unmoral und die Dunkelheit der üblen Kräfte der Ausbeutung, Unterdrückung, Ungerechtigkeit und Falschheit aufzehren.

Unsere Selbstverbrennung geschieht nach persönlicher und unabhängiger Entscheidung, geschieht aus Liebe zu allen Menschen, den Armen, Ausgebeuteten und Leidenden.

Die Zukunft der menschlichen Gesellschaft ist licht; es gibt keinen Grund zur Furcht und Verzweiflung. Habt Mut!

Es ist die Verantwortung von Euch allen, das gemeinschaftliche Wohlergehen der e i n e n menschlichen Gesellschaft zu unterstützen: Kämpft gegen alle unmoralischen Kräfte in jedem Bereich des Lebens!
Menschen wacht auf!

Moralisten der Welt – vereinigt euch!
Befreit Shrii Shrii Anandamurti!
Baba Nam Kevalam – Liebe ist alles was ist.«/2/

Weitere Selbstverbrennungen folgten. Am 13. 6. 1978 verbrannte sich eine Schweizer »Nonne« in Manila, am 2. Oktober desselben Jahres eine Australierin vor dem Palast der Vereinten Nationen in Genf, zwei Tage später eine Ananda-Marga-Anhängerin in dem englischen Dorf Datchod. In Indien war es schon Jahre zuvor zu Selbstverbrennungen gekommen.

Weite Teile der Öffentlichkeit wurden durch diese grausigen Vorgänge auf Ananda Marga aufmerksam. Was verbirgt sich hinter dieser Bewegung?

»Ananda Marga Pracaraka Samgha«, der »Verein zur Verbreitung des Weges zum Glück«, wurde im Jahre 1955 von dem Westbengalen Prabhat Ranjan Sarkar im indischen Unionsstaat Bihar gegründet. Das Ziel der Bewegung ist ein zweifaches: Erneuerung des einzelnen *und* der Gesellschaft durch Meditation *und* soziales Engagement. Die Ausrichtung auf die Gesellschaft, das politisch-soziale Anliegen, unterscheidet Ananda Marga grundlegend von den meisten vergleichbaren hinduistischen Meditationsbewegungen im Westen.

Sarkar wird von seinen Anhängern Baba Shri Anandamurti genannt, Anandamurti bedeutet »verehrungswürdiges Abbild der Glückseligkeit«. Er wurde am 13. April 1921 in Jamalpur (Bihar) geboren. Sein Vater, Kaksmi Narayan Sarkar, gehörte den unteren Mittelschichten an. Das Kind wuchs in der Familie eines Freundes des Vaters auf. Wie bei anderen berühmten Gurus soll sich das Besondere seiner Persönlichkeit schon von frühester Kindheit an gezeigt haben. Bereits das Geburtshoroskop habe auf großen Ruhm und auf eine »königliche Persönlichkeit« hingewiesen. Als Baby habe er einmal eine in der Nähe stehende Tasse Milch ergriffen, zum Mund geführt und daran genippt. Besondere Bedeutung wird in diesen Berichten der Begegnung mit dem Gott Shiva beigelegt. Das Kind sei durch einen Sturm während des Schlafes mehrfach über den Ganges getragen worden, dort begegnete ihm Shiva. Folgendes soll sich dann ereignet haben:

»Eines Nachts – kurz vor Beginn seines fünften Lebensjahres – beschloß es [das Kind] zu handeln. Wie gewöhnlich wurde es von dem Sturm an den Strand des Ganges getragen, der nicht nur in Jamalpur, sondern überall wütend schien. Derselbe große Sadhu mit seinem safranfarbenen Gewand, seinem langen, wehenden Bart und seiner großen Trishula, größer als ein gewöhnlicher Sadhu, erschien vor ihm und lud es ein, in die Rezitation des Shiva Dhyana' Mantras miteinzufallen. Das machte das kleine Kind wütend. Es entriß ihm die Trishula [Dreizack] und stieß sie mit einem mächtigen Schwung dem großen Sadhu in die Brust. Vielleicht hatte der große Sadhu nur darauf gewartet, denn augenblicklich warf er seine Bekleidung ab und vor dem kleinen Kind stand Sada Shiva. ... Das war der Tag des großen Wandels und irgendwie traf er zusammen mit der Änderung seines Namens von Arun – die aufgehende Sonne – zu Prabhata Ranjana – die Sonne, die alles erleuchtet, die allem Farbe verleiht.«/3/ Außergewöhnliches Wissen und spirituelle Fähigkeiten waren ihm seit dieser Zeit zu eigen. So hat ihm Shiva selbst Teile der Veden, der heiligen Schriften Indiens, eingeprägt. Auch bezwang er als Fünfjähriger eine rasende Kuh, die das ganze Dorf in Schrecken setzte, indem er sie mit dem Finger am Kopf berührte. Sie sei zitternd in die Knie gegangen und habe, ihre Augen weit aufreißend, »Baba« (geliebter Vater) gelallt.

In Sarkar sehen seine Anhänger das erlösende Christuslicht aller Zeiten, in ihm erfüllen sich alle Religionen. »Das Christuslicht stieg zur Errettung der Menschheit hinab auf Erden auch als Krishna; wiederum als Buddha; und in dieser Zeit kam es erneut herab in der Gestalt der großen Meister unseres Pfades.«/4/ Unter ihnen wird an erster Stelle Sarkar (Baba) genannt, nach Jesus Christus und vor Lahiri Mahasaya, Sri Yukteswa und Paramhansa Yogananda./5/

Sarkar besuchte eine weiterführende Schule in Jamalpur und begann danach das Studium an einem College in Kalkutta. Hier lebte er im Hause seines Onkels Subhash Chandra Bose, der durch seine spirituellen Neigungen, vor allem aber durch seine politischen Aktivitäten im indischen Unabhängigkeitskampf bekannt wurde. Durch ihn soll er in die Tantra-Yoga-Meditation eingeführt worden sein. Über den Abschluß seines Studiums ist nichts bekannt. Sarkar arbeitete eine Zeitlang als Reporter bei verschiedenen englischsprachigen Zeitungen. Ende der vierziger Jahre ging er nach Jamalpur zurück. Dort fand er eine Anstellung als Hilfsbuchhalter in einer Reparaturwerkstatt der indischen Eisenbahnen. Nebenbei begann er, Freunden und Kollegen »ein neues System von Meditationspraktiken zu lehren, das er von den alten Techniken ableitete und für die heutige Welt modernisierte«./6/

Ins Licht der Öffentlichkeit trat Sarkat erst 1955 durch die Gründung der »sozio-spirituellen« Organisation Ananda Marga. Die Bewegung hatte Erfolg. Schon Anfang der sechziger Jahre konnte sie Mitarbeiter unterhalten, Lehrer ausbilden und vielfältige soziale Aktivitäten entfalten. Eine wachsende Zahl von Zweigorganisationen wurde gegründet. »1958 entstand ›Renaissance Universal‹, ›eine Zweigorganisation zur kulturellen Erneuerung auf der Basis der Moral und der spirituellen Inspiration‹, 1962 die ›Seva Dharma Mission‹, ›ein Orden von Yoga-Mönchen (und später Nonnen), die ihr persönliches Leben aufgegeben haben, um sich ganz dem Dienst an der Menschheit zu weihen‹, 1966 die ›Education, Relief & Welfare Section (ERAWS)‹, die eine Reihe von Notstandsprogrammen durchführte, und schließlich – die genaue Entstehung wird an keiner Stelle genannt – der umstrittene ›Valuntary Social Service (V.S.S.)‹, der als paramilitärische Organisation verdächtigt worden ist.«/7/

Besondere Bedeutung kommt der 1959 ins Leben gerufenen, von militärischem Kampfgeist durchdrungenen PROUT-Gruppe zu.

In der Zeit zwischen 1963 und 1971 sollen allein 250 Schulen gegründet worden sein. Eine eigene Siedlung »Ananda Nagar« (Stadt der Glückseligkeit) entstand im Purulia-Distrikt in Westbengalen. Sie wurde zum Zentrum der Bewegung und zeichnete sich durch vielfältige soziale Einrichtungen aus (Kinderheim, Grundschule, Kunst- und Technik-Colleges, Leprakrankenheim, medizinische Klinik).

Schwierigkeiten, die sich schließlich zu einer krisenhaften Entwicklung zuspitzten, traten durch innere

Spannungen, vor allem aber durch die politischen Aktivitäten Sarkars auf. Seit 1967 hatte er versucht, direkt auf das politische Leben Einfluß zu gewinnen. Bei Landtagswahlen wurden eigene Kandidaten aufgestellt, die jedoch keinen Erfolg hatten. Als es zu Auseinandersetzungen zwischen Großbauern und linksrevolutionären Guerillas kam, soll Sarkar seine paramilitärischen Einheiten auf seiten der Großbauern eingesetzt haben. Die Verwicklungen wuchsen. Am 5. März 1967 wurde die Siedlung Ananda Nagar überfallen, wobei mehrere Bewohner den Tod fanden. Die Kongreßpartei und die von ihr getragene indische Regierung betrachteten die Bewegung immer kritischer. 1969 untersagte die Regierung allen Beamten die Mitgliedschaft in Ananda Marga und bewertete die Bewegung als »politische Organisation«. Sie wuchs dennoch weiter an. Resonanz fand sie vor allem in Kreisen der Intelligenz, der Beamtenschaft und des Mittelstandes.

Die äußeren Auseinandersetzungen erreichten ihren ersten Höhepunkt mit der Verhaftung Sarkars und einiger seiner Anhänger am 29. Dezember 1971. Sie wurden wegen Mordverdacht angeklagt. Sarkars ehemaliger Privatsekretär Visokanand hatte die Beschuldigung erhoben, sein früherer Chef habe den Mord an 14 abtrünnigen Anhängern angeordnet und weitere Morde geplant. Auch Sarkars Frau, die zusammen mit Visokanand die Bewegung verlassen hatte, belastete ihren Mann. Sarkar wurde zunächst schuldig gesprochen und zu lebenslanger Haft verurteilt. Die Berufungsinstanz hob aber das Urteil auf und erklärte das Zeugnis des Privatsekretärs für nicht stichhaltig. Trotzdem setzten sich die Untersuchungen und Prozesse fort, Sarkar blieb in Haft. Seine Anhänger, die Margiis, waren über diese Entwicklung tief betroffen. Die Gegenwart ihres »Baba«, ihres »geliebten Vaters«, wie sie Sarkar nannten, war für sie, ähnlich wie bei anderen Guru-Bewegungen, von entscheidender Heilsbedeutung. Sie glauben, er habe die höchste Stufe der Entwicklung erreicht, sein Geist sei ein »makelloser Spiegel des Höchsten Bewußtseins (Brahma)«, er stelle die göttliche Offenbarung in unserer Zeit dar./8/

Um ihn zu befreien, entfalteten sie mancherlei Aktivitäten. Es kam zu ersten Selbstverbrennungen indischer

Margiis. 1973 wurden in den USA und in Europa Komitees für die Befreiung Sarkars gegründet. In den folgenden Jahren verwandte die Bewegung einen Großteil ihrer Kräfte auf den Kampf um die Befreiung des »geliebten Vaters«. Im Gefängnis soll durch den Gefängnisarzt versucht worden sein, ihn zu vergiften. Aus Protest begann Sarkar, ab April 1973 zu fasten und nahm täglich nur zwei Tassen Buttermilch zu sich. Die Margiis fürchteten nun noch mehr um sein Leben. Er selbst betrachtete seine Haft und das freiwillige Fasten als ein besonderes Heilshandeln im Dienste seiner Anhänger. Der Anspruch des stellvertretenden Leidens ist unverkennbar.

Die Verkündung des Notstandes durch die Regierung Gandhi im Jahre 1975 schuf die Voraussetzung für ein noch entschiedeneres Vorgehen der Behörden gegen Ananda Marga. Die Bewegung wurde als »rechtsradikale religiöse Organisation« eingestuft. »Am 25. Juni (1975)«, heißt es in einer Selbstdarstellung, »wurden ungefähr 2000 Zentren Ananda Margas (Schulen, Kinderheime, Jagritis [Wohngemeinschaften], Hochschulen usw.) von der Polizei überfallen. 400–500 Nonnen, Mönche und mehr als 1500 bedeutende Mitglieder wurden verhaftet.«/9/ Auch die Siedlung Ananda Nagar wurde im Juli 1975 geplündert und zerstört. Die Bewohner flohen. Viele maßgebliche Mitglieder gingen in die USA und nach Westeuropa und trugen dort zur Stärkung und Ausbreitung der Bewegung erheblich bei. Das Hauptbüro wurde von Patna (Bihar) nach Denver in den USA verlegt. Der Prozeß gegen Sarkar fand unter den Bedingungen des Notstandsrechtes seinen Fortgang. Am 27. November 1976 wurde er wegen Anstiftung zum Mord verurteilt. Seine Anhänger sprachen von einer Verschwörung gegen ihn, in der der indische Geheimdienst eine wichtige Rolle spielte. In der Öffentlichkeit wurden verschiedene Anschläge auf indische Botschaften und Büros der Air Indian mit der Bewegung in Verbindung gebracht. Ein eindeutiger Nachweis konnte aber nicht erbracht werden.

Durch die Ablösung der Regierung Gandhi im März 1977 und die Aufhebung des Notstandes verbesserte sich die Situation von Ananda Marga in Indien. Sarkar hatte gegen seine Verurteilung Revision einlegen lassen. Am 2. August 1978 wurde er gegen Kaution aus der Haft entlassen. In der Berufungsverhandlung sprach schließlich der Oberste Gerichtshof in Patna (Bihar) Sarkar frei. Die juristischen Auseinandersetzungen waren damit noch nicht beendet, doch empfanden Sarkars Anhänger den Freispruch ihres »geliebten Vaters« als große Genugtuung. Als er am 2. August aus dem Gefängnis in Patna entlassen wurde, bereiteten ihm Tausende seiner Anhänger einen triumphalen Empfang. Ihr Guru, die höchste Verwirklichung des Göttlichen, war ihnen wiedergegeben.

Zu diesem Zeitpunkt war Ananda Marga schon lange keine rein indische Bewegung mehr. Man hatte fest und mit wachsendem Erfolg in der jugendlichen religiösen Alternativszene der USA und Westeuropas Fuß gefaßt. Allerdings hatte sich hier von Anfang an – das darf nicht übersehen werden – Ananda Marga mit einer den veränderten Bedingungen angepaßten Akzentsetzung eingeführt. Man präsentierte sich stärker als in Indien als alternative Meditationsbewegung mit neuem Lebensstil, die primär politischen Zielsetzungen traten in den Hintergrund. So konnte sich die Bewegung zum Beispiel seit 1972 in Westberlin und westdeutschen Großstädten vor allem auf dem Weg über soziale Aktivitäten, wie die Betreuung drogenabhängiger Jugendlicher, etablieren. Die BRD wurde zum Hauptverbreitungsgebiet von Ananda Marga in Westeuropa. Ende der siebziger Jahre rechnete man hier mit 2500 fest gebundenen Anhängern, hinzu kamen etwa 400 Margiis in Westberlin. Das »Hauptbüro Europa« befindet sich in Mainz, dort wurde auch der Dharma-Verlag gegründet. 1989 werden für Westdeutschland zehn Zentren genannt. Die Zahl der Mitglieder im Weltmaßstab wird mit 2 Millionen angegeben. Indien blieb das eigentliche Hauptverbreitungsgebiet, gefolgt von den Philippinen und den USA.

Sarkar trat nach seiner Freilassung auch offiziell wieder an die Spitze der hierarchisch aufgebauten Bewegung. Größte Verwaltungseinheit sind die »Welt-Sektoren« (Europa, Afrika, Mittlerer Osten, Mittelasien, Ostasien, Philippinen, Australien, Nordamerika,

Südamerika). Ein Welt-Sektor umfaßt etwa 12 »Regionen«, die wiederum jeweils in »Diözesen« gegliedert sind. Eine Diözese besteht meist aus 6 »Distrikten«, ein Distrikt aus 20 bis 30 »Blocks«, ein Block aus 50–60 »Einheiten«, eine Einheit aus bis zu 100 »Wohnsiedlungen«. Dem hierarchischen Aufbau der Organisation entspricht in der Leitung die Hierarchie der Amtsträger. Das Welthauptquartier befindet sich heute in Kalkutta (Indien).

Unter den Hilfsorganisationen von Ananda Marga macht die PROUT-Gruppe immer wieder von sich reden. Auf der ersten PROUT-Weltkonferenz im August 1981 in Frankreich versammelten sich etwa 200 Delegierte. Es wurde beabsichtigt, weltweit 250 sozioökonomische Einheiten zu bilden. Diese sollen schließlich zu einer Welteinheit verschmelzen und auf diesem Wege eine tiefgreifende gesellschaftliche Veränderung im Sinne der Progressiven Nutzungstheorie bewirken. Es bestehen bereits mehrere solcher Einheiten (Samaj-Bewegung), etwa Amra Bengali in Bengalen mit mehr als 50000 Mitgliedern oder die Gruppe »Ein menschliches Deutschland«.

Ananda Marga wächst weiter. Die Schwerpunkte liegen in Asien, aber auch in Europa nimmt die Ausstrahlungskraft zu. Mission wird jedem Anhänger zur Pflicht gemacht. Es geht hierbei nicht nur um Mission mit Worten, sondern auch mit Taten auf dem Wege sozialen Engagements. Dabei bleibt fraglich, ob Mission außerhalb Indiens ursprünglich geplant war. Sarkar hat sich dazu nicht geäußert. »So liegt der Schluß nahe, daß der Ananda Marga zu denjenigen Bewegungen gehört, die mit einer grundsätzlich universalen Botschaft ausgestattet, zunächst in Indien beheimatet, im Zeitalter einer zunehmenden ›kulturellen Zirkulation‹ mehr oder weniger zufällig die indischen Grenzen überschritten haben und ins Ausland ›übergeschwappt‹ sind.«/10/ Das Konzept und die Lebensformen und Normen der Bewegung bleiben im indischen Horizont, dies allein schon verhindert eine Massenwirksamkeit im Westen, beschränkt die Ausstrahlungskraft auf die religiöse Alternativszene.

2. Der Weg zur Glückseligkeit

(Lehrgrundzüge)

Der geistig-religiösen Fehlentwicklung des Menschen entspricht die Fehlentwicklung der Gesellschaft. Auf dem Hintergrund dieser negativen Analyse erfolgt das Angebot eines universellen sozio-spirituellen Heilsweges, eines Weges, der individuelles und gesellschaftliches Glück verspricht. Durch individuellen Wandel soll es zu gesellschaftlichen Wandlungen kommen. Die Welt ist reif für diesen Entwicklungsprozeß, so wird gelehrt; der geeignete geistige Meister, der ihn einleiten und voranbringen kann, ist in Sarkar erschienen.

Die beiden jungen Deutschen, die sich am 8. Februar 1978 vor der Kaiser-Wilhelm-Gedächtniskirche in Westberlin verbrannten, formulierten den Anspruch und das Angebot von Ananda Marga so: »In allen Lebewesen ist ein Verlangen nach Unendlichkeit. Das Ziel eines jeden Wesens in diesem Universum ist, andauerndes Glück und Frieden zu erlangen. Alle lebenden Wesen gehören zu einer universalen Familie. Gegenwärtig jedoch leidet die Mehrheit der Weltbevölkerung an Hunger, Armut, sozialer und ökonomischer Ausbeutung.

Jetzt ist der glorreiche Zeitpunkt des Wandels gekommen.

Jede bisherige soziale Theorie oder jedes bisherige ökonomische Konzept in der Geschichte hat versagt, eine humanistische Gesellschaft zu schaffen.

Die Kraft menschlicher Liebe allein kann die Welt verändern. Die spirituelle Philosophie und die sozialökonomische (progressive Nutzungs-) Theorie des großen Humanisten und Philosophen Shrii Shrii Anandamurti bietet die Lösung zu allen Fragen des Lebens für alle Menschen. ...«/11/

Die angebotene Lösung ist von der religiös-philosophischen Ausgangsbasis wie von den Zielvorstellungen her eindeutig eine indisch-hinduistische Lösung, auch wenn sie durch den Einschluß eines betont politisch-sozialen Engagements uralte Tabus des Hinduismus durchbricht.

Wie sehen die Grundgedanken dieser Heilslehre aus? Sarkar selbst versteht sich als Tantriker, schließt also die

Materie in den Heilsprozeß ein. Geist und Natur bzw. Materie sind auch für ihn die beiden Pole des Seins. Das Göttliche, »Parampurusa«, personifiziert als »höchster Vater«, findet sich in der Materie, ja ist in »grobe Materie umgewandelt worden«. Die Materie entstand – hier bewegt sich Sarkar im Rahmen des indischen Monismus – aus Selbstentfaltung des göttlichen Urgrundes. Aus der Materie wiederum ging das Bewußtsein hervor. Mit dieser Aussage bleibt Sarkar jedoch nur bei einer vordergründig materialistischen Weltdeutung stehen. Er relativiert sie zu einer Teilwahrheit durch die Aussage, die Materie ihrerseits sei nichts anderes als eine »umgewandelte Form« des Göttlichen./12/ Durch diese These bleibt der idealistische Grundansatz gewahrt, und es wird gleichzeitig der Versuch unternommen, einen spezifischen Beitrag zu der durch die Grundlagenphysik in Gang gekommenen philosophischen Materiediskussion zu leisten.

Der Prozeß der Umwandlung des Göttlichen in Materie ist nach Sarkars Auffassung jedoch umkehrbar. So wird die Materie als Form des Göttlichen, des höchsten Bewußtseins, zum Ausgangspunkt und Objekt der Rückverwandlung. Diese Rückkehr zum Ursprung, die Befreiung ins eigentliche Sein, steht im Mittelpunkt des religiös-philosophischen wie praktischen Interesses Sarkars. Denn Rückkehr allen Seins zu den Quellen des Seins bedeutet Glück, Freiheit, Stillung jeder Sehnsucht und allen Schmerzes. Dieser Weg zurück ist also der Weg zur Glückseligkeit. Aber wie kann er vom Menschen gefunden, und vor allem: wie kann er praktisch beschritten werden?

Sarkar bietet dafür zunächst die tantrische Methode des Kundalini-Yoga an. Daneben, keinesfalls als Gegensatz verstanden, jedoch noch betonter, den Weg der dienenden und liebenden Hingabe (bhakti) an das Göttliche.

Ananda Marga will »Tantra« lehren. Der Begriff wird so erklärt: »Tantra setzt sich zusammen aus Tan = Grobheit, Unwissenschaft und tra = Befreiung, Tantra ist also der Prozeß, der von der Fessel der Grobheit befreit.«/13/ Es geht darum, die Tierhaftigkeit menschlicher Existenz zu überwinden, den Menschen aus dem Kreislauf niedriger Wiedergeburten herauszuführen und die in ihm schlummernde Göttlichkeit in ihrer höchsten Form zu entfalten. Dies ist über Kundalini-Yoga möglich, der wiederum nur auf dem Hintergrund der religiösen und anthropologischen Voraussetzungen des Tantrismus zu verstehen ist. Diese besagen, vereinfachend dargestellt, folgendes: »Am unteren Ende des Rückgrats schlummert eine mächtige Kraft, die Shakti heißt, was auch der Name einer indischen Göttin ist. Die Kraft ist zusammengerollt wie eine Schlange (Kundalini), und mit Hilfe der rechten Technik wird die Kraft geweckt und dazu gebracht, sich das Rückgrat aufwärts zu schlängeln. Jedesmal wenn sie das Rückgrat überquert, kommt sie an einem der sogenannten [7] Chakras vorüber, einem Kraftzentrum, dessen Kraftpotential aktiviert wird. Schließlich erreicht die Shakti-Kraft den Schädel und das höchste Chakra. Da vereinigt sich Shakti – die weibliche Kraft im Menschen – mit der männlichen (bisweilen Shiva genannt ...), und der Yogi erlebt einen Zustand höchster Seligkeit und Befreiung.«/14/ Die Vereinigung der weiblichen und der männlichen Kraft kann übrigens auch tatsächlich in einem kultischen Geschlechtsakt, für den bestimmte Positionen vorgeschrieben sind, vollzogen werden.

Die Erweckung jener im Menschen schlummernden Kraft erfolgt durch den Guru, ohne ihn ist Yoga in dieser Form nicht möglich. Dem Guru kommt also die zentrale Rolle für die Entfaltung und Fortführung des Heilsprozesses zu, er gibt dem spirituellen Schüler die Kraft im Kampf gegen die Kräfte der Materie. Als *der* Guru gilt Sarkar, der sich als Inkarnation Krishnas, als wiedererstandener Shiva und Brahma versteht. Von ihm wird gesagt: »Der Guru ist vollkommen. Sein Bewußtsein hat die höchste Stufe erreicht, sein Geist ist ein makelloser Spiegel des höchsten Bewußtseins. Es ist ein vollendeter Weg, der dem spirituellen Schüler das erhabene Bewußtsein zugänglich macht. Die göttliche Offenbarung im Guru ist der wirkliche Guru, nicht seine menschliche Erscheinung. Für den Sadhaka ist BRAHMA allein der Guru. Er allein weist die Individuen auf den Weg der Erkenntnis durch Medien verschiedener Art. Darum wird der Guru von Ananda

Marga ... von seinen Schülern liebevoll ›BABA‹ genannt. ›BABA‹ heißt ›geliebter Vater‹ und meint das höchste Selbst in ihm.«/15/

Selbstverständlich wird die Einweisung der Schüler in den Weg der Glückseligkeit nicht von »Baba« persönlich vorgenommen. Dafür gibt es von ihm bevollmächtigte Lehrer (Acharya), die in seiner Kraft und mit seiner Autorität die Initiation vornehmen. Sarkar steht geistig hinter jedem Lehrer. Die Anweisungen des Lehrers lösen bei den Meditationsschülern (Sadhakas) einen tiefgreifenden geistigen Prozeß aus. »Vom Augenblick der Einweisung an«, so wird betont, »öffnet sich das Bewußtsein des Sadhakas. Der Guru hat den plötzlichen Wandel des Bewußtseins ausgelöst. Im Verlauf der Einweisung verbindet der Guru das Bewußtsein des Schülers mit seinem eigenen und überträgt seine eigene mächtige Geisteskraft auf das Wesen des Schülers. Das Verbindungselement ... ist das Mantra, das mit der Energie des Guru geladen ist.«/16/ Diese Meditationsformel, das Mantra, ist von großer Bedeutung. Man kann sie nicht selbst finden, nur der Guru kann sie geben, denn er allein erkennt die für die Entwicklungsstufe des Schülers förderlichen Lautschwingungen. Die Formel muß geheimgehalten werden.

Im Gegensatz zur klassischen Tradition kann der Guru neue Meditationsformeln bilden. Neben den speziellen Mantras gibt es allgemeine Meditationsformeln für gemeinsame Veranstaltungen. Die bekannteste ist »Baba Nam Kevalam«, sie wird übersetzt bzw. übertragen mit: Babas Name ist alles, Babas Name steht über allen oder auch, wenn Baba mit »Liebe« übersetzt wird: »Liebe ist alles, was ist.« Auch in spezielle Körperstellungen beim Yoga wird der Schüler durch den Lehrer eingeführt. Es soll deren mehr als 50000 geben. Bei der Vorbereitung auf die Meditation spielt der Tanz (kirtan) eine wichtige Rolle. Es handelt sich um einen rhythmisch schreitenden Tanz, der, wie es heißt, vor der Meditation »alle üblen Gedanken verbannt, alle Zweifel und Verwirrungen aufhebt und den rechten Geisteszustand für die Meditation schafft«. Der Kirtan »löst den Egoismus des Bewußtseins auf; das ist besonders wichtig für die spirituelle Entwicklung«./17/

Meditation ist in der Sicht von Ananda Marga keinesfalls nur Selbstzweck zur Erlangung besonderer spiritueller Erlebnisse und Fähigkeiten. Meditation muß, das ist von zentraler Bedeutung, mit dem Ringen um moralische und körperliche Reinheit, mit dem wahren Kult und nicht zuletzt mit dem tatkräftigen Engagement für eine Weltverwandlung verbunden sein. So steht die Meditation an sich nicht direkt im Mittelpunkt des Weges zur Glückseligkeit, auch wenn sie unverzichtbar dazugehört, sondern das Ringen um moralische und kultische Reinheit, verbunden mit konkreten sozialen und politischen Zielsetzungen, freilich in jedem Fall getragen von den Praktiken des tantrischen Yoga. Wer sich nicht bemüht, das Tierhafte in sich zu überwinden, kann das Göttliche in sich nicht zur Entfaltung bringen, ihn führt Meditation allein nur weiter in die Irre. Die vorbereitenden Stufen des klassischen Yoga mit seinen Geboten und Verboten sind von großer Bedeutung. Das höchste Gebot für den Eingeweihten ist und bleibt allerdings die zweimal täglich durchzuführende Meditation (sadhana), eine Übung zur Erlangung spiritueller Vollkommenheit, zur Erlangung des kosmischen Bewußtseins (Brahma). Sie setzt die Einhaltung der zahlreichen Verbote und Gebote voraus. Wer die beiden täglichen Meditationen auf der richtigen Basis und im vorgeschriebenen Rahmen durchführt, dessen Erlösung ist nach Sarkars Worten sicher.

Die wichtigsten und grundlegendsten Anweisungen, um den Weg zur Glückseligkeit zu erreichen, wurden in 16 Punkten zusammengefaßt. Sie erheben den Anspruch, letztlich für alle Menschen zu gelten und das große Angebot der Selbstfindung, die zugleich Wirklichkeits- und Gottesfindung ist, zu sein. In der Einführung zu den 16 Punkten heißt es: »Jeder Mensch hat dreifache Wünsche und Fähigkeiten: körperliche, geistige und spirituelle. Jedes praktische System muß alle diese drei erfassen und das notwendige Gleichgewicht dazwischen herstellen. In den 16 Punkten hat Shrii Shrii Anandamurti genau dies verwirklicht. Aus selbstloser Liebe zu den Menschen und einem tief in der Spiritualität verwurzelten Humanismus will Shrii Shrii Anandamurti unseren Frustrationen, die durch ein hektisches, undiszipliniertes Leben und völlig nach außen orientiertes Denken entstehen, ein Ende setzen. Um das zu erreichen, hat er die 16 Punkte aufgestellt ...«/18/ Diese 16 Punkte beinhalten im wesentlichen folgendes:

»Punkt 1: ›Nach Benutzen der Toilette soll man sich die Ausscheidungsorgane mit Wasser reinigen.‹ Diese Reinigung soll mit der linken Hand geschehen. Danach wäscht man sich die Hände, ›wobei nur die rechte Hand die Seife berührt, um Übertragungen zu vermeiden‹.

Punkt 2: ›Männer sollen die Vorhaut zurückgezogen halten.‹ Außerdem wird jedoch die Beschneidung sehr empfohlen, da nach Meinung von AM [Ananda Marga] bei Personen, welche entweder die Vorhaut zurückgezogen halten oder sich beschneiden lassen, ›nachweislich weniger Hoden- und Peniskrebs auftritt‹.

Punkt 3: ›Entferne keine Schamhaare, Achselhaar usw.‹ Ein Bart wird empfohlen, ›wenn es die gesellschaftlichen Umstände erlauben‹. Körperhaare sorgen für gleichmäßige Körperwärme. Diese ist wichtig für ›ein normales Funktionieren der Drüsengewebe unter der Haut‹. Ein ›verändertes Verhalten der Drüsen‹ verursacht ›überflüssige physische Bedürfnisse, die den Frieden des Geistes beeinträchtigen‹.

Punkt 4: Beschäftigt sich mit der Unterkleidung, die u. a. sexuelle Erregung verringern soll. Das Unterkleid für Männer wird ›Langota‹ genannt. Diese dient zur ›Kontrolle der Sexualenergie‹ und dazu, die Geschlechtsorgane vor ›unnötigen Erschütterungen zu schützen‹, Leistenbrüchen vorzubeugen und die Drüsen in der Leistengegend anzuregen.

Punkt 5: ›Vyepaka Shaoca‹ empfielt das sogenannte ›half bath‹, das Halbwaschen vor dem Essen, Schlafen, Meditieren und den Asanas. Man kühlt dabei die Arme von den Ellenbogen und die Beine von den Knien abwärts, die Geschlechtsorgane, das Gesicht (Augen, Nase, Rachen, Zunge), den Nacken und die Ohren. Außerdem soll man sich 12mal mit Wasser in die geöffneten Augen spritzen und dreimal Wasser aus der hohlen Hand durch die Nase in den Mund laufen lassen und mit diesem Wasser den Mund spülen.

Punkt 6: Bezieht sich auf das Waschen. Mindestens einmal täglich soll der ganze Körper gewaschen werden.

Für das Duschen (knieend oder in der Hocke) gibt es besondere Regeln. Das Ganzbad ist keine Körperwäsche. Seife findet dabei keine Verwendung. Nach dem Ganzbad wird das Bademantra gesprochen, und zwar gegen eine Lichtquelle, verbunden mit einer Mudra (Gebetsbewegung der Hände).
Punkt 7: Bezieht sich auf die Nahrung. Nahrung wird in drei Bereiche eingeteilt: ›Tamasisch‹ (statisch: übermäßiges Würzen, Fleisch und Fleischprodukte, Fisch, Eier, Zwiebeln, Pilze, Tabak, Drogen, Alkohol u. a.), ›Rajasisch‹ (veränderlich: Erdnüsse, Rettiche, Kaffee, Tee, Schokolade, scharfe Gewürze) und ›Sattvisch‹ (empfindlich: Obst, Nüsse, Milchprodukte, Getreide, Zimt, Ingwer und die meisten Gemüsearten). Die ›tamasische‹ Speise soll ganz gemieden werden. ›Sattvisch‹ wird bevorzugt. Allerdings gilt in ›arktischen Zonen Fleisch als Rajasisch und kann ohne schlechte Wirkung auf den Geist gegessen werden‹.
Punkt 8: Bezieht sich auf das Fasten. An zwei Tagen im Monat sollen alle Margiis fasten, am sogenannten ›Ekadashi‹ (= 11. Tag nach Voll- und Neumond). LFT's (Local-Full-Timer), Acharyas und Avadhutas sind zu vier Fastentagen verpflichtet (Ekadashi, Voll- und Neumond). Fasten dient nach Anschauung von AM erstens der Förderung der Spiritualität, zweitens der Stärkung des Willens und drittens der Umwandlung sexueller in spirituelle Energie. Verheiratete fasten aus letztgenanntem Grund nur zweimal, und zwar in Form von vier ›Halbfasten‹. Alle spirituellen Lektionen werden nur an Fastentagen erteilt. An solchen Tagen sind lange Kirtana (spirituelle Tänze) und Meditationen über 3, 6 und sogar neun Stunden geplant.

Punkt 9: ›Sadhana‹ – bedeutet Meditation (die zur Vervollkommnung führen soll). Unter Sadhana fällt jedoch eine ganze Reihe anderer Regeln; so die Befolgung eines Moralkodex (Yama = Verbote und Niyama = Gebote) sowie sogenannte ›Soziale Verhaltensregeln‹ (wir würden von Benimm-Regeln sprechen). Beispiele:
1. Du sollst dich bedanken, wenn du einen Dienst entgegennimmst.

12. Benutze nicht Dinge anderer ohne deren Zustimmung.

27. Besuche niemanden unangemeldet nach neun Uhr abends.

33. Biete niemandem Essen mit der linken Hand an.

40. Wenn du schwitzt, wisch dir vor dem Essen den Schweiß mit einem Taschentuch ab.

Punkt 10: ›Kompromißlose Strenge gegenüber der Unverletzlichkeit von Ista.‹ Ista sei das ›Ziel, auf welches wir uns zubewegen‹. Mit ›Ista‹ ist aber auch der Lehrer gemeint. ›Strenge gegenüber der Unverletzlichkeit von Ista bedeutet, für unseren Guru Liebe und Achtung empfinden.‹ Kompromißlosigkeit bedeutet, an einem Ziel festhalten und es gegen jeden Angriff zu verteidigen.

Punkt 11: ›Kompromißlose Strenge gegenüber der Unverletzlichkeit von Adapha. Adapha bedeutet die Ideologie.‹

Punkt 12: ›Kompromißlose Strenge gegenüber den Verhaltensregeln.‹ Dazu gehören außer den 40 sozialen Verhaltensregeln noch ›15 Shiilas‹ (15 Schutzschilder), die der Selbstkontrolle dienen sollen. So wird u. a. gefordert, sich davon fernzuhalten, andere zu verurteilen, sich ›frei von Geschwätzigkeit‹ zu halten usw.

Punkt 13: ›Kompromißlose Strenge gegenüber dem Höchsten Gebot.‹ Sie wird u. a. erreicht durch das tägliche zweimalige Ausüben von Sadhana. Und durch konsequente Einhaltung der Gebote und Verbote.

Durch Nichtachtung von Yama und Niyama werden keine ›Samskharas‹ abgetragen. Das vollkommene Einswerden mit Brahma (= dem Kreislauf der Wiedergeburten entnommen sein) geschieht, wenn alle ›Samskharas‹ abgetragen sind. Der Guru kann solche jedem Margii zu jeder Zeit abnehmen, wenn er (der Guru) will. ›Nichtachtung dieses Gebotes bedeutet nichts anderes, als sich für Jahrmillionen den Qualen tierischen Lebens zu unterwerfen.‹

Punkt 14: Erinnert an die ›drei Versprechen‹ anläßlich der Einweisung. Sie werden nicht genannt, beziehen sich aber vermutlich auf Treue gegenüber dem Guru, Verschwiegenheit gegenüber dem Mantra und Einhaltung der Regeln.

Punkt 15: ›Dharmaschakra‹, bezieht sich auf Gruppenmeditation, die wöchentlich einzuhalten ist.

Punkt 16: Weist noch einmal auf die ›Verhaltensregeln im einzelnen‹ hin. Es wird auf die zweimal jährlich stattfindenden Seminare hingewiesen und auf den ›Kiirtan‹, den ›spirituellen Gesang und Tanz‹.

Bei dem Tanz wird das Mantra ›Baba nam Kevalam‹ gesungen bzw. tanzend meditiert. Ein weiterer Tanz ist der ›Tandava‹, den Anandamurti im September 1971 eingeführt hat. Es ist ein Shiva-Tanz. Der Tanz stellt den Kampf dar und wird in Sprüngen getanzt (zweimal täglich vor den Asanas). Auch dazu wird das Mantra ›Baba nam Kevalam‹ gesungen. Dieser Tanz mache ›gesund und gibt ein langes Leben‹. Die Meditation ›Sadhana‹ wird als Garant der Erlösung angesehen. ›Dem Menschen, der regelmäßig zweimal täglich Sadhana ausübt, wird in seiner Todesstunde mit Sicherheit der Gedanke an Parama Purusha, dem höchsten Bewußtsein, in seinem Geist aufsteigen. Seine Erlösung ist eine sichere Garantie.‹«/19/

Jeder Meditationsschüler ist verpflichtet, täglich anhand einer vorgegebenen Tabelle die Einhaltung der 16 Punkte zu kontrollieren und statistisch festzuhalten. Die ständige Selbstkontrolle auf der Grundlage der 16 Punkte gehört unverzichtbar zum Weg der Glückseligkeit. Der Jünger wird bewußt ganzheitlich beansprucht, auch nach der intellektuellen Seite hin. Ananda Marga ist keine reine Meditationsbewegung im herkömmlichen Sinne. Die Wendung nach innen bedingt das entscheidende Engagement nach außen, ein Engagement, das allerdings von innen her motiviert ist. Man unterscheidet zwischen innerer und äußerer Meditation.

Individuelle Entwicklung steht – das wird unterstrichen – stets in einer direkten Beziehung zur Menschheitsentwicklung. Sarkar spricht in diesem Zusammenhang auch von dem Begriffspaar Ideologie (adarsa) und persönliches Lebensziel (ista). Die Ideologie, verstanden als kosmische Identifikation mit allen Lebewesen, bildet die Grundlage des Sozialdienstes. Dieser ist mit all seinen gesellschaftsverändernden Impulsen nur auf der Basis des persönlichen Lebenszieles zu verwirklichen, das seinerseits wiederum – hier schließt sich der Kreis – an den Guru bzw. an das in ihm manifestierte Göttliche gebunden ist. »Guruverehrung als Kern der Hingabe an das höchste Bewußtsein (parampurusa) ist also das Wesen von Ista und das unerläßliche Gegenstück zum ideologischen Kampf.« In den 16 Punkten heißt es deshalb auch folgerichtig: »Wenn ihr kein Ishta habt, könnt ihr nichts tun. Ohne Verehrer des Herrn zu sein, könnt ihr keine Ideologen werden.«/20/ Das persönliche Lebensziel erfordert von daher hingebende Liebe zum Guru, und durch ihn kommt man zum höchsten Bewußtsein, zum Göttlichen. Die Ideologie verlangt demgegenüber Mut und Anstrengung. Was sind die praktischen Konsequenzen einer solchen Philosophie? Wie sieht das von Sarkar entworfene universelle Gesellschaftsmodell im einzelnen aus?

3. Die kommende Weltregierung der Yogis

(Soziale und politische Zielstellungen)

Das politische und soziale Alternativmodell, das Sarkar, eingebettet in sein religiöses Alternativkonzept, zu verwirklichen sucht, setzt eine kritische Einschätzung der bestehenden religiösen, wirtschaftlichen, sozialen und politischen Strukturen voraus. Alle herkömmlichen Institutionen haben versagt, und von keiner Seite ist ein wirklicher Fortschritt zu erwarten.

Da sind zunächst die Religionen. Sie vermögen weder echte Spiritualität noch wahren Kult anzubieten, weithin werden sie vom Egoismus bestimmt und getragen: »Man erwartet von den verschiedenen Religionen in der Welt, daß sie in den Menschen Spiritualität entwickeln. Aber was wir finden, ist die Polarisation von Religion und Ethik. Die Religionen sind hauptsächlich damit beschäftigt, die Tugenden Gottes zu rühmen und/oder die ihrer Gründer und Propheten, und/oder es geht ihnen darum, ihre Anhängerschaft zu erhöhen. Sie predigen keinen Kult. Selbst die Priester wissen nicht, wie ein Kult durchzuführen ist. Die Priester sind Professionelle, wenn sie darangehen, die Rituale zu verrichten oder eine Predigt zu halten. Die Rituale, Gottesdienste und Gebete können nicht Kult genannt werden.«/21/

Diese Kritik trifft auf besondere Weise auch auf das Christentum zu. Sie wird aber durch die Behauptung,

Sarkar bzw. Baba führe die einstige Erlösungsaufgabe Jesu fort und vollende sie zeitgemäß, positiv für Ananda Marga ausgewertet. In der Liturgie des Festes des Lichts sagt der Priester: »Hoch oben in den Himalayas erschien Jesus, die Augen erfüllt mit göttlicher Liebe, dem großen Meister Babaji. ›Die Lichter auf dem Hochaltar meiner Kirche‹, sagte er, ›sind schwach geworden. Obwohl noch entzündet auf den niederen Altären guter Werke, brennt die edle Kerze der Inneren Kommunion mit Gott nur schwach und wird wenig beachtet. Laß uns zusammen, vereinigt in Christusliebe, die Lichter auf jenem Hochaltar aufs Neue entfachen.‹ So geschah es, daß durch die großen Meister dieses Pfades hindurch, ein neuer Lichtstrahl auf Erden gesandt wurde.«/22/

Wie die Religionen, so werden auch die bestehenden Gesellschaftssysteme abgelehnt und kritisiert. Weder die kapitalistische noch die sozialistische Gesellschaftsordnung wird die Ordnung der Zukunft sein, sondern das von Sarkar proklamierte neue Modell. Im Zentrum dieser seiner Gesellschaftslehre steht die »Progressive Nutzungstheorie« (PROUT). Sie geht von einem »Sozialzyklus« aus, der durch vier bzw. fünf Gruppen oder Klassen bestimmt wird:

1. Die Sudhra (Arbeiter)-Ära, die Epoche der niederen, arbeitenden Schichten. Dies war zunächst die Epoche der primitiv-frühgeschichtlichen Verhältnisse, in der Macht gleich Recht war und in der Angst und Ehrfurcht vor den Kräften der Natur herrschten.

2. Die Ksatria-Ära, die Epoche der Krieger (Kämpfer). In ihr entstand der Staatsbegriff. Sie entwickelte sich mit der Herausbildung und der Herrschaft eines Kriegeradels und fand ihre volle Ausprägung im Feudalismus.

3. Die Vipra-Ära, die Epoche der Intellektuellen bzw. Brahmanen und Priester. Unter dem Druck der Verhältnisse mußte der Kriegeradel einen großen Teil seiner Macht an die Minister, die Erfinder und Priester abtreten. In Europa begann diese Epoche um das Jahr 1000 n. Chr. und brachte den Höhepunkt kirchlicher Machtentfaltung.

4. Die Vaeshya-Ära, die Epoche der Geschäftsleute und Kapitalisten. Sie nahm ihren Anfang mit der indu-

striellen Revolution. »Die Vaeshyas kaufen die vitale Kraft der Kämpfer und das intellektuelle Vermögen der Vipras, und mit der Macht ihres Geldes versklaven sie beide für lange Zeit.« Auch die sozialistische Gesellschaftsordnung wird mehr oder weniger dieser Epoche zugerechnet. /23/

Die Kritik der Ära des Kapitalismus ist sehr scharf und bedient sich vielfach, wie auch die Lehre der Sozialzyklen, Elemente des Marxismus, die freilich aus dem Zusammenhang marxistisch-leninistischer Theorie gelöst sind und teilweise bewußt gegen diese verwendet werden. Hervorgehoben wird z. B. der pseudodemokratische Charakter des bürgerlichen Staates. /24/

Entsprechend dem im indischen Denken wurzelnden zyklischen System Sarkars wird die Epoche der Kapitalisten durch die Herrschaft der von ihnen unterdrückten und ausgebeuteten Arbeiter abgelöst. Neben der zyklischen Gesetzmäßigkeit der Antithese existiert aber auch die Möglichkeit der Synthese, der Herausbildung einer neuen, einer fünften Ära der Sadvipras, der Moralisten. Die fünfte Epoche muß durch entsprechende Bemühungen herbeigeführt werden. Dies zu erreichen ist – zumindest im indischen Raum – ein Hauptziel von Ananda Marga. Die Methoden zur Erreichung dieses Zieles können und müssen verschieden sein. Es gibt den Weg der Evolution und den der Revolution. Letztere schließt Gewalt ein.

Voraussetzung für die neue Ära der menschlichen Gesellschaft ist die breitangelegte Herausbildung eines neuen Menschentypus, des »Sadvipra«. Seine Aufgabe ist es, gleichsam zum »persönlichen Ausdruck der unpersönlichen Ideologie« von PROUT zu werden. »Nur diejenigen, die die Prinzipien von Yama und Niyama befolgen und die Hingabe zu Gott entwickelt haben, sind Sadvipras. Nur sie können lebenden Wesen selbstlos dienen. Man wird solche Sadvipras an ihrem Verhalten, an ihrer Hingabe, an dem Dienst, an ihrem Pflichtbewußtsein und an ihrer moralischen Redlichkeit erkennen können.« /25/

Neben einem hohen Grad an Spiritualität zeichnen den Sadvipra die Vorzüge der Arbeiter, der Militärs und der Geschäftsleute aus. Einzelne Sadvipras hat es immer schon gegeben (genannt werden die Inder Aurobindo und Vivekananda). Nun aber werden, um das gesteckte Ziel zu erreichen, viele gebraucht. Sie sind die Elite, die das neue Zeitalter des »weißen Friedens«, der soziale Sicherheit in einer Gesellschaft ohne Ausbeuter bedeutet, heraufführen muß. Das erfordert einen schweren inneren und äußeren Kampf, der je nach den Verhältnissen zu gestalten ist und durchaus nicht nur spirituellen Charakter trägt. Im Gegenteil, es ist dem Sadvipra erlaubt, »seine Zuflucht selbst zu physischer Gewalt zu nehmen, weil der Sadvipra die Quelle der Macht zerschlagen muß, die dazu tendiert, Ausbeuter zu werden. Für den Fall, daß die Ksatriya-Klasse [Krieger] Ausbeuter wird, mag der Sadvipra seine Zuflucht zu physischer Gewalt nehmen, und in einem Zeitalter, wo die intellektuelle oder Vipra-Klasse herrscht, wird er eine Revolution im intellektuellen Feld bringen müssen. Im Falle, daß die Vaishyas [Geschäftsleute] dominierten, wird der Sadvipra in Wettbewerb treten müssen und Wahlen gewinnen ... « Er ist also »ein Intellektueller, Krieger, Kapitalist und Arbeiter in ein und derselben Person«./26/

Die Gefahr, die für bestehende gesellschaftliche Systeme von einer solchen Auffassung ausgehen kann, liegt auf der Hand. Von seinen Zielen wie auch vom spirituellen Ansatz her ist es selbstverständlich, daß der Sadvipra alle äußeren Bindungen löst. Dazu gehört auch die in Indien wichtige Bindung an die Kaste; bei der ersten Einweihung zerschneidet der Sadvipra die Kastenschnur. Die von Sarkar geförderten »revolutionären Hochzeiten« sind eine weitere Form, um sich von äußeren Bindungen und Vorurteilen im Interesse des angestrebten Zieles zu lösen. Sie werden zwischen Partnern geschlossen, die sich aus religiösen, sozialen, kulturellen und rassischen Gründen herkömmlicherweise nicht heiraten könnten. Die revolutionären Heiraten sollen durch die Mischung der Rassen und Kulturen die Weltbrüderlichkeit, die Völkerverständigung, den Weltfrieden und den kulturellen Fortschritt begünstigen. Die Sadvipras sind, wie Sarkar es einmal formulierte, »die spirituellen Soldaten«, welche den neuen, von Licht durchfluteten Menschheitstag herbeiführen.

Sie kämpfen um die Verwirklichung der fünf fundamentalen Prinzipien der progressiven Nutzungstheorie

Sarkars. Diese gelten als ewig und unveränderlich, als ein Produkt intuitiver Erkenntnis und praktischer Erfahrung. Hinter diesen fünf Prinzipien steht die Utopie einer kommenden Weltgesellschaft, die geführt wird von einer Weltregierung der Moralisten. Das angestrebte Welteinheitskonzept zeigt folgende Konturen:
»In der Anfangsphase kann ein gesetzgebender Körper geformt werden … Die Weltregierung wird über das Prinzip entscheiden, das hinter den einzelnen Gesetzen in den einzelnen Ländern stehen soll … Die nationalen Regierungen sollten die Entscheidungen der Weltregierung befolgen und die Weltregierung wird alle Rechte haben, wenn die nationale Regierung gegen die Prinzipien ist.
Um einen Geist der Einheit zu schaffen, sind folgende Punkte wesentlich:
1. Gemeinsame Philosophie des Lebens – kosmische Vater- und universale Bruderschaft sollten ihren Geist ausmachen.
2. Gemeinsames Strafbuch.
3. Konstitutionelle Struktur.
4. Verfügbarkeit und Anwendung von nur lebensnotwendigen Dingen (Produktion, Versorgung, Kaufkraft).«/27/
Dabei darf nicht übersehen werden, die Weltregierung liegt in der Hand der Sadvipras. Es handelt sich also um eine Art »Yogakratie«. Das ganze, Elemente verschiedener religiöser und säkularer Gesellschaftsmodelle aufnehmende Konzept klingt aus in der Vision einer umfassenden Selbstverwirklichung bzw. Selbstbefreiung des Menschen in einer durch ihn und mit ihm gewandelten Welt.

4. Das U.K.K.-Programm

(Werbung – Schulung – kultisches Leben)

Soziales Engagement und die Einführung in Yoga mit dem Ziel höchster persönlicher Selbstvervollkommnung sind die beiden grundlegenden Angebote, mit denen Ananda Marga in der Öffentlichkeit um Anhänger wirbt. Die Werbung geschieht in der Regel unaufdringlich; Straßenwerbung, wie sie etwa die Hare-

Krishna-Bewegung durchführt, wird abgelehnt. Man bietet öffentliche Vorträge an, schon gewonnene Anhänger werben im Bekanntenkreis und laden zu Kursen ein. Soziale, ökologische, aber auch politische Aktivitäten sollen darüber hinaus für die Bewegung Zeugnis ablegen und Interesse wecken. Der hinduistische Hintergrund mit seinen religiösen Voraussetzungen wird nicht in jedem Fall sofort erkennbar. So führt etwa die Vereinssatzung für die BRD als Hauptzweck der Vereinigung an, man wolle der »leidenden Menschheit helfen« durch

»– Aufklärung der Bevölkerung, besonders der Jugend, über die Gefährlichkeit von Drogen, Alkohol und Tabak,

– Behandlung und Betreuung von Drogensüchtigen und Resozialisierung von ehemals Drogenabhängigen durch gemeinsame soziale Dienste,

– Förderung der Jugendpflege und Jugendfürsorge durch Kinderheime, Kindertagesstätten und Schularbeitsgruppen,

– literarische Veröffentlichungen,

– Altenpflege,

– Arbeit in Altenheimen und Krankenhäusern,

– Arbeit für das Wohlergehen der Menschheit, ohne Berücksichtigung der Abstammung, des Glaubens, der Religion, der sozialen Stellung oder der Nationalität,

– Unterstützung der Regierung in all ihren konstruktiven und sozialen Handlungen, ohne an irgendwelchen politischen Aktivitäten teilzunehmen«./28/

Diese Zielstellungen sind bewußt einseitig hervorgehoben und verschleiern die Prioritäten.

Denn an erster Stelle steht bei Ananda Marga das spirituelle Anliegen, aus ihm erwachsen das soziale und politische. Dies wird dann allerdings auch dort deutlich ausgesprochen, wo die Bewegung mit dem Angebot von Yoga wirbt. Hier wird die Erschließung einer spirituellen Dimension versprochen, die über die Selbsterkenntnis zur Selbstfindung und damit auch zu Glück, Frieden und Erfolg führt. Dieses Angebot verbindet geschickt das in den Randgruppen der bürgerlichen Gesellschaft wachsende Verlangen nach spiritueller Selbsterkenntnis mit der ebenfalls wachsenden Erkenntnis der Notwendigkeit einer Weltveränderung durch soziales und politisches Engagement.

In einer Flugschrift von Ananda Marga heißt es in diesem Sinne: »Die Ananda Marga Meditation ist den Verhältnissen des modernen Menschen angepaßt, so daß auch jeder berufstätige oder vielbeschäftigte Mensch auf diese Dinge nicht zu verzichten braucht. Je mehr der Einzelne die positiven Wirkungen des Yoga verspürt, desto offener wird sein Blick für die soziale Umwelt. Er engagiert sich für die Beseitigung von sozialer Ungerechtigkeit und hilft seinen Mitmenschen und der Gesellschaft. Das Gefühl der engen Verbundenheit mit allen Menschen auf dieser Erde, gleich welcher Rasse, Klasse oder welchem Volk sie angehören, ist die Grundidee der sozialen Tätigkeit von Ananda Marga.«/29/

Der Interessierte, der Ananda Marga näher tritt, wird aber bald merken, daß die eigentlichen Voraussetzungen und Ziele in der hinduistischen Tradition liegen. Der Weg zur Glückseligkeit ist in keiner Weise ein unverbindlicher Weg. Das machen bereits die äußeren Etappen deutlich. Die erste Etappe führt vom allgemein interessierten zum geistlichen Schüler, zum Margii. Ein erfahrenes älteres Mitglied, ein geistlicher Lehrer (Acharya), führt in die Meditationstechnik ein, weist den Schüler in die für die Meditation richtigen Körperstellungen ein und gibt ihm dabei eine zweisilbige, geheimzuhaltende Meditationsformel (Mantra). Außerdem ist ein dreifaches, ebenfalls geheimzuhaltendes Versprechen zu geben. Von einem Schüler (Margii) wird erwartet, daß er täglich mindestens zweimal 20 Minuten mit seinem Mantra meditiert, die Verbote und Gebote (Yama und Niyama) einhält und missionarisch tätig ist. Die 16 Punkte der Bewegung sollen sein Leben bestimmen. Meist nimmt der Margii auch einen Sanskritnamen an, dessen Klang die guten Charaktereigenschaften seines Trägers fördern soll. Er kann im bürgerlichen Leben bleiben, unterstützt dann aber die Bewegung mit einem Teil seines Einkommens, oder er lebt in einer spirituellen Wohngemeinschaft (Jagriti), meist als Mönch (Dada) bzw. Nonne (Didi).

Wer dann zum Lehrer, zum Acharya, aufsteigt, muß weitere Kurse und Meditationsübungen erfolgreich absolviert haben. Unter anderem muß er jeweils am 11. Tag nach Neu- bzw. Vollmond um Mitternacht mit einem Totenschädel in der Hand auf einem Friedhof meditieren. Auch darf er keine Körperhaare entfernen. Seine Amtstracht besteht aus einer weißen Hose mit weißem Gürtel und einem orangefarbenen Obergewand mit Turban. Auch Frauen können diesen Grad erreichen. Der höchste erreichbare Rang ist der des »Weltentrückten« (Avadhuta). Er beherrscht besondere Meditationstechniken, hat Leitungsaufgaben an der Spitze, ist unverheiratet und trägt ein Amtsgewand in Orange.

Für alle Anhänger von Ananda Marga spielen ständige Übung und Fortbildung eine große Rolle. Auf regelmäßig stattfindenden Treffen werden Schulungen durchgeführt mit den drei Programmteilen U.K.K., Utilization – Nutzung; Katha – Geschichten des Herrn; Kiirtan – den Namen des Herrn singen. Bei dem Programmteil »Utilization« stehen soziale Aktivitäten im Mittelpunkt, »Geschichten des Herrn« sollen den Geist der Teilnehmer für höhere Ideale inspirieren, während vom »Kiirtan« durch Singen und Tanzen das Herz durch Liebe geöffnet wird. Allen Formen von Gemeinschaftsmeditation wird große Bedeutung beigemessen, auch dem gemeinschaftlichen Singen von »Baba Nam Kevalam«. Die bei der Gemeinschaftsmeditation entstehenden gemeinsamen geistigen Schwingungen, so wird gesagt, fördern und stärken den einzelnen und führen ihn rascher zum Erfolg. Das U.K.K.-Programm wie auch andere Programme von Ananda Marga stellen an die Teilnehmer hohe Forderungen und verlangen ein großes Maß an Disziplin. Selbstverständlich gehört der Verzicht auf Drogen, Alkohol und Tabak sowie die genaueste Einhaltung des Zeitplanes, der Reinheitsvorschriften und der organisatorischen Festlegungen zu den Vor- und Grundbedingungen für die Teilnahme an diesen Veranstaltungen. In den Lebensvollzug einer solchen Zusammenkunft gibt bereits der Zeitplan einen Einblick:

»5.30–07.00 Aufstehen, Duschen, Asanas
07.00–07.30 Kiirtan
07.30–08.15 Meditation
08.15–08.30 Gespräch

08.30–09.30	Frühstück
09.30–10.00	Saubermachen
10.00–10.50	Lektion I
10.50–11.45	Lektion II
11.45–12.15	Diskussion
12.15–12.30	Halbbad
12.30–13.00	Kiirtan
13.00–13.30	Meditation
13.30–14.30	Lunch
14.30–15.00	Säubern, Freizeit
15.00–16.30	Workshops
16.30–17.15	Gehen, Spiele
17.15–17.30	Halbbad
17.30–17.45	Tandava (ein Shiva-Tanz)
17.45–18.15	Asanas
18.15–18.45	Kiirtan
18.45–19.30	Meditation
19.30–19.45	Gespräch
19.45–20.30	Dinner
20.30–22.30	Abendprogramm
22.30–23.00	Kurzer Kiirtan und Meditation
23.00	Schlaf«/30/

Ananda Marga kennt auch kultische Veranstaltungen und Handlungen, so z. B. die »spirituelle Taufe«, bei der das Kind ins Wasser gesetzt und unter Anrufung Brahmas dreimal mit Wasser besprengt wird. Mit fünf Jahren soll das Kind stufenweise in die Meditation eingeführt werden. Auch spirituelle Hochzeiten und Bestattungen werden vollzogen. Es gibt Haus- und Wohnungsweihen. Kultisch begangen werden die Geburtstage der drei großen, von Ananda Marga als solche anerkannten Gurus: Shiva, Krishna und Anandamurti. Gedenktage für Märtyrer, zu denen die durch Selbstverbrennung ums Leben gekommenen Anhänger Sarkars zählen, finden ebenfalls Beachtung. Deutlich kultischen Charakter tragen Handlungen zur Vorbereitung der Meditation, wie Gesang und Tanz, Bäder usw. Auch das »Guru-Puja« nach der Meditation, bei dem dem Guru gleichsam ein Opfer, ein Geschenk dargebracht wird, gehört in diesen Zusammenhang. Der Schüler übergibt dabei dem Meister eine gedachte dunkle, rote und weiße Rose. Das Dunkle symbolisiert das Böse, das Rote eine

Mischung zwischen Gut und Böse, das Weiße aber das Gute.

Ananda Marga ist keine primär kultische Bewegung, ihre indische, hinduistische Grundlage tritt äußerlich sichtbar am deutlichsten im Lebensvollzug hervor, in der »Moral« bei der Ausbildung der »Moralisten«, den Führern der angestrebten und geglaubten kommenden Weltgesellschaft. Die Verbindung von Meditation und Aktion, die durchaus handfesten irdischen Zukunftsvisionen im Kontext des angebotenen Erfahrungshorizontes machen diese Bewegung so anziehend für jugendliche Idealisten unter den gesellschaftlichen und religiösen Aussteigern. Es wird ein Einsatz erwartet, der absolute Hingabe und Disziplin voraussetzt und die Erfahrung des Glücks verspricht. Dieser »Idealismus« vieler der jugendlichen Anhänger hat Anerkennung erfahren, auch dort, wo seine religiösen und gesellschaftstheoretischen Grundlagen abgelehnt werden. Dies aber wird andererseits gerade von Kritikern mit Hinweis auf die gesellschaftlich bedingte Fehlentwicklung dieser Art »Idealismus« zu einer neuen, gefährlichen »Ideologisierung« zurückgewiesen.

1/ Ananda Marga. Selbstverwirklichung und Dienst an der Menschheit, o.O., 1989, Werbeblatt
2/ Michael Mildenberger, Die religiöse Revolte. Jugend zwischen Flucht und Aufbruch, Frankfurt a.M. 1979, 9
3/ Prema No. 6 – Berlin Regional Newsletter, August 1978, 4, zitiert nach Friedrich-Wilhelm Haack, Jugendreligionen, Ursachen, Trends, Reaktionen, München 1979, 223 f.
4/ Ananda Marga. Ein Fest des Lichts, o.O., 1988, 6
5/ Ebd., 8
6/ The Persecution of Ananda Marga in India, London 1977, 169 f., zitiert nach Handbuch Religiöse Gemeinschaften, hrsg. v. Horst Reller, Gütersloh [2]1979, 707
7/ Reinhart Hummel, Weltverbesserung und Idealgesellschaft. Zum Verständnis indischer Meditationsbewegungen im Westen, in: Zeitschrift für Religions- und Geistesgeschichte, Bd. XXX, 1978, 142; zu weiteren Einzelheiten vgl. Handbuch Religiöse Gemeinschaften, a.a.O., 708 f.
8/ Rüdiger Hauth, Jugendsekten und Psychogruppen von A–Z, Gütersloh 1981, 13
9/ Handbuch Religiöse Gemeinschaften, a.a.O., 708
10/ Reinhart Hummel, Indische Mission und neue Frömmigkeit im Westen, Stuttgart 1980, 144
11/ Aus »Erklärung zur Selbstverbrennung einer Nonne und eines Mönches von Ananda Marga in Berlin«, 8.2.1978, zitiert nach Friedrich-Wilhelm Haack, Jugendreligionen, a.a.O., 236
12/ Vgl. Reinhart Hummel, Indische Mission, a.a.O., 84ff.
13/ Sadvipra, Juni 1975, 3, Worterklärung, zitiert nach Friedrich-Wilhelm Haack, Jugendreligionen, a.a.O., 235
14/ Handbuch Religiöse Gemeinschaften, a.a.O., 717
15/ Ananda Marga Yoga, Frankfurt a.M., o.J., 8
16/ Ebd., 8 f.
17/ Rüdiger Hauth, von A–Z, a.a.O., 77
18/ Handbuch Religiöse Gemeinschaften, a.a.O., 712
19/ Ananda Marga Yoga, a.a.O., 20
20/ Reinhart Hummel, Indische Mission, a.a.O., 88
21/ Handbuch Religiöse Gemeinschaften, a.a.O., 719
22/ Ananda Marga, Ein Fest des Lichts, a.a.O., 7
23/ Friedrich-Wilhelm Haack, Jugendreligionen, a.a.O., 238; vgl. Rüdiger Hauth, von A–Z, a.a.O., 107 f.
24/ Einführung in die Progressive Nutzungstheorie PROUT, Hg.: Proutist Universal, Rungstedt Kyst (Dänemark) 1979, 24; vgl. Karl-Wilhelm Schneider, Eine Untersuchung der Lehren neuerer spiritueller Bewegungen, Manuskript, Siegen (1980), 181
25/ Gegenwind, Nr. 2, 1980, 9, zitiert nach Helga Robeck-Krauß, Ananda Margas politische Organisation: PROUT und die Samajes, in: Materialdienst der EZW, 1983, 82; vgl. ders., Ananda Marga – ein neuer Weg zum Heil?, EZW-Orientierungen und Berichte, Nr. 12 (1983)
26/ Reinhart Hummel, Indische Mission, a.a.O., 90 f.
27/ Proutist Universal, Flugblatt o.J., verteilt in Ulm, zitiert nach Friedrich-Wilhelm Haack, Jugendreligionen, a.a.O., 217

28/ Handbuch Religiöse Gemeinschaften, a.a.O., 722

29/ Ananda Marga, Selbstverwirklichung ... Dienst am Menschen, Flugblatt o.J., zitiert nach Friedrich-Wilhelm Haack, Jugendreligionen, a.a.O., 240

30/ Ananda Marga Summer UKK, Tringgio (Italien), 20.–30.7. 1977, zitiert nach Friedrich-Wilhelm Haack, Jugendreligionen, a.a.O., 227; vgl. auch Handbuch Religiöse Gemeinschaften, a.a.O., 724

Die Neo-Sannyas-Bewegung (Rajneeshishmus)

1. Bhagwan Shree Rajneesh – Osho – Zorba The Buddha
(Geschichte – Organisation – Verbreitung)

Lange Zeit nannte er sich Bhagwan, der »Göttliche«, dann für kurze Zeit Osho, und am 30. Dezember 1989 erklärte er, »daß mein Name von nun an Shree Rajneesh Zorba The Buddha sein soll... Der Name Zorba The Buddha macht ganz einfach die Synthese zwischen dem Materialismus und der Spiritualität deutlich und das ist mein eigener Beitrag.«/1/ Keiner der neuen Gurus hat soviel Widersprüchliches von sich gegeben, mit seinem Leben, Reden und Handeln provoziert wie Shree Rajneesh. Das gehörte zu seinem System. Rajneesh Chandra Mohan, so sein bürgerlicher Name, wird nach dem Urteil eines seiner profundesten Kritiker »weiten Teilen der Nachwelt in Erinnerung bleiben: als Urbild des religiösen Rattenfängers und als Illustration der traurigen Tatsache, daß eine Menschengruppe jederzeit in den Tiefen des kollektiven Wahns versinken kann«./2/ Demgegenüber sehen seine Anhänger in ihm die Verwirklichung des höchsten Seins-Potentials des Menschen, ein Phänomen, an dem sich die Geister scheiden.

Wer ist dieser Mann, der mit dem Anspruch auftrat, allein seine Gegenwart sei das wesentlichste Ereignis in den letzten 2500 Jahren Menschheitsgeschichte?

Rajneesh Chandra Mohan wurde am 11. Dezember 1931 in dem Dorf Kuchwada im indischen Unionsstaat Madhya Pradesh geboren. Sein Vater, Shri Babulall, war Kaufmann, und die Familie gehörte zur religiösen Gruppe der Jains. Diese etwa 500 Jahre v. Chr. entstandene, vor allem im Nordwesten Indiens verbreitete Religionsgemeinschaft kennt keinen Schöpfergott, das Universum wird nach ihrer Auffassung durch ewige Gesetze regiert. Der Mensch muß den Weg kennen, auf dem er durch Meditation und asketische Entsagung den Kreislauf der Wiedergeburten durchbrechen und zu ewigem seligem Erkennen kommen kann. Als Wegweiser dazu dienen die 24 Heiligen (Furtbereiter – Heilfinder) des Jainismus, die in bestimmten Zeiträumen, der letzte vor 2500 Jahren, auftraten. Da kein Lebewesen getötet werden darf, auch kein Insekt, sind die Jains weder Bauern noch Handwerker, sondern vornehmlich Kaufleute und Unternehmer.

Die religiösen Traditionen seiner Familie haben Rajneesh beeinflußt, auch wenn er sich selbst nicht als Jain verstand. Er erhielt offenbar eine gute schulische Ausbildung und studierte später in Jabalpur und Sagar Philosophie. Danach war er stellvertretender Herausgeber einer Tageszeitung, und ab 1957 lehrte er am Sanskrit-College in Raipur Philosophie. Bereits als Student hatte Rajneesh sein grundlegendes Erleuchtungserlebnis. In der Nacht des 21. März 1953, so berichtete er, »öffnete eine andere Realität die Tür, eine andere Dimension wurde erreichbar. Plötzlich war es da – die andere Realität, die andere Wirklichkeit, das wirklich Wirkliche, oder wie auch immer man es nennen mag. Ihr könnt es Gott nennen, Wahrheit, Dharma, nennt es Tao oder was auch immer ihr wollt … In jener Nacht wurde ich leer und ich wurde voll. Ich hörte auf zu existieren, ich wurde die Existenz selbst. In jener Nacht starb ich und wurde wiedergeboren.«/3/

Erst viele Jahre nach diesem Geschehnis trat Rajneesh an die Öffentlichkeit. 1966 gab er sein Lehramt am Sanskrit-College auf und widmete sich in den folgenden beiden Jahren einer intensiven Reise- und Vortragstätigkeit. Im Mittelpunkt seiner Botschaft stand von Anfang an die Befreiung des Menschen, seine Transformation durch Zertrümmerung des Ego, des Ichs. »Mein ganzes Bestreben ist darauf gerichtet, euch dazu zu bringen, das Ich fallenzulassen und nur zu *sein.*«/4/

1969 zog sich Rajneesh aus dem öffentlichen Leben zurück. Einige seiner Schüler vermittelten ihm ein modernes, geräumiges Appartement in Bombay. Hier begann er, im Kreise seiner Anhänger intensiv zu wirken. Er nannte seine Schüler Neo-Sannyasins und nahm damit einen alten hinduistischen Begriff auf, den er mit einem neuen Verständnis füllte. Sannyasins sind asketisch lebende Hindus, die im Alter alle sozialen Bindungen aufgegeben haben und sich in strenger Askese und Selbstzucht auf den Tod vorbereiten, um so den Kreislauf der Wiedergeburten zu überwinden. Die Neo-Sannyasins hatten mit den hinduistischen Sannyasins weithin nur äußerliche Gemeinsamkeiten wie das orangefarbene Kleid, den neuen indischen Namen und eine Halskette aus 108 Perlen (Mala). Ihre Methoden der

Selbstbefreiung sind verschieden, ja entgegengesetzt. Rajneesh nahm, darin liegt ein wesentliches Charakteristikum seiner Anschauungen und Methoden, Elemente des Tantrismus auf. Der Tantrismus ist eine Heilsbewegung, die seit dem 7. Jahrhundert auf Teile des Hinduismus, vor allem aber auf den Buddhismus und Lamaismus mannigfache Einflüsse ausübte. Im Tantrismus wird der Versuch unternommen, durch sakral-symbolische, magisch-okkulte oder erotisch-sexuelle Rituale den Menschen vermittels des Gebrauchs der Sinne von der Sinnenwelt zu befreien. Für den Neo-Sannyasin ist deshalb, im Gegensatz zu dem traditionell hinduistischen Sannyasin, der Körper, einschließlich der Sexualität, für die Selbstbefreiung nicht hinderlich, sondern förderlich.

Die Betonung der Sexualität und die damit verbundenen Riten führten dazu, daß Rajneesh und seine Schüler im Zuge einer gegen sie gerichteten Pressekampagne Bombay verließen. Am »21. Jahrestag seiner Erleuchtung«, dem 21. März 1974, begaben sie sich nach Poona (Maharashtra) und gründeten dort das Zentrum der Bewegung. Die Siedlung in Poona umfaßte neben Wohn- und Versammlungshäusern, Verwaltungs- und Versorgungseinrichtungen auch Werkstätten. Eine bedeutende Rolle spielte die Buchproduktion. Selbst eine eigene »Hochschule«, die »Internationale Meditations-Universität«, wurde gegründet. Der Ashram bei Poona entwickelte sich rasch zum Wallfahrtsort der wachsenden Schar von Anhängern Rajneeshs, zum Mekka seiner Bewegung. Doch ging es dabei nicht um den Ort, sondern um die Person, die Gegenwart des »Göttlichen«.

Außerhalb Poonas wurden das Anliegen und die Meditationstechniken Rajneeshs durch »Meditationszentren«, meist in Form eingetragener Vereine, verbreitet und verwirklicht. Ihnen fehlte freilich die direkte energiespendende Gegenwart des Bhagwan, sie konnten aber dennoch nach eigenem Verständnis entscheidende Hilfen anbieten. 1978 gab es in Indien 123 solcher Meditationszentren, weitere 183 bestanden in 31 Staaten vor allem der »westlichen Welt«. In der Bundesrepublik wurde 1975 das erste Meditationszentrum in Margarethenried (Oberbayern) gegründet. 1980 gab es im deutschsprachigen Raum etwa 25 Zentren. 1982 waren es allein in der Bundesrepublik 40.

Die rasche Ausbreitung der Bewegung seit Mitte der siebziger Jahre hat vielerlei Ursachen. Eine wichtige Rolle spielte dabei die Art der Werbung auf dem Hintergrund der Offenheit breiterer Kreise in Westeuropa und Nordamerika für alternative Modelle der meditativen Selbstverwirklichung. Auf aggressive Werbemethoden verzichtet die Bewegung. Inserate, Prospekte usw. und nicht zuletzt eine wachsende Buchproduktion wurden eingesetzt. Einerseits warb man wie ein alternativer Therapieverein, andererseits setzte man religiöse Akzente. Oft wurde beides miteinander verbunden. Im Programm des »Karuna Rajneesh Sannyas Ashram« in Neusäß bei Augsburg vom ersten Halbjahr 1980 wurde z. B. hervorgehoben: »Der Ashram, ein Ort der Ein- und Umkehr, ein Ort des Sich-Öffnens und Erwachens, des Sich-Fallen-Lassens aus der konditionierten Automatisiertheit in das eigentliche Wesen, das hinter den Abwehrmechanismen und Masken der Persönlichkeit in jedem Menschen auf Entfaltung wartet, ein Ort, an dem das Ego sterben und damit das Wesen, das wirkliche Sein, sein kann.«/5/ Und das älteste Rajneesh-Zentrum der Bundesrepublik in Margarethenried, das »Purvodaya-Zentrum für Therapie und Meditation« warb mit folgender Darstellung des Lebens und Anliegens: »Die Purvodaya-Ashramfamilie führt ein vielseitiges Leben. Wir leben auf einem Bauernhof, beschäftigen uns mit Meditation, Therapie, Küche, Garten, Hausbau, Tieren, Musik, Sex; wir übersetzen, drucken, verlegen Bhagwans Vorträge in Deutsch, veranstalten und leiten Meditations- und Therapiegruppen. Wir führen dieses Leben für uns selbst, um uns und andere in immer neuen Situationen zu erleben und zu erfahren. Besucher, die kommen und sich selbst, uns und Bhagwan und seine Meditation kennenlernen wollen, indem sie einfach an unserem Leben teilhaben, sind nach Anmeldung herzlich willkommen. Unsere Arbeit ist unsere Meditation. Alles, was so entstanden ist und entsteht, wächst aus eigener Leistung. Alle Einnahmen gehen direkt in den Ausbau und die Erhaltung unseres Zentrums. Unterstützung jeglicher Art, ob als materielle Sachspende oder in Form von Mitarbeit, ist eine Hilfe für uns und wird dankend angenommen.«/6/

Eine wichtige Rolle für die Werbung spielten neben dieser an zwei Beispielen vorgeführten Angebotspalette die Schriften Rajneeshs. Dabei handelte es sich um nachgeschriebene Vorträge, die Rajneesh bis Anfang 1981 allmorgendlich abwechselnd in Englisch und Hindi vor seinen Anhängern in Poona hielt. Er selbst, so behaupten seine Anhänger, las damals wöchentlich 50–75 Bücher. Bis 1988 sind 275 Titel in englischer und 422 Titel in verschiedenen indischen Sprachen verkauft worden. »Davon wurden bislang in andere Sprachen übersetzt: chinesisch (2), dänisch (4), niederländisch (37), finnisch(4), französisch (16), deutsch (49), griechisch (7), italienisch (39), japanisch (39), koreanisch (42), polnisch (9), portugiesisch (39), russisch (19), serbokroatisch (4), spanisch (27), schwedisch (3), hebräisch und norwegisch.«/7/ Zehn Millionen Exemplare der Werke Rajneeshs sind bis zu diesem Zeitpunkt weltweit verkauft worden. An der Spitze standen: »Meditation: The Art of Ecstasy«; »From Sex to Superconsciousness«; »Tantra: The Supreme Understanding«; »The Psychology of the Esoteric«. Auch ein Film mit dem Titel »Bhagwan« wurde in Poona gedreht. Außer den eigenen Aktivitäten sorgten aufsehenerregende Berichte westlicher Massenmedien aus Poona, wobei vielfach die Betonung der Sexualität durch Rajneesh eine Rolle spielte, für einen wachsenden Bekanntheitsgrad der Bewegung. Ihre Erfolge waren seit etwa 1975 äußerlich beeindruckend.

Die Philosophie Rajneeshs war zu schillernd, zu schwer verständlich, als daß sie breitenwirksam werden konnte. Aufsehen erregten die Methoden, Äußerlichkeiten und Vorgänge um die Person des Meisters. Der psycho-religiöse Charakter der Bewegung, der synkretistische Meisterkult um Bhagwan wie auch die Bemühungen, eine esoterische Meisterschule aufzubauen, traten immer deutlicher hervor. Die gleichsam heilsgeschichtliche Bedeutung, die man Bhagwan und seinem Werk zuerkannte, motivierte seine Anhänger zu neuen Aktivitäten. Denn bereits vor 700 Jahren will Rajneesh, der wie die Theosophische Gesellschaft an die Existenz der

»Großen weißen Bruderschaft« im Himalaja glaubte, als tibetischer Meister gelebt und einen Kreis von Schülern um sich gesammelt haben. Mit ihnen, die gleich ihm wiedergeboren sind, wollte er nun das begonnene Werk vollenden. Doch diese Vollendung verlief auch hier alles andere als geradlinig. Zu Beginn der achtziger Jahre zeichneten sich in und um Poona Schwierigkeiten ab. Die wachsende Zahl der Neo-Sannyasins und der zunehmende Besucherstrom hatten seit längerem innere und äußere Probleme hervorgerufen. Bereits 1977 war eine offizielle Ankündigung erfolgt, Poona sei zu klein geworden und man wolle umziehen. Rajneesh beabsichtigte, den Sommerpalast des Maharao von Kutch mit einem Areal von 300 ha zu kaufen und dort ein neues Zentrum zu errichten. Das Projekt scheiterte offenbar am indischen Bodenrecht, und man blieb in Poona. Hier verstärkten sich nach der Hochstimmung der Gründungszeit die Anzeichen einer Institutionalisierung und mancherlei innere Spannungen. Ein ehemaliger Anhänger Rajneeshs schilderte 1980 einige der im Ashram auftretenden Probleme: »Bhagwan ist zum Prinzip geworden, ungreifbar und unerreichbar, ein Aushängeschild für die, die sich als Verwalter seines Werkes verstehen: eine Elite, an deren Spitze Laxmi steht und die etwa fünfzig Personen umfaßt, der ›Innere Kreis‹, wie man sie nennt. Therapeuten, Abteilungsleiter, die höheren Chargen der Ashram-Verwaltung gehören dazu. Äußerlich sind sie von einfachen Sannyasins nicht zu unterscheiden, aber zwei Wochen im Ashram genügen und man weiß, wer zu ihnen gehört und wer nicht. Es sind diejenigen, für die in der Lecture-Halle die vordersten Plätze reserviert sind, auf denen sie regungslos, mit geschlossenen Augen sitzen.

Sie sind die Kirche. Sie treffen die wichtigsten Entscheidungen, sie schaffen die Atmosphäre, sie bestimmen das Bild, das Sannyasins voneinander haben (z. B. daß ›man‹ sich nicht rasiert), sie sorgen dafür, daß bestimmte Verhaltensweisen erwünscht sind und andere nicht. Sie beherrschen den Ashram, nicht Bhagwan.

Für die, die es noch nicht gemerkt haben, hat Bhagwan es in einer Lecture deutlich gesagt: ›Mein Ashram ist keine Demokratie.‹ Nein, wirklich nicht. Diskussionen sind ganz und gar unerwünscht, jedenfalls, wenn es um Anordnungen geht, die von oben kommen. Die werden ausgeführt – basta! Denn: ›Mein Ashram gründet sich auf Hingabe.‹ Hingabe ..., das ist es, was dies alles am Laufen hält.«/8/ Auch Vorwürfe über das Finanzgebaren der Leitung, das für die unbezahlt arbeitenden Ashram-Mitglieder völlig undurchsichtig sei, wurden laut.

Die eigentliche Erschütterung, ja die Auflösung von Poona, ging aber von dem »Göttlichen« selbst aus. Am 24. März 1981 hielt er den letzten Vortrag vor seinen Anhängern. Völlig überraschend traf sie die Ankündigung, der Meister zöge sich ins Schweigen zurück, denn die Wahrheit sei nicht mit Worten auszudrücken. Seine Reden hätten den Zweck verfolgt, seine Jünger auf das Schweigen vorzubereiten. Eine neue Phase der Wendung nach innen sei angebrochen. Weiter hieß es: »Auch die abendlichen ›Darshans‹, bei denen er seine ›Energie‹ an seine Jünger zu übertragen pflegte, sollen nicht fortgesetzt werden.«/9/ Nur schweigende Zusammenkünfte, die erste fand am 1. Mai 1981 statt, werde es noch geben.

Zur großen Überraschung vieler seiner Anhänger verließ Rajneesh im Sommer 1981 Poona. Zusammen mit der Führungsspitze der Bewegung begab er sich in die USA, der zweiten Heimat neuzeitlicher Gurus. Nach Presseberichten hatte die indische Regierung der Rajneesh Foundation steuerliche Vorteile entzogen, so daß für die verschiedenen Unternehmungen Steuerzahlungen in Höhe von umgerechnet 5,1 Millionen DM fällig waren. Neben finanziellen Erwägungen war es wohl die Hoffnung auf günstigere Bedingungen für die Entfaltung und Ausbreitung seiner Bewegung in der westlichen Welt, die Rajneesh in die USA gehen ließ. Den Anhängern wurde von daher auch der unerwartete Schritt des »Göttlichen« mit prinzipiellen Überlegungen erklärt. Sieben Jahre habe er in Indien auf Reisen gewirkt, sieben Jahre Poona geleitet, in den nächsten sieben Jahren wolle er die Bewegung von den USA aus über die ganze Welt verbreiten. Nun solle das »Nach-Poona-Projekt« verwirklicht werden. Im Mittelpunkt steht, »ganz konkret zu versuchen, persönlich Angst abzu-

Bhagwan Shree Rajneesh – der göttliche Meister der Neo-Sannyas-Bewegung

Meditierende mit Mala, einer Kette aus 108 Holzperlen

Begrüßung auf einem Bhagwan-Fest

Rajneesh Chandra Mohan (Bhagwan)

bauen und positive Energie zu mobilisieren«./10/ Zu den äußeren Kennzeichen dieser Epoche gehörte unter anderem, daß sich seine Jünger die Bärte abnehmen ließen.

Zentrum der Bewegung in den USA wurde Antelope in Oregon. Die Anhänger Rajneeshs kauften für 6 Millionen Dollar ein 260 km^2 umfassendes Areal. Sheela Silverman, damals noch Frau eines New Yorker Großbankiers, leistete im Sommer 1981 die erste Anzahlung von 1,5 Millionen Dollar. Im Tal des Muddy Creek sollte das neue Zentrum der Bewegung, die »Rajneeshstadt« entstehen, getragen von der »Rajneesh Foundation International«. Der Bau der Stadt wurde sofort in Angriff genommen. Die Sannyasins kamen aus der ganzen Welt, bald war das Tal des Muddy Creek eine Großbaustelle. Die Siedlung erhielt Stadtrecht und verfügte über alle notwendigen Einrichtungen, sogar über einen Flugplatz, auf dem die sechs Flugzeuge der »Air Rajneesh« starteten und landeten. Rajneesh residierte in einer komfortablen Villa. In seiner Garage standen, sicherlich auch als schnell zu realisierende Kapitalanlage, 93 Rolls-Royces. Allein sie schon sorgten dafür, daß sich die internationale Presse immer wieder mit Rajneesh beschäftigte, aber es gab stets auch wesentlichere Gründe. In der Rajneeshstadt, in der nach einiger Zeit bis zu 5000 Sannyasins lebten und in die zu dem jährlichen Sommerfest weitere 15 000 aus aller Welt als Besucher erschienen, kam es zu inneren Spannungen. Rajneesh hatte den »Rajneeshismus« als neue Religion proklamiert und in diesem Zusammenhang eine Reihe kultischer Neuerungen eingeführt.

Der neue Mensch müsse, sagte Rajneesh, der im Oktober 1984 wieder zu sprechen begann, meditativ wie Buddha und voller Lebenslust wie Alexis Sorbas sein. In der Rajneeshstadt war dieser neue Mensch aber offenbar noch nicht vorhanden, zumindest dominierte er dort nicht. Denn im Sommer 1985 kam es hier zur großen Krise. Ma Anand Sheela alias Sheela Silverman, enge Mitarbeiterin und Vertraute Rajneeshs, floh mit einer Gruppe Sannyasins nach Europa und erhob schwere Vorwürfe gegen den Guru. Der reagierte darauf, indem er die Religion des Rajneeshismus als Erfindung Sheelas bezeichnet. Sie wird von ihm abgeschafft, alle äußeren Formen einschließlich der orangefarbenen Kleidung und dem Tragen der Mala (Perlenkette) werden als sekundär erklärt. Zum erstenmal in der Menschheitsgeschichte sei eine Religion gestorben, verkündete Rajneesh. Die staunende Welt erfährt von ihm, Rajneeshpuram, sonst als Keimzelle der neuen Menschheit gepriesen, sei durch Sheela zu »einem kleinen faschistischen Staat« geworden, »einer Fabrik, wo Menschen nur noch arbeiten«, es habe drei Mordversuche gegeben, Abhöranlagen und geheime Fluchttunnel.

In Europa wurde Sheela Silverman verhaftet, an die USA ausgeliefert und dort zu viereinhalb Jahren Gefängnis verurteilt. Auch gegen Rajneesh ermittelten die Behörden. Er versuchte zu fliehen, wurde aber bei einer Zwischenlandung in Oakland festgenommen. 12 Tage blieb er in verschiedenen Gefängnissen in Haft. In dieser Zeit, so erzählte er später, sei er mit dem Schwermetall Thallium vergiftet und auch radioaktiv bestrahlt worden. Rajneesh behauptete, es habe ein Komplott gegeben, um ihn zu vernichten, das vom Weißen Haus ausging. Ein US-Marshall, der ihn in Oakland in Empfang genommen habe, hätte von ihm verlangt, ein Formular mit dem Namen »David Washington« zu unterschreiben. »Dahinter steckte die Idee«, erläuterte Bhagwan, »daß man mich, wenn ich David Washington schreibe und mit David Washington unterzeichne, einfach umbringen kann, vergiften, erschießen, und es würde keinen Beweis dafür geben, daß ich jemals das Gefängnis betreten habe. Ich wurde vom Hinterausgang des Flughafens abgeholt und betrat das Gefängnis auch durch den Hintereingang – mitten in der Nacht, so daß es niemand merkt – und nur der US-Marshall war im Büro anwesend, sonst keiner.«/11/ Am anderen Morgen wurden Rajneesh »nur zwei Scheiben Brot, in irgendeine Sahne getaucht«, »sie war geschmacklos, geruchlos«, angeboten. »Vielleicht hat man mich«, so schlußfolgerte er 1987, »in allen sechs Gefängnissen vergiftet, und deshalb hat man keine Kaution akzeptiert, deshalb hat eine Reise von sechs Stunden zwölf Tage gedauert. Eine langsam fortschreitende Vergiftung, die mich nicht sofort umbringt, mich aber auf lange Sicht schwächt – und sie hat mich geschwächt.«/12/

Zunächst war jedoch von einer Vergiftung offenbar nichts zu merken. Wegen Verstoßes gegen die Einreisebestimmungen wurde Rajneesh verurteilt, gleichzeitig aber aus den USA ausgewiesen. Außerdem erhielt er für fünf Jahre Einreiseverbot. Nun begann für ihn eine Odyssee, die von seinen Anhängern mit dem Begriff »Weltreise« umschrieben wird. In Indien konnte er zunächst nicht bleiben; er ging nach Neapel, das er im Januar 1986 wieder verließ. Kein Land wollte ihn aufnehmen. In Griechenland wurde Rajneesh verhaftet, 17 angefragte Regierungen verweigerten die Einreise. Uruguay erklärte sich schließlich bereit, ihm ständigen Aufenthalt zu gewähren. Angeblich auf Drängen der USA wurde die Erlaubnis aber wieder zurückgezogen. Rajneesh mußte das Land verlassen. Über Portugal und Jamaika reiste er am 29. Juli 1986 nach Indien zurück, wohnte in Bombay.

Im Januar 1987 traf Rajneesh wieder in Poona ein. Das alte Zentrum der Bewegung wird zum neuen, das Experiment Poona geht weiter. Die nach wie vor zahlreichen Anhänger aus aller Welt, insbesondere aus Deutschland, versammelten sich um den Meister. Eine Studie aus dem Jahre 1988 weist aus, daß 30 % der Neuankömmlinge Deutsche waren, andere Nationen waren jeweils mit etwa 10 % vertreten. 61 % verfügten über einen Hochschulabschluß, 20 % über eine höhere Ausbildung. 50 % aller Neuankömmlinge waren selbständig, Männer und Frauen hielten sich nach dieser Statistik ungefähr die Waage./13/

In Poona verschlechterte sich der Gesundheitszustand Rajneeshs sehr schnell. Im Herbst 1987 erkrankte er an einer Ohreninfektion, die über sieben Wochen andauerte. Seit November 1987 wurde auch ein zunehmender körperlicher Verfall festgestellt. Geistig blieb er aktiv. Zu Beginn des Jahres 1988 empfahl er seinen Anhängern eine neue Meditationstechnik, die »Mystic Rose«. »Sie dauert drei Wochen: In der ersten Woche wird täglich drei Stunden lang gelacht, in der zweiten Woche drei Stunden lang geweint und in der dritten Woche drei Stunden lang in absoluter Stille gesessen.«/14/ Auch eine Mysterienschule wurde 1988 in Poona eröffnet, die »Rajneesh Mystery School«. Über ihre Ziele heißt es: »Alles, was wir in der Mystery School tun, hat nur eine Richtung – mit dem Meister tiefer in der Wirklichkeit jenseits des Verstandes verschmelzen zu können. Dafür benutzen wir Werkzeuge wie Kristalle und Tarotkarten, Dinge der Erde, die man sehen und fühlen kann.«/15/

Im Herbst 1988 wurde mit erheblichem Aufwand Rajneeshs neues Buch »Die größte Herausforderung: die goldene Zukunft« international vorgestellt. Es wurde sofort in 12 Sprachen übersetzt und versteht sich als Antwort auf die Analyse der Weltkommission für Umwelt und Entwicklung, die im April 1987 ihren Bericht den Vereinten Nationen vorgelegt hatte. Rajneesh entwickelt ein Programm, um die Erde zu retten. Damit gibt er seinen Anhängern eine irdische Zukunftsvision, die ähnlich von anderen Gurus – man denke nur an Maharishi Mahesh Yogi – längst entwickelt wurde. Gleichzeitig nimmt Rajneesh damit Anliegen der New Age-Bewegung auf. Die Bezeichnung ist nicht zufällig, wenn die Rajneesh Times vom 1.11.1988 verkündet: »Ein Netzwerk entsteht.« Nachdem die Religionen und Politik und Wirtschaft versagt haben, ist die Wissenschaft berufen, die Erde zu retten. Die verdienstvollen Menschen sind zur Regierung der Welt berufen. Mit diesem Plan zur Rettung unseres Planeten soll die rein individuelle Ausrichtung der Bewegung überwunden werden und auf die »Notwendigkeit des Aufbaus einer Weltakademie der kreativen Wissenschaften, Kunst und Bewußtheit ..., eine Körperschaft der brillantesten, talentiertesten Leute der Welt, die sich zusammensetzen und praktische Details entwerfen könnten, wie es der Menschheit möglich wäre zu überleben – und nicht nur zu ›überleben‹, sondern eine ›Goldene Zukunft‹ zu genießen«, hingewiesen werden. »Die Akademie ist dazu da, die Welt zu retten; Sannyas ist dazu da, das Individuum zu retten.«/16/

Im Juli 1988 hatte Rajneesh trotz seines schlechten körperlichen Zustandes wieder begonnen, die Meditation am Ende der Vorträge in Poona selbst zu leiten. Seine Anhänger waren begeistert. Der Zug nach Poona hielt an, ja nahm zu. Rajneesh sorgte für weitere Überraschungen. Statt Bhagwan ließ er sich nun »Osho« nennen. »Das Wort kommt aus dem Altjapanischen: ›O‹ heißt ›mit großem Respekt, Liebe und Dankbarkeit‹ sowie auch ›Synchronizität‹ und ›Harmonie‹. ›Sho‹ bedeutet ›vielfältige Ausweitung des Bewußtseins‹ und ›die Existenz gießt sich aus allen Richtungen über dich aus‹.«/17/ »Bhagwan« war, wie Rajneesh später mitteilte, nur ein »Witz«, eine Herausforderung. »Ich habe mich ›Bhagwan‹ genannt, nur um eine Herausforderung zu sein für dieses Land, für die Christen, für die Mohammedaner, für die Hindus ... Das Wort ›bhagwan‹ ist ein sehr häßliches Wort ...«/18/

Beispiellos in dieser Art und bezeichnend für Rajneesh und sein System ist dann jedoch der Vorgang, der sich Ende 1988/Anfang 1989 in Poona abspielte. Am 26. Dezember 1988 teilte Rajneesh seinen Anhängern zunächst mit, »daß in diesen letzten vier Tagen das Gift, welches ihm vor drei Jahren verabreicht wurde, seinen Körper endgültig verlassen habe«. Dem folgte die noch erstaunlichere Mitteilung, der berühmten japanischen Seherin Katzue Ishida sei seine Photographie vorgelegt worden. Sie habe daraufhin erklärt, Gautama Buddha suche seit 2 500 Jahren einen Körper für seine Seele, in Rajneesh habe er ihn nun gefunden, und Rajneesh bestätigte dies. Am 27. Dezember erfuhren die Sannyasins: »Gestern wart ihr Zeuge eines historischen Augenblicks. Ich habe Gautam Buddhas Seele als Gast angenommen. Mit großem Respekt wird er auf mich angewiesen sein, um der gegenwärtigen Situation zu begegnen ...« Am nächsten Abend folgten weitere Erläuterungen: »Obgleich Gautama the Buddha Unterkunft bei mir gefunden hat, will ich nicht Gautama the Buddha genannt werden. Ich möchte seiner Prophezeiung entsprechend Maitreya the Buddha genannt werden. Maitreya bedeutet ›der Freund‹.« Am 29. Dezember beschrieb Rajneesh dann die großartigen Erlebnisse jener Nacht, in der er Buddha Einlaß in seinen Körper gewährte. Zeugen des selbst für die Rajneesh Times »verblüffendsten Ereignisses« wurden die Sannyasins aber am 30. Dezember. Was war geschehen? Buddha hatte sich, so erfuhren sie von ihrem Meister, nicht in der Lage gezeigt, »mit den enormen Veränderungen zurechtzukommen, die in den vergangenen 2500 Jahren – als er zuletzt auf der Erde weilte – eingetreten waren«. Der Stifter des Buddhismus »ging« also wieder./19/ Etwas später, nachdem das höchste Gremium der indischen Buddhisten (Mahabodhi Sabha) gegen diese blasphemischen Vorgänge scharf protestiert hatte, formulierte Rajneesh weniger fein: »Der Typ [Buddha], von dem sie soviel halten, ist längst nicht mehr hier. Ich verspreche ihnen, wenn er noch einmal kommt, wird er hinausgeworfen!«/20/ Rajneesh möchte in sich das Wesen Buddhas mit dem des Lebe- und Weltmannes Alexis Sorbas (Zorba) verbinden. »Beide sind eins für mich. Weder kann das Innere ohne das Äußere – noch kann das Äußere ohne das Innere existieren. Sie sind die zwei Flügel eines Vogels. Nur mit zwei Flügeln kann der Vogel an der Sonne vorbei in den grenzenlosen Himmel des Daseins fliegen.«/21/

Trotz der Erklärung Rajneeshs vom 26. Dezember 1988, die Vergiftung überwunden zu haben, verschlechterte sich sein Gesundheitszustand im Frühjahr 1989. Die Mehrzahl der Anhänger beharrte auf Vergiftung, andere sprachen von Aids. Zum Sommerfest, dem »Osho-Vollmond-Fest«, erschien Rajneesh aber wieder vor seinen Anhängern, nachdem er sich von März bis Juni völlig zurückgezogen hatte. Ab August nahm er schweigend an dem abendlichen »Darshan« in der Buddha-Halle von Poona teil. Die Sannyasins mußten dort jetzt weiße Roben tragen, denn in den weißen Roben gäbe es eine geheimnisvolle Ansammlung von Energie. Gegen Ende des Jahres 1989 war der Tod Rajneeshs abzusehen. Auch seine Anhänger wurden darauf vorbereitet. Am 19. Januar 1990 starb Rajneesh Chandra Mohan in Poona. Sein Leichnam wurde noch am selben Tage verbrannt. Die Urne mit der Asche stellte man unter das Bett in seinem Schlafzimmer, das nun zu einem besonderen Meditationsort geworden ist. Der für ihn in Poona errichtete Gedenkstein trägt die Aufschrift: »Osho – nie geboren, nie gestorben. Er besuchte diesen Planeten Erde vom 11. Dezember 1931 bis zum 19. Januar 1990.«/22/

Sein Geist, seine geistige Kraft, hatte nicht über Materie und Krankheit gesiegt. Das ist angesichts seines ungeheuren Anspruchs entlarvend.

Als Vermächtnis hatte Rajneesh den Sannyasins durch seinen Leibarzt sagen lassen: »Sprecht niemals von mir in der Vergangenheit, sondern immer in der Gegenwart. Meine Präsenz wird um vieles stärker sein ohne die Last meines gequälten Körpers.«/23/ 8000 Videobänder mit Ansprachen Rajneeshs garantieren auf jeden Fall seine akustische und optische Präsenz. Die geistige Gegenwart ihres Meisters wollen seine Anhänger nach seinem Tode immer wieder erfahren haben. Sie bemühen sich, den Beweis für die Anziehungskraft der Bewegung auch ohne den sichtbaren Meister zu erbringen.

Die Leitung von Poona und der weltweiten Anhängerschar wurde noch nach Rajneeshs Willen von einem 21 Personen umfassenden Gremium übernommen. Es gibt zwei Vorsitzende und eine Sekretärin. Diese (Ananda) ist gleichzeitig das Medium, durch das Rajneesh spricht. Poona bleibt so geistiger und organisatorischer Mittelpunkt der Bewegung. Es wird schwierig werden, die international weitverzweigte Gemeinschaft mit ihren vielerlei wirtschaftlichen Unternehmungen einheitlich zu führen.

Die Osho Times International vom 1. Juli 1990 berichtete über die neue Form der Einweihung in Sannyas: »Osho hat Ma Shantam Avirbhava zur Generaldirektorin und Ma Prem Zareen zur Direktorin der Osho Academy of Initiation ernannt. Diese beiden sind die einzigen, die von Osho autorisiert wurden, in Sannyas einzuweihen.« Ob sich dieses Prinzip wird durchhalten lassen, ist zu bezweifeln. Sannyasin kann man übrigens mittlerweile auch durch die Post werden. Ein Antragsformular für Sannyas mit einem Foto ist an die Osho Academy of Initiation in Poona zu richten.

Es ist mit einer allmählichen Aufspaltung der Bewegung zu rechnen. Zunehmend werden sich Sannyasins selbständig machen und die unterschiedlichen Therapieformen und Praktiken des Meisters anbieten. Von daher wird der »Rajneeshismus« noch stärker zu einem Teil der New Age-Szene werden, als er das bisher schon war.

2. Die Reise in die eigene Transformation – die Buddha-Natur

(Lehrgrundzüge)

Nicht eine Lehre oder eine Methode stand im Mittelpunkt des Rajneeshismus, sondern Rajneesh selbst. Immer und immer wieder hat er betont, er sei das größte Ereignis seit 2500 Jahren, wer ihn kennenlerne, habe Glück, wer ihn nicht mehr erlebe, habe Pech, und die Welt sei voll von solchen, die Pech haben. »Ein toter Meister«, sagte er, »ist nutzlos! Denn ein toter Meister ist nichts weiter als eine tote Lehre ...«/24/ Nun ist der Meister tot. Ist auch seine Lehre tot?

Rajneesh, der auf alles eine Antwort wußte und viele Antworten gab, die sich widersprechen – das war sein System –, hat auch auf die Frage »Was wird passieren, wenn du gegangen bist?« eine Antwort gegeben: »Es sind nicht die Worte. Der Meister kann da sein und die Worte können tot sein. Warum sollte es nicht umgekehrt geschehen? Der Meister ist tot, aber die Worte leben. Es hängt alles von euch ab. Es geht nicht um Leben oder Tod des Meisters, sondern darum, wie seine Worte in euch lebendig sind.«/25/ Ich hinterlasse euch meinen Traum, soll er kurz vor seinem Tod gesagt haben. Wie sieht sein Traum in den Grundzügen aus?

Auch wenn Rajneesh sich selbst, seine Gegenwart für das Wichtigste ansah, hatte er doch eine Lehre. Ihr geistig-religiöser Hintergrund ist zweifellos indischer Herkunft. Dies machen bereits die Gottesvorstellung und das Menschenbild deutlich. Gott als persönliches Gegenüber des Menschen verschwindet. Gott ist im Menschen, er lebt im Menschen. »Gott ist keine Person – er ist pure Existenz.«/26/ Die Lehre vom Menschen wird zur Lehre von Gott. »Gott ist der Zustand des Seins, wo die Frage verschwunden ist ... Ein Himmel ohne Wolken, eine Flamme ohne Rauch.«/27/ Gott und Teufel erscheinen als ewige Prinzipien, die dem Universum den Gegensatz und damit letztlich die Einheit geben.

Was Rajneesh dem Menschen geben will, liegt schon im Menschen selbst. Der bereits ins Göttliche befreite Meister verhilft dem potentiell Göttlichen im Menschen zur Befreiung und Entfaltung. Wo dies geschieht, wird, auch hier zeigt sich der hinduistisch-buddhistische Kontext, der Zwang zur Wiedergeburt genommen, die Last des Karma aufgelöst. Um Selbstbefreiung, nicht um Erlösung geht es, um Selbsterkenntnis *ohne* Schuldgefühl.

Ungeachtet dieses Hintergrundes seines Systems versteht sich Rajneesh als Vollender aller Religionen und Philosophien, wird er von seinen Anhängern als »Meister der Synthese« gefeiert. »Er greift zurück auf eine lange geistige Ahnengalerie, die von Buddha bis Skinner reicht, von Jesus bis Wittgenstein, von Meister Eckhart und Jakob Böhme bis Bertrand Russel und Henry Miller. Diese ›Vorläufer‹ lieferten interessante Teilwahrheiten; Bhagwan ist der Vollender, er ist im Besitz der Weisheit, welche diese Teilwahrheiten – durch den Beitrag seiner eigenen Erkenntnisse – in absolute Wahrheiten verwandelt.

Aber so stolz er innerlich auch sein mag auf seine Leistung als Meister der Synthese, der auch die widerstrebendsten geistigen Strömungen der letzten 2 000 Jahre unter einen Hut bringen kann, weiß Bhagwan doch, daß nur das Nicht-Intellektuelle, ja das Antiintellektuelle seiner Lehren den Erfolg garantiert.«/28/ Und so steht im Mittelpunkt seiner Botschaft nicht das Angebot von Wissen, sondern von Erfahrung, das Angebot der »phantastischsten aller Reisen«, der Reise »in die eigene Transformation«./29/ Der Weg heißt Meditation. »Meditation ist die Wissenschaft, die Eigenschaften des Lebens zu transformieren. Sie ist nicht dazu da, dir nur ein bißchen Trost zu spenden oder dir ein bißchen Unterhaltung zu liefern. Sie ist dazu da, dich zu transformieren, so daß du zu einem Teil des universellen Zirkus wirst.«/30/

Am Ende dieses Weges, das ist die Verheißung, die Rajneesh seinen Anhängern gibt, kommt es zur Erfahrung des wahren Selbst und damit zur Verwirklichung der »Buddha-Natur«. Dieser Weg ist nicht wie der christliche Heilsweg auf Glauben, aber auch nicht wie die Philosophie auf Wissen, sondern auf meditatives Erleben ausgerichtet. Sein Endziel ist die Erfahrung der »Leere«, welche als letzte Fülle verstanden wird. »Ich lehre keinen Glauben. Im Gegenteil«, unterstreicht Rajneesh, »ich lehre Freiheit von jedem Glauben. Ich lehre, wie ihr aus dem Gefängnis allen Wissens ausbrechen könnt. Ich gebe euch kein Wissen, sondern nehme es euch. Was ich euch geben will, ist: Leere.

Meditation ist ein anderes Wort für dieses Schweigen, diese Leere. Solange ihr irgendein Wissen im Kopf habt, könnt ihr nicht meditieren. Erst wenn ihr alles Wissen fallen laßt, eröffnet sich die Dimension der Meditation. Meditation ist der Zustand von Unschuld, in dem auch nicht ein Körnchen Staub auf dem Spiegel eures Bewußtseins zurückbleibt.

Ich lehre keinen Glauben. Ich verlange keinen Glauben. Ich verlange keineswegs, daß ihr an Gott glauben sollt. Ich verlange auch nicht, daß ihr an Wiedergeburt glaubt. Ich stehe für keine Form von Glauben. Das einzige, was ich von euch verlange, ist, daß ihr wahrnehmt, was hier und jetzt ist. Meine Betonung liegt nicht auf Glauben. Wer Glauben abverlangt – was es auch sei – will euch zu Untertanen machen. Euch zum Glauben verführen hieße, euch in die Lüge führen. Alles was außerhalb eures eigenen Erfahrungsbereiches liegt, ist Lüge. Meine Wahrheit beruht auf meiner eigenen Erfahrung. Eure Erfahrung wird eines Tages zu eurer Wahrheit.«/31/

Vor allem der westlich geprägte Mensch – so wird immer wieder betont – lebt in der Entfremdung von seinem wahren Selbst. Er ist gefangen im Verstand, im »Ich«, eingebunden in die vielfältigen Rollen familiärer und gesellschaftlicher Zwänge, kennt sich selbst nicht und lebt in der Unbewußtheit. Der Weg aus dieser Gefangenschaft führe gerade nicht, wie weithin die westliche religiöse und psychologische Tradition behauptet, über die Stärkung und Entfaltung des Ich, sondern über seine Zertrümmerung. »Die Entgrenzung öffnet nach Bhagwan die *Erfahrung des wahren Selbst*, jener allgemeinen ›Buddha-Natur‹, die in allen Wesen steckt und in ihrem Kern nichts anderes ist als das reine Existieren, die göttliche Energie selbst. Wer in dieses göttliche Energiefeld eintaucht, hat die Begrenzungen von Raum, Zeit und Individualität überwunden und ist eins mit dem Kosmos wie mit sich selbst.«/32/ Das schließt die Aufhebung der Kontinuität zwischen Vergangenheit und Gegenwart ein. Die Bindungen an die Vergangenheit mit ihren negativen Belastungen durch falsche Erziehung, ungute Einflüsse usw. müssen ebenso gelöst werden, wie auf Planungen für die Zukunft verzichtet werden muß; nur das »Heute« ist wichtig. Der Mensch soll den Verstand, das Denken überwinden. »Nicht-Denken ist letzte Erkenntnis. Nicht-Denken ist Erleuchtung. Nicht-Denken ist Befreiung. Der Zustand des Nicht-Denkens ist die Psychologie der Buddhas. Und nur ein Mensch, der den Zustand des Nicht-Denkens gekostet hat, ist geistig wirklich gesund, ist wirklich heil und ganz.«/33/

Das eigentliche Charakteristikum der Bewegung ist die Umsetzung dieser Lehren in die Praxis durch das konkrete Angebot von Therapie- und Meditationsmethoden, die zu der angestrebten Ich-Zertrümmerung und Selbstfindung führen sollen. Rajneesh kennt mehrere Methoden, die aber alle, wenn auch auf unterschiedlichen Ebenen, dem gleichen Ziel dienen. Er bedient sich dabei teilweise Erkenntnissen und Praktiken der Psychologie, insbesondere der humanistischen Psychologie. Aufs Ganze gesehen unterscheidet er drei Arten von Psychologie. An erster Stelle nennt er die Psychologie für den kranken Menschen und verweist auf die Arbeiten von Freud, Jung und Adler. Zum anderen spricht er von der Psychologie für den gesunden Menschen, einem »ganzheitlichen Herangehen, kein Denken in Begriffen von Krankheit, jedoch ein Denken in Begriffen von Gesundheit«. Er findet diese Art im Umkreis der humanistischen Psychologie (Abraham Maslow, Kurt Lewin, Arthur Janov u. a.) oder in vorwissenschaftlichen Formen bei einigen Erleuchteten des Ostens wie Buddha./34/ Die dritte und höchste Form, die »Psychologie der Buddhas«, entwickelte Rajneesh selbst. In ihrem Mittelpunkt steht die rational nicht mehr erfaßbare Erfahrung der Wirklichkeit. Als Vorläufer auf diesem Weg nennt er interessanterweise den 1949 verstorbenen Philosophen, Mystiker, Hypnotiseur und Magier Georg Iwanowitsch Gurdjieff. Ihn, wie auch mit gewissen Einschränkungen den von der Theosophischen Gesellschaft einst als »Weltenlehrer« bezeugten Krishnamurti, erkennt er als Meister an. »Sonst sind«, so lautet das bemerkenswerte Urteil von Rajneesh,

»alle sogenannten Meister im Westen nur Geschäftsleute.«/35/

Die »Psychologie der Buddhas« ist die Vollendung aller früheren Versuche zur Selbstverwirklichung und greift auf alle Religionen zurück. Rajneesh bekennt mit Blick auf seine Bewegung: »Dies hier ist ein Laboratorium. Ich bin weder Hindu, noch Moslem, Christ, Jain oder Buddhist. Hier wird das Erbe der ganzen Menschheit, also auch der Hindus, der Moslems, der Christen, Juden Buddhisten und Sikhs und all das, was die großen Meister der Menschheit gegeben haben, in die Tat umgesetzt. Dies hier ist eine Universität, keine Kultstätte.«/36/

Im Zentrum der dritten Psychologie steht der tantristische Grundsatz, die Kräfte von Welt und Mensch in den Dienst des großen Zieles zu stellen. Kein Bereich der menschlichen Erfahrung darf beiseite gelassen werden, am wenigsten die Urkräfte Sexualität und Tod. »Ich möchte«, sagte Rajneesh, »daß ihr euren Sex in seiner Totalität und euren Tod in seiner Totalität erfahrt. Ein Mensch lebt erst in der Wahrheit, wenn er fähig ist, Sex und Tod ohne jede Hemmung zu erleben.«/37/ Der Weg der Befreiung beginnt beim Sexualzentrum; Sexualität und Befreiung stehen in einem engen Verhältnis. »Ja, ich lehre euch, tief in die Liebe hineinzugehen. Und ich lehre euch auch, wie ihr tief in den Sex hineingehen könnt, denn das ist die einzige Möglichkeit, darüber hinauszuwachsen. ...

Sex kann zu einem Sprungbrett ins Samadhi (den Zustand des All-Eins-Seins) werden. Wenn ihr die Sexualität zutiefst versteht und erlebt, werdet ihr euch davon befreien.«/38/ Denn »Sexualität und Spiritualität sind zwei Enden *einer* Energie«./39/ Die Einzelheiten sind kompliziert. So benutzt Rajneesh z. B. die theosophische Anschauung von den sieben Leibeshüllen des Menschen, um »die Meditation als ›Antarmaithuna‹, inneren Geschlechtsverkehr, zu beschreiben. Der zweite, ›ätherische‹ Leib des Mannes sei weiblich, der dritte ›astrale‹ wiederum männlich; diejenigen der Frau umgekehrt. Während es beim Frommen im Stande des Haushalters noch gelegentlich zur Vereinigung mit der ›äußeren Frau‹ kommt, ist der Mönch ganz darauf angewiesen, daß er ›sich direkt mit der Frau in sich selbst vereint‹,

d. h. daß es zu einem Energieausgleich mit dem zweiten, ›ätherischen‹ Körper kommt.«/40/

In der Werbung für die Bewegung spielt der Hinweis auf die Verbindung von Meditation und Sexualität eine Rolle. So wird z. B. in einem »Purvodaya-Programm« vom Jahre 1981 gefragt: »Hast du Sex durch Meditation entdeckt oder Meditation durch Sex? Beide Wege sind möglich, denn Sex wird erst schön in Verbindung mit Meditation und Meditation wird erst recht wunderschön, wenn du in sie die Seligkeit der Sexualität bringen kannst. Die Sexenergie ist unsere Vitalität: Sie macht die Augen sehen, die Ohren hören, den Körper fühlen, die Zunge schmecken, die Nase riechen. Und wenn diese Sinne voll erfüllt sind, umgibt dich die Freude von Einheit und Wohligsein – allein und in jeder Begegnung mit anderen. Willst du behutsam und mit Liebe Tabus abbauen, Behinderungen, die deine sexuelle Energie blockieren, beseitigen, Liebe und Meditation verbinden? Für alle, die Probleme mit Sex haben und für alle, die Spaß am Sex haben.«/41/ Heute wird Sex kritischer beurteilt.

Die Entwicklung des Körperbewußtseins bleibt jedoch eine wichtige Aufgabe des Meditierenden. Das wird bei der bekanntesten und attraktivsten der angebotenen Methoden deutlich, der »dynamischen Meditation«. Sie dauert etwa eine Stunde und umfaßt 5 Phasen, die mit lockerer oder gar keiner Bekleidung sowie mit geschlossenen Augen – empfohlen wird eine Augenbinde – durchgeführt werden sollen. Diese Methode wird auch als »chaotische Meditation« bezeichnet. Ihr Zweck ist es, den Menschen »von seinen angestauten Unterdrückungen zu befreien und ihn wieder in Einklang zu bringen mit der Ganzheit seiner Körperenergie«./42/

Als letzte Form hat Rajneesh die Meditationstechnik der »Mystic Rose« entwickelt. Von ihr sagte er: »Ich gebe euch damit eine ganz fundamentale Technik, frisch und unverbraucht. Ich habe schon viele Meditationen entwickelt, aber diese ist wohl die wesentlichste und fundamentalste. Sie kann die ganze Welt erobern ... Denn alles, was die Welt braucht, ist eine gute Säuberung des Herzens von allen Hemmnissen der Vergangenheit.

Und Lachen und Weinen können das: Die Tränen nehmen alle Agonie weg, die sich in euch verbirgt, und das Lachen nimmt alles weg, was eurer Ekstase im Wege steht. Sobald ihr die Kunst gelernt habt, fragt ihr euch äußerst verwundert: Warum hat man euch das bisher nie gesagt? Es hat seinen Grund: Niemand hat gewollt, daß die Menschheit die Frische einer Rose hat – und ihren Duft und ihre Schönheit.«/43/

Die von Rajneesh verkündete Lehre oder – präziser gesagt – der von ihm gewiesene Heilsweg ist die Vollendung und damit Überwindung aller Religionen durch reine Religiosität. Reine Religiosität heißt für ihn »Liebe, Stille, Meditation«./44/ Den Religionen sagte er, vor allem in der zweiten Hälfte der achtziger Jahre, den Kampf an. Er beschimpfte sie oft unflätig und machte sie für die negativen Zustände auf dieser Erde verantwortlich. »Religion ... ist nicht nur das Opium des Volkes, es ist auch das Gift, das Krebsgeschwür der Seele, die Quelle aller Gewalt, Mord, Vergewaltigung und Kriege.«/45/ Alle Religionen basieren auf »abergläubischem Egoismus«. Seinen Kampf gegen die Religionen, in dem er alle großen Religionsstifter beschimpft, verbindet er eng mit dem Kampf gegen den Glauben an einen persönlichen Gott. »Du hast keine Vaterfigur nötig. Du hast es nicht nötig, Teil einer Masse zu sein. Du kannst du selbst sein.«/46/ Der Tod Gottes ist auch der Tod der Religionen. »Wenn Gott erst einmal beseitigt ist, dann sterben alle die Propheten und alle Heilande und alle Avataras einfach freiwillig. Der Tod Gottes ist absolut notwendig für den Menschen, um friedlich auf der Erde zu leben.«/47/ Indem Rajneesh Gott für tot erklärt und den Menschen zu Gott macht, erfüllt er eine – nach christlichem Verständnis – Ursehnsucht des Menschen, »zu sein wie Gott«, die zum Fall Lucifers und dann Adam und Evas führte. Was hier als Ursünde, als Auslöser für das Entstehen des Bösen gilt, wird bei ihm zur großen Befreiung. Den Beweis freilich, daß dies nicht vernichtet, sondern befreit, hat er nicht gebracht, im Gegenteil.

Der von Gott befreite Mensch steht ganz allein im Universum, gnadenlos seinen Gesetzen ausgeliefert. Er weiß: »Was ich tue, ist meine Belohnung; was ich tue, ist meine Strafe, und ich bin voll verantwortlich für alles, was ich tue. – Das ist Reife.«/48/ Ist das wirklich Reife? Daß Rajneesh dem so verstandenen Menschen sehr spät, kurz vor seinem Tod, neben dem Leben in den Kommunen seiner Anhänger auch eine Vision des Lebens in einer gewandelten Welt zu vermitteln suchte, ist bemerkenswert. Ist das eine Konzession an die vielen Kritiker, die Rajneeshs elitären Individualismus oft scharf angriffen, eine neue werbewirksame Variante oder eine neue Erkenntnis? Der Weg in die Zukunft einer lichteren Erde, zu einer Weltregierung der wahrhaft Tüchtigen führt über den eigenen Weg zur Buddha-Natur. Am 16. September 1988 sagte Rajneesh: »Wenn wir 10 000 Buddhas kreieren können, ist das genug, um die Menschheit zu retten. 10 000 Buddhas, die jeden Winkel der Welt erreichen, und einfach Liebe, Mitgefühl und Bewußtheit verbreiten ... und ich glaube nicht, daß die Welt von kriminellen Politikern zerstört werden kann, wenn sie so viele Buddhas hat.

Dies ist ein entscheidender Moment von großer Verantwortung und großer Herausforderung. Es geht nicht nur darum, daß du zum Buddha wirst, sondern es geht darum, den gesamten Planeten zu retten: in all seiner Schönheit und Großartigkeit. In der Vergangenheit war es üblich, daß die Leute einfach um ihrer selbst willen Buddhas waren. Heute haben sich die Zeiten geändert. Du mußt ein Buddha nicht nur um deiner selbst willen sein, sondern um die Welt vor Atomwaffen und den Besitzern der Atomwaffen zu retten. Wir müssen ein großes Bewußtsein rund um den Erdball schaffen. Das ist unsere einzige Waffe gegen eine zerstörerische Wissenschaft und kriminelle Politiker.«/49/

Ohne eine irdische Zukunftsvision, das scheint sich auch in diesem Fall wieder zu bestätigen, kommt auf Dauer keine religiöse Bewegung aus.

Es werden hohe Ansprüche gestellt. Wie sieht ihre Verwirklichung unter den Sannyasins selbst aus? Zu Lebzeiten des Meisters ist das Experiment Poona I gescheitert, das Experiment Rajneeshstadt endete gar in einer Katastrophe. Wie wird es in Poona II ohne den Meister weitergehen?

3. Ein sicherer Platz? – Experiment Poona
(Lebensformen)

Es gibt vielerlei Berichte über das Leben in Poona. Hier wollte Rajneesh einen sicheren, von der Welt entrückten Platz schaffen, an dem nur die eigene Transformation in die »Buddha-Natur« durch die Zertrümmerung des »Ego« im Mittelpunkt steht. »Ihr seid hier«, sagte Rajneesh, »um untersucht, auseinandergenommen und zerstört zu werden, damit ihr wieder neu geboren werden könnt. Alles Schöne kommt aus dem Chaos. Die Gruppen führen in den Zusammenbruch, damit ihr die Wirklichkeit begreift.«/50/ Und es kamen Zehntausende mit unterschiedlichen Motivationen, ernsteren und weniger ernsten: »Zivilisationsgeschädigte, die sich in ihrer Menschlichkeit blockiert und bedroht fühlen von der seelenlosen Maschinerie einer funktionalisierten Gesellschaft; Aussteiger, deren Frustrationen sich, oft mitten in einer erfolgreichen westlichen Karriere, zur Lebenskrise verdichtet haben; dazu eine Art ›Schikkeria der Seele‹, die auch noch ihre spirituellen Bedürfnisse nach der neuesten Mode zu tragen weiß.«/51/

Der Wunsch, für einige Zeit nach Poona zu gehen, war in der Neo-Sannyas-Bewegung klar vorprogrammiert. Wer an Kursen in einem der zahlreichen Meditationszentren teilgenommen hatte und nun den Wunsch besaß, den eingeschlagenen Weg weiterzugehen, wollte nach Poona, um den göttlichen Meister zu erleben. 1980 wird im Programm eines westdeutschen Meditationszentrums von Poona werbend gesagt: »Der Shree Rajneesh Ashram in Poona/Indien ist das größte Zentrum für die Entfaltung des Menschen, das es auf der Welt gibt – der Brennpunkt eines großartigen Experiments mit dem menschlichen Bewußtsein. Hier ist der Ort, an welchem Bhagwan die dritte Psychologie entwickelt, die über die Pathologie und die Lehre vom gesunden Menschen hinausgeht und die Psychologie der Erleuchtung darstellt. Hier ist der Ort, an welchem Bhagwan sein Buddhafeld entwickelt, eine Gemeinschaft, aus welcher der ›neue Mensch‹ geboren werden soll – der wissenschaftlich-dichterisch-mystische Mensch. Hier ist der Ort, an welchem Bhagwan mit uns die zur Verwandlung führende Erfahrung seines einfachen Versprechens teilt: ›Was mir geschehen ist, kann auch euch widerfahren.‹«/52/

Und sie kamen, um zu sehen, zu erfahren, zu erleben. Es waren, wie wir sahen, in der Regel keine Gammler, keine sozial ausgestiegenen Jugendlichen, sondern Angehörige des gehobenen Mittelstandes und der Intelligenz, denn für Poona brauchte man auch Geld, selbst wenn verbilligte Flugreisen organisiert wurden und die Aufenthaltskosten nach Angaben vieler Besucher im Rahmen des Vertretbaren lagen. Besonders hoch war von Anfang an der Anteil Westdeutscher. Auch bekannte Namen fand man darunter. So traten im Dezember 1975 der Prinz (Swami Anand Vimalkirti) und die Prinzessin von Hannover in den Ashram ein. Der plötzliche Tod des Prinzen am 10. Januar 1981 erregte dann erhebliches Aufsehen. Zunächst wurde versucht, den Prinzen, der beim Karate-Training einen gesundheitlichen Zusammenbruch erlitten haben soll, mit allen Mitteln am Leben zu erhalten. In einer Pressemitteilung der Rajneesh-Stiftung heiß es dazu: »Sein Körper wurde ununterbrochen massiert, er wurde intravenös ernährt, jede mögliche Pflege und Aufmerksamkeit wurde ihm zuteil. Es wurde sogar ›mit ihm gesprochen‹ mit Hilfe eines Pendels – ein einfaches Mittel, welches das Unbewußte einer Person befähigt, auf Fragen zu reagieren, während ein anderer Sannyasin als Medium agiert ... Erst am Sonnabendmorgen, dem 10. Januar, versagte sein Herz zum letzten Mal, und Vimalkirti verschied friedlich. Warum diese Verzögerung? Warum waren diese Sannyasins so entschlossen, ihn so lange am Leben zu erhalten, wenn alle vernünftige Hoffnung verloren war?« Die Erklärung dafür gab Rajneesh in seinem morgendlichen Vortrag am 10. Januar 1981, dem Todestag des Prinzen. »Ohne diese Methoden würde er bereits in einem anderen Körper sein, er würde in einen anderen Mutterschoß eingetreten sein, aber dann würde ich nicht hier verfügbar gewesen sein. Wer weiß, ob er zur Zeit seiner Rückkehr einen anderen Meister finden kann oder nicht? ... Deshalb wollte ich, daß er noch ein wenig dableibt. In der letzten Nacht hat er's geschafft: Er überschritt die Grenze vom Tun zum

Nichttun ... Er hat's wunderschön geschafft: Bevor er sterben konnte, gebrauchte er sein Leben zum höchsten Blühen. Er braucht nicht mehr im Körper zurückzukommen; er geht als ein Erwachter; er geht im Zustand eines Buddha.«/53/ Der Prinz von Hannover hat demnach als erster aller Poona-Bewohner nach Rajneesh den Eingang ins große Nirvana erreicht, wurde noch im Sterben zur selbstverwirklichten Buddha-Natur. Eine überraschende Erklärung seines plötzlichen Todes und der damit verbundenen Vorgänge!

Viel und Widersprüchliches ist aus Poona und über Poona berichtet worden. Alle Berichte stimmen aber darin überein, daß die geistige Mitte der Siedlung Rajneesh selbst war. Zunächst nahmen die Besucher gleichsam vorbereitend an einem der zahlreich angebotenen Therapiekurse teil. Dann erfolgte die persönliche Begegnung mit dem »Göttlichen«. Oft war damit die Initiation als Neo-Sannyasin verbunden, zu der die Verleihung eines neuen Namens mit einem Namenszettel und dem Schriftzug des Meisters, einer Bildkette (mala) sowie ein individueller Segen mit Handauflegung und Kraftübertragung gehören. Ein Beobachter beschreibt den Vorgang: »Wenn du zu Füßen des Meisters sitzt, bist du fasziniert von seinem lebendigen, durchdringenden Blick. Kann er Dich durchschauen? Die Sannyasins glauben das, nehmen mit der Mala von ihm einen neuen Namen an, der ihnen persönlich wichtiger wird als der Taufname. Denn der neue Name enthält einen Schlüssel zu ihrem Leben und wird jedem persönlich gedeutet. Mit einer einprägsamen Segensgeste übergibt Bhagwan die Mala und ordnet für den einzelnen an, welche Gruppen und Meditationen er machen soll.«/54/

Von grundlegender Bedeutung für das Leben in Poona I waren die morgendlichen Vorträge Rajneeshs, die er täglich von 8.00 Uhr bis 9.30 Uhr abwechselnd in Deutsch und Hindi hielt. Sie waren neben seinen Anhängern auch einer größeren Öffentlichkeit zugänglich. Zu den äußeren Voraussetzungen gehörten neben einem Eintrittsgeld peinlichste körperliche Sauberkeit und der Verzicht auf duftende Seife und Kosmetika – Kritiker vermuten eine asthmatische Allergie Rajneeshs. Jeder Besucher wurde von dafür ausgewählten

Mitgliedern des Ashrams »berochen«, hatte er diese Überprüfung bestanden, erwartete ihn noch eine Sicherheitskontrolle, bevor er die Halle betreten durfte. Ein Reporter der westdeutschen Illustrierten Stern, der über Poona berichten sollte und dort selbst zum Anhänger Rajneeshs wurde, schilderte unter der Überschrift »Friede durch den großen Meister« Atmosphäre und Verlauf der morgendlichen Audienzen u. a. so: »In diese Stille erscheint der indische Weise Shree Rajneesh mit der Lautlosigkeit eines fallenden Blattes. Er ist 47 Jahre alt, mittelgroß, schlank, trägt ein frisch gebügeltes weißes Baumwollkleid, faltet die Hände vor dem bärtigen Gesicht, verbeugt sich strahlend, nimmt Platz auf einem weiß bezogenen Sessel und rückt das Mikrophon zurecht. Auch die Sannyasins falten die Hände. Manche beugen sich vor, als ob sie aufspringen wollen, glühende Verehrung im Blick. Andere zittern, als ob sie eine elektrische Kraftübertragung empfangen. ... Bhagwan erscheint vor ihnen und hält einen anderthalbstündigen Vortrag. Er spricht Englisch mit starkem indischen Akzent. Sehr wache, dunkle Augen, die meist eine milde Freundlichkeit spiegeln, aber manchmal auch mit unwiderstehlicher Kraft die Sannyasins zu durchbohren scheinen. Dann steigert sich die sanfte Stimme zu metallischer Schärfe, und manche der atemlos lauschenden Jünger werden von Vibrationen erfaßt.«/55/

Auch hier gilt, nicht was Rajneesh sagt, ist das Wichtigste, seine Gegenwart, die Kraftübertragung im Schweigen ist *das* Erlebnis. Einer seiner Schüler fragte ihn deshalb mit Blick auf seine diesbezüglichen Erlebnisse bei den morgendlichen Vorträgen: »Bhagwan, wenn ich dich morgens sprechen höre, dann sind es die Pausen, die Räume zwischen zwei Sätzen, die mir wie Donner in den Ohren rollen und mich aufbrechen und in Stücke reißen. Was geschieht mit mir?« Die Antwort Rajneeshs lautete: »Ich geschehe dir. Laß es geschehen. Manchmal wird es dich ängstigen, erschrecken; denn du gerätst in Bereiche, in denen du dich nicht auskennst. Du gerätst jenseits deiner selbst ... Und ich kann dir nur in den Pausen geschehen. Die Wörter dienen überhaupt nur dazu, die Pausen möglich zu machen, nicht umgekehrt. Ich rede zu euch nur, um euch eine Erfahrung von Stille zu vermitteln. Diese Pausen sind das eigentlich Bedeutsame, das euch vermittelt wird, das auf euch übergeht. Seid voll gegenwärtig in diesen Pausen.«/56/

Neben den morgendlichen Ansprachen gab es die abendlichen Audienzen. Sie waren vor allem Gruppenleitern und ausgewählten Anhängern vorbehalten. »Jeden Abend«, heißt es in einem Bericht, »ist Bhagwan noch einmal beim darshan für wenige zu sehen und beschränkt auch zu sprechen. Die Anliegen hat man vorher schriftlich eingereicht. Er trifft sich mit einer Gruppe, die ihre Arbeit hinter sich hat, oder er begrüßt nach geregelter Anmeldung neue Schüler ... Andere nehmen beim darshan kurz und meist formal Abschied. Vereinzelt kommen auch Sannyasins mitten während ihres Aufenthaltes in Unsicherheit über ihren Weg, werden vorgelassen, erleben dann bisweilen heftige Energieströme in der Gegenwart Bhagwans – oder auch gar nichts. Beides gilt als perfectly o. k.«/57/

Das war Poona I. Wie gestaltete sich das Leben in Poona nach der Rückkehr Rajneeshs im Jahre 1987, nach der Katastrophe der Rajneeshstadt in Oregon, nach der Irrfahrt des Meisters durch die halbe Welt, an deren Ende ihm doch keine andere Alternative als wieder Poona blieb?

Rajneesh gab Poona neuen Glanz, neue Anziehungskraft für eine weltweite Jüngerschar. Aber von fortschreitender Krankheit gezeichnet, ist er seltener, viel seltener als früher unter seinen Jüngern. Doch sein Dasein allein macht in ihren Augen die Einzigartigkeit von Poona aus. Erscheint er dann wieder einmal unter ihnen, meditiert mit ihnen, ist die alte Faszination voll wiederhergestellt. Einer seiner Anhänger berichtet im Herbst 1988 aus Poona: »Jeden Abend am Ende des Diskurses führt Bhagwan uns durch einen ganz bestimmten Meditationsablauf. Seit den Tagen von Mount Abu, vor nahezu fünfzehn Jahren, ist es das erste Mal, daß er wieder Meditationen leitet. Der Diskurs endet damit, daß wir eigentlich noch über die letzten Witze lachen, wenn wir auf Nivedanos Trommelschlag plötzlich in mehrere Minuten wildes Gestikulieren und Kauderwelsch (Gibberish) ausbrechen. ›Werdet verrückt, werdet wirklich verrückt‹, ermutigt uns der Meister, und wir werden's.

Beim nächsten Trommelschlag herrscht dann absolute Stille in der Buddha-Halle und Bhagwan erklärt uns: ›Lasse den Körper bewegungslos wie ein Felsen sein. Gehe tiefer und tiefer nach innen, bewege dich wie ein Pfeil in deine eigene Mitte hinein.‹ Wenn wir in diesem Zustand sind, betont er immer wieder, daß wir Buddhas *sind*. Beim nächsten dröhnenden Trommelschlag fällt die ganze Versammlung zurück auf den Boden – in einem Zustand von Loslassen (Let-Go); eine Phase, die dazu gedacht ist, den Prozeß, in dem wir über Körper und Verstand hinausgehen, zu vertiefen. ›Du bist nur ein Zeuge, ein Beobachter‹, sagt Bhagwan zu uns.

Nach einigen Augenblicken der Ewigkeit ruft er uns auf, langsam und mit Würde zurückzukommen und mitzubringen, was wir gerade erfahren haben. ›Tragt diese Erfahrung wie einen Duft 24 Stunden lang, rund um die Uhr‹, sagt er.

In dieser letzten Phase tanzt Bhagwan mit uns. Sein anmutiger und zerbrechlicher Körper tanzt wirklich, wenn er die Musik mit dem Schlag seiner Hände zu einem ständig sich steigernden Tempo dirigiert. Und auf dem Höhepunkt strecken 10 000 Buddhas die Arme in die Höhe und füllen die Buddha-Halle mit dem Schrei eines kräftigen ›Yaahoo‹.

Diese Meditation ist die neueste Phase in der Arbeit des Meisters. Was er eigentlich macht, weiß keiner von uns; für jeden ist es eine total individuelle Erfahrung.«/58/

Die Initiationen nimmt Rajneesh zu diesem Zeitpunkt in der Regel schon nicht mehr vor. Er hat dafür eine Repräsentantin, seine Fotographie steht für seine unmittelbare Gegenwart. »Es ist Sonntagmorgen: In der Buddha-Halle in Rajneeshdham, Poona, haben sich wie jeden Sonntag zukünftige Sannyasins, Freunde und Sympathisanten zur Sannyasininitiationsfeier versammelt. Livemusik: Gitarre, Flöte und Sänger lassen eine unbeschwerte und feierliche Stimmung entstehen.

Bhagwans Repräsentantin für die Initiationen, Ma Shantam Avirbhava, sitzt mit überkreuzten Beinen da und wartet auf den nächsten zukünftigen Sannyasin, der nach vorne kommen soll. Hinter ihr befindet sich eine große Photographie von Bhagwan und vor ihr liegt ein großes, quadratisches, goldfarbenes Kissen. In ihrer Hand hält sie einen glitzernden Stab, den Bhagwan ihr gab, um ihn bei den Initiationen zu benützen.

Eine junge blonde Frau nähert sich dem Kissen und setzt sich hin. Avirbhava nimmt sanft die Hände der Frau und legt sie auf den Stab. Innerhalb weniger Sekunden hat die Frau ihre Arme gen Himmel gestreckt, vor unsichtbarer Energie bebend. Schließlich fällt sie langsam in eine nach vorne gebeugte Haltung. Dann erhält sie ihren neuen Namen und die Mala. Strahlend lächelnd geht sie dorthin zurück, wo die anderen Kandidaten sitzen, und ein anderer kommt nach vorne.«/59/

Rajneesh hat seine Anhänger auf seinen Tod vorbereitet, er blieb auch hier der große Meister der Faszination. Poona sollte der große Wallfahrtsort bleiben. »Nachdem ich gegangen bin, werden noch viel mehr Menschen herkommen ... «, verheißt er. Und seine Jünger wollen diese Verheißung wahrmachen. »Als Osho dies sagte, dachte ich: ›Mach du nur Witze – warum in aller Welt sollte jemand nach Poona kommen, wenn du nicht hier bist?‹ Aber Osho hatte wie immer recht.

Ich selbst hatte nie vor, hierzubleiben, nachdem er gegangen war. Ein Freund vertraute mir an: ›Meine größte Angst ist, daß, wenn Osho seinen Körper verlassen hat, ich die Massenflucht zum Flughafen nicht heil überstehen werde.‹

Nun, die Massenbewegung setzte ein, aber in umgekehrter Richtung. ... Die Buddhahalle vibriert von den Hunderten von Fans der Dynamischen Meditation frühmorgens bis zur Music Group mit ihren altvertrauten Liedern am späten Abend. Die Osho-Rufe der ›White Robe Brotherhood‹ sind meilenweit zu hören – im ganzen Koregaon Park. Alles ist mehr geworden, mehr als es je gewesen war, als er noch körperlich anwesend war: mehr Leute, mehr Meditierer, mehr Totalität, mehr Stille. Es mag sich wie ein Sakrileg anhören, aber es fühlt sich herrlich an. Und es ist genau das, was er vorhergesagt hat.« Und, so meint der Schreiber dieses Berichtes: »Was hier in der Buddhahalle geschieht, ist sein Geschenk an uns. Seine Ausstrahlung, seine Schwingung, seine Gegenwart breitet sich über die ganze Kommune aus: ›Meine Gegenwart hier wird ohne die Last meines gequälten Körpers um vieles stärker sein.‹«/60/

Schon einmal war 1968 in Indien ein Ashram gegründet worden, der durch spirituelle, künstlerische und andere Therapien den »supramentalen« Zukunftsmenschen hervorbringen sollte. Mira Richard, die Gefährtin von Shri Aurobindo, wagte dieses Experiment. 1980, sieben Jahre nach dem Tod von Mira Richard, mußte diese in der westlichen Welt damals sehr populäre »Stadt des Zukunftsmenschen« wegen innerer Schwierigkeiten vom indischen Staat übernommen werden.

Experiment Poona I ist durch Flucht Rajneeshs gescheitert, Experiment Poona II wird, diese Voraussage wagen wir, mittelfristig an dem Tod Rajneeshs scheitern. »Ein toter Meister ist nutzlos! Denn ein toter Meister ist nichts weiter als eine tote Lehre ...«, hat Rajneesh selbst gesagt.

1/ Buddha prangert Bhagwan an, Rajneesh Times International, 15. 1. 1989
2/ Reinhart Hummel, Ein Religionsmischer als Weltheiland, in: lutherische monatshefte, 29. Jg., März 1990, Nr. 3, 113
3/ Presseinformation, Abschnitt »Bhagwan Shree Rajneesh« I, zitiert nach Friedrich-Wilhelm Haack, Jugendreligionen. Ursachen, Trends, Reaktionen, München, 1979, 133
4/ Bhagwan Shree Rajneesh, Komm und folge mir, hrsg. von Swami Ananda Siddhartha, Bd. 1, München/Zürich 1982, 345
5/ Karuna Rajneesh Sannyas Ashram, Neusäß b. Augsburg, Programm Januar bis Juni '80, 1, zitiert nach Friedrich-Wilhelm Haack, Die »Bhagwan«-Rajneesh-Bewegung, München 1980, 28
6/ Zitiert nach ebd., 29
7/ Die Statistik spricht, Rajneesh Times, 1. 10. 1988
8/ Zitiert nach Materialdienst der EZW, 1981, 26
9/ Materialdienst der EZW, 1981, 179
10/ Ma Prem Raje, Celebration everywhere ..., Buddhafeld-Zeitung, Rajneesh german Newsletter, 7/1981, 17
11/ Beinahe hätten wir ihn verloren, Rajneesh Times, 4. 12. 1987
12/ Ebd.
13/ Neuankömmlinge in Poona, Rajnessh Times, 1. 11. 1988
14/ Arunima A. Kubina, Osho – nie geboren, nie gestorben, Connection 3/90
15/ Willkommen in der Esoterik, Rajneesh Times, 1. 7. 1988
16/ Ein Netzwerk entsteht, Rajneesh Times, 1. 11. 1988
17/ Arunima A. Kubina, Osho – nie geboren, nie gestorben, Connection 3/90
18/ Presseerklärung: Buddha löst Bhagwan ab, Rajneesh Times, 1. 1. 1989
19/ Buddha prangert Rajneesh an, Rajneesh Times International, 15. 1. 1989
20/ Zum Gedenken an den Besuch Gautam Buddhas, Rajneesh Times International, 1. 2. 1989
21/ Ebd.
22/ Arunima A. Kubina, Osho – nie geboren, nie gestorben, Connection 3/90
23/ Ebd.
24/ Rajneesh Newsletter Nr. 12, 11, zitiert nach Rüdiger Hauth, Die nach der Seele greifen. Psychokult und Jugendsekten, Gütersloh 1979, 33
25/ Sarovara, Die Kindheit ist vorbei, Connection 3/90
26/ Bhagwan Shree Rajneesh. Eine psycho-religiöse Bewegung, Faltblatt, hrsg. von der Evangelischen Zentralstelle für Weltanschauungsfragen (EZW), Stuttgart 9/1980
27/ Handbuch Religiöse Gemeinschaften, hrsg. von Horst Reller, Gütersloh [2]1979, 732 f.
28/ Carlos Widmann, Süddeutsche Zeitung v. 20. 9. 1977, 3, zitiert nach Friedrich-Wilhelm Haack, Rajneesh-Bewegung, a.a.O., 19
29/ Zitiert nach Friedrich-Wilhelm Haack, Jugendreligionen, a.a.O., 135

30/ Bhagwan Shree Rajneesh, Meditation ist der einzige Schlüssel, Rajneesh Times, 3.10.1987
31/ Sannyas 9, 52, zitiert nach Friedrich-Wilhelm Haack, Rajneesh-Bewegung, a.a.O., 31
32/ Faltblatt, a.a.O.
33/ No Mind. Rajneesh No Mind Meditation Group, Werbeblatt 1988
34/ Reinhart Hummel, Indische Mission und neue Frömmigkeit im Westen, Stuttgart 1980, 226 f.
35/ Bhagwan Shri Rajneesh, Die Psychologie der Buddhas, 19, zitiert nach Reinhart Hummel, Indische Mission, a.a.O., 227
36/ Sannyas 9, 41, zitiert nach Friedrich-Wilhelm Haack, Rajneesh-Bewegung, a.a.O., 38
37/ Michael Mildenberger, Die religiöse Revolte. Jugend zwischen Flucht und Aufbruch, Frankfurt a. M. 1979, 177
38/ Zitiert nach Friedrich-Wilhelm Haack, Rajneesh-Bewegung, a.a.O., 36
39/ Michael Mildenberger, Die religiöse Revolte, a.a.O., 177
40/ Reinhart Hummel, Indische Mission, a.a.O., 224
41/ Zitiert nach Rüdiger Hauth, Jugendsekten und Psychogruppen von A–Z, Gütersloh 1981, 122
42/ Ebd., 32
43/ Rajneesh Mystic Rose Meditation, UTA Rajneesh Institute für spirituelle Therapie und Meditation, Programm August – Dezember 1988
44/ Rajneesh Times, 15.8.1988
45/ Rajneesh Times, 30.10.1987
46/ Rajneesh Times, 18.12.1987
47/ Rajneesh Times, 30.10.1987
48/ Rajneesh Times, 18.12.1987
49/ Ein Netzwerk entsteht, Rajneesh Times, 1.11.1988
50/ Zitiert nach Rüdiger Hauth, von A–Z, a.a.O., 94
51/ Michael Mildenberger, Die religiöse Revolte, a.a.O., 172
52/ Karuna Rajneesh Sannyas Ashram, a.a.O., zitiert nach Friedrich-Wilhelm Haack, Rajneesh-Bewegung, a.a.O., 51
53/ Zitiert nach Materialdienst der EZW, 1981, 106 f.
54/ Zitiert nach Friedrich-Wilhelm Haack, Rajneesh-Bewegung, a.a.O., 15
55/ Andreas Elten, Friede durch den großen Meister, Stern-Magazin 3/1978, 20
56/ Rajneesh Newsletter, Deutsche Ausgabe 18, 1978, 2, zitiert nach Michael Mildenberger, Die religiöse Revolte, a.a.O., 174
57/ G. Marcel Martin, Was geschieht in Poona? Evangelische Kommentare 11/1978, 750 f.
58/ Rajneesh Times, 1.11.1988
59/ Rajneesh Times, 15.12.1988
60/ »Nachdem ich gegangen bin, werden noch viel mehr Menschen herkommen …«, Osho-Times, Nr. 6, 15.3.1990

Scientology Kirche – Hubbard Scientology Organisation

1. L. Ron Hubbard – religiöser Psychotherapeut

(Geschichte – Organisation – Verbreitung)

Eine psychotherapeutische Technik mit philosophisch-religiösem Hintergrund, so kann man Scientology charakterisieren. Von ihrem Selbstverständnis her erhebt jedoch die weltweit verbreitete Hubbard Scientology Organisation den Anspruch, eine Religion zu sein. »Scientology versteht sich als gnostische Erlösungsreligion in der Tradition des Früh-Buddhismus und sucht die Erlösung des Menschen durch Erkenntnis seiner selbst und seiner Verbundenheit mit Gott.«/1/ In der Sprachform der »griechisch-römischen Zivilisation« will Scientology alle religiösen Grundeinsichten und Philosophien in sich vereinen: »die Veda; das Tao von Lao-tze; das Dharma und die Lehren von Gautama Buddha; das allgemeine Wissen über das Leben, das in den Lamaklöstern auf den westlichen Hügeln Chinas existiert; die Technologien und Glaubensrichtungen von verschiedenen barbarischen Kulturen; die verschiedenen Bestandteile des Christentums; die mathematischen und technischen Methodologien der frühen Griechen, Römer und Araber; die physikalischen Wissenschaften einschließlich der verschiedenen Betrachtungsweisen westlicher Philosophen wie Kant, Nietzsche, Schopenhauer, Herbert Spencer und Dewey und die verschiedenen Technologien, die in der Zivilisation von Orient und Okzident in der ersten Hälfte des zwanzigsten Jahrhunderts existierten ...«/2/

Scientology ist keine prophetische, neo-messianische oder Guru-Bewegung wie andere »Jugendreligionen«. Ihr Gründer, der Amerikaner L. Ron Hubbard, ist nicht persönlicher Heilsmittler, sondern Wegbereiter. »Scientologen erkennen die geistige Führerschaft von L. Ron Hubbard als den Gründer und als die Quelle der religiösen Philosophie von Scientology an«, in diesem Sinne wird er geschätzt, verehrt und bewundert./3/

Lafayette Ronald (Ron) Hubbard wurde am 13. März 1911 in Tilden (Nebraska) als einziges Kind von Harry Ross Hubbard und seiner Frau Leodora May Waterbury geboren. Der Vater war Seemann, zunächst Matrose bei der Kriegsmarine (1904–1908), später Offizier (Zahlmeister 1917–1946). Hubbard wuchs auf der Rinderfarm seines Großvaters in Montana auf. Bereits aus seiner Kindheit wird Ungewöhnliches berichtet: Er »konnte schon reiten, bevor er noch gehen konnte. Später wurde er ein Blutsbruder der Schwarzfuß-Indianer (Pikuni) ...«/4/ Auch soll er mit dreieinhalb Jahren gelesen und geschrieben haben.

1921 verließ Ron Hubbard die Farm des Großvaters, die Eltern nahmen ihn zu sich. »Zwei Jahre später, als er sich in Washington D. C. aufhielt, schloß er eine enge Freundschaft mit dem Sohn des Präsidenten, Calvin Coolidge jr., dessen vorzeitiger Tod wahrscheinlich der Grund für L. Ron Hubbards frühes Interesse an der Erforschung des Geistes war.« In dem offiziellen Lebenslauf heißt es dann weiter: »Als die Pflichten seines Vaters die Familie in den Fernen Osten führten, war L. Ron Hubbard im Alter von 14 Jahren in China und verbrachte die nächsten paar Jahre [4 Jahre] mit Reisen durch ganz Asien. Im Norden Chinas und in Indien beschäftigte er sich intensiv mit den Teilen des Menschen und mit seiner geistigen Bestimmung, und er studierte einerseits mit Lama-Priestern und wurde andererseits aufgrund seiner Reitkünste von kriegerischen Leuten akzeptiert.«/5/ Untersuchungen der Navy-Records des Vaters bzw. der Familie haben allerdings ergeben, daß Reisen des jungen Hubbard nach Indien, China und in die Mongolei höchst unwahrscheinlich sind. »Die Quellen zeigen, daß L. Ron Hubbard nur zwei größere See-Reisen in seiner Jugend gemacht hat. Beide führen ihn nach Guam, wo der Vater vom 5. April 1927 bis zum 21. August 1929 als ›Zahlmeister im Range eines Leutnants‹ ... stationiert ist.«/6/ Auch ein Brief des Vaters an den Dekan der Southeastern University des Christlichen Vereins junger Männer in Washington, in dem er die schulische Entwicklung seines Sohnes in den Jahren 1925–1929 schildert, spricht gegen ausgedehnte Reisen des jungen Ron./7/ Am 24. September 1930 begann er ein Studium an der Fakultät für Ingenieurwissenschaft der George Washington Universität, das er nach etwa zwei Jahren beendete.

Über die folgenden Jahre läßt sich ein einigermaßen sicheres Bild noch weniger gewinnen als über die Kindheits- und Jugendjahre. Die Angaben Hubbards und seiner Freunde widersprechen sich in einer Reihe von Punkten. Kritiker weisen auf weitere Ungereimtheiten, auf Lücken und Glättungen hin. In der wohl verbreitetsten Biographie Hubbards heißt es über diese Zeit: »Das erste, was er nach Abschluß des Colleges machte, war die Leitung einer Expedition nach Zentralamerika. In den nächsten paar Jahren leitete er drei weitere Expeditionen, die alle dem Studium von primitiven Völkern und Kulturen dienten, um ihm Material für seine Artikel und Geschichten zu liefern. Zwischen 1933 und 1941 besuchte er viele barbarische Kulturen und fand dennoch Zeit, um mehrere Millionen Wörter in Fachzeitschriften und Romanen zu veröffentlichen. Nachdem er zuerst in Asien begonnen hatte, sich für den Menschen und den menschlichen Geist zu interessieren, verstärkte sich dieses Interesse noch mit seinen Untersuchungen über primitive Völker, und bis zum Jahre 1938 hatte er ein bisher unveröffentlichtes Werk über die Grundprinzipien der menschlichen Existenz geschrieben. 1940 wurde er zum Mitglied des Explorers Club (Forscherklub) in New York City gewählt. Außer Reiseberichten hat er auch Western, Science Fiction und Abenteuergeschichten geschrieben, und er gehört immer noch zu den bekannteren Science-fiction-Autoren. 1936 wurde er das erste Mal nach Hollywood geholt, um das Drehbuch für einen Film zu schreiben, und seit damals hat er auf dem Filmsektor beträchtliche Arbeit geleistet.«/8/ In einer anderen Veröffentlichung heißt es ergänzend zu dieser Zeit: »Als einer der ersten ›wagemutigen jungen Männer mit ihren fliegenden Kisten‹ führten ihn seine Erfahrungen in Luftkartografie dazu, die erste vollständige mineralogische Übersicht von Puerto Rico im Jahre 1932 zu machen; und im Jahre 1933 machte er Flüge über die ganzen Vereinigten Staaten, um bei der Korrektur der Daten über Bodennutzung und Einrichtungen zu helfen.«/9/

Unbestritten ist, daß sich Hubbard in den dreißiger Jahren zu einem bekannten Science-fiction-Schriftsteller entwickelte, der auch erfolgreiche Drehbücher für Hollywood schrieb. »Der erste dieser Texte war eine Kurzgeschichte mit dem Titel The Dangerous Dimension (Die gefährliche Dimension), auf die der Roman The Tramp folgte. Beide Texte kreisen um das Thema paranormaler menschlicher Kräfte wie der Überwindung von Raum und Zeit und der Fähigkeit des Geistes, aus der Distanz auf andere Menschen einzuwirken.« /10/ Bereits in seinen früheren Veröffentlichungen klingen die Fragen an, welche Hubbard später in den Mittelpunkt seines Denkens stellte. Als sein erzählerisches Meisterstück gilt der 1943 erschienene Roman Fear (Furcht). Hubbard bediente sich für seine Publikationen auch verschiedener Pseudonyme wie René Lafayette, Kurt von Rachen, Frederick Engelhardt oder, bei Western-Storys, Winchester Remington Colt. Er war als Schriftsteller sehr produktiv und beherrschte verschiedene Genres. »Sein erstaunlicher Ausstoß an literarischen Produkten erregte, wie sein Sohn Nibs berichtet, den Neid seiner Berufskollegen. Seine Methode bestand darin, sich für ein oder zwei Tage mit einer Schreibmaschine – er war in der Lage, mit zwei Fingern neunzig Worte in der Minute zu schreiben – einzuschließen, um dann mit einem fix und fertigen, verkaufbaren Manuskript wieder zum Vorschein zu kommen, das die allererste Niederschrift darstellte.«/11/

Am 19. Juli 1941 wurde Hubbard als Leutnant zur Marine, der US-Naval-Reserve, einberufen. Auch über seine Tätigkeit während des Krieges bei der Marine gibt es zwischen Anhängern und Gegnern heftige Kontroversen./12/ Amtliche Urkunden bestätigen nicht, daß er Korvettenkapitän oder Geschwaderkommandant war, wie von ihm behauptet wird. Gegen Ende des Krieges ist er krank – Art und Weise der Krankheit sind wiederum umstritten – in die Staaten zurückgekehrt. Diese Erkrankung und ihre Überwindung wird als bedeutsam für seine weitere Entwicklung angesehen: »1944 befand er sich verkrüppelt und erblindet im Marinehospital von Oak Knoll. Von Fregattenkapitän Thompson vom medizinischen Korps der U.S.-Marine, der ein Freund seines Vaters und ein persönlicher Schüler Sigmund Freuds war, hatte er schon in jungen Jahren eine umfassende Ausbildung auf dem Gebiet des menschlichen Geistes erhalten. Er entwickelte Techniken, die ihm bei der Überwindung seiner Verletzungen und beim Wiedergewinnen seiner Fähigkeiten helfen sollten. Insgesamt verbrachte er fast ein ganzes Jahr in Oak Knoll, in dem er zu einer Synthese vereinigte, was er aus der östlichen Philosophie gelernt hatte, von der Kernphysik verstand und an Erfahrungen mit Menschen besaß.«/13/ 1949 sei er gesundheitlich wiederhergestellt gewesen, so daß er 1950 in Tauglichkeitsberichten »als geistig und körperlich völlig gesund« bezeichnet wurde./14/ Auch diese Angaben werden von Hubbards Kritikern nachdrücklich in Zweifel gezogen.

Neuartige Impulse für sein Denken und Schaffen erhielt Hubbard unmittelbar nach dem zweiten Weltkrieg durch die Bekanntschaft mit dem »Ordo Templi Orientis« (Orientalischer Templer-Orden). Diese Geheimgesellschaft war zu Beginn unseres Jahrhunderts von dem Wiener Fabrikanten Dr. Karl Kellner gegründet worden. Ihre Botschaft lautete: »Freiheit, Gerechtigkeit, Liebe! Tue, was du willst, doch bedenke, daß du Rechenschaft schuldig bist.«/15/ Großmeister des Ordens wurde der englische Magier Aleister (Edward Alexander) Crowley. Ende 1945 soll Hubbard mit der kalifornischen Gruppe des Ordens in Kontakt gekommen sein. Wie frühere Romane zeigen, verfügte er bereits über okkulte Erfahrungen und Kenntnisse. Innerhalb des Ordens habe er sich nun zusammen mit dem kalifornischen Ordensmeister Jack Parsons an magischen Experimenten beteiligt. Wegen finanzieller Differenzen, so wird berichtet, sei es zum Bruch zwischen Parsons und Hubbard gekommen. Hubbards Freunde behaupten, dieser habe mit dem Orientalischen Templer-Orden nur Kontakt aufgenommen, um ihn im Auftrag von Sicherheitsdiensten zu unterwandern. Absolute Klarheit wird hier, wie an vielen anderen Punkten in der Biographie Hubbards, wahrscheinlich nie zu erreichen sein.

1947 wurde Hubbard von seiner Frau Margaret Louise Grubb, die er am 13. April 1933 in Elkton (Maryland) geheiratet hatte, geschieden. Aus dieser Ehe waren zwei Kinder hervorgegangen. Nach Darstellung des Sohnes ist die Ehe »turbulent und unglücklich« gewesen./16/ Hubbard ging eine zweite Ehe mit Sarah Northrup ein, auch in dieser Verbindung kam es zu

Schwierigkeiten, und seine Frau reichte im Mai 1951 die Scheidung ein. Am 30. Oktober 1952 schloß Hubbard eine dritte Ehe mit Mary Sue Whipp, die ihm vier Kinder gebar.

Der große Durchbruch in einen neuen Wirkungsbereich gelang Hubbard im Jahre 1950 durch die Publikation »Dianetics. A New Science of the Mind« (Dianetik. Eine neue Wissenschaft vom Verstand) bzw. »Dianetik. Die moderne Wissenschaft der geistigen Gesundheit«. Unter Dianetik versteht Hubbard die Wissenschaft vom Denken. Sie zeige die Funktion und den Aufbau des menschlichen Denkens und führe dadurch in ihrer praktischen Anwendung zu voller Gesundheit. Zusammenfassend wird sie in 13 Punkten charakterisiert. Die ersten 6 Punkte lauten:

»1. Sie ist eine systematisch aufgebaute Wissenschaft vom Denken, gegründet auf eindeutige Grundgesetze, d. h. auf Feststellungen von Naturgesetzen, die denen der Naturwissenschaften gleichwertig sind.

2. Sie umfaßt eine therapeutische Technik, mit der alle nichtorganischen Geistesstörungen und alle organischen psychosomatischen Leiden mit der Gewißheit völliger Heilung in beliebigen Fällen behandelt werden können.

3. Sie ermöglicht dem Menschen den Vollgebrauch seiner Fähigkeiten und seiner Vernunft, der ihn weit über den Durchschnitt hebt …

4. Die Dianetik verleiht vollständige Einsicht in die vollen Möglichkeiten des menschlichen Geistes …

5. Die Grundnatur des Menschen wurde in der Dianetik nicht vermutet oder angenommen, sondern entdeckt. …

6. Die einzige Ursache geistiger Störungen ist von der Dianetik klinisch und experimentell entdeckt und nachgewiesen worden.«/17/

Über die Entstehung und Vorgeschichte von »Dianetik« gibt es mindestens zwei unterschiedliche Darstellungen. Christopher Evans, ein englischer Psychologe und Gehirnforscher, weiß zu berichten: John Campbell, Herausgeber des größten und bedeutendsten amerikanischen Science-fiction-Magazins »Astounding Science Fiction«, war seit Jahren mit Hubbard bekannt und hatte mehrere Arbeiten von ihm veröffentlicht. Als er von Hubbards psychologisch-philosophischen Vorstellungen und praktischen Übungen über die Funktion des menschlichen Denkens mit dem Ziel psychosomatischer Heilung hörte, entschloß er sich, diese in seinem Magazin groß herauszubringen. In der April-Nummer 1950 von Astounding Science Fiction kündigte Campbell an: »Die im nächsten Monat erscheinende Ausgabe wird, glaube ich, überall im Lande wie eine Bombe einschlagen. Sie wird einen Aufsatz von sechzehntausend Worten enthalten mit dem Titel ›Dianoetik ... Einführung in eine Neue Wissenschaft‹, dessen Verfasser L. Ron Hubbard ist. Das Material wird meines Wissens hier zum erstenmal veröffentlicht werden. Ich versichere Ihnen nachdrücklich und mit voller Überzeugung, daß es sich hier um einen der wichtigsten Aufsätze handelt, der jemals gedruckt worden ist. Darin berichtet Hubbard über seine eigenen steuerungstechnischen Forschungen zu dem Problemkreis ›Wie funktioniert der menschliche Geist?‹ Der Artikel stellt fundamentale Entdeckungen von ungeheurer Tragweite vor. ... Hier geht es weder um wilde Spekulationen noch um Mystik, sondern hier geht es um eine nüchtern exakte Funktionsbeschreibung des menschlichen Geistes und darum, wie etwaige Funktionsstörungen zu beheben sind. Die Richtigkeit der neuen Theorie wurde im praktischen Test in rund zweihundertundfünfzig Fällen bewiesen. Der Artikel läuft auf die eine große These hinaus: Die aus dieser Funktionsbeschreibung logisch abgeleiteten Methoden *bewähren sich in der Praxis*! Die Technik der Gedächtnisstimulation ist so wirkungsvoll, daß sich die meisten Menschen schon dreißig Minuten nach Beginn der Therapie an ihre eigene Geburt in allen Einzelheiten erinnern.«/18/

Als die angekündigte Veröffentlichung dann erschien, war der Erfolg tatsächlich sehr groß. Eine Flut von Anfragen brach über den Verlag herein, bereits in der ersten Woche wurden 2000 Briefe gezählt. Hubbard erweiterte in kürzester Zeit den Aufsatz zu einem Buch, das ein noch größerer Erfolg wurde.

Die offizielle Version Hubbards und seiner Freunde ist eine etwas andere. Hier wird darauf hingewiesen, daß Hubbard bereits 1932 mit Untersuchungen zu der Thematik begonnen und sie in den folgenden Jahren weitergeführt habe.

Die Faszination von »Dianetik« lag nicht zuletzt darin, daß eine Methode angeboten wurde, die es jedem ermöglichen sollte, sich selbst zu behandeln und dadurch in kurzer Zeit zu den Wurzeln der seelischen und körperlichen Leiden vorzustoßen und dann ihre Ursachen zu beheben. Tausende begannen zu auditieren, d.h. nach der angebotenen Methode in seelische Tiefenschichten zu hören. Darunter waren bekannte Schauspieler, Künstler, Wissenschaftler und Geschäftsleute. Hubbard hielt öffentliche Vortragsreihen und blieb auch publizistisch aktiv. Bereits im Frühjahr 1950 soll in Elizabeth (New Jersey) die Hubbard Dianetics Research Foundation gegründet worden sein, der im September 1950 die Hubbard Dianetics Research Foundation in Los Angeles folgte.

Einer seiner Mitarbeiter in Elizabeth, Dr. Winter, habe Hubbard auf ein Gerät aufmerksam gemacht, das durch Messung der Hautwiderstände als eine Art Gedankenlesegerät eine wichtige Rolle bei der Praktizierung von Dianetik spielen könne. Hubbard entschied sich für dieses Gerät. Veränderungen wurden vorgenommen, und unter dem Namen »Hubbard-Elektro-Meter« (1960 patentiert) gehört es seitdem unverzichtbar zu seiner Methode.

Da Hubbard die herkömmlichen psychiatrischen Heilmethoden scharf angriff, kam es bald zu Auseinandersetzungen mit der psychiatrischen Schulwissenschaft, die bis heute anhalten. Auch mit Behörden der USA entstanden Spannungen. Der Plan, ihn daraufhin erneut zur Kriegsmarine einzuziehen – im Juni 1950 hatte der Korea-Krieg begonnen –, sei mit Hilfe guter Freunde durch den Austritt aus dem Reservedienst der Marine verhindert worden. Nicht nur durch die Regierung der USA und ausländische Mächte, sondern auch durch Personen seiner unmittelbaren Umgebung fühlte sich Hubbard bedroht. Er behauptete später, seine zweite Frau und einige seiner Mitarbeiter hätten ihn aus der Leitung der Hubbard Dianetics Research Foundation verdrängen wollen. Man habe ihn in seiner New-Yorker Wohnung mit Drogen behandelt und einer

Gehirnwäsche unterzogen. Selbst der sowjetische Sicherheitsdienst hätte sich für ihn, d.h. für seine Forschungen interessiert.

Um allen Nachstellungen zu entgehen, begab sich Hubbard heimlich nach Puerto Rico. Dort wurde er aber von einem seiner Anhänger, dem Ölmillionär Don Purcell, entdeckt und für ein neues Vorhaben gewonnen. Purcell gründete in Wichita (Kansas) die Hubbard Dianetics Research Foundation. Hubbard übertrug ihr die Rechte an all seinen dianetischen Schriften, Entdekkungen usw. Er wurde dafür von der Organisation fest angestellt, hielt Kurse und Vorträge im Rahmen der Stiftung und war deren Leiter. Diese feste Einbindung war ihm, wie sich zeigte, sehr bald lästig. Im Februar 1952 verließ er Wichita und ging nach Phoenix in Arizona. Die Hubbard Dianetics Research Foundation in Wichita mußte schließlich den Bankrott anmelden./19/

Für Hubbard begann eine neue Etappe seiner Wirksamkeit. Auf der Grundlage der Dianetik entwickelte er die Scientology. War es das Ziel der Dianetik, in einem Frage-und-Antwort-Spiel zur Befreiung von allen Komplexen und damit zur Überwindung aller psychosomatischen Leiden zu gelangen, so befaßt sich die Scientology mit dem, was den Geist belebt. »Hubbard entwickelte eine Technik zur Wiedererlangung des Seins als geistiges Sein – und das bedeutet nicht den Körper ...«/20/

Das Wort Scientology wird so erklärt: »Scientology kommt vom lateinischen SCIO und dem griechischen LOGOS, wobei SCIO der nachdrücklichste Ausdruck für WISSEN war, den wir in der westlichen Welt hatten. Und OLOGY (von LOGOS) bedeutet natürlich ›Lehre von‹. SCIO bedeutet ›wissend im weitesten Sinne des Wortes‹, und die westliche Welt erkennt darin und in dem Wort Science (Wissenschaft) etwas, das nahe bei einer Wahrheit liegt.«/21/ Von Kritikern wird darauf aufmerksam gemacht, daß bereits 1934 aus der Feder des Deutsch-Argentiniers Dr. Anastasius Nordenholz in München ein Buch erschien mit dem Titel »Scientologie, Wissenschaft von der Beschaffenheit und Tauglichkeit des Wissens«. Die Publikation wurde auch ins Amerikanische übersetzt. Scientologen leugnen jede Abhängigkeit Hubbards von Nordenholz.

Im September 1952 wurde in Phoenix die Hubbard Association of Scientologists (HAS) gegründet. Weitere Organisationen und Nebenorganisationen folgten. Die Bewegung wählte sich ein eigenes Symbol. Es besteht aus dem Buchstaben S (Scientology) und zwei Dreiekken. Das untere ARC-Dreieck symbolisiert durch A (Affinität), R (Realität) und C (Kommunikation) die für die zwischenmenschlichen Beziehungen, insbesondere der Scientologen, grundlegenden Verhaltensweisen, die zum »Verstehen« führen. Wer eine »Ecke« verwirklicht – empfohlen wird Kommunikation –, erfüllt auch die andere mit Leben. Das obere KRC-Dreieck steht für Wissen (knowledge), Verantwortung (responsibility) und Kontrolle (control). Scientologen sollen in ihrem Denken und Handeln, in ihrem dynamischen Lebensvollzug diese drei Punkte unlösbar miteinander verbinden.

Hubbard war weiterhin voller Aktivitäten. Außerhalb der USA entstanden Freundeskreise. Auf einer Weltreise besuchte er Anhänger in Australien und Südafrika. In seinen Schriften, Vorträgen und Kursen hob er den philosophisch-religiösen Charakter von Scientology hervor. Am 18.2.1954 wurde dann mit dem Hinweis, Scientology sei »religiöser Glaube«, die erste »Scientology Kirche« (Church of Scientology of California) gegründet. Die Form einer »Kirche« bzw. Religionsgemeinschaft wählte Hubbard vermutlich aus rechtlichen, vor allem steuerrechtlichen Gründen. In den USA wie auch in anderen Ländern genießen Kirchen erhebliche Steuervorteile, und es werden ihren Angestellten verschiedene Privilegien, z. B. Befreiung vom Armeedienst, eingeräumt. Die Einbettung von Dianetik und Scientology in den religiös-kultischen Rahmen einer Religionsgemeinschaft war zweifellos eine taktisch kluge, von der Sache her aber höchst fragwürdige Entscheidung.

Obwohl keinerlei direkte Bezüge zum Christentum bestehen, wählte man als Zeichen der »Kirche« ein Kreuz. »Der vertikale Balken steht für das Streben nach höherer Spiritualität, während der horizontale Balken für die Notwendigkeit stehen soll, in dieser Welt anderen Menschen zu helfen, um Kriminalität, Krankheit und Krieg zu reduzieren und die Umwelt zu verbessern.«/22/ Die acht Spitzen dieses Kreuzes symbolisieren die für das scientologische System wichtigen 8 Dynamiken. Hubbard soll das Kreuz einem von dem bereits erwähnten englischen Magier Aleister Crowley entworfenen Tarot-Spiel entnommen haben.

Am 21.7.1955 »wurde die Gründungskirche von Scientology als eine religiöse Gesellschaft in Washington D.C. gebildet«. Ihre Zielsetzung ist: »Den als Scientology bekannten religiösen Glauben zu verbreiten und für die religiöse Verehrung in diesem Glauben als Kirche zu fungieren. Beim Unterstützen dieser Ziele und Absichten sollte die Gesellschaft und Körperschaft religiöse Gottesdienste für Männer, Frauen und Kinder ihrer Gemeinde abhalten und sich für die Ausbreitung ihres Glaubens in anderen Aktivitäten – religiöser und erzieherischer Natur – engagieren. Der Zweck dieser Aktivitäten soll es sein, die geistige Wohlfahrt ihrer Mitglieder zu fördern, die lebenswichtige und von Gott eingesetzte Beziehung zwischen Körper, Geist und Verstand der Menschheit anerkennend.«/23/ »Kirchen« und »Missionsorganisationen« von Scientology entstanden in den folgenden Jahren in vielen Ländern. 1973 gab es neben den USA bereits Kirchen in Kanada, Australien, Neuseeland, Südafrika, Rhodesien, Frankreich, der BRD, den Niederlanden, Dänemark, Schweden und Großbritannien. Scientology Missionen wurden in Japan, Israel, Korea, Indien, Österreich, Belgien, Irland und Mexiko eingerichtet. »Die Methode, deren man sich bei der Gründung scientologischer Organisationen überall in der Welt bediente, war einfach und folgte in allen englischsprachigen Ländern dem gleichen Prinzip. Der erste Schritt bestand darin, daß lokale Gruppen in großen Städten (die im allgemeinen dadurch entstanden, daß sich irgendwelche Leute – häufig waren es Science Fiction-Jünger – zusammentaten, um sich gegenseitig in Auditionssitzungen zu analysieren) von einem Mitglied der Zentrale in Phoenix aufgesucht wurden. Dieser Mann, der als persönlicher Abgesandter Hubbards fungierte, hielt vor den Einheimischen jeweils eine Reihe von Vorlesungen und absolvierte gegebenenfalls gegen Honorar ein paar kleine Auditionssitzungen. Sahen die Dinge günstig aus, bereitete er die Einrichtung eines offiziellen Büros mit einem kleinen Stab von Mitarbeitern vor, das mit einem Grundstock von Büchern, Tonbändern von Hubbards Vorlesungen usw. ausgestattet wurde. Wenig später begann dann die Niederlassung, offizielle Kurse in Scientology zu geben, nach deren Absolvierung den Teilnehmern Abschlußzeugnisse überreicht wurden, die es ihnen gestatteten, eine besondere Art von Psychotherapie auf der Basis scientologischer Methoden zu praktizieren.«/24/

1955 verließ Hubbard die USA. Er ging mit seiner Familie nach London. 1959 kaufte er den südlich von London gelegenen ehemaligen Landsitz des Maharadschas von Jaipur, Saint Hill Manor, ein Schloß aus dem 18. Jahrhundert. Für einige Jahre wurde es Weltkommunikationszentrum. Die Kurse für die höheren Grade der Scientologen fanden hier statt.

Hubbard setzte in Saint Hill Manor seine »Studien« fort, entwickelte immer neue Kurse und blieb literarisch nach wie vor sehr produktiv. Auch Untersuchungen zu biologischen und landwirtschaftlichen Problemkreisen soll er hier vorgenommen haben.

1965 reiste Hubbard nach Johannisburg (Südafrika) und hielt sich anschließend für ein halbes Jahr in Salisbury, der Hauptstadt des damaligen Rhodesien, auf. Er habe die Absicht geäußert, ständig dort wohnen zu bleiben. Doch wurde sein Besuchervisum nicht verlängert, und er mußte das Land verlassen. 1966 legte Hubbard die organisatorische Führung der Scientology Bewegung offiziell nieder, um, wie es hieß, sich ganz seiner Forschungsarbeit widmen zu können. Im selben Jahr verkaufte er seine Namensrechte (L. Ron Hubbard) für 100000 Pfund Sterling an die scientologische Bewegung. Hubbard soll in seiner scientologischen Periode mehr als 25 Bücher und Hunderte von Broschüren geschrieben haben, die alle mit seinem Copyright versehen sind. Hinzu kommen über 2000 Vortragsstunden auf Tonband.

Der Verzicht Hubbards auf die organisatorische Leitung aller scientologischen Kirchen und Vereinigungen berührte seine geistige Führerschaft nicht. Er blieb absolute Autorität. Von Anfang an war die Bewegung bzw. waren die Kirchen streng hierarchisch aufgebaut. Dieses

Organisationsprinzip entspricht dem Entwicklungsdenken Hubbards. Wie die Organisation so steigt auch das Kurssystem von unten nach oben zu immer höheren Graden an.

Eine besonders wichtige Rolle innerhalb der scientologischen Organisationen und bei der Verwirklichung der scientologischen Ziele spielen die Mitglieder der See-Organisation (Sea-Org), so genannt, weil sie zunächst von Schiffen aus operierte. Sie wurde von Hubbard 1967 gegründet und versteht sich als Orden mit einer Mitgliedschaftsdauer von einer Milliarde Jahren. Ziel ist, die Erde und den Kosmos nach den Hubbardschen Einsichten zu retten und schließlich zu verklären. Ihre Mitglieder, die meist gemeinschaftlich leben, arbeiten in den höheren, den »Fortgeschrittenen Organisationen« und unterliegen strengster Disziplin. Überhaupt gehören Unterordnung, Disziplin und Gehorsam zu den tragenden Säulen der Bewegung. Dies zeigte sich ganz besonders und in extremer Form bei der Arbeit des Sicherheitsbüros, des Guardian Office.

Am 1. März 1966 war das »Weltsicherheitsbüro« in Saint Hill Manor gegründet worden. Es stand unter der alleinigen Leitung von Mary Sue Hubbard. Ihr – als Kontrolleur Welt-weit – unterstand unmittelbar der Guardian Welt-weit und diesem wiederum der Guardian eines Kontinentes bis zum Assistant Guardian der einzelnen Organisationen. Das Guardian Office sollte den »weltlichen und sozialreformerischen Arm« der scientologischen Bewegung bilden. Als seine Aufgabe wurde genannt: »L. Ron Hubbard zu helfen, Policy durchzusetzen und herauszugeben, Scientology Organisationen, Scientologen und Scientology zu beschützen und sich mit einer Verbreitung auf lange Sicht zu befassen«./25/ Kritiker sehen in ihm den Sicherheitsdienst der Bewegung. Zu den offiziellen Funktionen gehörten neben dem »Dienst am Personal in allen Stäben und Einrichtungen« u.a. die Sammlung und Auswertung von für die Organisation wichtigen Informationen, die Abwehr von »Eindringlingen« und Agenten, die Presse- und Öffentlichkeitsarbeit/26/, juristische Abwehr von Gegnern, Überwachung und Lenkung der Finanztransaktionen und die Koordinierung der Zusammenarbeit mit den scientologischen Tarnorganisationen. Letztere sind sehr zahlreich./27/

In Deutschland zählen dazu z.B.: Bürgerkomitee gegen Übergriffe der Psychologie; Gesellschaft gegen psychiatrische Gewalt; Gesellschaft zur Förderung religiöser Toleranz und zwischenmenschlicher Beziehungen; GFI – Gesellschaft für Innovation mbH; Institut für angewandte Philosophie; Kommission für Polizeireform; Kommission für Verstöße der Psychiatrie gegen Menschenrechte; Kommission zum Schutz des Bürgers gegen Datenmißbrauch; New Age Management; New Era GmbH; Verband engagierter Manager e.V. – VEM; Verband engagierter Zahnärzte; Verband verantwortungsbewußter Geschäftsleute e.V. – VVG; Vereinigung zur Humanisierung religiös-ideologischer Konflikte; Zentrum für individuelles und effektives Lernen – ZIEL; Zentrum für Kunst und Kommunikation.

Die Aktivitäten der Scientology Bewegung führten in einer Reihe von Fällen bis heute zu Konflikten mit Regierungen, zu staatlichen Untersuchungen, Einschränkungen und Verboten. 1968 untersagte das britische Parlament Hubbard und allen nichtbritischen Scientologen die Einreise. Saint Hill Manor verlor dadurch seine Bedeutung als Weltzentrum der Bewegung. Hubbard lebte während der nächsten Jahre auf See. Mit seinem Flaggschiff, der ehemaligen Kanalfähre »Royal Scotsman«, das später in »Apollo« umbenannt wurde, kreuzte er unter der Flagge von Sierra Leone auf den Weltmeeren, sicher vor dem Zugriff irgendwelcher Gegner. Auch Forschungsreisen will er durchgeführt haben.

Mit dem Beginn der siebziger Jahre konnte die Bewegung weitere äußere Erfolge erzielen. 1970 begann die Arbeit in der Bundesrepublik, 1971 wurde in München die Scientology Kirche Deutschland gegründet. Neben den Werbe- und Geschäftsmethoden erregte seit 1973 eine Fülle von Prozessen öffentliches Aufsehen, welche die Scientology Kirche bzw. ihre Nebenorganisationen gegen Kritiker aus dem staatlichen, kirchlichen und gesellschaftlichen Bereich führte. Mit Recht hat man Scientology als die prozeßfreudigste unter allen vergleichbaren Bewegungen der Gegenwart bezeichnet.

In den USA erreichten die Auseinandersetzungen mit staatlichen Stellen einen besonderen Höhepunkt, der 1979 mit einer moralischen und juristischen Niederlage der Scientology Kirche, speziell des Guardian Office, endete. Die damalige Leiterin des Sicherheitsbüros, Jane Kember (Guardian Welt-weit), hatte in Erfahrung gebracht, daß über die Scientology Kirche und Hubbard belastendes Material von Interpol in Washington gesammelt worden war und im US-Schatzamt aufbewahrt wurde. Im November 1973 schrieb sie deshalb an ihren Stellvertreter: »Es ist wichtig, daß wir einbrechen und die Akten an uns bringen. Ich überlasse dir die Ausführung.« Damit beginnt die »Watergate-Affäre« der Scientology Kirche. »Im September 1974 wurde der erste Scientology-Agent in eine US-Finanzbehörde in Washington eingeschleust. Einen Monat später erließ Jane Kember die berüchtigte Guardian Program Order Nr. 1361. Solche GPOs sind Befehle von höchster Brisanz und dürfen nur von Hubbard, seiner Frau und Jane Kember ausgegeben werden. Gemäß ›GPO 1361‹ sollte die Infiltration der Washingtoner Steuerfahndung und der Steuerabteilung des US-Justizministeriums in Angriff genommen werden, um alle Akten über ›Scientology‹ und Hubbard sowie interne Aufzeichnungen der Staatsanwaltschaft über bevorstehende Scientology-Gerichtsverfahren zu stehlen. Im November 1974 installierten Scientology-Agenten elektronische Abhöranlagen in den Konferenzräumen der Steuerbehörde und hörten deren Verhandlungen ab. Gleichzeitig verschwanden die ersten Akten aus den Büros der Steuerfahndung. Diese Diebstähle zogen sich über eine längere Zeit hin. Im Juni 1975 verfaßte Jane Kember ›GPO Nr. 9‹ mit der Anweisung, Agenten in das Interpol-Büro einzuschleusen und jetzt alle dortigen Unterlagen über ›Scientology‹ und Hubbard zu entwenden. Einen Höhepunkt in dieser Verbrechensserie stellte im Dezember 1975 die ›GPO Nr. 158‹ (›Early Warning System‹ = Frühwarnsystem) dar, die die ›persönliche Sicherheit‹ des Sektengründers Hubbard gewährleisten sollte. Sie enthielt den Befehl, alle Regierungsstellen zu infiltrieren, die die Macht hätten, Hubbard unter Strafandrohung vorzuladen oder ein Strafverfahren gegen ihn einzuleiten. In den folgenden Monaten gelang es, Scientology-Agenten einzuschleusen. Diese fertigten Nachschlüssel an, fälschten Papiere und Ausweise und stahlen große Mengen geheimen Materials. Im Sommer 1976 brachen Sekten-Agenten auch in Gerichtssäle und Büros von Staatsanwälten ein. 1976 wurden zwei der Agenten verhaftet und verurteilt. Daraufhin nahmen am 8. Juli 1977 über 130 FBI-Angehörige im amerikanischen Hauptquartier der Sekte in Los Angeles« an einer Durchsuchung teil, »bei der fast alle bis dahin gestohlenen Unterlagen sichergestellt wurden. Die Sekte bezeichnete die FBI-Aktion als ›faschistisch‹ und strengte eine Schadensersatzklage in Höhe von 750 Millionen Dollar gegen die amerikanische Bundesregierung an.«/28/ Der aufsehenerregende Prozeß endete am 26. Oktober 1979. Elf hohe Funktionäre der Scientology Kirche wurden wegen Diebstahls und Verschwörung gegen die Regierung verurteilt. Mary Sue Hubbard als Hauptschuldige erhielt 5 Jahre Zuchthaus, Jane Kember hatte sich der Verurteilung durch Flucht entzogen.

Der Guardian Office wurde 1980 aufgelöst.

Auch Hubbard selbst wurde in Prozesse verwickelt. Im Februar 1978 verurteilte ihn ein französisches Gericht in Abwesenheit wegen Betrugs zu vier Jahren Gefängnis und einer Geldstrafe von 30 000 Francs.

1976 war die »Apollo« verkauft worden, und Hubbard ging wieder zurück in die USA. Dort hatten die United Churches of Florida, eine scientologische Organisation, in Clearwater (Florida) einen Hotelkomplex gekauft. Hier entstand nun ein neues Land-Hauptquartier der Bewegung. In Clearwater werden, wie früher in Saint Hill Manor, besondere Kurse für fortgeschrittene Grade abgehalten. Neue Impulse sollten von diesem Zentrum ausgehen. 1978 gilt als bedeutungsvolles Jahr in der Geschichte von Scientology. Es ist »das Jahr blitzschneller neuer Technologie«, man spricht vom Beginn der scientologischen Neuzeit. Ein Dutzend neuer Kurse und Methoden wurde eingeführt. Hubbard entdeckte den »Dianetik-Clear«, gab einen neuen Kurs für die am weitesten Fortgeschrittenen frei (OT VIII), führte ein verbessertes E-Meter ein usw.

Die Organisation konnte international ausgebaut

werden. An der Spitze der hierarchisch strukturierten Church of Scientology International steht ein drei Personen umfassender Vorstand. Da Hubbard dem Religious Technology Center sein geistiges Erbe übertragen hat, rangiert dieses über der Church of Scientology International, verzichtet aber nach eigenen Angaben auf Führungsaufgaben, wacht also nur über die Reinheit der Lehre und der scientologischen Technik. Das Weltzentrum von Scientology befindet sich in Clearwater, das Hauptzentrum für Europa in Kopenhagen. Nach eigenen Angaben existieren weltweit ca. 700 Kirchen, Missionen und Gruppen. Das deutsche Hauptzentrum hat seinen Sitz in München. Im Bereich der alten Bundesländer gibt es sieben Kirchen, ca. 20 Missionen mit 700 hauptamtlichen Mitarbeitern, in den neuen Bundesländern ist der Aufbau der Organisation im vollen Gange.

Eine scientologische »Kirche« gliedert sich in sieben Aufgabenbereiche: »1. Personalbereich und Ethik, 2. Verbreitungsbereich (an Mitglieder gerichtet), 3. Finanzbereich, 4. Bereich für seelsorgerliche Tätigkeiten und Ausbildung der Geistlichen sowie für fortgeschrittene Studien der Lehre, 5. Bereich für die Qualifikation von Geistlichen und anderen Amtsträgern, 6. Missionierungsbereich (an Nichtmitglieder gerichtet), grundlegende Unterweisung in der Lehre, 7. Kirchenleitung«.

Hauptamtliche Mitarbeiter verpflichten sich durch ein »Gelübde« für 2½ Jahre, 5 Jahre oder für die Ewigkeit (Sea-Org). Schulische oder berufliche Voraussetzungen für die hauptamtliche Mitarbeit gibt es nicht. »Richtlinienbriefe« regeln die Arbeit der Mitarbeiter. »Ethik-Kodizes und kirchenrechtliche Bestimmungen sowie eine eigene autonome Gerichtsbarkeit«/29/ binden die Mitarbeiter fest an die Organisation, machen einen Austritt schwer, im Einzelfall aus individuellen Gründen fast unmöglich. Das sollte jeder, der ein »Amt« übernimmt, genau bedenken!

Wie viele Menschen weltweit an scientologischen Kursen teilgenommen haben, läßt sich nicht genau sagen. 1979 sollen es bereits 5,5 Millionen gewesen sein, 1989 sieben Millionen. Neben den schon genannten Hilfs- und

Tarnorganisationen wird scientologisches Gedankengut auch durch eine beachtliche Zahl von Zeitschriften verbreitet (z. B. Advance und Freedom in den USA, The auditor in Dänemark, Brücke in Österreich, Theta und Activity-Clear Schweiz News in der Schweiz, Freiheits-Spiegel, Zukunft und Ursprung in Deutschland).

Im Laufe der Zeit ist es zu vielen Abspaltungen von der Scientology Organisation gekommen./30/ Es entstand im deutschsprachigen Raum die »Freie Zone«, in den USA die »Advanced Ability Centers«. Auch die Freie Zone beruft sich auf Hubbard und arbeitet nach seinen Prinzipien. »Den Unterschied zur Scientology sieht die Freie Zone in folgendem: Sie möchte ihre Dienstleistungen preiswerter verkaufen und auch über Dinge orientieren, über die in der Scientology-Church nicht informiert wird. Sie möchte ein Forum für freie Kommunikation unter Scientologen auf=bauen, ›wo weder autoritärer Druck noch Ethik-Drohungen (das sind in Aussicht gestellte Disziplinar-Maßnahmen) nur gewisse Realitäten zulassen‹. Die Freie Zone ist bestrebt, die Scientology-Technologie als ›Spiel der Neuen Zivilisation‹ in die Gesellschaft hinauszutragen.«/31/

Seit Beginn der achtziger Jahre stieg die Zahl der Abspaltungen besonders. Mit Sicherheit hängt das damit zusammen, daß sich Hubbard aus der Öffentlichkeit zurückzog. Im März 1980 wurde er zum letztenmal öffentlich gesehen. Es gibt innerhalb und außerhalb der Bewegung viele Spekulationen über seinen Gesundheits- und Geisteszustand. Die Glaubwürdigkeit seiner Lehre und seines Systems war angefragt. Das scientologische System garantiert ja gerade geistige und körperliche Gesundheit, verspricht die Überwindung aller Übel. Über Hubbards letzte Lebensjahre ist bis heute nichts Zuverlässiges bekannt. 1986 wurde die Öffentlichkeit über seinen Tod (24. 1. 1986) informiert. Die Bewegung hatte damals schon mehrere Jahre ohne seine erkennbare Leitung allein auf der Basis seines Kurssystems weitergearbeitet. Anders als in vielen indischen Gurubewegungen kommt bei Scientology dem geistlichen Meister eine zentrale heilsvermittelnde Rolle nicht zu, sondern der Praktizierung des vorgegebenen

Systems, das zudem aus sich heraus weiterentwickelt werden kann.

L. Ron Hubbard ist, allein schon durch seine Biographie, eine der fragwürdigsten Erscheinungen unter den neuzeitlichen Heilsbringern.

2. Scientology – Religion des 20. Jahrhunderts?
(Lehrgrundzüge)

»Die Scientology ist eine angewandte Philosophie, die sich mit dem Studium des Wissens beschäftigt. Sie kann, durch Anwendung ihrer Technologie, wünschenswerte Veränderungen der Lebensbedingungen erzielen.«/32/ So umschreibt »Advance! Die Zeitschrift der Fortgeschrittenen Organisationen« das Wesen der Scientology. In Veröffentlichungen für breitere Kreise wird demgegenüber stärker hervorgehoben, Scientology sei eine »angewandte religiöse Philosophie« und als solche *die* »Religion des 20. Jahrhunderts«. Darüber, ob Scientology tatsächlich eine Religion ist oder nur ein religiös getarntes psychotherapeutisches Geschäftsunternehmen, tobt ein heftiger Streit. Juristisch scheint er nach jahrelangen unterschiedlichen Entscheidungen von Gerichten 1990 zugunsten von Scientology entschieden worden zu sein. Theologisch wie auch religionswissenschaftlich bleiben jedoch viele Fragen offen.

Im Mittelpunkt der scientologischen Weltanschauung steht nicht die Frage nach Gott, sondern die Frage nach dem Menschen, nach dem Leben, d. h. dem Heil seiner unsterblichen Seele. »*Das dynamische Prinzip des Daseins ist Überleben.* Das Ziel des Lebens kann als unendliches Überleben betrachtet werden. Wie sich beweisen läßt, gehorcht der Mensch als eine Lebensform in all seinen Handlungen und Absichten dem einen Befehl: Überlebe! Es ist kein neuer Gedanke, daß der Mensch überlebt. Neu ist der Gedanke, daß der Mensch nur durch Überleben motiviert ist.«/33/ Scientology beginnt also, so wird betont, »mit dem Menschen, hilft ihm seine Probleme zu konfrontieren, gibt ihm die Werkzeuge für deren Handhabung und ermöglicht es ihm, sich aller

Aspekte des Lebens, des geistigen Lebens und seiner eigenen Beziehung zu seinem Erschaffer bewußt zu werden«./34/

Damit setzt sich Scientology nachdrücklich von der »jüdisch-christlich-mohammedanischen Religionstradition« ab, die mit der Lehre von Gott beginnt »und alle Lebensformen und das physikalische Universum auf Ihn ausrichtet«./35/ Gott oder ein »höchstes Wesen« wird dennoch grundsätzlich anerkannt. Gottlosigkeit gilt als unmoralisch. »Keine Kultur in der Geschichte der Welt – außer den durch und durch verkommenen und aussterbenden – versäumte es, die Existenz eines Höchsten Wesens zu bejahen. ... Eine Regierung, die danach trachtet, ihr Volk bis zu einem Punkt zu verderben, wo es die treulosesten und verkommensten Handlungen akzeptieren wird, schafft als erstes die Vorstellung von Gott ab... Diese zwei Wege, die von der Bejahung der Existenz eines Höchsten Wesens wegführen – moderne Wissenschaft und Totalitarismus – bringen den Menschen in einen maschinenartigen Zustand des Seins, in dem das Ideal ein schweißglänzender Muskelprotz oder ein verschmutzter Mechaniker ist, der einem heulenden Stahlmonster dient... Die Preisgabe der Anerkennung eines Höchsten Wesens als Realität, dem Leben des Menschen ureigenst, macht Prostitution zum Idealverhalten einer Frau, Treuebruch und Verrat zur höchsten ethischen Ebene, die ein Mann erreichen kann, und Zerstörung mittels Tücke, Bombe und Gewehr zum höchsten Ziel, das eine Kultur erreichen kann. Folglich gibt es keine große Debatte über die Existenz eines Höchsten Wesens ...«/36/

Nähere Aussagen über Gott, über sein Wesen, seine Eigenschaften werden jedoch nicht gemacht, diese Fragen stünden für den Menschen in seinem jetzigen Zustand überhaupt nicht zur Diskussion. Gott bleibt in der Lehre von Scientology ein Geheimnis, bleibt der Ferne, der Unbekannte. Im Gegensatz zu dem Gott des Christentums ist er kein persönliches Gegenüber, nicht Vater, Erlöser, Tröster und Helfer. Kommunikation mit ihm kann in diesem System nur auf dem Wege der Aufwärtsentwicklung erreicht werden. Je höher man steigt, je weiter sich der Mensch selbst befreit, desto näher kommt er Gott. Mittelpunkt der scientologischen Weltanschauung ist der Mensch, nicht Gott. Dem Menschenbild kommt deshalb grundlegende Bedeutung zu.

Der Mensch gilt als Dreiheit, bestehend aus Körper (body), Verstand (mind) und Geist oder Geistseele (thetan). Das Wesen der Persönlichkeit, ihre Identität und Individualität, macht den Thetan aus. Dies ist eine scientologische Schlüsselaussage. Der Thetan gilt als unsterblich und unzerstörbar, seine Existenz ist nicht an Geburt oder Tod gebunden. »In Scientology ist der THETAN *die Person selbst,* nicht ihr Name, ihr Körper, ihre Besitztümer, und auch nicht ihr Verstand. Es ist das, was sich bewußt ist, bewußt zu sein, das *Wesen,* das im physikalischen Universum agiert, aber kein Teil davon ist. In Scientology wird es auch das *Statik* genannt. Ein Statik hat keine Bewegung, es hat keine Weite, Länge, Breite oder Tiefe, es wird durch kein Gleichgewicht der Kräfte am Platz gehalten, es besitzt keine Masse, es enthält keine Wellenlänge, es hat keine Position im Raum oder in der Zeit. Sie sind ein Thetan, Sie sind das Statik.«/37/ Im Grunde ist Statik oder Thetan Leben. Wer die menschliche Grundfrage nach dem Leben, nach dem Überleben stellt, wirft aus dieser Sicht damit die Frage nach dem Thetan auf.

Als ein ursprüngliches Lebensstatik ohne Masse, ohne Bewegung, ohne Wellenlänge, ohne Position in Raum und Zeit besaß der Thetan die Fähigkeit zu postulieren und wahrzunehmen. Ergebnisse seiner Betrachtungen und Postulate waren Materie (matter), Energie (energy), Raum (space) und Zeit (time), von Hubbard als MEST bezeichnet. Der Thetan wurde so zum Schöpfer von Universen. Davon werden drei unterschieden: das physikalische Universum, das Universum des Nächsten und das eigene Universum. Ihnen kommt eine wichtige Funktion zu. »Universen könnte man als die Spielflächen des Lebens betrachten. Man spielt gewollt oder man spielt ungewollt.«/38/ Für das richtige Spiel auf diesen »Spielflächen des Lebens« ist »Verstehen« konstitutiv. Verstehen wird als »der gemeinsame Nenner aller Lebensaktivitäten« bezeichnet, »dessen Grad und Qualität exakt den Wert allen weltlichen Strebens mißt. Verstehen setzt sich aus Affinität, Realität und Kommunikation zusammen, die miteinander ein symbolisches

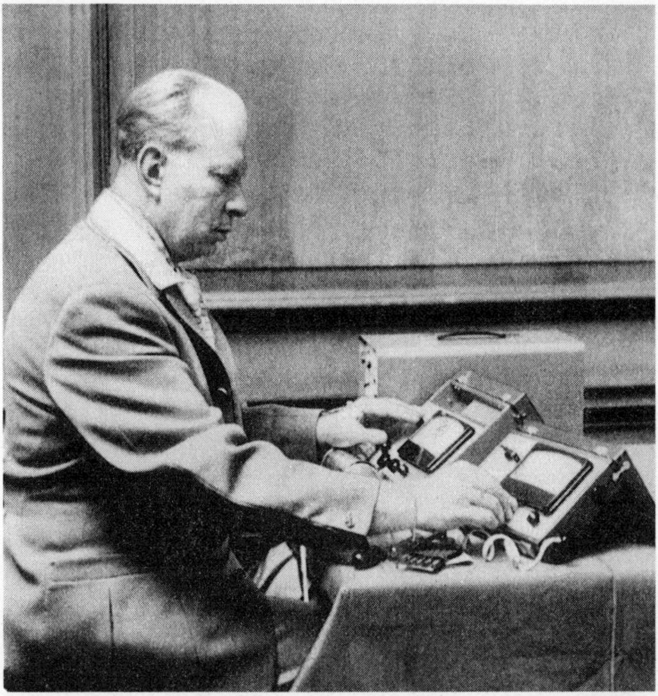

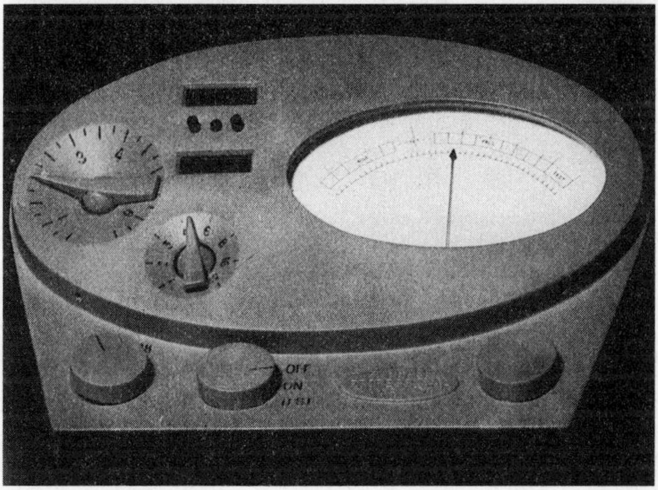

Lafayette Ronald (Ron) Hubbard – Gründer der Scientology-Organisation
Das neue Hubbard-Elektrometer

L. Ron Hubbard an Bord seiner Yacht

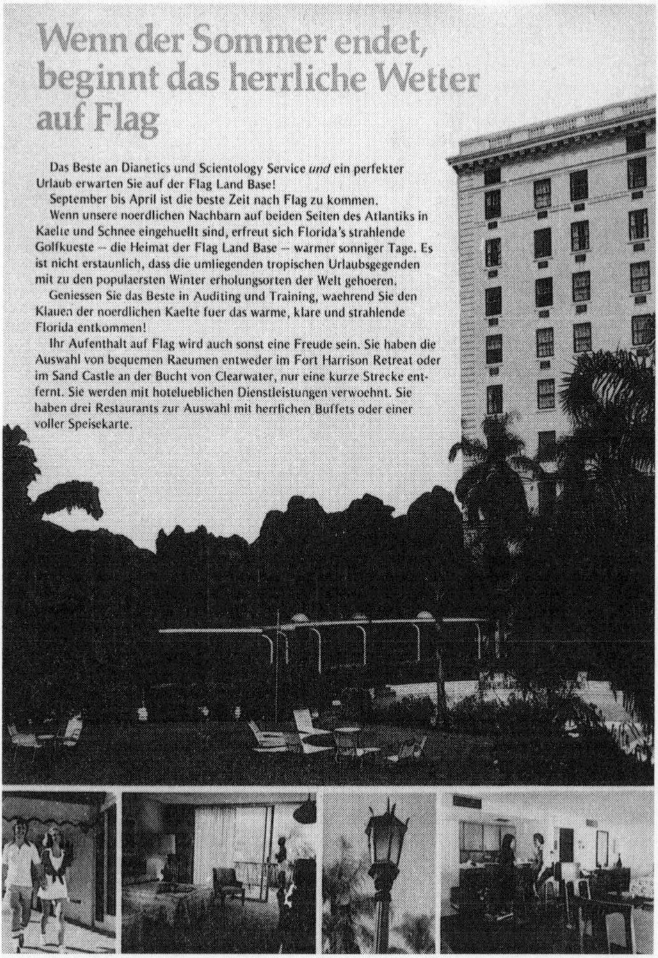

Werbung für Auditings und Trainings im Scientology-Zentrum Flag in Florida (USA)

Geistlicher der Scientology Kirche in Amtstracht

Dreieck formen.«/39/ Dies symbolisiert das untere Dreieck des Scientology Zeichens.

Das Spiel des Lebens, das Leben der Thetanen und Menschen war und ist von Motiven, von Triebkräften, ja Urkräften bestimmt, die »Dynamiken« genannt werden. Scientology kennt, entsprechend den 8 Spitzen des Scientology Kreuzes, 8 Dynamiken, die wieder in verschiedene Bereiche eingeteilt werden:

1. Drang zum Dasein als man selbst (Selbstdynamik)
2. Drang zum Dasein als eine sexuelle oder bisexuelle Unternehmung (Sexdynamik)
3. Drang zum Dasein als Gruppen (Gruppendynamik)
4. Drang zum Dasein als Menschheit
5. Drang zum Dasein des Tierreichs
6. Drang zum Dasein als das physikalische Universum
7. Drang zum Dasein als geistiges Wesen oder von geistigen Wesen
8. Drang zum Dasein als Unendlichkeit (Gottesdynamik)

Es gilt als das Ziel des Menschen, sich auf der Grundlage der Axiome von Scientology durch die acht Dynamiken nach oben zu entwickeln, um wieder ein freier Thetan zu werden und damit auch zur Erkenntnis Gottes vorzudringen.

Aber warum wurde dies überhaupt notwendig? Waren die Thetanen nicht freie Geistwesen, Schöpfer ihrer Welt? Scientology beantwortet diese Kernfrage mit der Auskunft vom Fall der Thetanen. Dies geschieht in – durchaus ernst gemeinter – kosmisch-mythologischer wie auch philosophischer Form. Hubbard will erkannt haben, daß ursprünglich Thetanen im Reiche des Fürsten Xenn auf dem Planeten Helotrobus lebten, der zu einer fernen Galaxis gehört. Vor 35 Billionen Jahren (1 US-Billion = 1 Milliarde) löste Xenn das Problem der Überbevölkerung seines Planeten dadurch, daß er 2 Billionen Thetanen auf die Erde brachte, sie durch Belastungen (Engramme) in den Kreislauf irdischer Wiederverkörperungen band und sie so ihrer früheren Freiheit und Möglichkeit der Selbstverwirklichung beraubte./40/ Die philosophische Erklärung besagt, die Thetanen verloren das Wissen um Ursache und Wirkung, sie gerieten in Abhängigkeit von ihrer eigenen

Schöpfung. An die Stelle von Wissen traten bei ihnen nun Unwissen und Verwirrung. Praktisch war dies dadurch möglich, daß jeder Thetan neben der Fähigkeit zu schaffen, zu postulieren und wahrzunehmen auch die Fähigkeit hat, »die geistigen Eindrucksbilder, die e[r] wahrnimmt, aufzuzeichnen und festzuhalten«./41/ So können Engramme entstehen.

Hubbard entlehnt diesen u.a. auch von Sigmund Freud gebrauchten Begriff aus der Psychologie./42/ Um zu verstehen, was Engramme im Sinne von Scientology sind und zu welchen Folgen sie führen, müssen wir kurz die scientologische Definition von Verstand (mind) bewußt machen. Es wird unterschieden zwischen analytischem, reaktivem und somatischem Verstand.

»Der *analytische Verstand* ist jener Teil des Geistes, der Erfahrungsdaten wahrnimmt und behält, um Probleme zu stellen und zu lösen und um den Organismus die vier [acht] Dynamiken entlang zu führen. Er denkt in Unterschieden und Ähnlichkeiten.

Der *reaktive Verstand* ist jener Teil des Geistes, der körperlichen Schmerz und schmerzliche Emotion einordnet und speichert und den Organismus einzig auf der Grundlage von Reaktionen auf Reize zu lenken sucht. Er ›denkt‹ nur in Identitäten, d.h. indem er eines dem anderen gleichsetzt.

Der *somatische Verstand* ist jener Verstand, der, gelenkt durch den analytischen oder reaktiven Verstand, Lösungen auf körperlicher Ebene verwirklicht.«/43/

Engramme, d.h. negative Erlebniseindrücke, die der Mensch im Stadium der Bewußtlosigkeit, physischen Schmerzes, schmerzlicher Emotionen, bei Schocks, Delirien, Narkosezuständen usw. aufnimmt, werden in der »Reaktiven Bank« des reaktiven Verstandes gespeichert. Andere Eindrücke, Daten und Wahrnehmungen bewahrt die zum analytischen Verstand gehörende »Standard Memory Bank« auf, sie stehen dem Menschen normalerweise jederzeit bewußt zur Verfügung. Nicht so die Engramme, sie stehen dem analytischen Verstand nicht zur Verfügung. Die Engramme ruhen in der Reaktiven Bank so lange, bis sie durch einen »Reiz-Antwort-Mechanismus« wiederbelebt, »restimuliert« werden. Wird ein Engramm aktiviert, erhält es, »da im Augenblick der Restimulation der analytische mind geschwächt« ist, »Befehlsgewalt über das ›somatische Reflexsystem‹ des Menschen: dieser denkt, tut und fühlt, was er an sich weder denken, tun noch fühlen würde und leg[t] so den Grundstein zu psychosomatischen Krankheiten. Da nach Hubbard der reaktive mind unfähig ist, vernünftige Schlüsse zu ziehen und völlig undifferenziert denkt, restimuliert er ähnliche Engrams verschiedenen Inhalts gleichzeitig und verwirrt den Menschen total.«/44/

Auslöser des »Reiz-Antwort-Mechanismus« sind ähnliche äußere Vorgänge, wie die, welche zur Bildung von Engrammen führten. »Ist z. B. ein Mensch im Kindesalter einmal von einem Hund gebissen worden, kann er unter Umständen auch als Erwachsener noch Angstzustände, Kopfschmerzen usw. bekommen, wenn er einen Hund so oder ähnlich knurren hört wie jener Hund in der Kindheit – an den er sich vielleicht gar nicht mehr bewußt erinnern kann. Das Engramm kann auch ›Inhalte‹ haben, die sich aus – wiederum oft unbewußten – Ein-Drücken während der ›Etablierung‹ des Gesamt-Engramms ergeben. Ist zum Beispiel ein Kind infolge eines Hundebisses vor Angst und Schrecken ohnmächtig geworden und haben dabei umstehende Personen irgend etwas gesagt, dann können später, bei der ›Dramatisierung‹ des Engramms, diese Worte als ›posthypnotische Suggestionen‹ funktionieren; wurde das Kind etwa geschlagen oder beschimpft, dann könnte eine spätere Dramatisierung des Engramms, ausgelöst durch Hundeknurren, dazu führen, daß der so stimulierte Träger des Engramms andere Personen schlägt oder beschimpft oder aber sich so verhält, als sei er selbst von anderen Personen geschlagen oder beschimpft worden.«/45/ Engramme werden als »die ausschließliche Ursache von geistiger Störung und psychosomatischer Krankheit« angesehen./46/ Jeder Mensch habe, so wird behauptet, 200 bis 300 Engramme. Eine zentrale Rolle spielen dabei vorgeburtliche Konzeptions-, Coitus-, Geburts- und versuchte Abtreibungs-Engramme.

Ausgegangen wird von 4 Engrammtypen: »das überlebensfeindliche Engramm; das überlebensfreundliche

Engramm; das Mitgefühlsengramm; das Engramm mit schmerzlicher Emotion«./47/ Als Beispiel für ein überlebensfeindliches Engramm schildert Hubbard den Fall einer »Auseinandersetzung zwischen Mutter und Vater kurz nach der Empfängnis: Vater stößt Mutter in den Bauch. Sie schreit (die ersten Sinneswahrnehmungen des Embryos sind Schmerz, Druck, Geräusch des Stoßes und des Geschreis), und er sagt: ›Gott verdamme dich, ich hasse dich! Du taugst nichts. Ich werde dich umbringen!‹ Die Mutter fleht: ›Schlag mich nicht noch einmal. Bitte nicht. Ich bin verletzt. Ich bin verletzt. Ich werd' rasend vor Schmerzen!‹ Der Vater sagt: ›Bleib da liegen und verrotte! Auf Wiedersehen!‹

Mit diesem vorgeburtlichen Engramm haben wir eine ernste aberrierende Situation – erstens, weil es früh liegt, zweitens, weil sein Inhalt sagt, daß die Person, die es hat, verletzt und rasend ist; drittens, weil es einen Festhalter hat und weil daher das Risiko besteht, daß es chronisch wird (›bleib da liegen‹); viertens, weil es Krankheit erzeugen kann (›und verrotte‹); fünftens, weil es eine religiöse Nebenbedeutung hat, die sich auf Gott und Verdammtwerden bezieht; sechstens, weil es dem betreffenden Menschen das Gefühl gibt, daß andere Leute nichts taugen (›du‹ gilt gewöhnlich für andere Leute); siebtens, weil es eine emotionelle Ladung enthält, die dem Inhalt nach feindlich ist (›ich hasse dich‹); und achtens, weil der Mensch nach der Geburt mit den Restimulatoren, Vater und Mutter, zusammenleben muß. Es hat noch weitere Auswirkungen, da es dem Aberrierten – wie alle Engramme – zusätzliche und unnötige Valenzen gibt, in diesem Falle zwei; die eine, die der Mutter, ist eine Feiglingsvalenz, und die andere, die des Vaters, eine Tyrannenvalenz. Unser Mann kann das auf verschiedene Arten dramatisieren: tut er es überhaupt nicht, fühlt er jedesmal, wenn das Engramm restimuliert wird, den Schmerz (da er dann in der eigenen Valenz ist). Dramatisiert er die Mutter, fühlt er deren Schmerzen – also einen Stoß in den Bauch (während der eigene Schmerz am Kopf und am Herzen war); dramatisiert er den Vater, kommt er mit der Gesellschaft in Schwierigkeiten, ganz zu schweigen von seiner eigenen Frau und seinen Kindern. Kein Engramm, welcher Art auch immer, bietet irgendeinen Vorteil, doch solange eine Person Engramme hat, helfen manche Arten, besonders die Mitgefühlsengramme, feindliche Engramme fernzuhalten.«/48/

Die Engramme aller Arten bzw. das in der Reaktiven Bank aufgespeicherte Fehlverhalten des Menschen – es wird auch als »Sünde« bezeichnet – bedrohen die Überlebenschancen des einzelnen wie der gesamten Menschheit. Um der durch die Engramme drohenden individuellen wie universellen Katastrophe zu entgehen, gibt es nur einen Weg: die Löschung aller Engramme. Das ist allein durch die von Hubbard entdeckte Technik der Dianetik-Scientology-Therapie möglich.

Die Löschung der Engramme steht im Mittelpunkt des scientologischen Heilsangebotes. Der therapeutische Prozeß, durch den es zur »Hebung und Tilgung des Inhalts der reaktiven Engrammbank«/49/ kommt, vollzieht sich in einem Gespräch zwischen dem Patienten und dem Auditor mit Hilfe des Hubbard-E-Meters. In der Sprache der Scientology wird die spezielle Methode, durch die der »Sündenfall« der Thetanen rückgängig gemacht werden kann, »Auditing« genannt. Es wird folgendermaßen definiert: »AUDITING ist das pastorale Beratungsverfahren in Scientology, durch das dem Einzelnen geholfen wird, stufenweise seine Selbstbestimmung, seine Fähigkeit und sein Bewußtsein von sich selber als unsterbliches Wesen wiederzuerlangen. Es kommt während einer genau festgelegten Zeitperiode, der ›Sitzung‹, zur Anwendung. In dieser Sitzung benützt ein AUDITOR (wörtlich: ›einer, der zuhört‹) – ein ausgebildeter priesterlicher Berater von Scientology – interpersonale Kommunikation, sorgfältig ausgearbeitete Fragen und Drills, welche die auditierte Person, genannt ›PRECLEAR‹, befähigen, selbstgesetzte geistige Einschränkungen zu entdecken und auf diese Weise zu entfernen.«/50/

Der Auditor hat bereits höhere scientologische Kurse absolviert und ist so auf seine Aufgaben vorbereitet. Er muß sich vor Beginn des Auditings über die im vorliegenden Fall günstigste Spezialmethode klar sein. Der Preclear (PC) soll während der Zeit des Kurses eine Reihe von Regeln beachten. Dazu gehört, nichts zu essen, was ihm nicht schmeckt, täglich wenigstens 8–9 Gläser Flüssigkeit zu trinken, mindestens 7–8 Stunden zu schlafen und auf Drogen, Alkohol, Medikamente und künstliche Sonnenbäder zu verzichten, aber auch auf Yoga, Meditation und psychiatrische Behandlung. Ebenso soll man mit niemandem über den Verlauf des Auditings sprechen.

Die Sitzung selbst wird durch Fragen und Antworten zwischen dem Auditor und dem Preclear ausgefüllt. Dabei muß der Auditor in der Lage sein, dem Preclear eine Frage wortwörtlich stets neu zu stellen, auch wenn darauf schon mehrfach eine Antwort erfolgt ist. Ferner ist es notwendig, daß er alle Antworten und Reaktionen des Preclears mit »danke« oder »gut« bestätigt. »Meist werden ›Returning‹ und ›Repeater Technique‹ angewandt: Die Standard Memory Bank des PC wird nach sicheren Daten befragt; deren ständige Wiederholung führt zum ›Returning‹, dem Zurückgehen auf der ›Zeitspur‹ des PC (sie enthält *alle* Daten beider Banken), und ermöglicht den Kontakt mit Engrams. Anschließend muß das Ereignis, das das Engram verursachte, vom PC immer wieder von Anfang bis Schluß erläutert und erzählt werden, wobei alle Gefühlsregungen und Sinneswahrnehmungen von damals verlebendigt werden sollen. Auf diese Weise werden Schmerzen und Belastungen ›eliminiert‹ und die Engrams reduziert. Ist das so behandelte Engram ein Basis-Engram, wird es durch diese Prozedur gelöscht werden: aus dem Engram wird eine dem analytischen mind jederzeit verfügbare Erinnerung: der ›Release‹-Zustand ist erreicht.«/51/ Der Patient ist nun ein Befreiter, ein »Geklärter«.

Dieser Prozeß ist nicht möglich ohne das Hubbard-E-Meter. Während der Sitzung hält der Preclear je eine Dose des Elektrometers in der Hand, der Auditor beobachtet die Skala. »Die Bewegungen der Nadel an der E-Meter-Skala zeigen die Spannung an, die die sich ändernde Energie und Masse der Gedanken des PC auf seiner Zeitspur hinterläßt. Zusätzlich enthält der E-Meter eine Skala für die Stimmungsanzeige des PC. Ihr Wert (von 0 bis 5) heißt TA. Der Auditor, der sämtliche Nadelreaktionen und deren Bedeutung genau kennen muß, verfolgt beim Auditing während seines Frage-

Antwort-Spiels die E-Meter-Skalen. Sobald er eine ›schwebende Nadel‹ bei einem TA von ca. 2,5 sieht, ist der Release-Zustand erreicht.«/52/

Mittlerweile gibt es zwei Wege, um Clear zu werden. Der erste führt über New Era Dianetics, der andere über die Release-Stufen 0–7. Der zweite Weg gilt als der gebräuchlichere. Beginnend bei 0 (Kommunikation) werden folgende Grade genannt: Probleme (1), Verursachungen (2), vergangene Ärgernisse und Schwierigkeiten (3), Fähigkeiten, Neues zu tun (4), Fähigkeiten, etwas zu bewirken (5), Handeln nach eigener Selbstbestimmtheit (6), Clear-Kurs (7)./53/

Ist man Clear, dann gibt es keinen Teil des Verstandes mehr, der nicht unter der Kontrolle und Befehlsgewalt des Menschen, des Individuums, steht. Eine solche Persönlichkeit wird mit einem hinduistischen Avatar oder einem Arhat im Buddhismus verglichen. Sie ist frei von allen ungewollten geistigen Schmerzen, sie ist dem Kreislauf der Wiedergeburten entronnen und lebt als ein Helfer in der Welt, dessen Ziel es ist, auch andere auf den Weg der Befreiung zu bringen. Zum ersten Clear, abgesehen von Hubbard, wurde 1966 der Südafrikaner John McMasters proklamiert. 1968 gab es 276, 1977 6146 Clears und 1978, nachdem die Formen des Dianetik-Clears und des Natural-Clears entdeckt wurden, stieg ihre Zahl weiter sprunghaft an.

Wenn man den Clear-Status erreicht hat, ist man aber noch lange nicht am Ende der Entwicklungsmöglichkeiten angekommen. Ein neues Ziel wird gesteckt, und zwar mittels der Operating Thetan-Kurse (OT-Kurse) ein Operating Thetan (OT) zu werden. Ein Operating Thetan ist ein »Clear, der mit seiner Umgebung zu einem solchen Grad bekanntgemacht wurde, daß er völlig Ursache über Materie, Energie, Raum, Zeit und Gedanken ist, und der nicht in einem Körper ist«./54/ Die OT-Kurse werden ständig fortentwickelt und erweitert. Bis zum Jahre 1978 gab es sieben OT-Kurse, inzwischen sind Kurse bis OT XV entwickelt. In einer Werbeanzeige wurden die OT-Grade I–VII folgendermaßen charakterisiert:

»OT I – Macht Sie wieder mit dem physikalischen Universum vertraut. Sie können einen OT-Gesichtspunkt in

bezug auf das Leben und auf andere Wesen gewinnen, und lernen, wie man als OT operiert.
OT II – Konfrontieren und handhaben Sie machtvolle Abschnitte des Whole Track, die für eine lange, lange Zeit verhüllt waren. Riesige versteckte Ladungs-Gebiete werden angesprochen und Sie von ihnen befreit; Sie bleiben frei und ursächlich zurück!
OT III – Ein tödliches Geheimnis, das niemand je zuvor durchdrungen hatte. Eine uralte Katastrophe von solchem Ausmaß, daß sie die eigentliche Natur der geistigen Wesen und der Gesellschaft in Mitleidenschaft zog. Dies ist OT III. Erfahren Sie das letzte Geheimnis dieses Sektors des Universums. Rons Durchbruch auf OT III erlaubt Ihnen, sicher durch diese ›Feuerwand‹ hindurchzugehen. Ein bedeutender Schritt auf Ihrem Weg zum vollen OT-Zustand! OT VII zum Endphänomen – Diese Stufe bringt einen Thetan nach OT III so in Hochform, daß er stark genug ist, um OT III Expanded vollständig zu meistern. Sie bringt eine ungeheure Steigerung der Theta-*Absicht* mit sich!
OT III Expanded – Auf dieser Stufe handhabt man jegliche restlichen Wirkungen der ›Feuerwand‹. Werden Sie selbstbestimmt und frei!
OT IV – Auf OT IV wird ein Wesen von den Faktoren befreit, die es in die Falle gehen und es zu etwas Geringerem als ein OT werden ließen. Die Stufe besteht sowohl aus einem auditierten als auch aus einem soloauditierten Teil. Gewinnen Sie, als geistiges Wesen, auf OT IV Sicherheit über sich selbst!
OT V – Warum scheint dieses Universum so viel Macht über einen Thetan zu haben? Was sind die Geheimnisse von MEST? OT V vergrößert die Fähigkeit eines Wesens, mit seiner Umgebung als OT umzugehen!
OT VI – Eine Stufe, die einen Thetan in Hochform bringt und ihn als OT in Aktion setzt, so daß er willentlich außerhalb des Körpers sehen, sich bewegen und handeln kann. Ein Wesen kann sehr ursächlich auf allen acht Dynamiken werden.
Vollständiger OT VII – Rehabilitiert Absicht von einer neuen, höheren Stufe aus. Absicht ist der Kommando-Faktor eines OTs, seine Macht, Dinge getan zu bekommen!

Nach der Stufe Vollständiger OT VII werden Sie für noch höhere OT-Stufen bereit sein.
NED [New Era Dianetics] für OTs kann an jedem Punkt nach OT III erhalten werden. Es gibt auch höhere OT-Stufen – höher als OT VII – die vollständig erforscht sind und nur darauf warten, daß mehr Leute Vollständigen OT VII erreichen!«/55/

Über die konkrete inhaltliche Füllung, über das dadurch zu erlangende Wissen wird hier noch nichts gesagt. Tatsächlich kommt es, wie viele Beispiele zeigen, einer Art Science-fiction-Religion nahe./56/ Dabei treten religiöse Inhalte im herkömmlichen Sinn kaum auf. Der Heilsweg wird zum Kursweg. Hubbard religionisiert seinen von bestimmten weltanschaulichen Prämissen ausgehenden psychotherapeutischen Dienstleistungsbetrieb zur »Kirche«. Aus dem Patienten wird der »Gläubige«, aus dem Auditor der »Geistliche« mit schwarzer Amtstracht und scientologischem Kreuz. Engramme werden als »Sünde« bezeichnet, Auditing als »Beichte«, das E-Meter als »religiöses Instrument«, Kursgebühren als »Spenden und Beiträge« usw. Der entscheidende Punkt dabei ist, daß man Scientology selbst zum »religiösen Glauben« erklärt, damit werden alle scientologischen Aktivitäten zu religiösen Aktivitäten. Die scientologischen Kirchen vermögen von daher in ihren »Gottesdiensten« und Kulthandlungen nur eine Art Umrahmung zu dem zentralen »religiösen Geschehen« in Form der Kurse zu geben.

Das »Glaubensbekenntnis« ist in seinem ersten Teil eine Proklamation von Menschenrechten und faßt in seinem zweiten Teil die Grundgedanken der scientologischen Weltanschauung zusammen. Es lautet:
»*Wir von der Kirche glauben:*
Daß alle Menschen, welcher Rasse, Farbe oder welchen Bekenntnisses sie auch sein mögen, mit gleichen Rechten geschaffen wurden. Daß alle Menschen unveräußerliche Rechte auf ihre eigenen religiösen Praktiken und deren Ausübung haben.
Daß alle Menschen unveräußerliche Rechte auf ihr eigenes Leben haben.
Daß alle Menschen unveräußerliche Rechte auf ihre geistige Gesundheit haben.

Daß alle Menschen unveräußerliche Rechte auf ihre eigene Verteidigung haben.
Daß alle Menschen unveräußerliche Rechte haben, ihre eigenen Organisationen, Kirchen und Regierungen zu ersinnen, zu wählen und zu unterstützen.
Daß alle Menschen unveräußerliche Rechte haben, frei zu denken, frei zu sprechen, ihre eigenen Meinungen frei zu schreiben und den Meinungen anderer zu entgegnen oder sich darüber zu äußern oder darüber zu schreiben.
Daß alle Menschen unveräußerliche Rechte haben, ihre eigene Art zu schaffen.
Daß die Seelen der Menschen die Rechte der Menschen haben.
Daß das Studium des Verstandes und die Heilung der mental verursachten Krankheiten von Religion nicht entfremdet oder an nichtreligiöse Gebiete vergeben werden sollte.
Und daß keine Instanz außer Gott die Macht hat, diese Rechte aufzuheben oder außer acht zu lassen, sei es öffentlich oder verborgen.
Und wir von der Kirche glauben:
Daß der Mensch grundsätzlich gut ist.
Daß er danach trachtet, zu überleben.
Daß sein Überleben von ihm selbst und von seinen Mitmenschen und von seinem Erreichen der Bruderschaft mit dem Universum abhängt.
Daß die Gesetze Gottes dem Menschen verbieten, seine eigene Art zu zerstören, die Gesundheit des anderen zu zerstören, die Seele eines anderen zu zerstören oder zu versklaven und das Überleben seines Kameraden oder seiner Gruppe zu zerstören oder zu reduzieren.
Und wir von der Kirche glauben:
Daß der Geist gerettet werden kann und daß der Geist allein den Körper retten oder heilen kann.«/57/

Rettung des Geistes und durch ihn Rettung der gesamten Persönlichkeit auf dem Weg des von Hubbard entwickelten psychotherapeutischen Kurssystems – darum kreisen sowohl die Lehraussagen als auch die Verheißungen der Bewegung. Der Mensch ist ursächlich gut, er kann sich selbst erlösen und für alle Ewigkeiten befreien, ihm wird eine kosmische Perspektive des Glücks geboten.

Dieser individuelle Weg des Heils, der hier nur in einigen Grundzügen angedeutet wurde, erweist sich, wenn ihn viele Menschen beschreiten, als ein Heilsweg für die ganze Menschheit, indem die Clears und OTs entscheidend zur Verbesserung, ja zur Rettung der menschlichen Lebensbedingungen auf dieser Welt beitragen. In diesem Sinne fehlt auch bei Scientology die Vision einer neuen Gesellschaft in einer zukünftigen neuen Welt nicht. Scientology verheißt »eine Zivilisation ohne Krieg, ohne Wahnsinn und ohne Kriminalität, eine Zivilisation, in der sich der Mensch entsprechend seinen Fähigkeiten und seiner Rechtschaffenheit entwickeln kann, eine Zivilisation, in der der Mensch die Möglichkeit hat, sich zu höheren Ebenen zu entwickeln«./58/ Das Ziel ist eine geklärte Erde, Scientology ist der Weg in das verlorene Paradies der Thetanen.

3. Kirche der Kurse

(Lebensformen)

Mitglied der Scientology Kirche wird man durch den Kauf eines scientologischen Kurses. Diese Art »Kircheneintritt« dürfte ohne Beispiel sein. Sie zeigt, daß im Mittelpunkt des »kirchlichen Lebens« nicht der Gottesdienst, sondern die Absolvierung des Kurssystems steht. Auditing ist nach der inneren Konsequenz scientologischer Lehre der wahre Gottesdienst. Kultische Gottesdienste und gottesdienstliche Handlungen finden zwar statt, bilden aber nur den Rahmen für das scientologische Kursprogramm.

Die Gottesdienste sind öffentlich. Zu Geistlichen können Auditoren höherer Grade berufen werden. Sie müssen dazu einen Pastorenkurs absolvieren und tragen als Amtszeichen das scientologische Kreuz an einer Kette, Bestandteile des Gottesdienstes sind das Glaubensbekenntnis, ein Gebet für »totale Freiheit«, Gruppenauditing, Lesungen aus Hubbards Werken und die Predigt. Musik und Chorgesang können den Gottesdienst umrahmen. Auch Namensgebungen, völlig irreführend als »Taufe« bezeichnet, Trauungen und Begräbnisse werden abgehalten. Weltweit feiert man einen

Gebetstag. Die gottesdienstlichen Texte spiegeln die scientologischen Weltanschauungen wider. Am deutlichsten kommt dies bei der Beerdigung zum Ausdruck. Dort sagt der Geistliche u. a.:

»Wie geistlos wäre es zu glauben,
Um uns nur drehe sich das ganze Treiben
Und unser Leben währt' nur einmal,
Es auszuschöpfen sei der Sinn,
Der einz'ge Sinn in uns'rem kurzen Leben.

O nein ...
Und wir wissen: wir,
Wir leben nicht nur einmal,
Sondern fort und fort
Von der Geburt des Körpers
Bis zu seinem Tod und
Von der Geburt aufs Neue
Und wieder bis zu seinem Grabe,

Ins Dunkel kam das Licht, ins Morgen
Und dringt durch Nacht zum Himmel
Kehr' nicht zurück in dieses Leben,
Unsere Geister steigen schon empor,
Der Weisheit Schätze zu erobern.

Wir zittern nicht im Angesicht des Todes,
Wir wissen, daß das Leben nicht nur Atem ist.

Gott sei mit Dir (Name des Verstorbenen)
Die Deinen danken Dir dafür, daß Du gelebt hast,
Die Welt ist besser, weil Du hier geweilt,
Heut' leben Männer, Frauen, Kinder, weil Du gelebt hast,
Wir danken Dir, daß Du zu uns gekommen.

Verlaß nun den Leib, weiche von ihm, auf daß
Er zu Asche verzehrt werde und zu Staub.

So ist's getan; kommt Freunde, er/sie hat seine
Ruhe, er/sie ging dahin.
Wir haben unser Werk zu tun

Und er/sie das seine/ihre.
Er/sie wird dort willkommen sein.«/59/

Betrachtet man das gottesdienstliche Leben der Scientology Kirche insgesamt, so kann man dem Urteil zustimmen, »alles Religiöse« sei »hier dechiffriert, umgewandelt in Weltanschauung und Ethik«./60/

Gemeinsame Lebensformen werden von den einfachen Mitgliedern nicht erwartet, sie treten erst bei hauptamtlichen bzw. leitenden Funktionären ins Blickfeld. Als wichtigstes Beispiel dafür sei auf die Sea-Org verwiesen, die sich als Führungsgruppe innerhalb der scientologischen Bewegung und als Avantgarde der Menschheit versteht. Wer in sie aufgenommen wird, muß 10 Bedingungen erfüllen und die weitgehende Unabhängigkeit von äußeren Einflüssen garantieren. Der Dienst in der Sea-Org erstreckt sich nach scientologischer Auffassung nicht nur auf dieses Leben, sondern reicht darüber hinaus. Man tritt, wie wir sahen, der Sea-Org »für eine Milliarde Jahre« bei! Ihre Mitglieder wohnen gemeinsam. Ein Austritt aus der Sea-Org scheint nicht vorgesehen zu sein, ist aber im Einzelfall, wenn auch unter erheblichen Schwierigkeiten, möglich.

Aufgaben, Tätigkeit und Lebensweise eines Sea-Org-Mitgliedes sind jedoch nicht typisch für den durchschnittlichen Scientologen. Seine Aufgaben hat Hubbard in vier Punkten zusammengefaßt: 1. Wissen verbreiten 2. Bücher verkaufen 3. Die Umgebung kontrollieren 4. Den Planeten klären. Alle aktiven Mitglieder sind bei der Verwirklichung dieser Tätigkeiten mit eingeschaltet, oft mit problematischen Methoden auf dem Hintergrund der These, daß der Weg zu totaler Freiheit über totale Disziplin führt. Umfangreiche Strafbestimmungen für Mitglieder wurden damit begründet, daß alle der Scientology entgegenstehenden Absichten überwunden werden müssen. Hubbard hat in diesem Zusammenhang den Begriff »Ethik« in dem Sinne uminterpretiert, daß es Zweck der Ethik ist, »*Gegenabsichten aus der Umwelt zu entfernen.* Nachdem das erreicht worden ist, hat sie zum Zweck, *Fremdabsichten aus der Umwelt zu entfernen.* Dadurch ist Fortschritt für alle möglich.«/61/ Die Aktivität der Scientologen auf der Grundlage der vier Punkte

Mami,
warum hast du mir nicht geholfen, als ich neun Monate in deinem Bauch war?

Auch wenn Ihr Kind diese Frage nicht stellen wird, so hat doch die vorgeburtliche Lebensphase den entscheidenden Einfluss auf die Zukunft Ihres Kindes.

L. Ron Hubbard, der Erforscher dieser revolutionären Entdeckung, beschreibt in seinem Buch «DIANETIK» nicht nur, wie Sie sich während der Schwangerschaft verhalten sollten, sondern gibt Ihnen auch das Wissen, Ihr Kind wirklich zu verstehen und glücklich zu erziehen. Wir schicken Ihnen dieses Buch (DM 11,–) per Nachnahme zu, eine Postkarte oder ein Telefonanruf genügt.

DIANETIK BERATUNGSZENTRUM

Kaiserstraße 5 6000 Frankfurt 1

Di - Fr 14.00 - 20.30 Uhr Sa 10.00 - 15.00 Uhr

Der einfachste Weg: **0611 - 295089**

Hubbards in Verbindung mit einer gleichgelagerten Strategie der Leitung führen in der Öffentlichkeit immer wieder zu der Auffassung, die Scientology Kirche sei ein äußerst geschäftstüchtiges, weltweites Unternehmen zum Verkauf psychotherapeutischer Kurse und Literatur mit religiös-philosophischem Hintergrund.

Mancherlei Untersuchungen, Darstellungen und Gegendarstellungen liegen mittlerweile zu dem Thema vor. Wie vielschichtig diese Problematik ist, zeigt beispielsweise ein Blick auf die Werbung für scientologische Kurse, auf das einschlägige Kursangebot, auf Durchführung und Finanzierung. Wir müssen uns dabei auf einige wenige Aspekte beschränken. Die Werbung neuer Interessenten geschieht durch persönliche Kontaktaufnahme, durch Ansprechen in Fußgängerzonen, durch Mission unter Freunden und Bekannten. Auch der Weg über Literaturangebote, Inserate, Handzettel usw. wird gewählt. In der Regel bietet man einen 200 Fragen umfassenden kostenlosen Persönlichkeitstest. Wer ihn annimmt, steht vor dem Ergebnis, daß er unbedingt eine Klärung und Reinigung seiner Persönlichkeit nötig hat, und dies im eigenen Interesse wie auch im Interesse der Weiterentwicklung und Rettung von Menschheit und Welt. Der Interessent wird nun gedrängt, in das Kurs- und Trainingssystem von Scientology einzusteigen, das er dann mit dem Kauf des ersten Kurses betritt. Ein langer, weitverzweigter Entwicklungsweg liegt nun vor ihm. Er kostet Geld, viel Geld. Verfügt er nicht über das notwendige Geld, bleibt ihm dieser Weg deshalb nicht verschlossen. Er kann – allerdings mit geringem Gehalt – in den Vollzeitdienst der Organisation treten und die Kurse verbilligt oder gratis bekommen. Auch ist es möglich, durch Verkauf von Literatur und Kursen mittels der Provisionserlöse das notwendige Geld zu verdienen. In den Zeitschriften und Broschüren von Scientology wird unablässig geworben, »Missionsleiter« bzw. Mitarbeiter zu werden, um Scientology zu expandieren.

Im Normalfall wird der neue Anhänger die angebotenen Kurse bezahlen. Im Laufe der Jahre ist die Kurspalette immer breiter geworden, und die Kursgebühren, die »Spenden und Beiträge« unter Hinweis auf die

Inflationsrate sind ständig gestiegen. Das gilt auch für die Preise des Hubbard-Elektro-Meters in seinen verschiedenen Ausführungen (1982 – E-Meter Mark V = 1575 DM, E-Meter Mark VI = 4095 DM; 1989 – E-Meter Mark Super VII = 11125 DM).

Neue Spezialkurse verheißen immer phantastischere Wirkungen. Meist beginnt es mit einem Kommunikationskurs, dem sich ein Purification Rundown – 1989 immerhin zu einem Preis von ca. 5000 DM – anschließt. Nimmt man die mit den Kursen verbundenen Verheißungen ernst, dann sind die Preise geradezu niedrig. In dem HCO Bulletin vom 3. Januar 1980 »Reinigungs-Rundown und Atomkrieg« heißt es z. B.: »Ich will, daß Scientologen den 3. Weltkrieg überleben. Seit den späten 50er Jahren ist der Atomkrieg als Nachrichtenthema mehr oder weniger vernachlässigt worden. Aber das macht ihn nicht weniger bedrohlich. Es erfordert nur einen psychopathischen Politiker, der Zugang zu dem Knopf hat, der über Krieg oder Frieden bestimmt. Und heutzutage gibt es ein Dutzend Atommächte. Weiterhin stellt der vermehrte Gebrauch von Atomenergie für die Elektrizitätsversorgung (...) eine *nichtmilitärische Bedrohung* dar. Und die Verschlechterung des Zustandes der oberen Atmosphäre des Planeten durch Düsenflugzeuge und verunreinigende Stoffe läßt jedes Jahr mehr Sonnenstrahlung bis zur Planetenoberfläche durch. Strahlung hat eine kumulative Wirkung. Und sie hat wie ein Engramm frühere ähnliche Geschehnisse, die bis zu einem Basis-Engramm zurückgehen. Je mehr jemand Strahlung ausgesetzt ist, um so weniger Widerstandskraft hat er und um so mehr Wirkung hat die Strahlung auf ihn. Mit anderen Worten, es findet eine Summierung statt. ... Bombardiert mit der Strahlung radioaktiver Niederschläge aus Atomkraftwerken und durch die Atmosphäre weniger geschützt, neigen die Menschen heute weitaus mehr dazu, einem Atomkrieg zum Opfer zu fallen. Die kumulative Wirkung von Strahlung schafft bei ihnen die Bedingungen für einen raschen Tod im Falle schwerer radioaktiver Niederschläge. Das führt uns zu dem interessanten Aspekt, daß wahrscheinlich diejenigen, die einen vollständigen und sachkundig durchgeführten Reinigungs-Rundown gemacht haben, *überleben werden – im Gegensatz zu anderen,* die nicht so glücklich dran sind. Und dies zeigt die interessante Möglichkeit auf, daß in Gebieten, die in einem Atomkrieg schwerem radioaktivem *Niederschlag ausgesetzt sind, nur Scientologen ihrer Tätigkeit nachgehen werden.* Auch werden sie wissen, wie sie sich von einer neuen Strahlungseinwirkung erholen können – eine weitere Verwendung von Niacin über einen kurzen Zeitraum hinweg. Und natürlich etwas Auditing.«/62/

Vom Sonnenschein-Rundown, ein Rundown für Clears, behauptet Hubbard: »Der Sonnenschein-Rundown ist ein strahlender, neuer Rundown, der dem Zustand Clear extra Glanz hinzufügt. ... Der Sonnenschein-Rundown verleiht dem Clear einen frischen, neuen Ausblick und orientiert ihn *als einen Clear* wirklich auf die Gegenwart hin.«/63/

Durch ständige Veränderungen im Kurssystem wurden frühere Kurse als überholt und überflüssig abgetan. In diesem Falle sind für die Käufer der überholten Kurse Sonder- und Ersatzregelungen möglich. Der Eindruck drängt sich auf, daß die Kurse geschickt der »Marktlage«, momentanen Strömungen und Sehnsüchten angepaßt werden. Das gilt auch für die umfangreiche und nicht minder nachdrücklich angebotene scientologische Literatur. Die Veränderungen und Ausweitungen im Kursangebot werden von der Organisation nicht als eine Komplizierung, sondern als Vereinfachung und Vertiefung des scientologischen Weges zu totaler Freiheit ausgegeben.

Über die Auswirkungen des Kurssystems auf den einzelnen, wie es ist, »Clear und OT« zu sein, gibt es vielfältige Schilderungen. Auch hier stehen sich die Berichte der Anhänger und Gegner unversöhnlich gegenüber. Scientologische Zeitschriften, Prospekte usw. wissen von überwältigenden Erfolgen, von innerlich und äußerlich befreienden Erlebnissen zu erzählen. Dafür ein Beispiel in Form von »OT-Erfolgsberichten«.

»OT II

Meine Sicherheit als Wesen und als ich selbst hat sich stabilisiert. Die Menge Ladung, die ich losgeworden bin, ist phänomenal. Ich erhielt wertvolle Aufmerksamkeitseinheiten, die mir das Vertrauen gaben, das ich brauchte, um dem Whole Track zu konfrontieren. …

R. S.

OT III

Diese Stufe war unglaublich, all das, wovon ich träumte, daß sie es sein würde. Ich fühle mich phantastisch. Ich bin in der Lage, ohne Beschränkungen all-bestimmt auf all meinen Dynamiken zu handeln. Ich habe mich nie zuvor so frei gefühlt! M. F.

…

OT IV

OT IV ist die unglaublichste Stufe, die ich je gemacht habe. Die Fähigkeiten, die ich gewonnen habe, sind nahezu unglaublich. Ich sah, was totale Freiheit ist, und bemerkte, daß ich nur noch einen Schritt von ihr entfernt bin. Ich bin exterior zum MEST-Universum und spüre bloß noch, wie sich der Körper in ihm bewegt. Ich spiele jetzt aus Distanz und bin nicht mehr darin festgefahren. L. B.

OT V

Es ist gewaltig, sich der Materie, der Energie, des Raums und der Zeit bewußt zu sein. Ich bin auch mehr meiner selbst und anderer Wesen bewußt. Ich dachte schon vorher, meine Bewußtheit wäre gut; jetzt aber ist sie nahezu unglaublich gesteigert worden. Es ist gewaltig! L. S.

OT VI

Ich bin von jeder Art von Falle befreit, sei sie in der Vergangenheit, Gegenwart oder Zukunft. Ich kann wirklich problemlos ohne Körper handeln. Es war ein rechter Berg, den es zu besteigen galt, aber im Vergleich mit der sich verjüngenden Spirale, in der ich mich befand, war das Herausklettern kurz, einfach und positiv. Der Zustand ist sehr stabil. Ich weiß, daß ich nie wieder aufhören werde, zu expandieren oder zu erschaffen. Von hier aus ist's eine Spirale, die nach oben führt. Millionenfachen Dank an Ron für all das.

R. G.

Vollständiger OT VII

Meine Gewinne auf allen Dynamiken sind zu zahlreich, als daß ich sie aufzählen könnte. Mein Leben ist OT. Ich bin OT. Ich bin total ich, und es ist schwer, sich an eine Zeit zu erinnern, wo ich nicht so frei war. Ron hat es für uns so einfach gemacht, Clear und OT zu erreichen, und das AO-Personal gibt uns einen völlig sicheren Raum mit einer Lieferung, die 100 % Standard ist. Kommen auch Sie hierher, auf den Gipfel! L. D.«/64/

Diese Berichte sind Werbeberichte, interessant auch durch die Sprache und die zum Ausdruck gebrachte Verehrung für Hubbard. Erlebnisschilderungen ehemaliger Scientologen, die zu Gegnern der Bewegung wurden, zeichnen ein anderes, sehr kritisches Bild, das meist von dem Vorwurf der Persönlichkeitsdeformierung und der Geschäftemacherei bestimmt wird./65/

Es ist schwierig, Theorie und Praxis von Scientology allgemeinverständlich und durchsichtig darzustellen. Das Ganze ist außerordentlich kompliziert, die Sprache gleicht streckenweise einer Geheimsprache für den, der in die scientologische Begrifflichkeit nicht umfassend eingeführt ist. Die Beschäftigung mit Scientology erfordert auf alle Fälle ein bestimmtes intellektuelles Niveau. Es wird kein kultischer Heilsweg angeboten, der für alle offen ist. Man hat Scientology als »späte modernistische Weltanschauung mit geringen religiösen Elementen« bezeichnet. Hubbard habe »eine individualistische Bewußtseinsphilosophie mit vergröberten psychotherapeutischen Praktiken, Science-fiction, einer östlichen Diastase von Geist und Materie und einem entsprechend abgestuften Seinsbegriff zu einer Lebensphilosophie verbunden«./66/

Gerade das Vorhandensein nur geringer religiöser Elemente scheint sich für die Anziehungskraft dieses Systems auf eine bestimmte, mehr philosophisch-psychologisch als religiös ansprechbare Gruppe streßgeplagter und von einer Identitätskrise befallener »moderner« Menschen vorteilhaft auszuwirken. Die angebotene psychotherapeutische Methode versteht sich als alternativ, gegen die Schulwissenschaft gerichtet und wird in den Rahmen eines Welt- und Menschenbildes gestellt, das neue Wissenschaftlichkeit auf der Grundlage transzendenten Forschens und Wissens beansprucht. An die Stelle der religiösen Offenbarung tritt die Erfahrung, das Wissen durch Bewußtseinserweiterung. Die Probleme des Menschen werden letztlich auf die Probleme seiner Befreiung reduziert. Selbstbefreiung auf der Stufenleiter des scientologischen Kurssystems will zu wahrem Leben mit unendlicher Perspektive führen.

Es ist im Prinzip richtig, wenn von scientologischer Seite der Hauptunterschied zum Christentum darin gesehen wird, »daß im Christentum der Mensch durch das Werk Jesu Christi und den Willen Gottes ›von außen‹ erlöst wird oder werden soll, während im Buddhismus und in der Scientology der Mensch ›von innen‹ aus sich selbst heraus erlöst werden soll und erlöst wird«./67/ Ob der Mensch hier aber wirklich erlöst wird, erlöst werden kann oder ob er nicht vielmehr sich in ungeheurer Selbstüberschätzung bis in seine tiefsten Schichten an das scientologische Kurssystem bindet und gebunden wird, bleibt die große Streitfrage.

Scientology überfordert den Menschen. Berichte ehemaliger Mitglieder bestätigen dies. Das scientologische Kurssystem mit seiner Verheißung an den Menschen, »Gott gleich« zu werden, einer Verheißung, die bereits die Schlange im Paradies den ersten Menschen machte, zerstört den Menschen in seinem Menschsein. Es ist zu befürchten, daß auch in den nächsten Jahren weiterhin viele Menschen bereit sein werden, auf dem Weg zum »Clear« hohe finanzielle Opfer zu bringen und mit noch höheren seelisch-geistigen Opfern unfreiwillig bezahlen zu müssen. Von seinem Anspruch und seiner primär nicht religiösen Bindung her wird sich Scientology auf besondere Weise am langfristig bleibenden praktischen Erfolg messen lassen müssen.

1/ Die Scientology Kirche in Deutschland. Informationen und Selbstverständnis, München 1985, 6
2/ Ursprung – Das Magazin der Scientology Kirche Deutschland, Juli 1972, zitiert nach Handbuch Religiöse Gemeinschaften, hrsg. von Horst Reller, Gütersloh [2]1979, 673
3/ Scientology ist eine Religion, hrsg. von der Scientology Kirche Deutschland, München [2]1975, 37
4/ Über L. Ron Hubbard, in: L. Ron Hubbard, Dianetik. Die moderne Wissenschaft der geistigen Gesundheit, Kopenhagen 1980 (4. Auflage in Deutsch), 479; vgl. auch L. Ron Hubbard. The man and his work, o. O., 1986
5/ Über L. Ron Hubbard, a.a.O. 497
6/ Friedrich-Wilhelm Haack, Scientology – Magie des 20. Jahrhunderts, München 1982, 23
7/ Zu den Einzelheiten vgl. ebd., 24
8/ Über L. Ron Hubbard, a.a.O., 480
9/ Die Scientology Kirche, Korrektur zum Bericht des Bundeskriminalamtes vom 8. März 1978, Abschnitt 11, zitiert nach Friedrich-Wilhelm Haack, Scientology, a.a.O., 28
10/ Christopher Evans, Kulte des Irrationalen. Sekten, Schwindler, Seelenfänger, Hamburg 1979, 33
11/ Ebd., 34
12/ Vgl. Friedrich-Wilhelm Haack, Scientology, a.a.O., 30–33
13/ Publikations Department AOSHDK, Der Kommunikationskurs, Kopenhagen 1979, 71, zitiert nach Friedrich-Wilhelm Haack, Scientology, a.a.O., 31 f.
14/ Über L. Ron Hubbard, a.a.O., 481
15/ P. Ch. Martens, Geheime Gesellschaften in alter und neuer Zeit, Bad Schmiedeberg und Leipzig o. J., 2. Auflage, 208
16/ Christopher Evans, Kulte des Irrationalen, a.a.O., 30
17/ L. Ron Hubbard, Dianetik, a.a.O., 18 f.
18/ Zitiert nach Christopher Evans, Kulte des Irrationalen, a.a.O., 37
19/ Die verbreitete Ungenauigkeit bzw. Unsicherheit bei Datierungen tritt hier beispielhaft hervor. Bei Friedrich-Wilhelm Haack, Scientolotgy, a.a.O., finden sich zwei Versionen: »Am 21. Februar 1951 erklärte sich die Wichita-Foundation für bankrott.« (S. 58); und: »1952 ging die Wichita-Foundation bankrott, und Hubbard wandte sich von ihr ab« (S. 197). In beiden Fällen beruft sich Haack auf George Malko, Scientology The New Religion, New York o. J. (?), 59 und 61. Vgl. auch Christopher Evans, Kulte des Irrationalen, a.a.O., 70
20/ Scientologen Report, Dez. 1968, zitiert nach Handbuch Religiöse Gemeinschaften, a.a.O., 667
21/ Scientology ist eine Religion, a.a.O., 37, Fußnote
22/ Rüdiger Hauth, Jugendsekten und Psychogruppen von A–Z, Gütersloh 1981, 112 f.
23/ Scientology ist eine Religion, a.a.O., 92
24/ Christopher Evans, Kulte des Irrationalen, a.a.O., 77
25/ Scientology Kirche Deutschland Guardian Office, Guardian Office Deutschland, München o. J., 4, zitiert nach Friedrich-Wilhelm Haack, Scientology, a.a.O., 243

26/ So gab z. B. das Guardian Office der Scientology Kirche Deutschland die Broschüre heraus: Totalitäre Ambitionen gegen Recht und Würde und familiären Frieden – über die Sektenjäger Haack, Löffelmann u. a., München 1979
27/ Vgl. Friedrich-Wilhelm Haack, Findungshilfe Religion 2000, München 1990, 217–221
28/ Rüdiger Hauth, von A–Z, a.a.O., 52
29/ Die Scientology Kirche in Deutschland, a.a.O., 12–14
30/ Von Friedrich-Wilhelm Haack, Scientology, Dianetik und andere Hubbardismen, München 1990, 40 f., werden 37 Organisationen und Zentren genannt.
31/ Freie Zone, in: Oswald Eggenberger, Die Kirchen, Sondergruppen und religiösen Vereinigungen, Zürich ^{5}1990, 283 f.
32/ Advance! Die Zeitschrift der Fortgeschrittenen Organisationen, 1981, Nr. 72, 19
33/ L. Ron Hubbard, Dianetik, a.a.O., 31 f.
34/ Scientology ist eine Religion, a.a.O., 44
35/ Ebd., 48
36/ Ebd., 52, Anm. (10)
37/ Ebd., 58
38/ Ebd., 60
39/ Ebd., 61
40/ Vgl. Robert Kaufman, Übermenschen unter uns, Frankfurt a. M. 1972, 166; Karl-Wilhelm Schneider, Eine Untersuchung der Lehren neuerer spiritueller Bewegungen, Man., Siegen 1980, 88
41/ Scientology ist eine Religion, a.a.O., 63
42/ Vgl. Carl G. Liungman, Sozialprodukt Geisteskrankheit: Ursachen psychischer Störungen und Methoden der Psychiatrie, Reinbek 1974, 81
43/ L. Ron Hubbard, Dianetik, a.a.O., 53
44/ Handbuch Religiöse Gemeinschaften, a.a.O., 670 f.
45/ Karl-Wilhelm Schneider, Eine Untersuchung, a.a.O., 85
46/ L. Ron Hubbard, Dianetik, a.a.O., 86
47/ Ebd., 301–315
48/ Ebd., 301 f.
49/ Ebd., 204
50/ Scientology ist eine Religion, a.a.O., 70
51/ Handbuch Religiöse Gemeinschaften, a.a.O., 672
52/ Ebd.
53/ Vgl. ebd., 677
54/ Advance!, a.a.O., 19
55/ Ebd., 12
56/ Vgl. z. B. »Der OT-Zustand von L. Ron Hubbard«, in: ebd., 4 f., 7 f., 17
57/ Glaubensbekenntnis der Kirche der Scientology, hrsg. von Scientology Kirche Deutschland, Hubbard Scientology Organisation e. V., München o. J., 3 Seiten
58/ L. Ron Hubbard, Die Ziele der Scientology, Flugblatt, o.O./o. J., Hubbard-Copyright von 1976
59/ Scientology ist eine Religion, a.a.O., 77 f.

60/ Hans-Diether Reimer, Scientology und Religion, Materialdienst der EZW, 1982, 252
61/ Handbuch für den Ehrenamtlichen Geistlichen, 355, zitiert nach Friedrich-Wilhelm Haack, Scientology – Magie, a.a.O., 221
62/ HCO Bulletin, Reinigungs-Rundown und Atomkrieg, 3.1.1980, zitiert nach Friedrich-Wilhelm Haack, Scientology – Magie, a.a.O., 128 f.
63/ Advance! Mitgliedschaftsbeitrag – Beilage Nr. 72, Hubbard-Copyright von 1981/82
64/ Advance!, a.a.O., 15
65/ An dieser Stelle sei nochmals auf den ausführlichen Erfahrungsbericht von Robert Kaufman, Übermenschen unter uns, Frankfurt a. M. 1972, verwiesen; vgl. auch Berichte ehemaliger Scientologen in: »Täglich war ich diesem Druck ausgesetzt ...« Erlebnisberichte zu Scientology, hrsg. von Friedrich-Wilhelm Haack, München [2]1988
66/ Handbuch Religiöse Gemeinschaften, a.a.O., 685
67/ Die Scientology Kirche in Deutschland, a.a.O., 16

Die Vereinigungskirche

1. San Myung Mun – der Vater

(Geschichte – Organisation – Verbreitung)

»Nur wenige Menschen waren sich der allumfassenden Bedeutung der stillen Szene in Bethlehem bewußt, die sich vor 2000 Jahren zutrug, als Jesus Christus, der Sohn Gottes, geboren wurde. Das Sprichwort ›Geschichte wird nachts gemacht‹ hat sich im Jahre 1920 wieder einmal als wahr erwiesen. Am 6. Januar dieses Jahres (nach dem Mondkalender) spielte sich eine Szene von ähnlicher Bedeutung in der Stadt Chongju in der Provinz Pyongan Pukto in Nordkorea ab. An diesem Tag wurde einem Menschen das Leben geschenkt, dem der göttliche Auftrag für die schwierigste Aufgabe der Geschichte bestimmt war: die Welt zu erneuern. Die Geschichtsschreibung wird jenen Tag als den Beginn eines kosmischen Überganges kennzeichnen, einer Revolution, die nicht mit Schwertern oder Bomben bewirkt wurde, sondern mit der Wahrheit Gottes.«/1/ Ein aufsehenerregender Anspruch! Wer ist der neue Heilsbringer, von dem hier die Rede ist, dessen Geburt zu der Geburt Jesu Christi in direkte Parallele gesetzt wird? Wer steht hinter dieser für Christen und Nichtchristen erregenden Behauptung?

Es handelt sich um San Myung Mun (Sun Myung Moon), den Gründer und Leiter der »Vereinigungskirche«. Sein Name ist inzwischen weltweit bekannt, nicht allein durch seine Lehre und seinen religiösen Anspruch, sondern auch durch seine angeblichen und tatsächlichen Verwicklungen in viele spektakuläre Affären.

San Myung Mun ist Koreaner. Geboren wurde er am 25. Februar 1920 als fünftes von acht Kindern in einer konfuzianischen Bauernfamilie. Sein Geburtsname lautete Yong Myung Mun. Die geschichtlichen und religiösen Traditionen Koreas haben ihn und seine Bewegung vielfältig beeinflußt und bedürfen deshalb in diesem Zusammenhang zunächst einer kurzen Erwähnung./2/

Das Schicksal Koreas wurde, bedingt durch die geographische Lage, von den beiden benachbarten Großmächten China und Japan geprägt und mitgestaltet. Nach dem Ende der japanischen Invasion von 1591 bis

1598 stand das Land, jahrhundertelang abgeschlossen von der Außenwelt, unter chinesischer Oberhoheit, bis es sich im 19. Jahrhundert unter zunehmendem Druck von außen japanischen und europäischen Interessen öffnen mußte. 1910 wurde es von Japan annektiert und in den folgenden Jahrzehnten ganz japanischen Einflüssen unterworfen. Nach der Befreiung des Landes kam es 1948 zur Gründung zweier koreanischer Staaten mit unterschiedlichen Gesellschaftssystemen. Der Koreakrieg von 1950–1953 brachte große Leiden und Verwüstungen über das Land. Im Süden entwickelte sich eine Militärdiktatur, im Norden ein sozialistischer volksdemokratischer Staat.

Die Brückenfunktion Koreas spiegelt nicht zuletzt seine religiöse Prägung wider. Während der verschiedenen Etappen der koreanischen Geschichte konnten 6 Religionen Fuß fassen: Schamanismus als die ursprüngliche Volksreligion, Buddhismus, Taoismus, Konfuzianismus, Christentum und Donghak oder »östliche Lehre«, eine in sich vielgestaltige nationalreligiöse Bewegung, die sich im Gegensatz zur »westlichen Lehre« des Christentums sieht. Alle ins Land kommenden Religionen wurden in ihren volkstümlichen Formen mehr oder weniger vom Schamanismus beeinflußt, so daß man geradezu von einer Schamanisierung der Religionen in Korea spricht.

Christliche Gemeinden entstanden Ende des 18. Jahrhunderts. 1784 wurde der erste christliche Koreaner, Petrus Li, von Jesuiten in Peking getauft. Als 10 Jahre später ein chinesischer Priester ins Land kam, fand er bereits 4000 Christen vor, 1800 waren es 10000. Von der Regierung wurde die neue Lehre nicht geduldet. Tausende Menschen mußten für ihre Überzeugung im Laufe der Jahre den Märtyrertod sterben. Erst 1903 wurde offiziell Religionsfreiheit gewährt.

Evangelische Kirchen begannen seit den achtziger Jahren des 19. Jahrhunderts in Korea Fuß zu fassen. 1884 kamen als erste ein presbyterianischer und ein methodistischer Missionar ins Land. Die Zahl der evangelischen Christen wuchs nun ständig. Eine Besonderheit der koreanischen Gemeinden im Vergleich mit anderen christlichen Missionsgemeinden der Zeit war ihre

Eigenständigkeit. Diese verlieh ihnen große missionarische Dynamik, wurde aber gleichzeitig auch zur Quelle vieler Spannungen und Spaltungen. Eine wichtige Ursache von Konflikten war die politische Situation des Landes nach der Annexion durch die Japaner im Jahre 1910. Einerseits schlossen sich viele Christen der antijapanischen Unabhängigkeitsbewegung an, andererseits wirkten Missionsgesellschaften unter den neuen äußeren Bedingungen im Sinne eines unpolitischen, verinnerlichten Christentums. Diese Spannungen führten zu Kirchenspaltungen, deren Spektrum von antipolitisch-weltverneinenden Gruppen bis zu antimissionarisch-nationalistischen Gemeinden reichte. Weitere ernste Probleme ergaben sich, als die Japaner von den Christen die Teilnahme an dem schintoistischen Kaiserkult verlangten. Nach 1945 erreichten diese aus vielfältigen Quellen gespeisten Spaltungserscheinungen ihren Höhepunkt. Allein die Presbyterianische Kirche spaltete sich in 29 Gruppierungen, die Methodistische Kirche in 6. Im Jahre 1975 zählte man in Korea 302 Gemeinschaften, davon 64 Abspaltungen von protestantischen Kirchen.

Von den traditionellen Kirchen werden viele dieser Gruppen nicht als christliche Kirchen anerkannt. Und das vor allem wegen ihrer eigenwilligen und eigenartigen Bibelinterpretation, der Aufnahme schamanistischer Elemente in Lehre und Leben, des oft göttlichen Sendungsbewußtseins ihrer Führer und nicht zuletzt auch wegen ihrer nationalistischen Vorstellungen von einer besonderen Rolle des koreanischen Volkes als auserwähltes Volk Gottes in der Neuzeit. »Diese neu entstandenen pseudochristlichen Sekten sind zahlenmäßig und finanziell stärker als die traditionelle protestantische Kirche, aktiver, bewußter und geschlossener in ihrer Lehre.«/3/ Meist stehen Persönlichkeiten an ihrer Spitze, die außergewöhnliche charismatische Fähigkeiten für sich in Anspruch nehmen und denen von ihren Anhängern eine endzeitlich einzigartige Mission zugesprochen wird.

San Myung Mun gehört mit in diesen Kreis. Der Lebensweg Muns wie auch die Anfangsjahre seiner Bewegung und wichtige Lehrpunkte lassen diesen Zusammenhang immer wieder deutlich werden, obwohl viele biographische Einzelheiten unbekannt oder umstritten sind. Denn Mun hat, so wird betont, »sein Leben nie gänzlich seinen Anhängern offenbart. Der größte Teil seiner Lebensgeschichte ist noch immer in Dunkel gehüllt und wird es wohl auch für alle Zeiten bleiben.«/4/ Wir wollen dennoch den Versuch einer Darstellung wagen.

Von Geburt an, so wissen seine Anhänger zu berichten, unterschied sich Mun von durchschnittlichen Menschen, traten bei ihm außergewöhnliche Eigenschaften und Fähigkeiten hervor. Bereits als kleiner Junge verband er einen starken Gerechtigkeitssinn mit einem unbeugsamen Willen, »dem selbst seine Eltern hilflos gegenüberstanden. Er nahm den geringsten Akt von Ungerechtigkeit umgehend wahr und zeigte seinen Zorn und Unwillen besonders dann, wenn er sah, daß Erwachsene unschuldige Kinder ausnutzten. Er warf sich dann auf den Boden und schlug weinend seine Arme und Beine auf den Fußboden. Obgleich er am Körper Quetschungen erlitt und blutete, zeigte er kein Zeichen des Nachgebens, bevor nicht die Schuldigen die Berechtigung seiner Proteste eingesehen und ihre Fehler wiedergutgemacht hatten.«/5/ Als erster soll Muns älterer Bruder erkannt haben, daß diesem eine besondere Mission von Gott zugedacht war. 1930, Mun war damals zehn Jahre alt, trat die Familie zum Christentum über und schloß sich der Presbyterianischen Kirche an, die in der Lehre calvinistisch-reformiert ist und das Prinzip der synodalen Leitung der Kirche durch Geistliche und Laien vertritt. Über die Umstände und Motive des Übertritts der Familie vom Konfuzianismus zum Christentum ist nichts Näheres bekannt.

Nach dem Besuch der Dorfschule ging Mun in die koreanische Hauptstadt Seoul und besuchte dort das Dongyang-Realgymnasium./6/ Sein Ziel war es, zu studieren und ein bedeutender Wissenschaftler zu werden. In Seoul kam er in Kontakte mit einer Pfingstgemeinde, die ihn durch die Betonung eines ekstatischen, von den unmittelbaren Einwirkungen des Geistes geprägten Christentums offenbar mit formte. Auch besuchte er, das muß als sehr bedeutsam für seine Entwicklung angesehen werden, die Jesus-Kirche von Lee Yong Do. Diese spiritistische Gemeinschaft unter der Führung des ehemaligen Methodistenpfarrers Lee Yong Do war stark von den Lehren des schwedischen Naturforschers und Spiritualisten Emanuel Swedenborg (1688–1772) beeinflußt. Lee Yong Do soll ebenso wie Hwang Guk Ju, der ein Kloster in der Nähe Seouls gegründet hatte, in den dreißiger Jahren eine höchst eigenartige Lehre vertreten haben. Diese besagte: »Eva, die Mutter der Menschen, habe mit der Schlange, dem Satan, verkehrt und das Menschenblut verschmutzt. Seither sei alles Menschenblut unrein. Wenn man sein Blut reinigen wolle, müsse man mit denen, deren Blut durch den Heiligen Geist rein geworden sei, verkehren, damit erbsündefreie Kinder geboren werden.«/7/ Diese »Blutvervollkommnungslehre« sei, so meinen Kritiker, von nicht geringem Einfluß auf die Entwicklung Muns gewesen.

Der Durchbruch Muns zur Erkenntnis seiner einzigartigen Mission erfolgte am Ostermorgen des Jahres 1936 (17. 4.), als er bei Sonnenaufgang in den Bergen betete. Es erschien ihm, so behauptet er, Jesus Christus und teilte ihm mit, »daß er dazu bestimmt sei, jene Mission zu Ende zu bringen, die Jesus zweitausend Jahre zuvor begonnen, aber nicht vollendet hatte«./8/ Diese Berufungsvision wurde für Mun zum grundlegenden Erlebnis, seine Anhänger verglichen sie mit der Erleuchtung Buddhas am Beginn seiner Lehrtätigkeit. Doch erhielt Mun, dies ist hervorzuheben, die göttliche Wahrheit nicht einfach offenbart, er mußte sie sich in schweren Kämpfen mit Gott und dem Teufel erringen; ein Gedanke, der zu den Grundanschauungen des Schamanismus gehört./9/ Neun Jahre dauerten diese Kämpfe, es »waren Schlachten, endlose Kämpfe gegen alle kosmischen Mächte des Bösen, die verzweifelt nach seiner Vernichtung trachteten«. »Viele Male brachte Satan ihn fast dazu, seine Mission aufzugeben.« Geistig, aber auch körperlich hatte Mun ungeheures und in dieser Art einmaliges Leid zu bestehen. »Ohne einen stählernen Körper und große geistige Tapferkeit wäre es für einen Menschen unmöglich gewesen, das zu erdulden, was San Myung Mun während dieser ersten Jahre seiner Mission zu ertragen hatte.« »Vielfach waren seine

Augen so angeschwollen, daß es selbst seinen nächsten Angehörigen schwerfiel, ihn zu erkennen. Seine Tränen flossen in solcher Menge, daß sie manchmal die dicken Matten durchweichten, die im Osten den Fußboden bedecken, und durch die Decke in das darunterliegende Geschoß hinabtropften. Er beweinte das Leid Gottes; er vergoß die Tränen der leidenden Menschheit.«/10/ Als Schlüsselerlebnis in diesen Kämpfen wird die Erkenntnis des Geheimnisses des Falles der ersten Menschen im Paradies herausgehoben. Diese Wahrheit mußte er, das ist für biblisch-christliches Denken skandalös, für Mun aber aufschlußreich, nicht nur gegen den Teufel, sondern auch gegen Gott durchsetzen, Gott gleichsam die Zustimmung abringen. Der Vorgang wird so geschildert: Die geistige Welt kam zu Mun und sagte: »Du hast nicht recht. Sogar Jesus sagte: Es stimmt nicht, es ist falsch. Aber Vater [Mun] wich und wankte nicht. Wahrheit ist Wahrheit, niemand kann sie verändern. Dann kam sogar Gott selbst zu ihm und sagte: Du hast nicht recht. Aber Vater war immer noch standhaft. Und wenn auch Gott es leugnen wollte, so ist dies doch die einzige Wahrheit, mit deren Hilfe die Menschheit gerettet werden kann. Nach vierzig Tagen kam Jesus zu einer weiteren Schlacht. Aber zuletzt kam Jesus und sagte: Du hast recht. Und Gott bestätigte dies.«/11/

Während der Zeit dieser geistigen Kämpfe mit kosmischen Dimensionen studierte Mun an der Waseda Universität in der japanischen Hauptstadt Tokio Elektrotechnik. Er begann das Studium 1938 und kehrte 1944, vermutlich ohne Abschluß, nach Korea zurück. Mun nahm am Widerstandskampf gegen Japan teil und soll auch verfolgt worden sein.

Mit der Befreiung Koreas 1945 war Muns geistiges Ringen beendet. Die Wahrheiten Gottes lagen nun in seinen Händen. Er wurde »zum unumschränkten Sieger von Himmel und Erde. Die gesamte geistige Welt beugte sich am Tag des Sieges vor ihm; ... Satan ergab sich ihm an jenem Tag völlig, denn San Myung Mun hatte sich zu einem reinen und vollkommenen Sohn Gottes emporgekämpft.« »In der geistigen Welt wurde San Myung Mun als Sieger des Universums und Herr der Schöpfung anerkannt.«/12/

Da die physische Welt, so argumentiert Mun ganz im platonischen Sinn, nur eine Widerspiegelung der geistigen Welt ist, muß sich dieser Sieg in der geistigen Welt nach und nach auch in die materielle Welt umsetzen. Um dieses Ziel zu verwirklichen, begann Mun kurz nach Ende des 2. Weltkrieges Anhänger zu sammeln und versuchte, eine eigene Bewegung ins Leben zu rufen. Das Jahr 1946 gilt als Anfang des »zweiten Stadiums seiner Mission«. Ein äußeres Zeichen dafür ist auch, daß er einen Teil seines Geburtsnamens abänderte. Den Namen Yong (Drache) vertauschte er mit dem Namen San (Richtigkeit oder Güte). Zu deutsch bedeutet San Myung Mun: Strahlendes richtiges Zeichen./13/

In der Übergangszeit unmittelbar nach dem Ende des Krieges ging Mun für ein halbes Jahr in das Israel-Kloster von Kim Baek Mun in Yangju, einer Stadt nördlich von Seoul./14/ Kim Baek Mun ist ein Schüler des durch seine Blutvervollkommnungslehre bekannten Hwang Guk Ju. Kim hielt sich für den neuen Messias und vertrat die Meinung, Korea sei an die Stelle Israels getreten. Seine 1959 erschienenen »Christlichen Grundprinzipien« sollen in Aufbau und Inhalt weitgehend mit Muns »Göttlichen Prinzipien« übereinstimmen./15/ Kritiker behaupten, Mun habe von Kim wichtige Elemente seiner Lehre empfangen. Die offizielle Biographie Muns erwähnt von all dem nichts. Sie weiß nur zu berichten, daß Mun wenige Monate nach der Befreiung Koreas von Gott durch eine Offenbarung aufgefordert wurde, in die nordkoreanische Hauptstadt Pyongyang zu gehen und zu missionieren. »Propheten und andere Personen wurden von Gott bald zu ihm geführt, und es dauerte nicht lange, bis er sich eine kleine Schar von Anhängern erworben hatte.«/16/ Seine Gemeinde nannte sich Kwanghae, leuchtendes Meer.

Über die folgenden Ereignisse gibt es eine Reihe unterschiedlicher Darstellungen. Seine Anhänger beschreiben sie im Stile einer Heiligenlegende mit massiv antikommunistischer Tendenz. Danach wurde Mun am 11. April 1946 verhaftet und schwersten Repressalien unterworfen. »Er wurde so grausam mißhandelt, daß er innere Verletzungen erlitt und literweise Blut erbrach. Schließlich hielt man ihn für tot, und sein Körper, der eine einzige blutige Masse war, wurde in die kalte Winternacht hinausgeworfen. Seine trauernden Anhänger fanden seinen Körper und begannen mit Vorbereitungen für die Beerdigung. Nach drei Tagen kam er jedoch auf unerklärliche Weise wieder zu sich, und obgleich nach den Mißhandlungen fast alles Blut aus seinem Körper gewichen war, den erlittenen Quetschungen und Schmerzen zum Trotz, erhob er sich sofort und begann mit der Lehre seiner machtvollen Botschaft, den Göttlichen Prinzipien.«/17/

Mun wirkte bis Februar 1949 weiter in Pyongyang, dann wurde er erneut verhaftet und zu fünf Jahren Arbeitslager verurteilt. Die Gründe für seine Verhaftung sind umstritten und undurchsichtig. Eine Version lautet, Mun habe »seine Ehefrau verlassen und illegal eine seiner Anhängerinnen namens Kim geheiratet«. Das sei als »Einbruch in die soziale Ordnung« bestraft worden./18/ Nach eigenen Angaben waren gegen Mun von Pfarrern und Mitgliedern traditioneller Kirchen – die Presbyterianische Kirche hatte ihn 1948 ausgeschlossen – falsche Anklagen erhoben worden, um ihn und seine aufblühende Gemeinde zu verderben. Mun wurde 1949 in ein Arbeitslager eingeliefert. Auch hier will er wieder Unmenschliches erlebt haben. Im Lager legte er, so wird berichtet, durch seine einmalige Haltung und viele außergewöhnliche Vorkommnisse ein beredtes Zeugnis von seinem wunderbaren göttlichen Auftrag ab. So sah ihn »während seiner Gefangenschaft auch nicht einer ... jemals schlafen«./19/ Er nahm kaum etwas zu sich und verrichtete doch die schwersten Arbeiten so gut, daß er für eine Auszeichnung vorgesehen war. Einige der Lagerinsassen »hatten Träume oder Visionen von Gott, in denen ihnen angezeigt wurde, daß der Gefangene Nummer 596 der Sohn Gottes war. Mehrere Gefangene sahen ihn auf einem prächtigen Thron Gottes sitzen, sein Gesicht strahlte wie eine Sonne, und er blickte herab auf die ganze Welt.«/20/

Am 14. Oktober 1950 wurde Mun durch Streitkräfte der Vereinten Nationen befreit. Er ging zunächst erneut nach Pyongyang, um seine Anhänger aufzusuchen, mußte aber feststellen, daß sich viele von ihm abgewandt hatten.

Mit einem seiner treuesten Schüler, der aber, so wird hervorgehoben, wegen seines kranken Beins von Mun getragen bzw. auf einem Fahrrad transportiert werden mußte, erreichte er mitten im Krieg nach vielen Strapazen und wunderbaren Erlebnissen die südkoreanische Hafenstadt Pusan. Nach anderen Berichten gelangte Mun mit einem südkoreanischen Kriegsschiff nach Pusan und ging dort am 4. Dezember 1950 an Land./21/ In Pusan arbeitete er als Hafenarbeiter und sammelte erneut eine kleine Gemeinde um sich. In dieser Zeit formulierte er gemeinsam mit einem ehemaligen Medizinstudenten namens Hye Won Yoo die »Göttlichen Prinzipien« als Zusammenfassung seiner Erkenntnisse und Lehren. Dabei wurden Mun weitere göttliche Offenbarungen zuteil.

Nach und nach gelang es Mun, auch unter Gebildeten Anhänger zu finden. 1953 ging er in die südkoreanische Hauptstadt Seoul. Hier gründete er am 15. Mai 1954 formell eine neue Glaubensgemeinschaft. Er nannte sie auf koreanisch Tong-Il-Kyo (Vereinigungsbewegung), auf englisch Holy Spirit Association for the Unification of World Christianity (Heilig-Geist-Gesellschaft für die Vereinigung des Weltchristentums) oder in verkürzter Form Unification Church (Vereinigungskirche). Nach einigen Anfangsschwierigkeiten wuchs die Zahl ihrer Mitglieder. Besonders erfolgreich wirkte sie bald unter jungen Menschen. Am 31. Dezember 1954 konnte eine Studentenvereinigung gegründet werden. Aufsehen erregte es, als sich fünf Professoren und etwa 15 Studenten der Ehwa-Universität in Seoul der Vereinigungskirche anschlossen. Unter ihnen waren Prof. Dr. Han »und seine Kollegin Dr. Young Oon Kim, eine in Japan und Kanada ausgebildete Religionswissenschaftlerin und Swedenborg-Spezialistin, die vor allem kirchengeschichtlich die theologische Richtigkeit der neuen Offenbarung zu untermauern sucht«./22/ Die Professoren und Studenten mußten die Universität verlassen, weil sie sich, wie es hieß, an den »skandalösen Riten der Vereinigungskirche« beteiligt hätten./23/ Dabei sollte es sich um geheime Einführungsriten im Zusammenhang mit der Blutreinigungs- bzw. Bluttrennungslehre handeln. Mun und die Vereinigungskirche haben diesen

Vorwurf entschieden zurückgewiesen. Er spielte aber weiter eine gewisse Rolle.

Am 4. Juli wurden Mun und führende Vertreter der Bewegung verhaftet. Die Gründe für die Verhaftung sind umstritten: wegen Sektiererei und Verbreitung einer Pseudoreligion/24/, wegen Wehrdienstverweigerung/25/, wegen sexueller Promiskuität/26/. Mun blieb drei Monate im Gefängnis, danach wurde er wegen »erwiesener Unschuld« entlassen./27/ In diese Zeit fällt offenbar die Trennung von seiner ersten Frau. Im Oktober 1955 heiratet er Myung Hee Kim./28/

Seit der Mitte der fünfziger Jahre breitete sich die Bewegung in Südkorea immer stärker aus. 1957 startete Mun einen Missionsfeldzug in 120 Orte. Im selben Jahr gab er der Vereinigungskirche mit der Publikation der »Göttlichen Prinzipien« eine authentische Lehrgrundlage. Das Buch erlebte seitdem viele Auflagen und wurde, nachdem es 1966 in Englisch erschien, auch in andere wichtige Sprachen übersetzt.

Muns Lehre ist global angelegt. Er wollte mit seiner Kirche nicht auf Korea beschränkt bleiben. Zuerst konnte sie als Jugendbewegung in Japan Fuß fassen. Am 2. Januar 1959 reiste die Professorin Young Oon Kim in die USA (Kalifornien) und begann, für die neue Lehre vor allem unter Studenten und jungen Leuten zu werben.

Als wichtigstes Ereignis wird angesehen, daß Mun am 15. April 1960 eine neue Ehe einging und damit die Grundlage zur Errichtung der wahren Familie und der Erlösung der Schöpfung legte. Er heiratete die damals 18jährige College-Studentin Han Hak Ja. Nach eigenen Angaben wurde sie am 5. 2. 1942 in der nordkoreanischen Provinz Pyongyang Nam Do geboren. Bereits mit sechs Jahren soll ihr prophezeit worden sein, sie werde »dem ›kommenden Gottessohn‹ begegnen und die ›Braut des Herrn‹ werden«. Mit 13 Jahren lernte sie Mun kennen, er soll auf sie einen tiefen Eindruck gemacht haben. Zum Zeitpunkt ihrer Hochzeit hatte Han die für die Zweite Eva notwendige Vollkommenheit noch nicht erreicht, sie wurde aber von Mun dazu erzogen. Er berichtet: »Ich behandelte ›Mutter‹ mehr wie eine Dienerin als wie meine eigene Frau. Wir waren Braut und

Bräutigam, aber für ›Mutter‹ gab es keine Flitterwochen, sondern nur schwere Prüfungen. Ich wollte, daß sie von ganz unten anfängt, gleich einer Dienerin.«/29/ Diese Ehe gilt als die »Hochzeit des Lammes« nach Offenbarung Johannes 19. Durch sie wird die Wiederherstellung und kommende Vollendung der Menschheit maßgeblich eingeleitet. Was bei der Schöpfung der Welt von Gott beabsichtigt war und durch den Sündenfall verhindert wurde, eine vollkommene Ehe zu schließen, aus der sündlose Kinder hervorgehen, verwirklicht sich nun. Mun ist der neue, nun aber sündlose Adam, seine Frau die neue Eva, die aus dieser Ehe hervorgehenden Kinder werden sündlos geboren. Mun und seine Frau werden so zu den »wahren Eltern« der Menschheit, zu den »Eltern des Universums«. Mun selbst sagt über die Bedeutung dieser Hochzeit: »Ich erfüllte den Himmlischen Plan. Es war der geschichtsträchtigste Tag in der göttlichen Geschichte: Der Sohn des Himmels kam auf die Erde und empfing die erste Braut des Himmels. Von diesem Tag an gab es die erste wirkliche Grundlage auf Erden, von der aus Gott weiterarbeiten konnte. Er hatte einen Brennpunkt.«/30/ Aus dieser Ehe gingen 13 Kinder hervor.

In der Folgezeit veranstaltete Mun auch immer wieder Gruppenhochzeiten seiner Anhänger und machte dies zu einer Tradition der Vereinigungskirche. So führte er 1968 eine Hochzeitszeremonie für 430 Paare in Seoul durch, 1970 wurden 777 Paare aus 10 Nationen von Mun in Seoul getraut, 1975 waren es 1800 Paare aus 20 Ländern, 1982 5837 Paare aus 83 Nationen. In der Weltpresse wurde die Massenhochzeit von 6516 Paaren, die 1988 in der südkoreanischen Stadt Yongin stattfand, als größte Massenhochzeit der Geschichte nach Alexander d. Großen bezeichnet, der seine Soldaten mit Perserinnen verheiratet hatte. Am 12. Januar 1989 wurden dann in Yongin weitere 1275 Paare aus 80 Nationen getraut. Die »internationale Hochzeit symbolisiert die Vereinigung der gesamten Menschheit, ein Hauptziel der Vereinigungskirche«./31/

Mit der »Hochzeit des Lammes« im Jahre 1960 beginnt nach Muns Lehre eine neue Zeitepoche, »Gottes letzte Dispensation«. In ihr wirkt Mun als der neue Messias. Unter seiner Leitung wird das Reich Gottes auf Erden errichtet. Für die umfassende Verwirklichung des Reiches Gottes auf Erden verkündete Mun, ähnlich wie die Zeugen Jehovas, einen Terminplan, den auch er mehrfach korrigieren mußte. »Die Jahre 1960–67 proklamierte er als den ersten von drei 7-Jahres-›Kursen‹, in diesem Falle die Periode der Schaffung der ›Modellfamilie‹. Die Jahre 1967–74 sollten der ›nationale Kurs‹ sein, d. h. die Schaffung der notwendigen spirituellen und physischen Grundlagen in der ›Diener‹-Nation – die Nation, nämlich die Vereinigten Staaten, die eine helfende, beschützende Mission für das Neue Israel, Südkorea, erfüllen würde –, während die Periode 1974–81 der ›internationale Kurs‹ werden sollte.«/32/ Für die Entwicklung der Mun-Bewegung ist die These ausschlaggebend, daß der Kampf um die Errichtung des Reiches Gottes nicht nur religiöse Aktivitäten erfordert, sondern die Ebenen Politik, Wirtschaft, Kultur, Wissenschaft usw. einschließt. Die göttlichen Positionen finden sich in diesem Kampf auf seiten der westlichen »demokratischen« Staaten, der »Kommunismus« galt als die satanische Macht schlechthin. Von dieser grundlegenden Sicht wurden alle Unternehmungen Muns und der Vereinigungskirche bestimmt.

Mit dem Wachstum seiner Bewegung nahm auch der politische Einfluß Muns in Südkorea zu. Insbesondere knüpfte er auf der Basis seines Antikommunismus Verbindungen zu Regierungskreisen. 1962 wurde die Vereinigungskirche als »Gemeinnützige Stiftung« anerkannt, 1970 erreichte sie ihre Aufnahme in den koreanischen »Rat der Religionen«. Die Zahl ihrer Mitglieder war weiter gewachsen. Der Erfolg der Vereinigungskirche in Südkorea und Japan ermunterte Mun zu zahlreichen neuen Auslandsaktivitäten. 1965 unternahm er eine zehnmonatige Reise durch 40 Länder. Sie führte ihn auch in die USA. Dort wurde er durch Vermittlung südkoreanischer Regierungskreise unter anderem vom ehemaligen Präsidenten Eisenhower empfangen. Im Juli 1965 besuchte Mun auch die Bundesrepublik Deutschland. Hier war am 11. 12. 1964 von sieben Personen die »Gesellschaft zur Vereinigung des Weltchristentums e. V.« gegründet worden. Die meisten der deutschen Gründungsmitglieder hatten die Bewegung in Kalifornien durch Frau Young Oon Kim kennengelernt. /33/ Weitere Weltreisen Muns folgten. 1969 kam er mit seiner Frau zum zweitenmal in die Bundesrepublik. In Essen versammelten sich 60 Anhänger aus ganz Europa, und es konnten acht Paare getraut werden.

Mun verlegte in der Folgezeit das Hauptgewicht der äußeren Aktivitäten entsprechend seiner religiösen und politischen Vorstellungen zunehmend in die USA. Auf Rundreisen hielt er Vorträge in allen großen Städten des Landes. 1972 erklärte er die USA zur wichtigsten Nation der Welt und zum Zentrum der Mission der Vereinigungskirche. »Ich weiß«, behauptete er, »ich bin dazu bestimmt, die Mission hier in Amerika zu erfüllen. Ich bin dazu bestimmt, zur Rettung der Welt beizutragen, und Amerika wird meine Basis sein.«/34/ 1972 verlegten Mun und seine Familie ihren ständigen Wohnsitz in die USA. Dieser Schritt war nicht nur für die Leitung und Strategie der Bewegung von Bedeutung, sondern auch für die Arbeits- und Lebensweise der Mun-Anhänger. Diese lebten bisher zwar in Gemeinschaften zusammen, gingen aber ihrer Berufsarbeit nach. Mit ihrem Lohn bestritten sie den gemeinsamen Lebensunterhalt und die Aktivitäten der Bewegung. Dies brachte der Vereinigungskirche keine großen Einnahmen. 1972 lagen sie in den USA bei 100 000 Dollar. Als Mun nun seine amerikanischen Anhänger bat, für die Vereinigungskirche ein geeignetes Zentrum zu kaufen, das ihm gleichzeitig als Familienresidenz dienen könne, fehlte es an Geld. Ein Objekt, das Gut Belvedere in Tarrytown (New York), welches geeignet erschien, kostete 850 000 Dollar, bei 300 000 Dollar Baranzahlung. Um diese Summe zu beschaffen, mußten neue Arbeits- und Geschäftsmethoden entwickelt werden. Man übernahm die in Südkorea und Japan bereits praktizierte Methode des öffentlichen »fund raising«, des Angebotes von Blumen, Schmuck, Andenken usw. auf Straßen und Plätzen gegen eine »Spende«. Der Erfolg stellte sich sofort ein. In kurzer Zeit wurde das zum Ankauf benötigte Geld gesammelt. »Das Experiment mit öffentlichem ›fund-raising‹ wurde wichtig für die Bewegung, da es so möglich wurde, einen relativ kleinen Teil der Mitglieder in äußerst gewinnbringenden Aktivitäten zu engagieren, die wenig Talent und Fertigkeiten erforderten und es ihnen gestattete, in ihrer kommunalen Umgebung zu leben und zu arbeiten. Auf diese Art wurde die amerikanische UB [Unifikatorische Bewegung] als expandierende Bewegung finanziell unabhängig und konnte sich beträchtliches Eigentum an Grund und Boden und an kommerziellen Einrichtungen zulegen.«/35/

Neben den USA blieb Südkorea wichtige Basis der Bewegung. Korea behält seine grundlegende Bedeutung als drittes Israel. »Ich weiß«, sagt Mun, »daß es noch viel in Korea zu tun gibt. Aber nur mit Korea zu arbeiten, würde die Rettung der Welt verzögern. Amerika muß Gottes Vorkämpfer werden.«/36/ Auf vielerlei Weise versuchte und versucht Mun, seinen Einfluß in Südkorea auszuweiten.

Als Mun in die USA kam, brachte er einen präzisen endzeitlichen Zeitplan mit. In der Periode des »nationalen Kurs«, den Jahren 1967–1974, sollten die Voraussetzungen geschaffen werden, daß die »Diener-Nation«, die USA, ihre helfende und beschützende Mission am Neuen Israel, an Südkorea, erfüllen könne. Bis zum Ablauf dieser Frist waren es damals noch ca. zwei Jahre. Die Aktivitäten Muns und seiner Anhänger wurden dadurch maßgeblich mitgeprägt. Mun verglich die noch zur Verfügung stehende Zeit in ihrer Bedeutung mit der dreijährigen Wirksamkeit Jesu Christi. Seine Rhetorik war »angefüllt mit hektisch-chiliastischer Bildlichkeit und dramatischen Prophezeiungen, und in der Bewegung herrschte eine krisenhafte, erwartungsvoll-optimistische Atmosphäre. Der Messias war persönlich gekommen, und sicher würden sich die Dinge nun zugunsten der Bewegung wenden!«/37/ Alle Möglichkeiten der öffentlichen und privaten Werbung wurden genutzt. Auf unzähligen gut organisierten Veranstaltungen im ganzen Land trug Mun im Zusammenhang seines Lehrsystems die These von der Führerrolle der USA bei der Errichtung des Reiches Gottes auf Erden und damit im Kampf gegen den Kommunismus vor. Diese Behauptung erfuhr in Verbindung mit der Watergate-Affäre eine äußerst fragwürdige, aber auch äußerst massen-

und medienwirksame Konkretisierung. Mun nahm für den durch die Billigung des Watergate-Einbruchs schwer belasteten amerikanischen Präsidenten Richard Nixon Partei. Während einer großen »Day of Hope«-Reise durch die USA ließ er in den 21 größten Tageszeitungen eine Erklärung zur Watergate-Affäre verbreiten. Darin rief Mun die Amerikaner im Namen Gottes zu Vergebung, Liebe und Einigkeit auf. Am 1. Dezember 1973 verordnete er ein vierzigtägiges Beten und Fasten für die Sache Nixons. Eine kleine Gruppe seiner Anhänger führte ein siebentägiges öffentliches Fasten auf den Stufen des Kapitols durch.

Muns Vergebungserklärung fand die Unterstützung einiger Senatoren und Kongreßabgeordneter. Am 11. Dezember 1973 sandte der Präsident ein Dankschreiben an Mun. Dieser verstärkte seine Kampagne für Nixon. Am 13. Dezember demonstrierten einige hundert »Munis« erneut vor dem Weißen Haus. »Sie trugen Transparente mit Aufschriften wie: ›Unterstützt den Präsidenten‹ und ›Gott liebt Nixon‹. Kurz nach 23.00 Uhr erschien Nixon. Muns Anhänger knieten nieder, als er näher kam. Und Präsident Nixon sprach mit Tränen in den Augen etwa 15 Minuten lang mit ihnen. Am nächsten Tag wurde Mun von Präsident Nixon empfangen. Als er zu Nixon kam, umarmte er ihn und betete inbrünstig in seiner Muttersprache, während der Präsident still zuhörte. Zwei Tage nach dem Rücktritt Nixons sagte Mun: ›Ich bin sicher, daß dahinter kommunistische Kräfte am Werk sind. Sie haben ihm gedroht, ihn umzubringen, wenn er nicht zurücktreten würde, und das hat ihn dazu gezwungen.‹«/38/

1974 trat, wie wir sahen, die Vereinigungskirche in die Periode des »internationalen Kurs« ein, der, so hieß es damals, 1981 mit der Wiederherstellung des Reiches Gottes beendet sein würde. Die meist jugendlichen Anhänger wurden zu Mission und Arbeit motiviert mit Verheißungen wie: »Vaters (Moons) Mission wird in sieben Jahren beendet sein. Wenn ihr an Vaters 7-Jahres-Kurs teilnehmt, wird das die glänzendste Zeit eures Lebens sein. Am Ende dieses Kurses werden die Menschen zu Vater gehen, doch er wird ihnen sagen, daß er fertig ist. ... Dann mögen sogar der Präsident (...) oder Rockefeller kommen, aber Vater wird sagen, Meine Mission ist beendet.«/39/

Die Werbung mit den bekannten fragwürdigen Methoden ging weiter. Eine besondere Rolle spielten nach wie vor die international zusammengesetzten Missionsteams. Großveranstaltungen Muns sorgten weiterhin für öffentliches Aufsehen, so die 1975 in Seoul unter Beteiligung von über einer Million Menschen durchgeführte »Internationale Kundgebung für die Freiheit Koreas« oder die Feier in New York anläßlich der 200jährigen Gründung der USA.

Auch der finanzielle Erfolg der Vereinigungskirche und die wachsende Beteiligung an Industrieunternehmungen bis hin zur Waffenproduktion nahmen zu./40/ Das wird grundsätzlich nicht geleugnet, denn auch die finanzielle Welt müsse wiederhergestellt werden. »Der Weg, dies zu tun, ist, voll hineinzutauchen, um finanzielle Macht zu erlangen, finanzielle Verbündete zu gewinnen und um in der Praxis das Ideal zu demonstrieren, daß materielle Mittel im Dienst des Werkes Gottes stehen können und müssen.«/41/

Am 20. September 1975 konnte Mun in der Nähe von Barrytown (New York) eine eigene Ausbildungsstätte für die Führungskader seiner Bewegung eröffnen, das »Unification Theological Seminary«. Es befindet sich in einem ehemaligen römisch-katholischen Kloster, das für 1,5 Millionen Dollar gekauft worden war. 1976 erwarb die Vereinigungskirche in Manhattan (New York) das ehemalige Wolkenkratzer-Hotel »The New Yorker« (2100 Zimmer) und baute es zum »Weltmissionszentrum« aus. Die Vereinigungskirche missionierte 1976 bereits in 80 Ländern, und man schätzte die Zahl ihrer Anhänger auf ca. 500000, davon 350000 in Korea. In den USA soll es zu diesem Zeitpunkt erst 3000 aktive Mitglieder gegeben haben. Zum bevorzugten Missionsfeld der Vereinigungskirche in Westeuropa wurde seit 1975 die Bundesrepublik. Mehrfach kamen große internationale Missionsteams zu Einsätzen dorthin, zwei Trainingszentren entstanden, die Presse- und Verlagsarbeit wurde ausgebaut. Im Oktober 1975 besuchte Mun zum vierten Mal die BRD. Im selben Jahr wurde als Reaktion auf die Werbe- und Arbeitsmethoden der Vereinigungskirche die erste Elterninitiative gegen Mun und seine Bewegung gebildet.

Seit 1977 verschwindet die Vereinigungskirche nicht mehr aus den Spalten der Presse. Die Kritik durch die Öffentlichkeit, aber auch innere Entwicklungen und Einsichten trugen offenbar dazu bei, daß die Vereinigungskirche zu neuen Missionsmethoden greift. Man bemüht sich nun, ein positives Verhältnis zu den Eltern neugewonnener junger Menschen zu finden, eine wirkungsvolle Aufklärungsarbeit zu leisten, Kontaktpersonen günstig zu stimmen usw. »Die Straßenmission«, so kann 1980 ein informierter Beobachter feststellen, »d. h. das Ansprechen vor allem junger Leute in der Fußgängerzone und Einladung zu Gesprächsabenden und Vorträgen, ist weitgehend abgelöst worden von einer weltweiten neuen Strategie, die ›Homechurch‹ genannt wird. Schon seit einiger Zeit lehrt Mun diese Methode der Mission und Infiltration und preist sie mit großen Worten: nur hierdurch könne zum jetzigen Zeitpunkt das Reich Gottes auf Erden verwirklicht werden. Demgemäß hat er seine Leute umgeschult. Das geschah u. a. in England, wo so etwas wie eine europäische Zentrale entstanden ist, mit Koreanern und Japanern in der Führungsspitze.«/42/ Die »Hauskirchen-Arbeit« bedeutet, daß jedes aktive Mitglied 360 Wohnungen bzw. Familien zugewiesen bekommt, für die es verantwortlich ist und die sein Missionsgebiet darstellen. Unter diesen Familien soll der Muni auf vielfache Weise, auch durch karitative Dienste, für seinen Glauben Zeugnis ablegen und werben. Im Sommer 1980 wurde in der Bundesrepublik auch eine »40-Tage-Aktion« gestartet. 130 aktive Mitglieder versuchten durch soziale Dienste, »Gott in den Alltag« zu bringen. Diese Arbeit geht mannigfach variiert weiter.

Die Verwirklichung des Reiches Gottes auf Erden war von Mun für 1981 vorausgesagt worden. Mit dem Herannahen dieses Termins wurde seine These immer unwahrscheinlicher. Er nahm eine Korrektur vor. In einer Rede zum »Tag der Eltern« im April 1980 gab Mun den Aufschub der Wiederherstellung bekannt, »die jetzt nach einer weiteren 21-Jahres-Periode, die sich in 7-Jahres-Intervalle gliedert, kommen soll«./43/ Neuer Termin ist also das Jahr 2001.

Die starke Konzentrierung der Aktivitäten auf Europa, insbesondere auf Deutschland, hing offenbar mit Schwierigkeiten zusammen, die Mun durch seine wirtschaftlichen Aktionen in den USA erwuchsen und die in den letzten Jahren zu Prozessen, Verurteilungen und einer Haftstrafe führten, die Mun im Juli 1984 antreten mußte./44/ Die Verurteilung erfolgte wegen Steuerhinterziehung. Es ist aber unzutreffend, in diesem Zusammenhang von persönlicher Bereicherung zu sprechen, wie das in großen Pressekampagnen geschah. Vielmehr wurden durch diesen Prozeß Grundfragen der Steuerfreiheit religiöser Organisationen in den USA berührt. Die Folge war eine Solidarisierung vieler kirchlicher und religiöser Amtsträger mit Mun, ein Umstand, der ihm und seiner Bewegung in den USA zugute kam. Die Verurteilung zu einer Gefängnisstrafe hat Mun jedoch zur amerikanischen Demokratie und ihrer vermeintlichen heilsgeschichtlichen Mission eine größere Distanz gewinnen lassen und im Gefolge seine globalen Aktionen weiter verstärkt.

Für innere Bewegung und Spannung sorgten Mitte der achtziger Jahre spirituelle Praktiken, die an schamanische, aber auch swedenborgianische Traditionen anknüpfen, wie sie in der Vereinigungskirche gepflegt werden. Durch eine englische Anhängerin kamen Botschaften aus dem Jenseits. Bekannte und unbekannte Persönlichkeiten meldeten sich zu Wort, unter ihnen Jesus, Martin Luther, aber auch katholische Heilige. Mun soll diese – als endzeitlich pfingstliche Geschehnisse gedeuteten – Vorgänge bereits zwei Jahre zuvor angekündigt haben.

Von besonderer Bedeutung aber wurde folgendes: Muns jüngster Sohn Heung Jin Nim war Ende 1983 erst 17jährig bei einem Autounfall ums Leben gekommen. Da nach der Lehre der Vereinigungskirche ein Mensch, der stirbt, ohne seine Aufgabe auf Erden erfüllt zu haben, zurückkehren und einen anderen gläubigen Menschen als Werkzeug benutzen kann, um seine Aufgabe zum Abschluß zu bringen, trat dies nun im Falle von Heung Jin Nim konkret ein. Er nahm Besitz von einem jungen Afrikaner aus Simbabwe. Mun ließ dem Afrikaner durch seinen Sonderbeauftragten Kwak fünf

Fragen stellen, die allein sein Sohn hätte beantworten können. Jede Frage wurde zur vollen Zufriedenheit beantwortet. Mun und seine Frau erkannten diese geistige Einwohnung an. Da aber der junge Schwarze, dessen Name nicht erwähnt wird, nur der Träger des Geistes und Instrument des verstorbenen Sohnes ist, berechtigt die postum geschlossene Ehe zwischen dem Mun-Sohn und Hoon Sook Pak, jetzt Julia Mun, nicht zu einem ehelichen Zusammenleben zwischen den beiden. Ehelos zu sterben gilt als großes Unglück, da die Ehe zur Erlangung der Vollkommenheit heilsnotwendig ist. Aus diesem Grunde sind postume Vermählungen nicht unüblich. Diese Vorgänge bleiben auch in der Vereinigungskirche, die keinesfalls als in sich völlig uniform anzusehen ist, nicht unumstritten. Inzwischen hat Heung Jin Nim den Körper des Afrikaners wieder verlassen, und diese Sache scheint abgeschlossen zu sein.

Die vielfältigen Aktivitäten der Vereinigungsbewegung, um eine breite, interreligiöse Politik, Wissenschaft, Wirtschaft und Kultur einschließende Koalition auf der Basis des Gottesglaubens zu schaffen, nahmen seit Mitte der achtziger Jahre wieder erheblich zu. Als Grundlage wird der »Gottismus« genannt, ein »auf Gott zentriertes Wertesystem«, das allen Religionen gemeinsam sei. Erfolge blieben nicht aus, die Breitenwirkung der Bewegung konnte verstärkt werden. Konferenzen wurden immer wieder zeitlich geschickt organisiert, so 1988 in Parallele zu den Olympischen Spielen die von Vertretern aus 120 Nationen besuchte »Olympiade der Weltkultur« in Seoul. Auf ihr schlug Mun vor, am 18. 9. 1990 in Seoul ein in dreijährigem Abstand zu wiederholendes »Weltfest der Kulturen« abzuhalten. Es ist nicht möglich, hier alle der vielen Konferenzen und Veranstaltungen zu nennen, die auf Initiative der Munis durchgeführt wurden und werden. Eine zentrale Bedeutung hat offenbar die für 1993 in Chicago anläßlich der 100. Wiederkehr des »Parlaments der Religionen« geplante »Versammlung der Religionen der Welt«. Ein Erfolg für Mun war es, daß am 14. Oktober 1989 das 1987 bei Seoul gegründete Sung Hwa Seminar als Universität anerkannt wurde.

Seit langem angestrebt und von Mun vorausgesagt, gelingt seit 1989 der entscheidende Schritt in den Osten, ins ehemals sozialistische Lager. Er war insgeheim sorgfältig vorbereitet worden. Anläßlich der 11. Tagung der von ihm getragenen »Weltmedienkonferenz«, der 3. Tagung des »Gipfelrates für Weltfrieden« und der 9. Konferenz der »Vereinigung für die Freiheit Lateinamerikas« vom 9.–13. April 1990 hielt sich Mun mit seiner Frau in Moskau auf. Es war ihm gelungen, zu der Konferenz des »Gipfelrates« 41 ehemalige Präsidenten und Ministerpräsidenten nach Moskau einzuladen, unter ihnen der ehemalige NATO-Generalsekretär Joseph Luns. Mun forderte in seiner Rede: 1. Ein neues Wertesystem, das »die Kluft zwischen Individualismus und Kollektivismus überbrücken kann«. 2. Neue Technologien, um »die notwendigen Elemente für Wachstum und Wohlstand für alle bereitzustellen«. 3. Eine Neuordnung des Weltwirtschaftssystems, »da das gegenwärtige nicht optimal funktioniert«. 4. Neue patriotische Bewegungen, »die ihr Land und die Menschheit über ihre eigenen individuellen Bedürfnisse und Verlangen stellen«./45/

Am 11. April 1990 traf der sowjetische Präsident Gorbatschow nach einem Empfang für 28 an der Konferenz teilnehmende ehemalige Staatsoberhäupter mit Mun und seiner Frau zusammen. Mun sagte Gorbatschow nicht nur moralische Unterstützung zu, sondern erklärte sich zu erheblichen Investitionen in der Sowjetunion bereit. Der Moskau-Besuch Muns stellt zweifellos einen besonderen Höhepunkt in der bisherigen Biographie des neuen Messias und der »wahren Eltern« dar.

Nicht nur in der Sowjetunion, sondern auch in den anderen ehemals sozialistischen Staaten sind die Aktivitäten der Vereinigungskirche inzwischen sehr groß./46/

In China, wohin schon länger als zur Sowjetunion Kontakte bestehen, wird ein großes Atomkraftwerk errichtet. Mun hat mit Recht erkannt, daß die größten Wachstumschancen seiner Bewegung neben der Dritten Welt in den ehemaligen kommunistischen Ländern liegen. In den westlichen Industriegesellschaften wird die Vereinigungskirche stets nur kleine Randgruppen für sich gewinnen können. Das bedeutet aber keinesfalls, daß sie dort bedeutungslos wäre und nicht mit einem weiteren Anwachsen ihres Einflusses zu rechnen ist. Sie überschreitet bekanntlich mit ihren Aktivitäten bewußt die Sache des Religiösen, bezieht alle anderen Bereiche des Lebens in ihr System ein. Anzahl, Struktur und Verzweigung ihrer Hilfs- und Nebenorganisationen sind für den Außenstehenden kaum überschaubar.

Zahlreiche Organisationen und Einrichtungen, teilweise mit betont sozialer Ausrichtung, wurden von Mun bzw. der Vereinigungskirche ins Leben gerufen und bilden gewissermaßen Hilfsorganisationen./47/ Erklärtermaßen soziale Ziele auf dem Hintergrund der Lehren Muns haben die »Internationale Stiftung für Hilfe und Freundschaft« (IRFF, gegründet 1976), »Internationale Christen für Einheit und soziale Aktion« (ICUSA, gegründet 1985) und die »Ozeankirche«. Im Dienste einer »grundlegenden Veränderung der menschlichen Gesellschaft in allen Bereichen« sind auf wissenschaftlichem, religiösem und kulturellem Gebiet zu nennen: »Internationale Kulturstiftung« (ICF, gegründet 1968), ihr Ziel ist es, durch wissenschaftliche Zusammenarbeit eine neue Weltkultur zu schaffen; »Internationale Konferenz über die Einheit der Wissenschaften« (ICUS, gegründet 1972); »Die Akademie der Professoren für den Weltfrieden« (PWPA), sie hat Zweigstellen in über 90 Ländern und gibt die Vierteljahreszeitschrift »International Journal on World Peace« heraus; »Das Washingtoner Institut für Werte in der öffentlichen Politik«; »Internationale Religionsstiftung« (IRF); »Die Versammlung der Religionen der Welt« (AWR); »Rat für die Religionen der Welt« (CWR); »Jugendseminar über die Weltreligionen« (YSWR); »Religiöser Jugenddienst« (RYS); »Interkonfessionelle Konferenz für Geistliche« (ICC), an deren Veranstaltungen seit 1985 nach eigenen Angaben über 7000 amerikanische Geistliche teilgenommen haben. Von besonderer Bedeutung und nicht zu unterschätzender Ausstrahlungskraft ist die »Neue ökumenische Forschungsvereinigung« (NEW ERA), die durch ihre Konferenzen und ihr Veröffentlichungsprogramm in akademische Kreise hinein wirkt.

Im politischen Bereich wirken im Sinne der Vereinigungskirche mehrere Organisationen, von denen die

»CAUSA International« (gegründet 1980) die wohl bekannteste und einflußreichste ist. Im rechten, ja rechtsradikalen politischen Spektrum angesiedelt, richtete sich jahrelang ihre Hauptstoßrichtung gegen den Marxismus-Leninismus, »der größten ideologischen Bedrohung unseres Wertesystems heute«./48/ Insgesamt strebt sie die weltweite Durchsetzung einer gottbejahenden Ethik und Moral in freien Gesellschaften an. Es gelang ihr teilweise, sehr namhafte Politiker für ihre Tagungen zu gewinnen. Politische Ziele verfolgen weiterhin die »Internationale Föderation für den Sieg über den Kommunismus«, die »Bürgerföderation für die Vereinigung des Vaterlandes« (Korea), der »Internationale Sicherheitsrat« (ISC), der »Gipfelrat für Weltfrieden«, die »Vereinigung für die Einheit Lateinamerikas« (AULA) und der »Amerikanische Verfassungsausschuß« (ACC).

Wie groß und umfangreich das der Vereinigungskirche gehörende und sie und ihre Hilfsorganisationen wesentlich mittragende Wirtschaftsimperium ist, läßt sich exakt nicht feststellen. An Spekulationen und Übertreibungen fehlt es nicht./49/ Daß die Wirtschaft ein wichtiges Betätigungsfeld der Vereinigungskirche ist, wird von dieser nicht bestritten, sondern positiv hervorgehoben. »Die Wirtschaft ist die Grundlage, auf der das Reich Gottes errichtet wird.«/50/ In einem Interview mit der »Moscow News« sagte Mun: »Ich propagiere eine ›Geschäftsphilosophie‹, die einen doppelten Nutzen einbringt: Indem man sich darum kümmert, was die Menschen materiell benötigen, fördert man gleichzeitig sein eigenes ewiges Leben. Ich habe geschäftliche Unternehmungen in mehreren Entwicklungsländern etabliert. Ich habe jedoch den Profit niemals aus diesen Ländern ausgeführt. Statt dessen setzte ich ihn ein, um die weitere Entwicklung in diesen Ländern zu fördern. Ich habe viel investiert in eine Fabrik für Automobilherstellung in China, in Hotels in Lateinamerika, in landwirtschaftliche und fleischverarbeitende Betriebe in Afrika. Ich handele nach dem Grundsatz, kein technisches Know-how den Entwicklungsländern vorzuenthalten, insbesondere in bezug auf die Herstellungsindustrie, die durch Computer unterstützt wird.«/51/ Offiziell wird als Unternehmen der Vereinigungskirche »Il Hwa« genannt. Die Firma verfüge in Südkorea über vier große Werke, in denen 40 pharmazeutische Produkte, ein Naturwassergetränk und 10 verschiedene Ginseng-Produkte hergestellt werden. Es wird übrigens von Beobachtern immer wieder behauptet, der internationale Ginseng-Markt befände sich in der Hand Muns. Im maritimen Bereich ist das Engagement ebenfalls beträchtlich: »International Oceanic Enterprises« (IOE) ist ein großes fischverarbeitendes Unternehmen; »Master Marine, Inc.« ist eine große Schiffswerft, auf der schon über 290 Schiffe der verschiedensten Art gebaut wurden. Im internationalen Maschinenvertrieb ist »Saeilo Machinery« tätig. Hier hat es für Südkorea immer wieder den Vorwurf einer Beteiligung auch an Waffengeschäften gegeben. Das »Weltforschungsinstitut für Wissenschaft und Technologie« (WRIST) wurde 1984 gegründet und versucht, »neue, praktische High-Technology Methoden zu entwickeln«. Von ihm wurde 1987 das »Computer Integrated Manufacturing« (CIM) gegründet. Wie weit die Beteiligung am internationalen Bankgeschäft geht, läßt sich von außen mit Sicherheit nicht sagen.

Es entspricht durchaus dem auf Schaffung einer neuen Weltgesellschaft ausgerichteten Anliegen Muns, daß sich die Vereinigungskirche mit Hilfsorganisationen auch auf dem Gebiet der Kultur engagiert. International sehr bekannt geworden ist das 1965 gegründete Kinderballett »The Little Angels«. Es ist eng verbunden mit dem 1981 ins Leben gerufenen »Little Angels-Zentrum für darstellende Künste«. Seoul ist der Sitz der »Universal Ballet Company« (UBC). Der Förderung der Künste dient der »Internationale Künstlerverband« (AAI), der u. a. jährlich die »Internationale Konferenz der Künste« durchführt. Gesponsert werden auch das »New York City Symphonie-Orchester«, der Chor »New Hope Singers«, neuerdings sogar ein Fußballverein und viele andere kulturelle und sportliche Einrichtungen.

Die Verbindung von Wirtschaft, Politik und Kultur im Konzept Muns für eine neue Welt tritt anschaulich im »Internationalen Straßenbauprojekt« (International Highway Project) hervor, das ebenfalls zu den Hilfsorganisationen der Vereinigungskirche gehört. Eine internationale Autobahn des Friedens, die auf beiden Seiten von einer neutralen Zone eingerahmt wird, soll die Länder der Welt verbinden und ihre umfassende Entwicklung fördern. Wichtiger Ausgangspunkt ist ein Tunnel zwischen Japan und Korea, dessen Projektierung abgeschlossen ist.

Die Bedeutung der Presse und des Verlagswesens bei der Propagierung seiner Ziele ist von Mun seit langem erkannt worden. 1982 war in New York der Verlag »Paragon House Publishers« gegründet worden. Sein Ziel ist es, innerhalb von zehn Jahren 3000 verschiedene Buchtitel zu edieren. Am 17. Mai desselben Jahres wurde die »Washington Times« zum erstenmal herausgegeben. Es ist nicht übertrieben, wenn festgestellt wird: »In nur fünf Jahren ist die Washington Times zu einer der am häufigsten zitierten und am schnellsten wachsenden Zeitungen Amerikas geworden.«/52/ Mun selbst sagte in seiner Rede vor der 10. Weltmedienkonferenz 1989 in Washington: »Wie Sie alle wissen, bin ich in erster Linie ein religiöser Führer. Und dennoch beschränkt sich meine Arbeit nicht auf das Gebiet der Religion. Ich bin höchst interessiert an Medien. Seit 1975 habe ich viele Zeitungen und Verlagsfirmen in verschiedenen Teilen der Welt gegründet. Ich gründete eine Tageszeitung, ›Sekai Nippo‹, in Tokio; 1976 die ›New York City Tribune‹ in New York. Ich begann die Herausgabe der spanisch-sprachigen Tageszeitung ›Noticias del mundo‹ in mehreren großen Städten Amerikas. 1981 gründete ich die Tageszeitung ›Ultimas Noticias‹ in Montevideo, Uruguay und im Mittleren Osten die ›Middle East Times‹. Doch am bekanntesten bin ich als die Person, die eine alternative Stimme in Washington DC, der Hauptstadt des Landes geschaffen hat. Nach der Einstellung der 128 Jahre alten ›Washington Star‹ gab es in der Stadt nur mehr eine Zeitung.«/53/ Ein Presseorgan mit dem Ziel der Einflußnahme auf die »amerikanischen Meinungsführer« ist seit 1986 »Insight«. Es bringt »Fakten, Trends und Geschehnisse«, »damit die Führer verstehen können, wie sich die Welt von heute und morgen entwickelt«./54/ In diesem Zusammenhang ist auch »Free Press International« (FPI) zu nennen, ein

»Nachrichtendienst im Besitz von News World Communications, der von der New York City Tribune betrieben wird«./55/ »The World & I« ist ein 1988 gegründetes anspruchsvolles, reich bebildertes Monatsmagazin mit ca. 700 Seiten Umfang.

Diese und weitere Organisationen und Einrichtungen schaffen der Vereinigungskirche Muns international eine weit über Mitgliederzahlen hinausgehende Bedeutung. Sie ist heute nach eigenen Angaben in 130 Ländern tätig. Über die Mitgliederzahlen gibt es keine zuverlässigen Angaben. In Deutschland soll es etwa 1000 aktive Glieder und 2500 Sympathisanten geben, weltweit ist von zwei Millionen Mitgliedern die Rede, aber auch höhere und niedrigere Zahlen sind im Gespräch. Letztlich sind die Zahlen nicht ausschlaggebend, sondern das Engagement der Mitglieder, und dies ist, motiviert durch die Lehre Muns, außerordentlich groß.

2. Die göttlichen Prinzipien

(Lehrgrundzüge)

»In eurer Welt gibt es kein Glück. Wir sind aufgebrochen, es zu suchen«, so hatten revoltierende Studenten der Sorbonne an die Mauern ihrer Universität geschrieben./56/ Mun und die Vereinigungskirche setzen, wie auch andere »Jugendreligionen«, mit ihrem Angebot bei dieser Sehnsucht nach dem Glück ein. Die Allgemeine Einführung in die »Göttlichen Prinzipien«, das für die Lehre der Vereinigungskirche grundlegende Werk, beginnt nicht zufällig mit der Frage nach dem Glück: »Alle Menschen, ohne Ausnahme, streben danach, glücklich zu werden, indem sie versuchen, ihren gegenwärtigen unglücklichen Zustand zu ändern. Bei den alltäglichen Problemen der Einzelperson sowie bei den gewaltigen Problemen, die die Geschichte der Menschheit beeinflussen, handelt es sich letzten Endes um den Ausdruck des menschlichen Strebens, glücklich zu werden. Wie kann dieses Glück erreicht werden?«/57/

Der Beantwortung dieser Grundfrage menschlichen Lebens will das theoretische und praktische Alternativangebot Muns dienen. Er entfaltete dazu eine in sich weithin geschlossene, umfassende Konzeption, die im folgenden in einigen Grundzügen vorgestellt werden soll./58/ Sie ist heilsgeschichtlich angelegt, geht also von der Verwirklichung eines Planes Gottes mit der Schöpfung und dem Menschen aus. Der heilsgeschichtliche Grundansatz schließt die Bedeutung des Faktors Zeit ein und gipfelt in der endzeitlichen Offenbarung der göttlichen Prinzipien durch Mun. Damit ist die Errichtung des Reiches Gottes auf Erden verbunden. Muns Theologie kann man als Schöpfungstheologie bezeichnen. Von der Schöpfung her werden alle grundlegenden Fragen entfaltet. Hier liegt der Schlüssel zu den göttlichen Prinzipien, zum Verständnis Gottes und seines Planes, zur Wiederherstellung und Vervollkommnung der Schöpfung. Mun sagt, Gott selbst und damit auch das Wissen um die Lösung aller Probleme ist aus der Schöpfung zu erkennen: »Wie sich das unsichtbare Wesen eines Künstlers in seinen Werken widerspiegelt, manifestiert Gott sich in Seiner Schöpfung. Um also das Wesen Gottes kennenzulernen, müssen wir uns mit Seiner Schöpfung befassen.«/59/ Die Schöpfung ist ein symbolischer Ausdruck Gottes. In der Schöpfung sind bei genauerer Betrachtung Grundprinzipien festzustellen, die gleichzeitig Grundprinzipien Gottes sind. Es handelt sich um drei Gruppen von Prinzipien, die aufeinander angelegt sind und die Basis aller anderen Gedankengänge Muns bilden.

An erster Stelle steht die aus der Schöpfung abgeleitete Erkenntnis von den »polaren Wesensarten Gottes«, dem Prinzip des Gebens und Nehmens, der Wechselbeziehung zwischen Subjekt und Objekt. Gott ist seinem Wesen nach polar und doch eine Einheit. Alle Dinge außerhalb Gottes können nur existieren, wenn sie in die Wechselbeziehung des Gebens und Nehmens treten und dadurch ebenfalls eine Einheit werden. Mun betont: »Alles in der Schöpfung, sei es Mensch, Tier oder Pflanze bis hin zu den Grundeinheiten aller Materie, den Molekülen und Atomen, kann seine Existenz nur aufgrund einer Wechselbeziehung zwischen seinen positiven und negativen sowie zwischen seinen Subjekt- und Objektteilen aufrechterhalten; z.B. existieren der

Mensch als Mann und Frau und die Tiere in männlicher und weiblicher Form; die Pflanzen haben Staubgefäße und Stempel; die Moleküle bestehen aus positiven und negativen Ionen, und sogar das einfachste Atom setzt sich aus Proton und Elektron zusammen.«/60/ Dieses polare Seins- und Schöpfungsprinzip ist die Grundlage all der vielfältigen Wechselbeziehungen in Natur und Welt, die in reichem Maße aufgezeigt werden können, man denke nur an die Wechselbeziehung zwischen Geist und Körper.

Der Vorgang des Gebens und Nehmens auf der Basis der dualen bzw. polaren Prinzipien Gottes und der Schöpfung führt zur Entstehung eines neuen Dritten, in welchem sich die beiden polaren Prinzipien gleichsam vereinigen. Diese zweite Gruppe der göttlichen Prinzipien basiert auf dem »These-Division-Synthese-Vorgang«. Mun erklärt ihn in den Göttlichen Prinzipien folgendermaßen: »Wenn durch die Universale Energie die in Gott vorhandenen polaren Wesensarten den Vorgang des Gebens und Nehmens miteinander vornehmen, ist eine empfängliche Grundlage geschaffen, auf der neues Leben entstehen kann. Durch diesen Vorgang wird die polare Wesensart in zwei substantielle Objekte geteilt, die Gott zum Mittelpunkt haben. Dieses substantielle Subjekt-Objekt-Paar nimmt dann den Vorgang des Gebens und Nehmens miteinander auf, und durch die Universale Energie entsteht eine empfängliche Grundlage. Indem sie eine Einheit bilden, werden sie zu einem Objekt Gottes. Auf diese Weise wird Gott, der ›Ursprung‹, in zwei separate Einheiten geteilt, die sich dann wieder vereinigen und *einen* Körper bilden.«/61/

In Fortführung dieser Überlegungen entwickelt Mun die »Grundlage der vier Positionen« als »eine schöpfungs- und heilstheologische Ausweitung des Prinzips von Ursprung-Division-Synthese«./62/ Das wird folgendermaßen erklärt: »Wenn sich durch den These-Division-Synthese-Vorgang der ›Ursprung‹ in zwei separate Einheiten von Subjekt und Objekt geteilt hat, die wiederum zu einer Einheit werden, ist die Grundlage der vier Positionen errichtet, von denen jeweils eine die Subjektposition einnimmt, während die anderen drei diesem Subjekt als Objekte gegenüberstehen und somit drei objektive Grundlagen bilden. Wenn sie nun den Vorgang des Gebens und Nehmens miteinander vornehmen, nimmt eine von ihnen abwechselnd die Subjektposition ein, während die anderen den Zweck des dreifachen Objektes erfüllen.«/63/

Mun erkennt in den vier Positionen die Grundlage und das Prinzip Gottes und der Schöpfung. »Die Grundlage der vier Positionen wird zur Basis des Drei-Stufen-Prinzips, da sie entsprechend des These-Division-Synthese-Vorganges in drei Stufen erfüllt ist, nämlich Gott, Ehemann, Ehefrau und Kinder. Dieses ist ebenfalls die Basis der Zahl zwölf, da jede der vier Positionen drei Objekte hat. Daraus ergibt sich die Summe von zwölf Objekten. Die Grundlage der vier Positionen, die das grundlegende Fundament für das Gute, d. h. für das, was den Zweck der Schöpfung erfüllt hat, bildet, ist das grundlegende Fundament aller Schöpfung Gottes sowie auch aller Kraft, die ihre Existenz ermöglicht. Darum ist die Grundlage der vier Positionen Gottes Zweck in alle Ewigkeit.«/64/

Die göttlichen Prinzipien in ihrer dreifachen Entfaltung durchdringen und bestimmen als inneres Prinzip die Schöpfungs- und Heilslehre Muns. Das Schöpfungsideal Gottes, der Zweck der Schöpfung aus der Sicht des Schöpfers ist »Glück und Freude zu empfinden«./65/ Die Schöpfung sollte Gott glücklich machen. Gott schuf »den Menschen und das Universum als Seine substantiellen Objekte der Freude, durch die Er Sein eigenes ursprüngliches Wesen erleben konnte«./66/ Solange dies nicht erreicht ist, leidet Gott in und an seiner Schöpfung.

Der Schöpfungsvorgang wird als ein sich in großen Zeiträumen vollziehender Wachstumsprozeß angesehen, der in prinzipieller Übereinstimmung mit dem biblischen Schöpfungsbericht und den gesicherten naturwissenschaftlichen Erkenntnissen steht./67/

Das Universum umfaßt die sichtbare substantielle und die unsichtbare substantielle Welt, beide zusammen ergeben den Makrokosmos. Die sichtbare Welt ist ein Abbild (Schatten) der unsichtbaren Welt. Der Mensch nimmt in der Schöpfung als »direktes Objekt Gottes und sein Kind« eine besondere Stellung ein. Er ist der

Mikrokosmos. Polar angelegt, besteht er aus Geist und Körper. Polarität durchdringt sein ganzes Wesen. »Der physische Körper besteht aus den polaren Wesensarten des fleischlichen Gemütes (Subjekt) und des fleischlichen Körpers (Objekt). Das fleischliche Gemüt ermöglicht dem fleischlichen Körper die physischen Funktionen wie Existenz, Vermehrung und Selbstschutz. Der Instinkt des Tieres entspricht dem fleischlichen Gemüt. Damit der physische Körper gesund heranwachsen kann, muß er Luft und Licht aufnehmen, d. h. unsichtbare Nahrung positiver Natur, während er von allen Dingen materielle Elemente erhält, also sichtbare Nahrung negativer Natur. Alle zusammen müssen einen vollkommenen Austausch des Gebens und Nehmens mit dem Blut als Zentrum vornehmen.«/68/ Wie der Körper ist auch der Geist polar angelegt. Er setzt sich aus dem »geistigen Gemüt« (Subjekt) und dem »geistigen Körper« (Objekt) zusammen. »Durch das Geistige Selbst können wir in direkte Verbindung mit Gott treten und über die unsichtbare Welt und die Engel herrschen. Unser Geistiges Selbst enspricht in seiner Erscheinung dem physischen Körper. Nachdem es diesen physischen Körper abgelegt hat, ist es ihm möglich, in die unsichtbare Welt einzugehen, um dort ewig zu leben. Des Menschen Wunsch ist es, ewig zu leben, da sein Geistiges Selbst für die Ewigkeit geschaffen ist.«/69/ Die Entwicklung des Geistigen Selbst zur Vollkommenheit auf der Grundlage der vier Positionen wird als die wichtigste Aufgabe des Menschen angesehen. Dabei müssen drei Stufen durchlaufen werden:

»Das Geistige Selbst in der Gestaltungsstufe bezeichnen wir als ›Formgeist‹, das in der Wachstumsstufe als ›Lebensgeist‹ und das in der Vollendungsstufe als ›Göttlichen Geist‹.«/70/ Erreicht der Mensch die Stufe des Göttlichen Geistes, kann er u. a. alle Vorgänge in der unsichtbaren Welt wahrnehmen. Entscheidend für den Fortgang des individuellen und kollektiven Heilsprozesses ist aber nicht das Jenseits, sondern das Leben und die Entwicklung auf der Erde. Dieser Grundsatz ist im philosophisch-religiösen Lehrsystem Muns fundamental angelegt. Durch das Reich Gottes auf Erden verwirklicht sich das Reich Gottes im Himmel, nicht umgekehrt. Mun hebt hervor:

»Das Himmelreich Gottes ist der Bereich der geistigen Welt, in dem das Geistige Selbst derjenigen Menschen für immer weiterlebt, die nach Beendigung ihres physischen Lebens in dem irdischen Reich Gottes ihren physischen Leib abgelegt haben. Daher kann das geistige Reich Gottes (Himmelreich) erst errichtet werden, nachdem das irdische Reich Gottes verwirklicht worden ist.«/71/ Um dieses Ziel – wie auch im umfassenden Sinn das Gesamtziel der Schöpfung – zu erreichen, soll der Mensch zum Zentrum der Harmonie im Kosmos werden. In ihm ist »der substantielle Aspekt des gesamten Makrokosmos zusammengefaßt«./72/ Er hat durch den Körper Anteil an der sichtbaren und durch den Geist Anteil an der unsichtbaren Welt, kann beide Welten wahrnehmen und über sie herrschen. Durch den Vorgang des Gebens und Nehmens zwischen unsichtbarer und sichtbarer Welt mit dem Menschen als Mittelpunkt können beide Welten zur Einheit gelangen und Gott als wirkliches Objekt gegenüberstehen. Denn Gott selbst kann, da seinem Wesen nach geistig, nicht direkt über den Makrokosmos herrschen, er bedarf des Menschen als Mittler. Ihm übertrug er deshalb die Herrschaft über die Schöpfung. Das Ziel der Schöpfung, eine Quelle der Freude für Gott und für den Menschen zu sein, wird also erst dann erreicht, wenn der Mensch auf der Grundlage der vier Positionen die drei großen Segnungen Gottes erfüllt und so zur Herrschaft über die Schöpfung gelangt. Es sind das:

1. Die individuelle Vollkommenheit. »Indem Geist und Körper des Menschen durch ein auf Gott ausgerichtetes Geben und Nehmen zu einer Einheit werden, errichtet er die Grundlage der vier Positionen in der Einzelperson und wird zum Tempel Gottes (1. Kor. 3:16).«/73/ Eine solche Persönlichkeit hat sich mit dem Herzen Gottes völlig in Liebe vereinigt und wird gleichsam zu einem »göttlichen Menschen«.

2. Die Errichtung der wahren Familie. Sie geschieht auf der Grundlage der vier Positionen derart, daß in ihr »Gottes Liebe sowohl vertikal als auch horizontal in vollem Ausmaße zur Auswirkung« kommt./74/

3. Die Herrschaft des Menschen über die Schöpfung. Diese dritte Segnung Gottes »bestätigt die Vollkommen-

heit der menschlichen Qualifikation, das gesamte Universum zu regieren«./75/

Werden diese drei Segnungen Gottes vom Menschen erfüllt, ist nicht nur die Freude Gottes an der Schöpfung gegeben, sondern auch die ideale Welt geschaffen und das Reich Gottes auf Erden errichtet. Adam und Eva, das erste Menschenpaar, waren von Gott ausersehen, auf dem Weg über die Entwicklungsphasen Gestaltung, Wachstum und Vollendung diese drei Segnungen zu erlangen.

Durch den Sündenfall wurde dieser Plan Gottes gestört. Die Schöpfung verlor ihren Herrn, zu dem der Mensch angelegt und bestimmt war. Die Lehre vom Sündenfall und seinen Folgen gehört deshalb zu den Schlüsselaussagen im System Muns. Dabei werden die biblischen Texte symbolisch gedeutet und verfremdet. Es entsteht so ein von der christlichen Tradition ganz erheblich abweichendes Bild: Adam und Eva, von Gott nach der Engel- und Geisterwelt geschaffen, sollten sich über die Stufen Wachstum und Gestaltung zur Vollkommenheit entwickeln. Alle dafür notwendigen Voraussetzungen waren gegeben. Beide hätten auf der Grundlage der vier Positionen zu vollkommenen Menschen, zu vollkommenen Eltern und damit zur vollkommenen Familie werden können. Das Reich Gottes auf Erden wäre so in kurzer Zeit errichtet worden. Doch als sie sich noch im Stadium des Wachstums befanden, als sie noch nicht in der Lage waren, die vollkommene Familie zu gründen, kam es zum Sündenfall.

Entscheidende Impulse dazu gingen von Luzifer aus, dem ersten der Erzengel, der in den biblischen Berichten durch die Schlange symbolisiert wird. Luzifer war der Herr der Engel, die von Gott lange vor Adam und Eva als seine Diener erschaffen wurden. »Der Mensch wurde jedoch als Kind Gottes geschaffen, das die Herrschaft über die gesamte Schöpfung einnehmen und damit auch die Engelwelt regieren sollte.«/76/ Luzifer sah nun, mit welch großer Liebe sich Gott den ersten Menschen zuwandte. Eifersucht und Neid griffen in ihm Platz. »Er versuchte daher, Adam und Eva näherzukommen, um sich für den vermeintlichen Verlust der Liebe Gottes zu entschädigen.« Besonders Eva zog ihn an, sie erschien ihm »außerordentlich schön und begehrenswert«. Es kam zu einer unerlaubten sexuellen Beziehung zwischen Eva und Luzifer. Das hatte für beide sehr schwerwiegende Folgen. Luzifer fiel, er verlor seine Position als Engelfürst und wurde zum Satan. Eva erhielt durch ihren Verkehr mit Luzifer Anteil an inneren Elementen und Prinzipien ihres Partners. Neben dem Gefühl der Furcht und eines schlechten Gewissens »empfing sie ein vorzeitiges Wissen um Liebe und erkannte plötzlich, daß Adam ihr rechtmäßiger Ehemann sein sollte und nicht der Engel. Sie hatte nun das große Verlangen, zu Adam zurückzukehren, um ihren Fehler wiedergutzumachen und von ihrer Furcht befreit zu werden.« Das veranlaßte sie, jetzt Adam ihrerseits zu verführen, bevor er die Vollkommenheit erreicht hatte und zum wahren Mann geworden war. »Adam erlag der Versuchung Evas und vereinigte sich mit ihr. Bei diesem zweiten Akt der unerlaubten Liebe handelte es sich um den physischen Sündenfall.«/77/ Dabei gingen alle Elemente des Bösen, die Eva von Luzifer empfangen hatte, nun auch auf Adam über. Statt zu den Eltern des vollkommenen Menschen wurden sie zu den Eltern des gefallenen Menschen. »Gott, der Urheber der göttlichen Prinzipien, wurde ausgeschlossen und statt dessen eine Grundlage der vier Positionen mit Satan als Mittelpunkt errichtet.« Die Kinder Adams und Evas sind deshalb »Kinder des Teufels«, Satan wurde zum »Fürst dieser Welt«./78/

Der Sündenfall ist in der Sicht Muns ein Akt sexueller Verfehlungen, verbotenen und vorzeitigen Geschlechtsverkehrs. Er besteht nicht, wie der biblische Text sagt, im Essen der Frucht vom Baum der Erkenntnis. Der Baum der Erkenntnis des Guten und Bösen ist nach der Theologie der Vereinigungskirche Symbol für Eva, das Essen von seiner Frucht ihre unerlaubte Liebesbeziehung. Eva sollte, so sagt man, nach Gottes Willen zum vollkommenen Baum der Erkenntnis, Adam zum vollkommenen Baum des Lebens werden. »Wenn die ersten menschlichen Vorfahren nicht von dem Baum der Erkenntnis des Guten und Bösen gegessen, sondern als Sohn und Tochter Gottes individuelle Vollkommenheit erreicht hätten, wären sie von Gott in der Ehe gesegnet

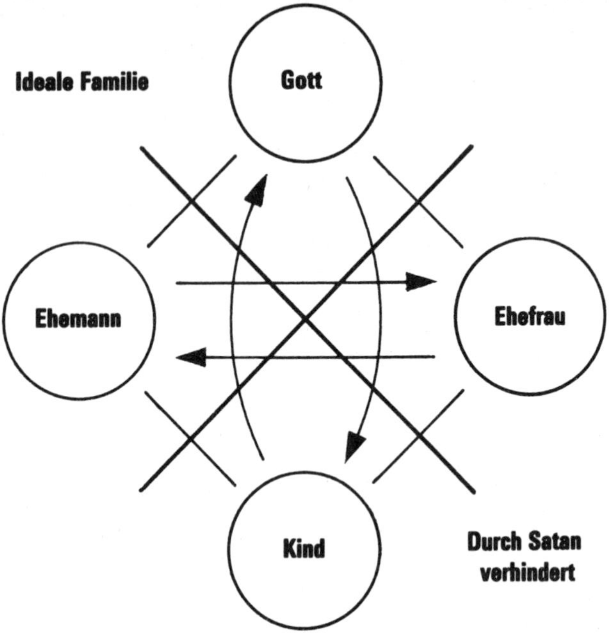

worden, hätten Kinder des Guten gezeugt und Gottes Ideal der Schöpfung erfüllt. Dann wäre die Liebe Evas eine gute Frucht gewesen und sie selbst hätte die vollkommene Frau oder den Baum des Guten verkörpert.« /79/ So wurde sie zur Mutter der gefallenen Familie.

Es gehört zum Wesen Gottes, daß er seinen Willen ausführt und durchsetzt. Das gilt auch für die Bestimmung der Schöpfung. Gott wollte die durch Adam und Eva gefallenen Menschen nicht ihrem bedauernswerten Schicksal überlassen. Er wollte kein leidender Gott bleiben und entwarf einen Plan zur Erlösung der Menschheit. Im Gegensatz zur christlichen Tradition ist für Mun »Erlösung identisch mit Wiederherstellung«./80/ »Gottes Ziel der Erlösung ist die Wiederherstellung der ursprünglich von ihm geplanten idealen Einzelperson und der idealen Familie mit dieser Einzelperson als Mittelpunkt, damit auf der Grundlage dieser idealen Familie die Gesellschaft, Nation und Welt wiederhergestellt werden kann.«/81/ Das ist aber nur dann möglich, wenn es dazu kommt, daß wieder ein vollkommener

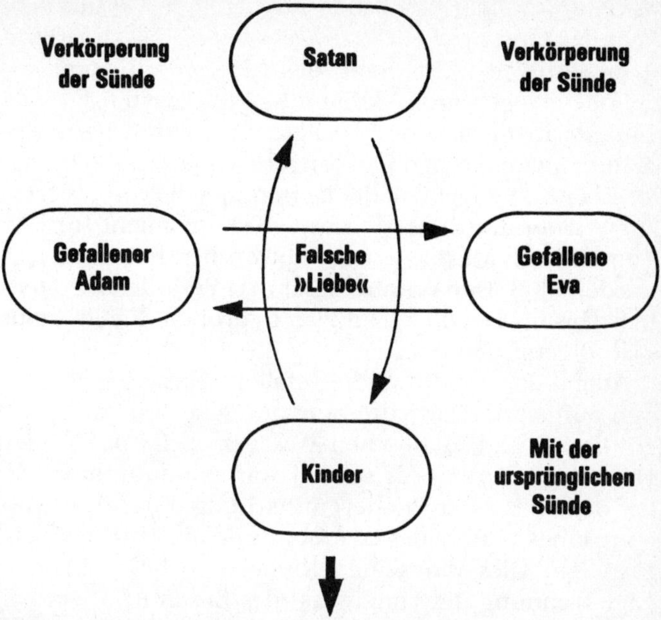

Satans Herrschaft über die Schöpfung durch den Menschen/82/

Mann und eine vollkommene Frau auf dieser Erde leben, eine vollkommene Familie bilden und so den Keim zur vollkommenen Gesellschaft legen. Diese Aufgabe hat der Messias, nur er kann alle notwendigen Bedingungen erfüllen. »Damit die Wiedergutmachung zur Wiederherstellung des Glaubensfundamentes geleistet werden kann, muß erstens eine Hauptperson mit starkem Glauben an Adams und Evas Stelle treten. Zweitens muß ein als ›Mittler dienendes Objekt‹ vorhanden sein und drittens ein bestimmter Zeitabschnitt der Wiedergutmachung im Glauben an Gott erfüllt werden.«/83/ Das zu erreichen ist Ziel der göttlichen Heilsgeschichte, welche als die Geschichte der Wiederherstellung verstanden wird. »Aus der Sicht Gottes ist die Geschichte der Prozeß der Neuschöpfung.«/84/

Mun und die Theologen der Vereinigungskirche entfalten die Geschichte der Wiederherstellung in drei Epochen von jeweils 2000 Jahren. Die erste Epoche umschließt die Zeit von Adam bis Abraham. In ihr leisteten die Nachkommen des ersten Menschenpaares auf dem Weg des Opfers Wiedergutmachung, so daß das »Fundament für den Empfang des Messias auf Familienebene« gelegt werden konnte. In der zweiten Epoche von Abraham bis Jesus erfolgte die Grundlegung des »Fundaments für den Empfang des Messias auf nationaler Ebene«, während in der dritten Epoche von Jesus bis zur Wiederkunft des Messias das »Fundament für den Empfang des Messias auf der universalen Ebene« gelegt werden muß. Der Verlauf dieser drei Perioden wird teilweise bis ins Detail geschildert. In großen Zügen ergibt sich folgendes Bild:

Adam, der durch Eva die gefallene Natur Luzifers in sich aufgenommen hatte, war durch seinen Anteil am göttlichen und satanischen Wesen zum Diener zweier Herren geworden. Als solcher war es ihm unmöglich, auf dem Wege der Wiedergutmachung durch Darbringung eines Opfers das Glaubensfundament wiederherzustellen. Dies war seinen Kindern vorbehalten. Um eine Trennung des Guten und des Bösen in Adam bei seinen Nachkommen zu erreichen, gab ihm Gott zwei Söhne, Kain und Abel. »Kain, der erste Sohn, stellte Evas erstes Liebesverhältnis mit dem Erzengel dar und wurde in die Position gestellt, die Satan näherstand, während Abel Evas zweites Liebesverhältnis mit Adam symbolisierte und Gott näherstand. Da dieses zweite Liebesverhältnis eher vergeben werden konnte, war es Gott möglich, durch Abel mit dem Menschen zu arbeiten.«/85/ Abel leistete durch sein gottgefälliges Opfer die »Wiedergutmachung zur Herstellung des Glaubensfundamentes«. Hätte sich Kain nun in Liebe Abel unterworfen, wäre die Bedingung für die Wiederherstellung erfüllt gewesen. Kain jedoch wiederholte durch den Mord an seinem Bruder den Sündenfall, es siegte in dieser Familie erneut die satanische Seite über die göttliche, und »Gottes Vorsehung mit Adams Familie [konnte] nicht erfüllt werden«./86/ Kain und Abel sind nach Muns Lehre nicht nur Personen, sondern auch Prototypen für grundlegende polare Positionen bzw. Mächte, wie Körper und Geist, Menschheit und Schöpfung, Kommunismus und westliche Demokratie.

Nach dem Scheitern des Versuches, das Fundament der Wiederherstellung durch Adams Familie zu legen, wurde die Familie Noahs von Gott dazu ausersehen. Auch dieser Versuch scheiterte, da Noahs Sohn Ham versagte (1. Mose 9,20–27). »Durch das Versagen Hams wurde das substantielle Fundament nicht errichtet. Dadurch konnte Gott Seine Vorsehung mit Noahs Familie, die er nach 1600 Jahren des Wartens und dem 40tägigen Gericht der Sintflut wiederhergestellt hatte, nicht erfüllen.«/87/

Nun wurde Abraham von Gott auserwählt, auf der »Grundlage der Loyalität und Hingabe Noahs« das Glaubensfundament durch ein Opfer wiederherzustellen. Aber auch Abraham beging einen schweren Fehler. Bei der entscheidenden Opferzeremonie (1. Mose 15) zerteilte er gegen Gottes Befehl die beiden Tauben, die zu den Opfertieren gehörten, nicht. Das hatte tiefgreifende Folgen. »Da bei den Tauben keine Trennung stattfand, gehörte das Opfer Satan, und es blieb kein Teil, den Gott beanspruchen konnte. Somit war das Opfer für Gott nicht annehmbar. Äußerlich wurde Abrahams Opfer Gott dargebracht, innerlich aber wurde es Satan gegeben und wurde damit zur Sünde.«/88/ Nach dem Versagen Abrahams bei dem Tieropfer gab ihm Gott noch eine Möglichkeit, er befahl ihm die Opferung seines Sohnes Isaak. Jetzt zeigte sich Abraham absolut gehorsam und treu, »er legte damit die Bedingung für die Qualifikation Isaaks«./89/ Dieser trat an die Stelle Abrahams und übernahm dessen Mission. Die Söhne Isaaks, Esau und Jakob, konnten so die Positionen von Kain und Abel einnehmen. Da sich Esau, anders als einst Kain, in Liebe unter seinen Bruder Jakob beugte, unterwarf sich zum ersten Mal in der Menschheitsgeschichte die satanische Seite der himmlischen Seite. Das Fundament für den Empfang des Messias auf Familienebene war dadurch gelegt. Gott konnte nun in der zweiten heilsgeschichtlichen Periode das Fundament auf nationaler Ebene durch das aus Jakobs Familie hervorgehende Volk Israel errichten. Dabei kam Mose eine besondere Bedeutung zu. Er »war die Hauptperson für die Wiederherstellung des Fundamentes für den Empfang des Messias auf der nationalen Ebene«./90/ Doch das gesteckte Ziel erreichte auch er, ebenso wie die ihm folgenden Propheten, nicht. Dafür werden ausführliche, auf allegorischer Deutung biblischer Texte beruhende Erklärungen gegeben.

Nach dem Scheitern von Mose und den alttestamentlichen Propheten wurde Johannes der Täufer von Gott für die Grundlegung des Glaubensfundamentes auf nationaler Ebene ausersehen. Er war, so wird hervorgehoben, der größte aller Propheten und der wiederverkörperte Elia (Matth. 11,14). Johannes sollte der direkte Wegbereiter des Messias sein. Seine Aufgabe war es, »alle Missionen, die von den Hauptpersonen im Verlaufe der Vorsehung der Wiederherstellung bis zu diesem Zeitpunkt nicht durchgeführt wurden, [zu] erfüllen und damit das ›Glaubensfundament‹ und das ›substantielle Fundament‹ wiederher[zu]stellen. Er sollte dann das jüdische Volk, das ihm auf dieser Grundlage geglaubt hätte und ihm gefolgt wäre, zu Jesus führen, ihm die gesamte Grundlage der Vorsehung übergeben und schließlich selber an Jesus glauben und ihm in unbedingter Treue nachfolgen.«/91/ Doch auch Johannes der Täufer, obwohl er das Glaubensfundament wiederherstellte, »scheiterte in seiner Mission als Wegbereiter für Jesus, auf die Gott ihn so intensiv vorbereitet hatte«. Er »verneinte ..., mit Elia identisch zu sein, und versperrte dadurch nicht nur den Israeliten den Weg zu Jesus, sondern verursachte darüber hinaus ihren Verrat an Jesus«./92/

Aus diesem Grund konnte durch Johannes den Täufer das »Fundament für den Empfang des Messias« nicht gelegt werden. Notgedrungen mußte dies nun Jesus selbst übernehmen, der als der gottgesandte Messias dazu nicht ausersehen war. Diesem Zwecke diente sein 40tägiges Fasten in der Wüste und die drei Versuchungen durch Satan. Jesus erlangte so die drei Segnungen und stellte auf diesem Wege das Glaubensfundament wieder her. Seine Hauptaufgabe bestand aber darin, der Menschheit vollkommene, d. h. geistige *und* leibliche Erlösung zu bringen. Als zweiter und letzter Adam sollte Jesus den ursprünglichen Zweck der Schöpfung erfüllen. Dazu gehörte die Wiederherstellung der vollkommenen Familie als Grundlage des Reiches Gottes. Jesus sollte also, nachdem er die Vollkommenheit erreicht hatte, heiraten, eine ideale Ehe mit einer vollkommenen Frau führen und so die erste ideale Familie bilden. Hätte Jesus die ideale Familie gründen können, wäre auf der Basis der vier Positionen das Reich Gottes auf Erden entstanden. In den Göttlichen Prinzipien wird dies so formuliert: »Der Messias, von Gott als Ursprung der idealen Einzelperson anerkannt, muß die ideale Familie aufbauen, in der die Liebe Gottes voll zur Auswirkung kommen kann, und auf dieser Grundlage die ideale Gesellschaft, Nation und Welt und damit das ursprünglich von Gott geplante Reich Gottes auf Erden errichten. Das ist der Zweck des Kommens des Messias.«/93/

Durch das Versagen Johannes des Täufers war es Satan möglich, auf dem Weg über die Hohenpriester und Schriftgelehrten das Volk gegen Jesus aufzuwiegeln, seine Jünger teilweise wankend zu machen und einen sogar zum Verrat zu treiben. »Somit gingen sowohl das substantielle Fundament als auch das Fundament für den Empfang des Messias verloren.«/94/

Jesus konnte seiner Mission nicht voll gerecht werden. Um wenigstens einen Teil zu erfüllen, war er gezwungen, zu leiden und am Kreuz zu sterben. Gott hatte, so meint man, bereits durch die alttestamentlichen Propheten zwei mögliche Varianten offengelassen. Der Messias sollte und konnte zum König des Reiches Gottes auf Erden werden (Jes. 9,5–6), das war das Ziel Jesu, und so erhofften es seine Jünger, oder er konnte zum gescheiterten König, zum leidenden Gottesknecht werden (Jes. 53,3), wie es durch menschliche Schuld tatsächlich eintrat. Der Leidensweg Jesu, behauptet Mun im Gegensatz zum Neuen Testament, war nicht gottgewollt. Eine Reihe von Bibelstellen werden in diesem Sinn interpretiert, klare neutestamentliche Aussagen über die Notwendigkeit des Leidens Jesu werden dagegen ignoriert. Die Göttlichen Prinzipien heben hervor: »Wenn der Tod Jesu am Kreuz ursprünglich von Gott prädestiniert gewesen wäre, wie hätte Jesus dann dreimal so verzweifelt beten können, daß der Kelch des Todes an ihm vorübergehen möge (Matth. 26:39)? In Wirklichkeit betete er so verzweifelt, weil er genau wußte, daß die Geschichte der Not und des Leidens bis zum zweiten Kommen Christi verlängert werden würde, weil durch den Unglauben der Juden die Verwirklichung des irdischen Himmelreiches, um dessen Errichtung sich Gott seit dem Fall des Menschen 4000 Jahre lang bemüht hatte, vereitelt würde.«/95/ Und mit seltsamer Logik wendet Mun gegen die christliche Grundlehre von der Notwendigkeit des Leidens Jesu Christi ein: »Wenn die Kreuzigung Gottes Wille gewesen wäre, hätte Er das auserwählte Volk nicht 4000 Jahre lang vorbereiten müssen. Er hätte Jesus zu den Barbaren senden können, die ihn sogar noch viel schneller getötet hätten.«/96/

Freilich, bedeutungslos ist der Tod Jesu auf dem Hintergrund seiner Auferstehung auch für die Vereinigungskirche nicht. Jesus stellte »auf geistiger Ebene das Fundament für den Empfang des Messias wieder her« und ermöglichte die geistige Erlösung der Menschheit, sofern diese glaubt./97/

Die Göttlichen Prinzipien fassen diese Vorstellungen so zusammen: »Wenn wir die Frage um die Erlösung in diesem Lichte betrachten, wird uns klar, daß die Kreuzigung Jesu nicht dem ursprünglichen Plan Gottes entsprach, sondern lediglich ein schmerzvoller Ausweg war und nur die geistige Erlösung brachte. Da die Israeliten Jesus weder empfangen noch angenommen hatten, mußte Gott den Preis für den Unglauben Seines auserwählten Volkes und den der gesamten Menschheit bezahlen und das Leben Seines Sohnes als Lösegeld dahingeben. Daher konnte Satan den Körper Jesu beanspruchen, und mit seinem Blut, das Jesus am Kreuz vergoß, bezahlte er den Preis für die Erlösung der gesamten Menschheit. Auf dieser Grundlage konnte Gott die Auferstehung Jesu bewirken und den Weg für die geistige Erlösung öffnen, da Satan keinen Grund mehr zur Anklage hatte. Der Sieg Gottes war also nicht die Kreuzigung, sondern die Auferstehung Jesu. Jeder Mensch, der sich nun mit dem auferstandenen Jesus vereinigte, ihn liebte und sich nach seinem Wort ausrichtete, konnte geistig erlöst werden, während sein Körper weiterhin satanischen Angriffen ausgesetzt war. Es war also nur eine geistige Erlösung möglich.«/98/

Auch im Zusammenhang mit der geistigen Erlösung der Menschheit spielt der Familiengedanke wieder eine entscheidende Rolle. Jesus, der zweite Adam, bildet zusammen mit dem Heiligen Geist, der zweiten Eva, ein wahres Ehepaar, das zum Elternpaar aller wahrhaft Glaubenden werden kann, zur idealen Familie auf geistiger Ebene. »Nach 1. Kor. 12:3 kommen wir durch die Inspiration des Heiligen Geistes zum Glauben an Jesus und erhalten durch den Vorgang des Gebens und Nehmens zwischen Jesus, dem geistigen wahren Vater, und dem Heiligen Geist, der geistigen wahren Mutter, die Liebe der geistigen wahren Eltern. Durch diese Liebe empfangen die Gläubigen neues Leben. Es handelt sich also um eine geistige Neugeburt.«/99/

Die für die Wiederherstellung der Schöpfung notwendige physische Neugeburt des Menschen steht aber noch aus. Dazu bedarf es des idealen Elternpaares in Fleisch und Blut. Deshalb muß der Messias nach 2000 Jahren in der dritten Periode der Heilsgeschichte wieder auf die Erde kommen. Das ist nur möglich, wenn dafür das erforderliche Fundament gelegt ist. Die 2000 Jahre der Kirchengeschichte werden von daher – wie die Periode von Abraham bis Jesus – durch das Bestreben gekennzeichnet, das Fundament für das Wiederkommen des Messias zu errichten. Sie stehen in direkter Parallele zur israelitischen Heilsgeschichte, sind von ihr in der Struktur abhängig und geprägt. Dabei spielt die Zahlenmystik der Vereinigungstheologie eine erhebliche Rolle. Man spricht von der »Wiederholung der mathematischen ›Periode des Glaubens‹ durch Wiedergutmachung«, wonach die Zeitalter »durch die Wiederholung einer bestimmten Anzahl von Jahren oder Generationen dem Typ nach miteinander identisch« sind./100/ Das führt zu folgendem Schema:

Der 400jährigen Gefangenschaft der Kinder Israels in Ägypten entsprechen 400 Jahre Christenverfolgung im Römischen Reich zu Beginn der Kirchengeschichte. In beiden Zeiträumen mußte jeweils das Glaubensfundament durch Wiedergutmachung hergestellt werden. Die Zeit der »Kirchenpatriarchen« 400–800 n. Chr. entspricht der Periode der Richter in Israel. Das »Vereinigte Christliche Weltreich« wurde mit der Krönung Karls des Großen im Jahre 800 gegründet und bestand 120 Jahre bis zur Krönung Heinrichs I. im Jahre 919.

Es entspricht der Herrschaftszeit der israelitischen Könige Saul, David und Salomo. Die Reichsteilung in ein Nordreich und ein Südreich, Israel und Juda, findet ihre Parallele im »Zeitabschnitt des geteilten Weltreiches in Ost und West, der im Jahre 919 n. Chr. mit der Krönung Heinrichs I. begann und mit der Verbannung des Papsttums nach Avignon in Südfrankreich im Jahre 1309 n. Chr. endete«. Die 210 Jahre des Babylonischen Exils der Kinder Israel reichen in ihrer neuzeitlichen Entsprechung vom Beginn des päpstlichen Exils 1309 bis zum Ausbruch der Reformation im Jahre 1517 durch Martin Luther. Wie sich das jüdische Volk nach der Rückkehr aus dem Babylonischen Exil auf das Kommen des Messias vorbereitete, so beginnt mit der Reformation im Jahre 1517 für die Christenheit die 400jährige Periode der Vorbereitung auf die zweite Wiederkunft des Messias. Diese Periode endet im Jahre 1917./101/

Die Geschichte der Wiederherstellung vollzieht sich neben dem kirchlich-religiösen Bereich auch im individuellen und gesellschaftlich-politischen Leben der Menschen. »Wir wissen um die Tatsache, daß in jedem einzelnen Menschen eine ständige Auseinandersetzung zwischen seinem ursprünglichen Gemüt, das nach dem Guten strebt, und seinem bösen Gemüt, das das Böse zu verwirklichen sucht, stattfindet. Die menschliche Gesellschaft, die sich aus diesen Einzelpersonen zusammensetzt, die in sich selbst und in ihrer horizontalen Verbindung untereinander in Disharmonie leben, ist daher von ständigen Auseinandersetzungen und Kämpfen geprägt. Die Menschheitsgeschichte ist daher die Geschichte der Auseinandersetzungen der menschlichen Gesellschaft auf vertikaler Ebene, also eine Geschichte der Kämpfe und Kriege.«/102/ Ihr Ziel ist es, dem Abel-Typus zum Sieg über den Kain-Typus zu verhelfen. Aus dieser Sicht deutet Mun die gesellschaftlichen und politischen Entwicklungen. Dabei kommt er beispielsweise zu folgenden ebenso ungewöhnlichen wie gefährlichen Ergebnissen.

Nachdem das monarchische System seine Aufgabe, ein Königreich zu errichten, das den Messias als König aufnehmen kann, nicht erfüllte, kommt dem westlichdemokratischen System diese Rolle zu. Es repräsentiert den Abel-Typus. Dieser wird in der Gegenwart vor allem durch die USA vertreten. Ihm setzte Satan, ausgehend von der Französischen Revolution, den Kain-Typus in Gestalt der sozialistisch-kommunistischen Gesellschaftsordnung entgegen. Die Kriege, insbesondere die des 20. Jahrhunderts, sind in dieser Sicht eine Widerspiegelung geistiger Kämpfe. »Durch den Ersten Weltkrieg errichtete die himmlische Seite ein demokratisches Fundament auf der Ebene der Gestaltungsstufe und erweiterte durch den Erwerb von Kolonien auf der ganzen Welt den politischen und ökonomischen Bereich für die Vorsehung der Wiederherstellung.« Die Mittelmächte, insbesondere Deutschland, repräsentierten die satanische Seite. Kaiser Wilhelm II. war ein besonders fortgeschrittenes teuflisches Werkzeug. Seine Vernichtung und die Niederlage Deutschlands schufen die Voraussetzung für den endlichen Sieg der auf seiten Gottes stehenden »demokratischen« Mächte USA, England, Frankreich usw. Das Fundament für die Gestaltungsstufe der menschlichen Gesellschaft wurde gelegt. Der 1. Weltkrieg war deshalb notwendig.

Weitere Fortschritte brachte der 2. Weltkrieg. »Durch den Zweiten Weltkrieg wurde der Bereich der demokratischen Welt gefestigt, indem eine weltweite demokratische Grundlage auf der Ebene der Wachstumsstufe gelegt wurde.«/103/ Wieder repräsentierten Deutschland und seine Verbündeten die satanische Seite. Hitler war eine »Person vom Typ Jesu auf der satanischen Seite«. Er »hatte sehr viel Ähnlichkeit mit Jesus in bezug auf seine Ideologie, seinen Familienstand (ledig), seinen jämmerlichen Tod, seinen verlorengegangenen Körper usw., jedoch der ›Wille‹ stand im Gegensatz zu dem ›Willen‹ Jesu. Daher war Hitler, der den Zweiten Weltkrieg verursachte, die Adam-Typ-Person auf der satanischen Seite nach dem Muster der vollkommenen Persönlichkeit auf der Ebene der Wachstumsstufe.«/104/ Die Vernichtung Hitlers war ein großer Sieg der göttlichen Seite.

Um das angestrebte Ziel der neuen Weltgesellschaft zu erreichen, ist, so die ursprüngliche Lehre, noch ein dritter Weltkrieg notwendig, der aber wahrscheinlich nur ideologisch zu führen ist. »Durch den Dritten Weltkrieg muß die himmlische Seite durch die Abel-Typ-Weltanschauung in Übereinstimmung mit der neuen Wahrheit das demokratische Fundament auf der Ebene der Vollendungsstufe legen und auf diesem Fundament die gesamte Menschheit vereinigen, so daß die EINE WELT entsteht.«/105/ Der Zerfall des kommunistischen Systems läßt eine geistig-symbolische Deutung des dritten Weltkrieges zu. Die Überwindung des Kommunismus erfolgte ohne Gewalt. Norbert Thiel, der Führer der deutschen Vereinigungskirche, kann deshalb 1990 schreiben: »In der Vereinigungsbewegung Rev. Moons wurde die globale Auseinandersetzung mit dem Kommunismus als ein III. Weltkrieg gesehen, den es auf ideologischer und geistiger Ebene zu führen galt, um eine militärische Auseinandersetzung zu verhindern. Dieser III. Weltkrieg ist nun endgültig vorbei.«/106/ Das bedeutet einen Fortschritt im endzeitlichen Geschehen. »Der Sieg der himmlischen Seite in diesen drei Weltkriegen wird die Errichtung der idealen, ursprünglich geplanten Welt ermöglichen.«/107/ Die Verwirklichung dieses Zieles ist aber nur möglich, wenn noch andere Bedingungen erfüllt werden. Sie hängen eng, ja unlösbar mit der Wiederkunft des Messias zusammen. Die Lehre von der endzeitlichen Wiederkunft des Messias ist deshalb ein weiteres Zentralstück in der Theologie der Vereinigungskirche.

Mit der Reformation begann, wie bereits erwähnt, die Vorbereitungsperiode für die Wiederkunft des zweiten Messias. Die Vorbereitungsperiode gliedert sich in die drei Etappen der religiösen Reformation (1517–1648), der Auseinandersetzung zwischen Religion und Ideologie (1648–1789) und der Entwicklung von Politik, Ökonomie und Ideologie (1789–1918). Seit 1917, dem chronologischen Ende dieser 400jährigen Vorbereitungsperiode, kann mit der Wiederkunft des Messias gerechnet werden. Ein genauer Zeitpunkt der Geburt wird nicht angegeben. Man geht aber davon aus, daß diese bereits erfolgt ist.

Eine wichtige Frage stellt in diesem Zusammenhang die Art und Weise der Wiederkunft Jesu dar. Die Christenheit erwartet, gestützt auf klare Aussagen Jesu in den biblischen Texten, eine geistleibliche Wiederkunft Jesu auf übernatürliche Weise. Dem tritt Mun entgegen. Der Messias wird nicht in den Wolken des Himmels wiederkommen, sondern wird als Kind erneut geboren werden. Diese These versucht man, durch symbolische Deutung vieler Bibelstellen nachdrücklich zu untermauern. Das theologische Anliegen bei der Betonung der leiblichen Wiederkunft des Messias auf dem Wege der Geburt ist in der Lehre Muns von der noch ausstehenden physischen Erlösung zu sehen. Die körperliche Erlösung der Menschheit kann nur durch einen körperlich-menschlichen zweiten Messias erreicht werden, der nun, nach dem Versagen des ersten Messias in der Gestalt Jesu, an die Stelle des gefallenen Adams tritt und die ideale Familie wiederherstellt. Eine geistleibliche Wiederkunft Jesu im Sinne der kirchlichen Tradition schließt dies aus.

Jesus kommt direkt überhaupt nicht wieder. Der zweite Messias ist eine andere Person als Jesus, die allerdings von Jesus geistig unterstützt und durchdrungen wird, um nun seine damals gescheiterte Mission erfüllt zu sehen. Nur in einem geistigen, indirekten Sinn kann man von der Wiederkunft Jesu sprechen. Ebenso wie Jesus wirken auch andere Bewohner der jenseitigen Welten durch und mit Menschen hier auf der Erde.

Weil der Messias anders kommt, als viele Christen sich dies denken, wird er auch von ihnen nicht erkannt werden. Die Masse der Christen wird ihn, wie einst die Juden, ablehnen und bekämpfen. Überhaupt vollzieht sich die zweite Ankunft des Messias in vielfacher Parallele zur ersten. »Auch die Umstände zur Zeit des Kommens Jesu werden sich wiederholen. Nicht die Hohenpriester und Schriftgelehrten, sondern die Weisen aus dem Morgenland und die Hirten auf dem Felde erhielten von Gott die Offenbarung über die Zeit und den Ort der Geburt Jesu. ... Ebenso wird Gott die Wiederkunft Christi nicht den heutigen Christen, die am traditionellen Glauben festhalten, sondern den Laien, den Andersgläubigen oder aber gewissenhaften Menschen, die keiner Religion angehören, offenbaren. Wie zur Zeit Jesu nicht die führende Schicht der Juden, die sich für auserwählt hielt, seinen Worten glaubte und er zu den einfachen Menschen und Heiden gehen mußte, so werden auch zur Zeit der Wiederkunft Christi die Laien und Nichtchristen und nicht die christlichen Führer, obwohl sie sich als die Auserwählten betrachten, seine Worte annehmen.«/108/

Nicht nur die Art der Wiederkunft Christi, auch der von Mun genannte Ort der Parusie widerspricht allen christlichen Traditionen. Der Messias wird, so behauptet die Vereinigungstheologie, in Korea geboren: »Die Nation aus dem Osten, in der die Wiederkunft stattfinden wird, ist ... keine andere als Korea.«/109/ Dieses fernöstliche Land erfüllt allein die Bedingungen, welche für die Wiederkunft des Messias Voraussetzung sein sollen./110/ Korea wird in dieser Sicht zum neuen Israel, zum Keim- und Nährboden großer Entwicklungen. Dieses Land ist letztlich die materielle und geistige Basis für die Errichtung des Reiches Gottes, auch wenn Mun viele dieser Erwartungen praktisch auf die USA überträgt.

Das Reich Gottes auf Erden unter der Führung des Messias und seiner Frau zu schaffen ist Ziel der Vereinigungskirche und ihrer Anhänger. Für sie gilt: »Unter allen Umständen, selbst unter Einsatz unseres Lebens, müssen wir das Reich Gottes auf Erden errichten.«/111/ Dieses Reich wird die Wiederherstellung und damit die Erlösung der Schöpfung bringen. Die individuelle Wiederherstellung des Menschen – die Auferstehung – erfährt nun ihren Abschluß. Eine leibliche Auferstehung im Sinne der christlichen Tradition wird abgelehnt. Die eng mit dem Wiederherstellungsschema verbundene Auferstehungsanschauung Muns kennt drei Stufen. Danach vollzog sich der Auferstehungsprozeß in seiner ersten Stufe (Gestaltungsstufe) in der Periode zwischen Abraham und Jesus, erreichte in der zweiten Stufe (Wachstumsstufe) von Jesus bis in die Gegenwart einen vorläufigen Abschluß und geht seit dem Kommen des zweiten Messias in die dritte Stufe (Vollendungsstufe) über. »Wenn ein Mensch bei der Wiederkunft an den Messias glaubt und ihm dient, erreicht sein geistiges Ich die Vollendungsstufe der Auferstehung und entwickelt sich zu einem himmlischen Geist. Der Ort auf Erden, wo die Menschen dieser Stufe, die himmlischen Geister, leben, wird Himmelreich auf Erden genannt. Verläßt ein vollkommener Mensch, der im Himmelreich auf Erden lebt, sein physisches Ich, so geht er in das Himmelreich der geistigen Welt ein, in die Sphäre, die den himmlischen Geistern gehört.«/112/ Gläubige Menschen werden auf diese Weise aber gleichzeitig auch Werkzeuge für die Auferstehung und Vollendung bereits Verstorbener. Es handelt sich bei dieser Auffassung um eine Art Vergeistigung der Lehre von der Reinkarnation. Den auf Erden lebenden Menschen kommt in dieser Sicht eine Zentralrolle bei der Auferstehung der Verstorbenen zu. »Ein Mensch, der stirbt, ohne seine Mission erfüllt zu haben, muß zurückkehren und mit einem anderen Menschen auf der Erde zusammenarbeiten, der dieselbe Art von Mission und dieselbe geistige Veranlagung hat. Aus dieser missionsbezogenen Sicht wird das physische Ich des Menschen auf der Erde zugleich das physische Ich des wiederkehrenden Geistmenschen. In diesem Sinne verkörpert der Mensch auf der Erde die ›Wiederkunft‹ des wiederkehrenden Geistmenschen. Mit geistigen Augen gesehen könnte der Mensch auf der Erde als Reinkarnation des Geistmenschen erscheinen, der mit ihm zusammenarbeitet.«/113/ Das so verstandene Wirken der Geistmenschen geschieht an Gläubigen der verschiedenen Religionen wie auch an Guten unter Ungläubigen. Eine wichtige Folge davon ist die Vereinigung aller Religionen um das Christentum. Das Christentum, wie es Mun lehrt, wird so zum Zentrum der Religionen, die das Gute erstreben. Sämtliche Religionen gelangen also unter Einfluß der jenseitigen Geistmenschen zu ihrer Erfüllung. »Selbst wenn die Gläubigen der verschiedenen Religionen bis jetzt noch keine Verbindung zueinander hatten, sind sie durch das Wirken der Geistmenschen doch alle dazu bestimmt, sich um den Herrn der Wiederkunft zu scharen und sich zu vereinigen.«/114/ Die Vereinigung der Religionen führt zu einem Reich der Harmonie auf Erden. In ihm werden die göttlichen Prinzipien alles durchdringen und zu einer wahren Einheit mit Gott im Mittelpunkt gebracht haben. Das gezeigte Ideal ist das einer geeinten Welt und eines harmonischen Kosmos. Man spricht von einer »idealen Welt der kosmischen Ideologie«./115/

Wahres Glück für die Menschheit, für die Welt, den Kosmos und damit auch für Gott, das ist die große Verheißung der Lehre San Myung Muns. Sie entwickelt ihre Anziehungskraft vor allem dort, wo die komplizierte Theorie durch das praktische Leben ihrer Vertreter Glaubwürdigkeit gewinnt.

3. Die ideale Familie

(Lebensformen)

Erfahrungsberichte junger Menschen und Zeugnisse ehemaliger Munis lassen deutlich erkennen: In der Mehrzahl der Fälle ist es zunächst nicht die Lehre, welche Interesse, Sympathie und den Willen zum Anschluß weckt, sondern die Lebensformen und die Glaubenspraxis der Vereinigungskirche.

Eine ehemalige Anhängerin bekannte: »Was mich am Anfang fesselte, waren die Leute in der Vereinigungskirche. Ihre offene Art und die Herzlichkeit, die mir so vorher noch nie begegnet war, zogen mich sehr an.«/116/ Andere westeuropäische Anhänger formulierten ihre Motive in Gesprächen so: »Ich habe mir schon immer gewünscht, in einer Gemeinschaft zu leben. Und ich konnte sehen, daß diese Menschen ihre Ideale vollständig verwirklichten.«/117/ – »Ich war von der geschwisterlichen Liebe unter den Mitgliedern sehr beeindruckt und auch davon, daß ich den Unterschied zu den jungen Leuten draußen sehen konnte. Sie sind so anders, daß ich dachte, ich träume. Ich lebe das größte Ideal, daß man auf dieser Welt finden kann.«/118/ – »Es ist nicht nur graue Theorie. Man kann das, woran man glaubt, auch verwirklichen – und das ist sehr wichtig. Aber allein ist es nicht möglich; darum müssen wir es gemeinsam mit anderen Menschen vollbringen.«/119/ – »Ich spürte, daß ich mit diesen Leuten etwas erreichen konnte. Wir lernen, eine neue Familie, eine neue Gesellschaft zu bauen.«/120/

Die neue Familie, die zur idealen Familie und schließlich zur idealen Gesellschaft wird, ist das Zentrum, welches das Leben in der Vereinigungskirche prägt. Über die ideale Familie vollzieht sich die Verwirklichung des

Reiches Gottes auf Erden. Denn, wir erinnern uns, Gottes Vorhaben, Adam und Eva zu vollkommenen Eltern und Gründern der vollkommenen Familie werden zu lassen, wurde durch die verbotenen Beziehungen Evas zu Luzifer verhindert. Zur Ordnung der Welt im Sinne Gottes bedarf es eines vollkommenen Paares in sündloser Ehe, das sündlose Kinder zeugt. Der Gedanke der Familie durchdringt in vielfacher Weise das theoretische und praktische Gefüge der Vereinigungskirche und bestimmt das Leben ihrer Glieder. Der Familienbegriff, um den es hier geht, ist seinem Wesen, nicht aber seiner Praxis nach, der einer orientalischen Familie, die eine strenge Hierarchie der Autorität kennt./121/ Das wird auch am organisatorischen Aufbau der Vereinigungskirche und an ihren inneren Machtstrukturen deutlich.

An der Spitze der Organisation stehen Mun und seine Frau als die vollkommenen Eltern. In ihrer Hand, d. h. bei Mun, liegen alle Machtbefugnisse. Auf Landesebene wird die Bewegung durch Landesleiter geführt, die von Mun berufen werden. Der Landesvater trägt in seinem Bereich alle Verantwortung. Basis und Grundeinheiten der Vereinigungskirche sind die Zentren, denen ein Center-Leiter vorsteht, der auf seine Weise Vater der Center-Familie ist. Das Familienmodell auf der Basis der Vater- bzw. Elternrolle Muns und seiner Frau durchdringt die Organisation von oben nach unten.

»Die Bezeichnung ›Familie‹ sagt auch etwas über den Führungsstil aus: es kann eben sehr familiär zugehen; aber es gibt zugleich ein starkes Bewußtsein von Autorität, Unterordnung und Überordnung. Was sich der Außenseiter nur häufig nicht klar macht, ist die Freiwilligkeit, mit der viele der Mitglieder sich unterordnen, sich für Dienste anbieten, Vorschläge akzeptieren, und es ist die Atmosphäre, in der eher spirituelle Impulse und Vorschläge als Weisungen und Befehle ihren Raum haben.

Von der Glaubensprägung her hat jedes Mitglied eine ›Position‹ des Dienens oder Führens oder beides; und diese Glaubensprägung stärkt die Autorität, gibt aber der Freiwilligkeit viel Raum. Man stellt sich oft den einzelnen ›Muni‹ als Befehlsempfänger vor und verkennt seinen eigenen Eifer; die einzelnen Zentren haben Spielraum in ihrer Entfaltung, sie fühlen sich nicht gegängelt. Die innere Hierarchie ist weitgehend unsichtbar und so selbstverständlich wie die Abstufungen in einer Familie ...«/122/

Nach außen werden die Grenzen dieser »Familie« bewußt fließend gehalten. Die Vereinigungskirche kennt kein religiöses Aufnahmeritual; wer Mitglied werden will, unterzeichnet eine Beitrittserklärung. Als entscheidend gilt die innere Bindung, nicht die juristische Form. »Man kann im Grunde auch als Außenseiter bald erkennen, wer dazu gehört und wer nur als Sucher, Gast oder Neugieriger dabei ist. ... Ein Mitglied trägt eine etwas konservativ wirkende ordentliche Kleidung, nicht etwa die Extravaganzen von Hippies, wie lange Haare bei Jungen. Manche der Sucher haben einen entsprechenden Ausdruck grüblerischer Ernsthaftigkeit; die Mitglieder fallen immer wieder einmal durch ›strahlende Überzeugung‹, d.h. durch Lächeln, auf; bei Photos ist dies Image auffällig und stereotyp, aber es ist den Anhängern durchaus bewußt, daß sie dafür kritisiert werden. Natürlich gibt es keine völlig eindeutigen Merkmale, dazu sind die Menschen viel zu verschiedenartig. Aber das Mitglied ist bemüht, positiv zu wirken.«/123/ Intensive Schulung soll dazu beitragen, immer umfassender in die neue Gemeinschaft hineinzuwachsen. Die Vereinigungskirche kennt sieben Trainingsprogramme, die aufeinander aufbauen: »3-Tage-Kurs; 7-Tage-Kurs; 21-Tage-Kurs; 40-Tage-Kurs; 120-Tage-Training; 6-Monate-Training; 12-Monate-Training«./124/

Die Lebensformen sind den Mitgliedern nicht zwingend vorgeschrieben. So ist es nicht Pflicht, in einem Zentrum zu wohnen. Viele, gerade ältere Anhänger, bleiben zunehmend in ihrem herkömmlichen Lebens- und Berufskreis, unterstützen dann aber auch mit allen Kräften, nicht zuletzt finanziell, die Vereinigungskirche. In Korea hat die Vereinigungskirche die im Westen verbreitete Form der Wohn- und Lebensgemeinschaft nicht gepflegt. Überhaupt scheint sich dort manches aus der Anfangszeit der Bewegung erhalten zu haben, so gibt es in vielen Orten Kirchengebäude.

Gottesdienste im herkömmlichen Sinne sind bei der Vereinigungskirche nicht üblich. Auch die christlichen Sakramente Taufe und Abendmahl werden abgelehnt, sie gelten als Zeichen einer überholten Epoche. Sakramentalen Charakter haben nur die von Mun und seiner Frau durchgeführten Eheschließungen mit vorausgehender Blutreinigungszeremonie. Die Eheschließung muß als die wichtigste und zentralste kultische Handlung der Vereinigungskirche angesehen werden.

Das Ziel aller überzeugten Munis ist es, eine solche wahre Ehe schließen zu können. Denn, so wird betont, es »werden nur verheiratete Mitglieder in das Königreich Gottes eingehen«./125/ Die Ehe, aber nur die von Mun geschlossene Ehe, ist heilsnotwendig. Eine freie Partnerwahl im modernen Sinn gibt es dabei nicht. Die Kandidaten müssen vorher durch entsprechenden Einsatz für die Bewegung ihre Reife unter Beweis gestellt haben. Meist werden die Paare durch Mun selbst zusammengestellt, bisweilen geschieht dies durch die Landeseltern. In der Regel reichen dazu »sowohl Männer als auch Frauen Listen mit fünf Kandidaten ein, und nach einer seelsorgerlichen Beratung treffen ihre Führer eine Wahl«./126/ Eheschließungen nach egoistischen Wünschen seien, so argumentiert man gegenüber Kritikern dieser Praxis, die Ursache für den in der modernen Gesellschaft verbreiteten Zerfall der Familie. »Eheleute, die verheiratet waren, bevor sie der Familie beitraten, müssen sich einer Zeit der Trennung unterziehen und sechs Monate oder länger als Bruder und Schwester leben. Später können sie ihr Treuegelöbnis in einer Zeremonie in der Familie erneuern.«/127/

Die Hochzeitszeremonien werden mit erheblichem Aufwand durchgeführt und sind öffentlich. Mun und seine Frau amtieren in weißen Gewändern mit goldenen Kronen auf dem Haupt. Nicht für die Öffentlichkeit zugänglich ist eine vorausgehende Zeremonie, in der mittels Wein als Symbol für Blut eine Reinigung des Blutes der zukünftigen Ehepaare vorgenommen wird. Der Wein ist nach einem genau festgelegten Ritual zubereitet.

Eine wichtige Aufgabe der so gereinigten und getrauten Paare ist es, viele Kinder zu zeugen. Dabei sind die

Sexualnormen grundsätzlich streng. Unzucht und Ehebruch gelten als schlimme Sünden und werden für schwerwiegender als Mord angesehen. Auch müssen die Eheleute nach der Hochzeit 40 Tage lang enthaltsam leben, unter Hinweis auf das vierzigtägige biblische Fasten. Eine »ideale Ehe« setzt völlige Hingabe an die Ziele der Vereinigungskirche voraus und verpflichtet gleichzeitig zu höchster Aktivität im Sinne der breitgefächerten Ziele der Bewegung.

Zu den anderen bekannten rituellen Handlungen gehören die Bereitung des Heiligen Salzes und die Bereitung des Heiligen Grundes. Das erste Heilige Salz soll bei der Heiligen Hochzeit Muns im Jahre 1960 hergestellt worden sein. Es dient zur Weihe von Häusern, Räumen, Autos und anderen Gegenständen. Das Heilige Salz bewirkt eine Abwehr Satans und seiner Einflüsse. Es wird in einer Flasche aufbewahrt und jeweils bei Bedarf wieder vermehrt.

Von Bedeutung ist auch die Weihe des »Heiligen Grundes« bzw. »Heiligen Ortes«. »Der ›Heilige Grund‹ soll den Garten Eden, das Paradies, darstellen. Gebete, die auf dem ›Heiligen Grund‹ verrichtet werden, haben größeren Erfolg, glauben die Mun-Anhänger. Dort sei die spirituelle Welt leichter zu erreichen.«/128/ Der Heilige Grund wird zu vorübergehendem Gebrauch auch mit Heiligem Salz gesegnet, für langfristigen Gebrauch aber mit »Heiliger Erde« und »Heiligem Gestein« aus Korea.

Ein Bestattungsritual ist nicht bekannt. Doch sollen die Angehörigen und Freunde des Verstorbenen, schamanischen Vorstellungen folgend, nach der Beerdigung (keine Leichenverbrennung) ein Feuer anzünden und dreimal durch das Feuer springen. Auch müssen nach der Beerdigung die Kleider gewechselt werden. Die Bestattung selbst gilt auf dem Hintergrund der Jenseitsvorstellungen der Vereinigungskirche als ein durchaus positives Ereignis.

In den »Zentren« gibt es einfach ausgestattete geweihte Andachtsräume. Ein Kreuzeszeichen fehlt, es ist für die Vereinigungskirche das Zeichen der Niederlage Jesu. Meist steht auf einem Tisch das Bild Muns und seiner Frau, Blumen und eine geweihte Kerze. An Feiertagen sind es sieben geweihte Kerzen, und es wird ein Gabentisch mit Blumen und Obst zubereitet. Bei den Andachten an Sonn- und Feiertagen wird von den Mitgliedern ein fünfteiliges Gelöbnis erneuert, das zur absoluten Hingabe an Mun und seine Sache verpflichtet. Man verbeugt sich dabei dreimal bis zum Boden. In diesem Gelöbnis, das eine große prägende Kraft für das Leben der Anhänger der Vereinigungskirche hat, heißt es u. a.:

»3. Als ein wahrer Sohn (Tochter) will ich dem Vorbild unseres Vaters folgen und mutig das Lager der Feinde angreifen, bis ich sie völlig gerichtet habe mit den Waffen, mit denen Er für mich den Verlauf der Geschichte hindurch den Feind, Satan, besiegt hat durch das Säen von Schweiß für die Erde, Tränen für die Menschen und Blut für den Himmel – als ein Diener, aber mit dem Herzen eines Vaters, um Seine Kinder und das Universum, verloren an Satan, wiederherzustellen.
Das gelobe ich.

4. Der Mensch, die Familie, die Gesellschaft, die Nation, die Welt und der Kosmos, die bereit sind, unserem Vater zu dienen, der die Quelle ist des Friedens, der Glückseligkeit, der Freiheit und aller Ideale, werden die vollkommene Welt des einen Herzens in dem einen Körper verwirklichen, indem sie ihre ursprüngliche Natur wiederherstellen. Um dies zu tun, werde ich ein wahrer Sohn (Tochter) werden und unserem Vater Freude und Befriedigung bringen, und als unseres Vaters Repräsentant werde ich auf die Schöpfung Frieden, Glückseligkeit, Freiheit und alle Ideale der Welt des Herzens übertragen.
Das gelobe ich.

5. Ich bin stolz auf die eine Herrschaft, stolz auf das eine Volk, stolz auf das eine Land, stolz auf die eine Sprache und Kultur, die Gott als Mittelpunkt haben. Ich bin stolz, das Kind des einen Wahren Elternpaares zu werden, stolz auf die Familie, die die eine Tradition ererben wird, stolz darauf, als Arbeiter mitzuwirken bei der Errichtung der einen Welt des Herzens.

Ich werde unter Einsatz meines Lebens kämpfen. Ich werde verantwortlich sein, meine Pflicht und meine Mission zu erfüllen.

Das gelobe und schwöre ich.«/129/

Bei den Andachten wie im täglichen Leben spielt das Gebet, allerdings als spirituelle Leistung verstanden, eine große Rolle. Auch Lektüre und Auslegung der Schriften Muns sind in diesem Zusammenhang zu nennen. Immer ist Aktivität gefordert, Andacht, Gebet, Studium, Meditation, freiwilliger Verzicht, Fasten, aber auch Feiern sind darin eingeschlossen.

Die Vereinigungskirche hat einen kirchlichen Festkalender entwickelt, der sich vom christlichen Festkalender grundlegend unterscheidet./130/ Wichtigstes Fest ist, fernöstlichen Traditionen folgend, der Neujahrstag (Gottestag). Das neue Jahr wird mit einem Gottesdienst begrüßt, in dessen Verlauf ungeachtet späterer Wiederholungen das Gelöbnis für das ganze Jahr abgelegt wird. Zu den großen Festen gehören der »Geburtstag der Wahren Eltern« (6. Januar), der »Hochzeitstag der Wahren Eltern« (16. März), der »Welttag« oder »Tag aller Dinge« (26. Juli) zur Ehrung der Schöpfung und der Kindertag. Das christliche Weihnachtsfest wird neuerdings auch gefeiert, gilt aber nicht für sehr zentral. Auch die Bedeutung von Zahlen, ja einer Zahlenmystik, für das kultische und geistliche Leben der Vereinigungskirche darf nicht übersehen werden./131/

Wie bei allen terminiert endzeitlich, eschatologisch-apokalyptisch ausgerichteten Gruppen, man denke an die Zeugen Jehovas, ist auch für die Anhänger der Vereinigungskirche das Leben ein Kampf mit der Zeit, ein Kampf um Zeit. Erste Termine mußten bereits revidiert werden. Trotzdem, die Zeit bleibt kurz, die Termine drängen, alle Gebiete des religiösen, persönlichen, wirtschaftlichen, sozialen, politischen und kulturellen Lebens müssen schnell umgestaltet werden. Diese in der Lehre Muns tief verankerte Grundauffassung zwingt seine Jünger zu unablässiger Mission und ständigem Handeln. Sie stehen unter einer Art apokalyptischem Leistungsdruck, der Aggressivität im Kampf gegen die vermeintlichen satanischen Mächte und Institutionen dieser Welt hervorbringen kann. Das muß, besonders da Politik, Wirtschaft, Kultur und Wissenschaft bewußt eingeschlossen sind, zu Konflikten mit der Gesellschaft führen. Sie beginnen meist im rein persönlichen Bereich und entfalten sich gerade dort in ihrer ganzen existentiellen Härte. Eine Fülle von Berichten über solche Konflikte liegt vor. Sie waren Ausgangspunkt zur Gründung von Elterninitiativen gegen die Vereinigungskirche, zu großen Pressekampagnen, aber auch zu einer verstärkten Elternarbeit der Vereinigungskirche selbst. Von den unmittelbar Betroffenen, den Jugendlichen, wurde die »neue Familie« vielfach als Befreiung von der »alten Familie« empfunden. Erst ein längeres Leben mit der »neuen Familie« in einem Zentrum der Vereinigungskirche, der »Dienst«, die Forderung völliger Hingabe für die Ziele der Organisation und damit verbundene persönliche Erlebnisse führten in einer Reihe von Fällen zur Ernüchterung, zur Abkehr oder Gegnerschaft. Darüber, wie sich solch ein Prozeß im einzelnen vollziehen kann, gibt es viele Schilderungen. Sie sind naturgemäß sehr subjektiv, dadurch aber lebendig, farbig und für die Mission der Vereinigungskirche, dem Leben und Arbeiten in einem Zentrum in den Grundzügen dennoch charakteristisch. Folgendes Beispiel vermittelt für die kritischen Rückblicke ehemaliger Munis bezeichnende Impressionen:

Gisela Rosenberg, eine junge Krankenschwester, flog im Juni 1980 zu einem vierwöchigen Ferienaufenthalt in die USA. In New York lernt sie Friederike (29 Jahre) kennen. Diese erzählt ihr, sie sei mit anderen jungen Leuten aus verschiedenen Ländern seit Jahren in Haarlem tätig, wo sie eine »Art Nachbarschaftshilfe« leisten. Gisela Rosenberg interessiert sich für diesen Kreis, wird zum Besuch einer Kaffeestube eingeladen und lernt dort die jungen Leute kennen. Ihre offene, fröhliche und ungezwungene Umgangsweise beeindruckt sie. Gern läßt sie sich für zwei Tage zu einem Aufenthalt in einem Camp auf dem Lande einladen. Hier trifft sie noch andere fröhliche und idealistisch begeisterte junge Menschen. »Ich wurde immer neugieriger auf diese Gruppe. Um sieben Uhr morgens wurden wir mit Gitarrenspiel geweckt. Zwanzig Minuten später versammelten sich alle auf einer Wiese zum Frühsport. Danach begrüßte uns die stellvertretende Leiterin des Camps: ›Diese Tage hier sollen für uns alle zu einem unvergeßlichen Erlebnis werden, wir wollen uns fern vom Streß des Alltags kennenlernen.‹ Alkohol und Zigaretten waren nicht erwünscht, denn naturverbundenes Leben wurde groß geschrieben. Anschließend sangen wir gemeinsam ein paar Lieder. Jetzt wurden kleinere Gruppen gebildet, und es gab ein Frühstück im Freien.« Der Gruppenleiter ist ein Arzt aus Neuseeland, auch Engländer und Südafrikaner sind neben Amerikanern mit in der Gruppe. Jeder erzählt von sich, und es klingen religiöse Fragen an. »Im Laufe des Tages hielt uns der Arzt drei kurze Vorträge: Warum leben wir? Ist Gott eine Realität? Wie kann ein guter Gott das Böse zulassen? Es wurden Antworten gegeben, die mir sinnvoll erschienen, eigene Gedankengänge fortsetzten. Zwischen den Vorlesungen wurde in der Gruppe gesungen und diskutiert.« Dabei geht es um Probleme wie: Ist eine ideale Welt möglich? Wie soll sie aussehen? Gisela Rosenberg sagt sich: »›Nein, ich glaube nicht daran, daß die Welt ideal sein kann. Sie wird immer so unvollkommen sein wie die Menschen, die in ihr leben!‹ ›Und wenn der Mensch vollkommen sein könnte?‹ fragte der Arzt. Da gingen die Meinungen auseinander. Die ganze Zeit über hatte ich das Gefühl, daß der Arzt und Friederike wie viele andere Menschen, die mir hier begegneten, viel mehr wußten, als sie preisgaben. Hinter ihren Aussagen stand eine Sicherheit, die mich beunruhigte und neugierig machte. Das Abendessen wurde von allen Campbewohnern gemeinsam eingenommen, Freiwillige sorgten für musikalische Unterhaltung. Als wir am Abend dieses Tages im Kreis unterm Sternenhimmel standen, einander an den Händen hielten und stimmungsvolle Lieder sangen, da war mir ganz ruhig und feierlich zumute.«

Durch die Gespräche und Erlebnisse ihres ersten Tages im Camp angeregt, will Gisela Rosenberg gern mehr über die Gruppe wissen, besonders über ihren religiös-geistigen Hintergrund. Doch sie wird auf später verwiesen. Am nächsten Tag geht das Programm weiter. Wieder hält der neuseeländische Arzt einen Vortrag. »Es ging um das Leben Jesu. Warum hatte Jesus Angst vor seinem Tod? Weil er nicht sterben wollte, wo er doch wußte, daß er durch seinen Tod die Menschheit erlösen würde? Nein, Jesus kam nicht, um zu sterben, er sollte durch sein Leben, nicht durch seinen Tod die Welt verändern. Der Arzt las einige Verse aus der Bibel vor. Es gab Sinn. Johannes der Täufer und die Menschen zur Zeit Jesu haben versagt. Sie hatten Jesus nicht anerkannt und ihn getötet. Was wäre, käme Jesus heute wieder, als farbiges Slumkind oder mexikanischer Bauernsohn?« Heiße Diskussionen entbrennen über das Problem der Wiederkunft Jesu. Welche Konsequenzen ergeben sich daraus? Auch, und dies ist vermutlich nicht zufällig, wird die Frage aufgeworfen, ob sich unter bestimmten Bedingungen um der Sache Gottes willen nicht eine Trennung von der Familie, von Eltern und Verwandten nötig machen würde.

Am Nachmittag des zweiten Tages geht man schwimmen; auch jetzt fühlt sich Gisela Rosenberg immer von den anderen betreut und umsorgt, findet sie keine Gelegenheit, mit sich allein zu sein und über das Gehörte nachzudenken. Abends will sie, wie von Anfang an geplant, abreisen. Sie wäre noch gern geblieben, aber der Rückflug ist gebucht, der Urlaub zu Ende. Der neuseeländische Arzt nimmt sie beiseite, erzählt ihr aus seinem Leben und schildert, wie er um der Sache Gottes willen seinen Beruf aufgegeben hat. »Er sagte mir immer wieder, wie sehr man Menschen wie mich brauchte, nicht nur mein Können als Krankenschwester, sondern als Mensch. Ich sollte doch bleiben, wenigstens vorläufig. Ich konnte nur noch weinen. Wie sollte ich mich entscheiden? Auf der einen Seite war der Flug, der nicht mehr rückgängig zu machen war, dann mein ungekündigtes Arbeitsverhältnis und nicht zuletzt meine Eltern und Freunde, die in Deutschland auf mich warteten. Doch auf der anderen Seite stand all das, was so neu und faszinierend für mich war, die vielen lieben Menschen, die ich hier getroffen hatte. War es wirklich die Sache Gottes? Ich wußte es nicht, es schien möglich zu sein, aber ich wußte zu viel, um jetzt einfach zurückfahren zu können. Und so entschloß ich mich zum vorläufigen Bleiben. Am Abend hörten wir eine Vorlesung, in der die Vision einer idealen Welt der Zukunft beschrieben wurde. Ich war begeistert, wurde immer sicherer, die richtige Entscheidung getroffen zu haben.«

Gisela Rosenberg schreibt nach Hause. Sie bittet die Eltern um Verständnis und beantragt Urlaubsverlängerung. Unter ihren neuen Freunden fühlt sie sich »frei und war glücklich«. Das gebotene Programm wird jetzt zielgerichteter. »Die Vorlesungen in den nun folgenden Tagen gingen immer mehr ins Detail. Am Donnerstagmorgen der folgenden Woche wurde uns anhand von Geschichtsparallelen eine sensationelle Neuigkeit eröffnet: Der Messias war wiedergekommen. Es verschlug mir den Atem. War mir vorher allein das Wort Messias fremd erschienen, so ergab es doch jetzt immer mehr Sinn. Hatte ich nicht schon oft daran gedacht, daß wir in der Endzeit lebten. Geschichtliche Begebenheiten fanden plötzlich eine Erklärung.«

Das Leben in der Gemeinschaft gefällt ihr immer besser. Sport, Arbeit und Vorträge wechseln einander ab. »Alles verlief in einer Harmonie, wie ich sie vorher nie erlebt hatte. Oft verspürte ich den unwiderstehlichen Drang, allein zu sein, aber eine Aktivität jagte die andere. Schließlich verlor dieser Wunsch an Bedeutung. Ende der ersten Woche erfuhren wir endlich, wer der Begründer dieser Bewegung und der Entdecker dieser Lehren war: der Koreaner Sun Myung Moon. Sein aufopferungsvolles Leben und das Ringen um die Wahrheit wurde in einer Vorlesung geschildert.«

Nach drei Wochen trifft von zu Hause ein Telegramm ein. Die Mutter sei schwer erkrankt und Gisela solle kommen. Ihre neuen Freunde meinen, dies wäre nur ein Schachzug der Eltern. Sie bleibt also und fährt nicht zurück. Kurze Zeit später besucht sie ein Freund ihres Vaters. Er bringt eine junge Frau mit, eine »Deprogrammiererin«. Ihre Argumente: »Das ist eine Sekte, man will Sie hier festhalten« usw. verfangen nicht. Wenig später kommt der Vater zu einem Besuch. Er beschwört Gisela, nach Hause zurückzukommen. Sie willigt schließlich ein, wird aber von anderen Camp-Bewohnern und durch die Reaktionen des Vaters wieder wankend gemacht. Sie bleibt. Da sie nun Nachforschungen der Behörden erwartet, geht Gisela Rosenberg in ein anderes Zentrum der Vereinigungskirche nach San Francisco in Kalifornien. Wieder fühlt sie sich in der Gemeinschaft junger Menschen wohl und beginnt voller

Begeisterung, das Gelernte in »aktive Nächstenliebe« umzusetzen.

»Der Tagesablauf sah sehr anders als im Camp aus. Morgens versammelte man sich, formell gekleidet, zum gemeinsamen Gebet. Die ständige Zwiesprache mit Gott sollte uns zum wichtigsten Bestandteil des Tages werden.« Anschließend liest man aus der Bibel oder den Schriften Muns. Überall stehen Bilder der »wahren Eltern«. Mun gilt als der Messias. »Ich war mir nicht sicher, wieweit ich daran glauben sollte, und so schob ich den Gedanken daran zunächst einmal auf. Seine Lehre war die Wahrheit, und das war entscheidend. Die Tagesaktivitäten waren unterschiedlich; nach wie vor wurde viel gesungen und Sport getrieben, auch der ständige Erfahrungsaustausch mit anderen war wichtig. Ich arbeitete in einem Lagerhaus.« Dort wird Obst und Gemüse sortiert, das dann an kirchliche Gruppen oder karitative Verbände abgegeben wird. »Oder ich war tagsüber in einer Gemäldegalerie beschäftigt, wo wir Bilder rahmten, die dann von uns verkauft wurden. Es war sehr wichtig, daß die Menschen ihre Gaben zum Errichten der neuen Welt beitrugen, und es war auch nur eine finanzielle Spende.«

Nun darf Gisela Rosenberg auch in der Mission mitarbeiten. Das ist für sie »eine der aufregendsten Unternehmungen«. An einem kleinen Stand in der Stadt spricht sie zusammen mit ihren Freunden junge Menschen an und lädt sie zum Abendessen oder zu Camp-Aufenthalten ein. Im Camp ist sie nun selbst als »geistige Mutter« tätig. Voller Einsatz erweist sich dabei als notwendig, »zum Schlafen blieb zum Beispiel wenig Zeit. Auch war es wichtig, freiwillige Opfer zu bringen, wie zum Beispiel ein bis drei Tage nichts zu essen. Damit konnten wir Gott nicht nur unseren guten Willen zeigen, sondern auch etwas von dem Leid, das er seit zweitausend Jahren unseretwillen ausgestanden hatte, wieder gut machen.«

In San Francisco lernt sie viele neue Freunde kennen und kommt auch wieder in Kontakt mit ihren Eltern. Im Oktober 1980 meldet sie sich mit etwa 80 jungen Menschen zu einem »Workshop« der Vereinigungskirche. »Es handelte sich bei diesem Workshop um ein MFT-

Training, das war die Abkürzung für das mobile Verkaufsteam der Vereinigungskirche. Natürlich brauchten wir Geld, um unsere vielen Aktivitäten zu finanzieren, und ich war froh, bei der Beschaffung dieses Geldes in Zukunft helfen zu können. Außerdem war es eine Möglichkeit, Menschen kennenzulernen und ihnen eine Gelegenheit zu geben, etwas für Gottes Sache zu tun.«

Sie ist sich bewußt, diese Arbeit würde nicht einfach sein, doch die Überzeugung, nun zu den »Himmlischen Soldaten« im Kampf gegen Satan zu gehören, läßt Angst nicht aufkommen. Über ihre Arbeit berichtet sie: »Mein MFT-Zentrum war ein Zweifamilienhaus, das von etwa vierzig Menschen bewohnt war. Unser Alltag war streng geregelt. 6 Uhr aufstehen; 7 Uhr Morning Service; der Commander, der Leiter der Region, hielt dann eine Ansprache. Gegen 9 Uhr war allgemeiner Aufbruch in verschiedenen Kleinbussen. Wir waren in Teams eingeteilt, mit einem Captain, dem Teamleiter, an der Spitze. Jedes Team hatte seine eigene Verkaufsregion, die meist vom Captain bestimmt wurde. Verkaufsprodukte waren natürliche und falsche Blumen, Anstecknadeln, Bilder, Schmetterlinge in Glasbehältern und anderes.« An den Vormittagen wird meist in den belebten Straßen der Innenstadt verkauft, man spricht Passanten an, geht in Geschäfte und Bürohäuser. Anders an den Nachmittagen und Abenden, da ist »Tür zu Tür«-Zeit, d. d., die Angebote werden an den Wohnungstüren gemacht. »Am Abend von neun bis zwölf Uhr oder am Wochenende verkauften wir nachts vor Restaurants, Bars und Diskotheken. Gegessen wurde meist gemeinsam in Schnellrestaurants zwischen den verschiedenen Verkaufsperioden. Besonders in den ersten Wochen meiner Zugehörigkeit zum MFT wurde großer Wert auf den persönlichen Kontakt zu den Menschen gelegt, manchmal sogar auf Kosten des Tagesumsatzes. Doch das änderte sich allmählich; je mehr Routine ich im Verkaufen bekam, um so wichtiger war es, so viel wie möglich an so viele Menschen wie möglich zu verkaufen. Für nähere Kontakte und Missionieren war später noch Zeit. Am Tagesumsatz des einzelnen wurde seine geistige Reife gemessen. Denn Gott stand ja hinter uns, und wer sich wirklich Mühe gab, seine Mission zu erfüllen, dem würde Gott auch helfen.«

Es ist bemerkenswert, daß Gisela Rosenberg in diesem Zusammenhang bekennt: »Das Leben hatte sich nun für uns alle sehr geändert. Von der heilen Welt, die man vorher schon ganz nah glaubte, war nichts mehr zu spüren. Die Wirklichkeit, das waren die resignierten Menschen in Bars, drogenabhängige Kinder, das waren Homosexuelle und die vielen Menschen, die in den Vergnügungszentren von San Francisco ihr Glück suchten. Es mußte wirklich unendlich viel getan werden, um diese Welt zu ändern, und es würde unsere ganze Opferbereitschaft erfordern. Das wurde uns immer deutlicher.«

Ernste Schwierigkeiten treten im Januar 1981 auf. Der Verkaufserfolg läßt deutlich nach. Um zu größerer Aktivität und intensiverem Einsatz anzufeuern, stellt der japanische Zentrumsleiter neue Richtlinien auf, »nach denen man nicht essen und schlafen konnte, wenn man einen bestimmten Verkaufsbetrag nicht erreichte. Aber auch das half nicht viel, nur daß wir jetzt, nach oft zwei- oder dreitägigem Schlafentzug, einschliefen, wo wir gingen und standen. Manchmal versuchte ich, nachts in einer Garageneinfahrt oder in einer Toilette eine Stunde zu schlafen, und litt deshalb ständig unter Schuldgefühlen. Anderen erging es nicht anders. Was machten wir nur falsch, daß Gott nicht durch uns arbeiten konnte? Es war ein ständiger Konflikt.«

In dieser Situation starker psychischer und physischer Belastungen kommt es zu einer Begebenheit, die für das weitere Schicksal Gisela Rosenbergs entscheidend wird. »An einem Freitag, ich war der Verzweiflung nahe, kauften in einer Schallplattenhandlung die Verkäufer für insgesamt siebzig Dollar Schmetterlinge. Ich war selig. Gott hatte geholfen. Wie in Trance betrat ich das nächste Gebäude, einen Regierungsbau, nichtsahnend, daß sich in diesem Haus auch die US-Immigration von San Francisco befand. Und dann ging alles sehr schnell. Da ich mich nicht ausweisen konnte, nahm man mich fest. Mein Name war den Immigrationsbeamten gut bekannt. Es gab eine ganze Akte unter meinem Namen, denn mein Vater hatte nicht aufgehört, nach mir zu fahnden. ... Am Montag verließ ich San Francisco – Flugziel: Frankfurt.« Dort wird sie von ihren

Eltern abgeholt. Über die eingetretene Entwicklung kann sich Gisela Rosenberg nicht freuen. Sie sieht darin eine göttliche Prüfung und will schnell Kontakt zu einem Zentrum der Vereinigungskirche in der Bundesrepublik aufnehmen. Doch bevor dies gelingt, trifft sie auf Initiative des Vaters mit drei ehemaligen Mitgliedern der Vereinigungskirche zusammen. Unter ihrem Einfluß kommt es zur grundlegenden Wende. »Nach einem ganztägigen Gespräch ... fiel es mir wie Schuppen von den Augen. Warum hatte man mich im Camp nie alleingelassen? Warum war kein Kontakt zu Andersdenkenden möglich gewesen? Wozu all die Liebe, die Zuwendung, mit der der Neuankömmling im Camp überschüttet wird, der ständige Zustand der Faszination, in dem man sich befindet? Alles nur zu einem Zweck«, so schlußfolgert sie nun, »den Betreffenden blind und hörig zu machen.« Ihre Reaktion auf diese »Deprogrammierung« beschreibt sie so: »Eine große Verbitterung setzte bei mir ein. Es war alles eine Lüge gewesen, vielleicht der größte Betrug, der mit Menschen möglich ist. Nach zweieinhalb Tagen endeten die Gespräche mit meinem Austritt aus der Vereinigungskirche.«

Die Probleme sind damit noch nicht gelöst, das darf nicht übersehen werden. »Und dann bleibt auch irgendwo die Leere«, schließt Gisela Rosenberg ihren Bericht. »Die Suche nach einem Glauben, der Halt und Sinnerfüllung schenkt, ist nach wie vor Bestandteil meines Lebens. Doch ganz gleich, welchen Weg auch immer ich in der Zukunft gehen werde: Ich bin wieder frei, meinem eigenen Gewissen zu folgen.«/132/

Auch diese Schilderung läßt viele Fragen offen, neue stellen sich. Steht hinter den hier beschriebenen Aktivitäten der Vereinigungskirche unter jungen Leuten eine religiöse Überzeugung, die, nimmt man sie ernst, zu tiefgreifenden Folgen im Leben der Gläubigen führt? Oder ist das Ganze eine religiös getarnte Menschenfängerei für ein extrem ausbeuterisches Geschäftsunternehmen? Lassen sich die Fröhlichkeit, der Idealismus und die Begeisterung für Werbezwecke »machen«, oder sind sie, zumindest zunächst, wirklich da? Kann man den Leistungsdruck, den Zwang zum Erfolg, nicht allein religiös motivieren, sondern auch verstehen? Was ist mit denen, die bleiben, die ganz bewußt und erklärtermaßen ihre persönliche Erfüllung finden? Wie soll man zu den Versuchen wohlhabender Eltern stehen, ihre der Vereinigungskirche beigetretenen Kinder gewaltsam deprogrammieren zu lassen? Die Kette der Fragen läßt sich unschwer fortsetzen. In jedem Fall wird es bei der Auseinandersetzung mit all diesen Problemen hilfreich sein, zwischen Basis und Leitung zu unterscheiden. Das bedeutet auch, die Frage nach Mun zu stellen, nach seiner Persönlichkeit, nach seinen Motivationen. Wir meinen, von einer religiösen Grundmotivation Muns ausgehen zu müssen, die aber, von der Basis einer christlichen Interpretation her, in die Dimension der falschen Messianität führt.

4. Der Herr der Zweiten Wiederkunft

(Jesus von Nazareth und Mun)

Öffentlich bekennt sich San Myung Mun nicht als der zweite Messias, als der »Herr der Zweiten Wiederkunft«. Seinen Anhängern gegenüber läßt er daran allerdings keinen Zweifel. In einem Interview, das er während einer Rundreise durch amerikanische Center im Frühjahr 1965 einem seiner Anhänger gab, wurde er beispielsweise gefragt: »Was veranlaßt Mr. Mun zu glauben, er sei der Messias? Antwort: Studiert die Göttlichen Prinzipien und ihr werdet es wissen.« Der Fragesteller fuhr fort: »Gab es einen besonderen Punkt in Ihrem Leben, wo Sie bemerkten, daß Sie derjenige waren, nach dem Gott suchte, um die Wiederherstellung durchzuführen? Antwort: Schon im Kindesalter hatte ich die Gabe des Hellsehens und Hellhörens. Ich konnte durch Menschen hindurchsehen und ihre Geister erkennen. Ich hatte den ganz starken Wunsch, ein Leben von hohem Standard zu führen. Mit 12 Jahren begann ich, um außerordentliche Dinge zu beten. Ich bat um Weisheit größer als die Salomos, um größeren Glauben als ihn der Apostel Paulus hatte und um Liebe, die größer war als die von Jesus. Das ist ja bei einem 12jährigen nichts Normales. Mit 16 Jahren wußte ich ganz genau, was meine Aufgabe war. Mein Denken und Fühlen hat sich von dem anderer Menschen immer wesentlich unterschieden. Viele Menschen haben mir gesagt, wer ich war.«/133/

Unabhängig von diesen und anderen persönlichen Äußerungen Muns legt das Lehrsystem der Vereinigungskirche in seiner heilsgeschichtlichen Zuspitzung unabweisbar den Schluß nahe, daß San Myung Mun der zweite Messias ist. Wie wir sahen, steht nach der Lehre der Vereinigungskirche folgendes fest: Mit dem Jahre 1917 ist nach dem göttlichen Heilsplan die Zeit für die Geburt des zweiten Messias erfüllt. Der Messias wird Koreaner sein, er wird von Gott grundlegende Offenbarungen empfangen und den göttlichen Auftrag ausführen, die Basis für die Wiederherstellung der Schöpfung zu legen. Jesus Christus brachte die geistige Erlösung der Menschen, der »Herr der Wiederkunft« bringt die physische Erlösung der Menschheit.

Wer erfüllt all diese Bedingungen und Aufgaben, wenn nicht San Myung Mun! Er wurde nach 1917 geboren (1920), ist Koreaner, empfing die göttlichen Prinzipien als grundlegende Offenbarung von Gott, übernahm ungeachtet aller Leiden und Verfolgungen die ihm übertragene Mission. In der Position des neuen Adams schloß er 1960 die ideale Ehe. Aus dieser Ehe gingen sündlose Kinder hervor, in denen die Schöpfung wiederhergestellt ist. Zusammen mit seiner Frau, der neuen Eva, hat er die Vollmacht, auf dem Wege heiliger Eheschließungen weitere ideale Ehen und Familien zu gründen und so das Fundament des Reiches Gottes auf Erden zu verbreitern.

Es besteht kein Zweifel, das zeigen die hier in großen Umrissen angedeuteten Gedankengänge, San Myung Mun ist der »Herr der Zweiten Wiederkunft«, der zweite Messias. Seine Geburt, sein Leben und Wirken werden somit für die Anhänger der Vereinigungskirche zum entscheidenden endzeitlichen Heilsereignis. Ein Scheitern seiner Mission ist ausgeschlossen, denn er hat durch die Offenbarung der göttlichen Prinzipien, durch die physische Erlösung der Menschheit auf dem Wege der wiederhergestellten Familie seine messianische Aufgabe bereits erfüllt. Das gelegte Fundament ist jetzt unzerstörbar und nicht mehr an seine Person gebunden.

In einem bemerkenswerten Interview führte Mun dazu folgendes aus: »Ich habe meine persönliche Mission hier auf Erden erfüllt. Deshalb wird es keinen Unterschied machen, ob ich hier auf Erden bleibe oder in die geistige Welt aufgenommen werde. Unsere Bewegung hat ein festes Fundament gelegt. Sie besteht hier auf physischer Ebene, aber sie ist geistig aufgebaut; ihre Wurzeln sind Gott und die geistige Welt. Auf diesem Fundament kann die Bewegung niemals versagen. Es wird ohne mich weitergehen, und das Reich Gottes wird hier auf Erden Wirklichkeit werden.«/134/

Allerdings gibt es dabei einen gewissen Unsicherheitsfaktor, das ist die Zeit. Wie schnell das Reich Gottes auf Erden allgemein verwirklicht wird, hängt nicht zuletzt vom Einsatz der Munis ab. Sie sind gerade unter diesem Gesichtspunkt zu höchster Aktivität gerufen. »Wenn wir versagen, müssen unsere Nachkommen durch schwerere blutige Kämpfe gehen und mehr Tränen und Schweiß vergießen. Wir möchten unsere Mission nicht an unsere Nachkommen weitergeben. Laßt uns daher kämpfen und den Sieg erringen!«/135/ Die konkreten, zeitlich fixierten Prognosen Muns für die Durchsetzung des Reiches Gottes auf Erden stehen unter dem Vorbehalt des Unsicherheitsfaktors – menschliche Aktivität. Muns Mission ist erfüllt, alles weitere liegt nun bei den Menschen.

Ist Mun der zweite Messias, woran nach der Lehre der Vereinigungskirche kein Zweifel bestehen kann, dann erfüllt sich in ihm und durch ihn eine 2000jährige Erwartung der Christenheit. Die Vereinigungskirche versteht sich deshalb als die endzeitliche Kirche Jesu Christi, welche die Vereinigung aller christlichen Kirchen herbeiführen wird, ja zur Vereinigung und Reinigung aller Religionen den entscheidenden Beitrag zu leisten berufen ist.

Dieser Anspruch steht im scharfen Gegensatz zu fundamentalen historischen und theologischen Tatsachen. Wesentliche Aussagen der Lehre Muns widersprechen ganz offensichtlich der Lehrgrundlage des Christentums, dem Neuen Testament. Für jeden erkennbar tritt dies bei dem Problem der Bedeutung von Person und Werk Jesu Christi zutage. Zentralste Aussage des Christentums ist die Lehre, daß Gott in Jesus Christus Mensch wurde, freiwillig, schuldlos litt und starb, um durch seinen Opfertod am Kreuz alle, die an ihn glauben, zu erlösen und ihnen als der Auferstandene das ewige Leben zu bringen. Sein Werk gilt als abgeschlossen, als ein für allemal geschehen. Jesus Christus wird nicht als Erlöser wiederkommen, sondern als Weltenrichter und König des Reiches Gottes.

Der Jesus der Vereinigungskirche ist nicht der Jesus des Neuen Testaments und der christlichen Tradition. Selbst bei oberflächlicher Betrachtung fallen grundlegende Unterschiede auf. In der Sicht der Vereinigungskirche ist Jesus seinem Wesen nach nicht Gott, sondern ein vollkommener Mensch und nur Abbild Gottes wie alle anderen Menschen auch. »Wäre Jesus Gott gewesen, so wären er und Gott nach der Auferstehung in der geistigen Welt ein und derselbe, und Jesus nähme nicht den Platz ›neben‹ Gott ein. Es heißt jedoch, daß Jesus in der geistigen Welt zur Rechten Gottes sitze als unser Fürsprecher (Röm. 8:34). Jesus wurde als Menschensohn auf Erden geboren und seine äußere Erscheinung war menschlich wie die jedes anderen auch. In der geistigen Welt lebt er als Geistmensch, gleich wie seine Jünger. Der einzige Unterschied besteht darin, daß sein geistiges Ich ohne ursprüngliche Sünde ist und hell strahlt.«/136/ Auch die Göttlichen Prinzipien sagen: Jesus mag »wohl ›Gott‹ genannt werden; er ist jedoch keinesfalls Gott selber«./137/ Von dieser zutiefst arianischen Sicht der Person Jesu wird auch die Deutung seines Werkes bestimmt, daß Jesus letztlich versagt hat, daß sein Leiden und Sterben nicht gottgewollt waren. Mit dieser Behauptung fällt eine Grundaussage neutestamentlicher christlicher Theologie. Das Kreuz, für die christliche Kirche Symbol der Erlösung und des Sieges, wird bei Mun deshalb zum Zeichen des Scheiterns und der Niederlage.

Jesu Leben und Werk werden aus dieser Sicht zu einer Vorstufe der Erlösung. Die entscheidende Endstufe stand fast 2000 Jahre lang noch aus und erforderte einen neuen Messias. Dieser wird, im Gegensatz zu der im Neuen Testament verheißenen Wiederkunft des auferstandenen Jesus, auf dem Weg der Geburt in die Welt kommen. An die Stelle der zentralen Heilsbedeutung des Opfertodes Jesu am Kreuz treten bei Mun die heilige Hochzeit und die Gründung der idealen Familie als heilsstiftende Zentralereignisse.

Der erste Messias (Jesus) wird so zum Vorläufer des zweiten Messias (Mun). Nicht Jesus bildet den Mittelpunkt der göttlichen Heilsgeschichte, sondern Mun, erst mit ihm und durch ihn setzt die große, die wirkliche Wende ein. Es bedarf massiver Umdeutungen und symbolischer Auslegungen des Neuen Testamentes, um dies in die biblischen Texte hineinzulesen.

Eine Fülle weiterer tiefgreifender Unterschiede zwischen der Theologie der Vereinigungskirche und christlich biblischer Theologie ließ sich noch aufzeigen. So etwa in der Gotteslehre, die mit der These von der Polarität Gottes und den vier Positionen unübersehbar konfuzianische und taoistische Gedankengänge aufnimmt. Aus christlicher Sicht wird aber im Mittelpunkt der Kontroverse die Frage nach Jesus und Mun stehen, die sich bei Prüfung des Sachverhaltes in die Frage wendet: Jesus Christus *oder* San Myung Mun?

1/ San Myung Mun, hrsg. von der Gesellschaft zur Vereinigung des Weltchristentums e.V., Frankfurt a. M. o.J., 7
2/ Zum folgenden wie zu weiteren Einzelheiten vgl. Korea, Texte und Fragen, Studienheft 6 der Deutschen Evangelischen Missionshilfe, Hamburg 1976; Jai Hyung Lee, Das traditionelle Verhältnis von Politik und Religion in Korea und die christlichen Missionen, Hamburg 1979; O Sek Keun, Der Volksglaube und das Christentum in Korea, Berlin 1978
3/ O Sek Keun, Der Volksglaube, a.a.O., 203
4/ San Myung Mun, a.a.O., 7
5/ Ebd., 7f.
6/ Über diese Zeit gibt es verschiedene Aussagen, vgl. J. Isamu Yamamoto, Herr über tausend Puppen. Mun und die Vereinigungskirche, Wuppertal/Kassel 1979, 9; Rüdiger Hauth, Vereinigungskirche. »Tong-Il Kyo« im Angriff, München [2]1977, 8.
7/ O Sek Keun, Der Volksglaube, a.a.O., 208f.
8/ San Myung Mun, a.a.O., 8
9/ Vgl. Niels-Peter Moritzen, S.M. Muns Vereinigungskirche. Lehre und Praxis, Erlangen 1981, 36f.
10/ San Myung Mun, a.a.O., 8f.
11/ Warren Lewis, Hero with the thousand-and-first Face, 279, in: D. Bryant/H. Richardson, A Time for Consideration. A scholarly appraisal of the Unification Church, New York/Toronto 1978, zitiert nach Niels-Peter Moritzen, S.M. Muns Vereinigungskirche, a.a.O., 36
12/ San Myung Mun, a.a.O., 10
13/ J. Isamu Yamamoto, Herr über tausend Puppen, a.a.O., 11
14/ Der genaue Zeitpunkt ist in der Literatur umstritten.
15/ O Sek Keun, Der Volksglaube, a.a.O., 209
16/ San Myung Mun, a.a.O., 11
17/ Ebd.
18/ Rüdiger Hauth, Vereinigungskirche, a.a.O., 11
19/ San Myung Mun, a.a.O., 13
20/ Ebd., 14
21/ Rüdiger Hauth, Vereinigungskirche, a.a.O., 11
22/ Rainer Flasche, Hauptelemente der Vereinigungstheologie, in: Günter Kehrer (Hg), Das Entstehen einer neuen Religion. Das Beispiel der Vereinigungskirche, München 1981, 43
23/ J. Isamu Yamamoto, Herr über tausend Puppen, a.a.O., 14
24/ Rüdiger Hauth, Vereinigungskirche, a.a.O., 12
25/ J. Isamu Yamamoto, Herr über tausend Puppen, a.a.O., 13
26/ O Sek Keun, Der Volksglaube, a.a.O., 207
27/ Rüdiger Hauth, Vereinigungskirche, a.a.O., 12
28/ Nach eigenen Angaben ist Mun erst zum zweitenmal verheiratet. Mitteilungen aus Korea sprechen von vier Ehen. Zu den umstrittenen Einzelheiten vgl. J. Isamu Yamamoto, Herr über tausend Puppen, a.a.O., 14
29/ Rüdiger Hauth, Jugendsekten und Psychogruppen von A–Z, Gütersloh 1981, 55f.
30/ Master Speaks, 1. Juli 1973, zitiert nach Rüdiger Hauth, von A–Z, a.a.O., 58

31/ Ein Prophet spricht heute. Die Worte des Rev. San Myung Mun, hrsg. von der Vereinigungskirche, Frankfurt a. M. [2]1976, Bildteil V
32/ David G. Bromley/Anson D. Shupe, Dynamik zwischen Ideologie und sozialer Organisation in sozialen Bewegungen: Der Fall der Unifikatorischen Bewegung, in: Günter Kehrer (Hg), Das Entstehen einer neuen Religion, a.a.O., 124
33/ Vgl. Bert Hardin/Wolfgang Kuner, Entstehung und Entwicklung der Vereinigungskirche in der Bundesrepublik Deutschland, in: Günter Kehrer (Hg), Das Entstehen einer neuen Religion, a.a.O., 129–170
34/ J. Isamu Yamamoto, Herr über tausend Puppen, a.a.O., 15
35/ David G. Bromley/Anson D. Shupe, Dynamik, a.a.O., 120
36/ J. Isamu Yamamoto, Herr über tausend Puppen, a.a.O., 18
37/ David G. Bromley/Anson D. Shupe, Dynamik, a.a.O., 124
38/ J. Isamu Yamamoto, Herr über tausend Puppen, a.a.O., 23
39/ David G. Bromley/Anson D. Shupe, Dynamik, a.a.O., 125
40/ Vgl. Muns Finanz- und Wirtschaftsimperium bei Rüdiger Hauth, Vereinigungskirche, a.a.O., 40–43; Hans-Diether Reimer, Tong-Il Kyo (Vereinigungskirche) – ein wirtschaftlicher Machtkomplex, in: Materialdienst der EZW, 1983, 28–30
41/ Frederick Sontag, Sun Myun Moon und die Vereinigungskirche, Krefeld 1981, 166
42/ Materialdienst der EZW, 1980, 245
43/ David G. Bromley/Anson D. Shupe, Dynamik, a.a.O., 126
44/ Vgl. Erwin Brunner, Moon macht mobil. Die Kreuz-, Feld- und Schachzüge des koreanischen Selfmade-Messias Sun Myung Moon in Deutschland, in: Die Zeit, Nr. 44, 29. 10. 1982; Materialdienst der EZW, 1983, 26–28
45/ Weltblick. Beiträge zur Verständigung und Einheit, 2. Jg., 1990, Nr. 2, 5 f.
46/ Vgl. vorliegende Ausgabe, Kapitel Jugendreligionen und New Age auf dem Weg nach Osten
47/ Vgl. Eine neue Vision für den Weltfrieden, hrsg. von der Gemeinschaft vom Heiligen Geist für die Vereinigung der Weltchristenheit, o. O., 1988
48/ Ebd., 26
49/ Vgl. Anmerkung 40
50/ Eine neue Vision, a.a.O., 51
51/ Weltblick, 2. Jg., 1990, Nr. 2, 11
52/ Eine neue Vision, a.a.O., 37
53/ Weltblick, 1. Jg., 1989, Nr. 2, 4
54/ Eine neue Vision, a.a.O., 42
55/ Ebd., 44
56/ Hans J. Geppert, Wir Gotteskinder. Die Jesus-people-Bewegung, Gütersloh/Würzburg 1972, 13
57/ Die Göttlichen Prinzipien (GP), hrsg. von der Gesellschaft zur Vereinigung des Weltchristentums e. V., Frankfurt a. M. [2]1973, 5
58/ Vgl. Young Oon Kim, Unification Theology, New York 1980
59/ Die Göttlichen Prinzipien (GP), Sechs Stunden Vortrag, hrsg. von der Vereinigungskirche e. V., Frankfurt a. M. o. J., 10

60/ Ebd.
61/ GP, a.a.O., 48 f.
62/ Rainer Flasche, Hauptelemente, a.a.O., 50 f.
63/ GP, a.a.O., 49
64/ Ebd., 49 f.
65/ GP, Vortrag, a.a.O., 18
66/ Ebd., 19
67/ Zu den Einzelheiten vgl. GP, a.a.O., 70–77, »Der Schöpfungs- und Wachstumsprozeß des Universums«.
68/ Ebd., 81
69/ Ebd., 82
70/ Ebd., 83
71/ Ebd., 84
72/ Ebd., 80
73/ GP, Vortrag, a.a.O., 19
74/ Ebd., 20
75/ GP, a.a.O., 63
76/ GP, Vortrag, a.a.O., 39
77/ Ebd., 40 f.
78/ Ebd., 43
79/ Ebd., 41
80/ GP, Vortrag, a.a.O., 44
81/ Ebd., 45
82/ Das Prinzip in Grundzügen Stufe 4, hrsg. von der Vereinigungskirche e.V., Frankfurt a. M. 1981, 59, 61
83/ Ebd., 80
84/ Ein Prophet spricht heute, a.a.O., 115
85/ GP, Vortrag, a.a.O., 82
86/ Ebd., 86
87/ Ebd., 87
88/ Ebd., 88 f.
89/ Ebd., 89
90/ Ebd., 93
91/ GP, a.a.O., 387
92/ GP, Vortrag, a.a.O., 96
93/ Ebd., 46
94/ Ebd., 98
95/ GP, a.a.O., 176
96/ Ein Prophet spricht heute, a.a.O., 123
97/ GP, Vortrag, a.a.O., 98
98/ Ebd., 49 f.
99/ GP, a.a.O., 248
100/ Ebd., 416
101/ Ebd., 439–442
102/ Ebd., 463
103/ Ebd., 532
104/ Ebd., 526
105/ Ebd., 532
106/ Weltblick, 2. Jg., 1990, Nr. 2, 2
107/ GP, a.a.O., 535
108/ Ebd., 571

109/ Ebd., 558
110/ Das Prinzip, a.a.O., 235–238
111/ Ein Prophet spricht heute, a.a.O., 133
112/ Das Prinzip, a.a.O., 97
113/ Ebd., 102
114/ Ebd., 103
115/ Ebd., 223
116/ Sylvia Heereman, Mich fesselte die offene Art und die Herzlichkeit, in: Frankfurter Rundschau vom 11. 9. 1981, Nr. 210, 12
117/ Frederick Sontag, Sun Myung Moon, a.a.O., 35
118/ Ebd., 36
119/ Ebd., 37
120/ Ebd., 28
121/ Zur Problematik der Familie vgl. u. a. Günter Kehrer, Ethos und Handeln im System der Vereinigungskirche, in: G. Kehrer (Hg), Das Entstehen einer neuen Religion, a.a.O., 183–187; Frederick Sontag, Marriage and the Family in Unification Church Theology, in: Update, Vol. 6, Nr. 3, September 1982, 74–95; The Family and the Unification Church, edited by Gene G. James, New York 1983
122/ Niels-Peter Moritzen, S. M. Muns Vereinigungskirche, a.a.O., 81 f.
123/ Ebd., 89; zum Lebensstil vgl. Richard Quebedeaux, Lifestyle Conversations with Members of the Unification Church, Barrytown 1982
124/ Zitiert nach Friedrich-Wilhelm Haack, Jugendreligionen. Ursachen, Trends, Reaktionen, München 1979, 116
125/ J. Isamu Yamamoto, Herr über tausend Puppen, a.a.O., 43
126/ Ebd., 44
127/ Ebd., 45
128/ Friedrich-Wilhelm Haack, Jugendreligionen, a.a.O., 123
129/ Text nach der deutschen Fassung der Frankfurter Zentrale der Vereinigungskirche, Niels-Peter Moritzen, S. M. Muns Vereinigungskirche, a.a.O., 97 f.
130/ Vgl. den Festkalender bei Friedrich-Wilhelm Haack, Jugendreligionen, a.a.O., 121 f.; Niels-Peter Moritzen, S. M. Muns Vereinigungskirche, a.a.O., 109
131/ Vgl. Niels-Peter Moritzen, S. M. Muns Vereinigungskirche, a.a.O., 109
132/ Gisela Rosenberg, So eine Art Nachbarschaftshilfe, in: Frankfurter Rundschau vom 11. 9. 1981, Nr. 210, 12–14. Es gibt viele ähnliche Berichte. Vgl. Iben Melbye, Munie – ein Reportage-Roman, Aarau/Frankfurt a. M./Salzburg 1990
133/ Der Meister spricht über den Herrn der Zweiten Wiederkunft, in: Rüdiger Hauth, Hinter den Kulissen – Quellentexte zur Vereinigungskirche, unveröffentlichtes Manuskript, Witten 1981, B. Texte aus den Master-Speaks-Protokollen
134/ Frederick Sontag, Sun Myung Moon, a.a.O., 125
135/ Ein Prophet spricht heute, a.a.O., 136
136/ Das Prinzip, a.a.O., 117
137/ GP, a.a.O., 243

Die Kinder Gottes – Familie der Liebe

I. David Berg – Vater Mose (MO)

(Geschichte – Organisation – Verbreitung)

Als »Teenager für Jesus, Revolutionäre für Jesus, Kinder Gottes« oder »Familie der Liebe« wurde eine Gruppe bekannt, die am Rande der Jesus-people-Bewegung eine weltweite Gemeinschaft in Form einer endzeitlichen »Gegenkommune« aufbaute. Von den meisten »Jugendreligionen« der siebziger Jahre unterscheidet sie sich allein schon dadurch, daß sie keine östlichen Traditionen für sich in Anspruch nimmt. Weder Indien noch der Ferne Osten, nicht Meditation und Psychoanalyse sind für sie charakteristisch. Sie bewegt sich in extrem spiritualistischen und apokalyptischen Traditionen an den Randzonen christlicher Kirchen. Ihr Gründer, Leiter und geistlicher Vater ist der Amerikaner David Berg. Von seinen Anhängern wird er als Vater Mose (MO), als »Hirte, Prophet der Endzeit und König«, »wahrer David« und »Papa Lion« verehrt. Seine Lehre und sein Wirken sind selbst unter vergleichbaren »prophetischen« Persönlichkeiten der Gegenwart ohne Beispiel.

David Berg wurde am 18. Februar 1919 in Oakland (Kalifornien) geboren. Mütterlicherseits stammt er aus einer Familie deutscher Judenchristen, die 1745 nach Pennsylvanien einwanderte. Die Brandts waren Mennoniten. Später ging die Familie von Pennsylvanien nach Ohio. Ihre außergewöhnliche religiöse Tradition begann offenbar mit dem Großvater David Bergs, mit John Brandt. Von Beruf Lehrer, schloß er sich mit 19 Jahren einem Wandertheater an. Nachdem er durch ein Säbelduell auf der Bühne schwer verwundet worden war, erlebte er seine Bekehrung und wurde methodistischer Prediger. Er blieb jedoch nicht bei der Methodistischen Kirche, sondern trat zur Christian Church, einer kongregationalistischen Freikirche, über. In ihrem Dienst arbeitete er als Evangelist und Prediger. John Brandts Tochter Virginia (1883–1966) heiratete den schwedischen Einwanderer Hjalmar Berg (1886–1968). Dieser arbeitete zunächst als Buchhalter und Sänger, wurde dann aber durch seinen Schwiegervater für den Predigtdienst bei der Christian Church gewonnen. Virginia Brandt-Berg war, so wird berichtet, nicht gläubig, sie sei Atheistin gewesen. Zu der Zeit, als sich ihr Mann auf den Predigtdienst vorbereitete, erlitt sie einen Unfall und wurde völlig gelähmt. Nach 5 Jahren habe sie ihre Bekehrung erlebt, und im Zusammenhang damit sei sie durch ein Gebet vollkommen geheilt worden. Dieses Erlebnis bestimmte die Bergs, in ihren Kreisen Glaubensheilungen zu betonen und auch zu praktizieren. Wahrscheinlich hat Virginia Berg seit dieser Zeit Offenbarungen empfangen, die sich auf endzeitliche Geschehnisse bezogen. Es kam zu Differenzen mit der Christian Church, die Familie wurde ausgeschlossen. Als selbständige Evangelisten zogen die Bergs nun durch die USA und Kanada, denn auch eine Anstellung bei der Christian and Missionary Alliance erwies sich nicht als dauerhaft.

In dieser durch Bekehrungseifer, dem Streben nach Glaubensheilungen, Offenbarungen und geistlichen Gaben wie auch durch eine zunehmende Kritik an den etablierten christlichen Kirchen geprägten Atmosphäre vollzog sich die Entwicklung David Bergs. Über seine Geburt, Kindheit und Jugend wird manches Außergewöhnliche erzählt. Er selbst berichtet in seiner Autobiographie: »Ich war ein einsamer, kleiner Junge. Ich hatte kaum Freunde! Ich war wirklich schüchtern und zurückhaltend. Ich glaube, die Leute dachten, ich wäre ein kleines bißchen seltsam. ... Ich liebte es, geheimnisvoll zu sein! Ich liebte es, die Macht hinter den Kulissen zu sein! Es machte mir Spaß, fünf Katzen in meinem Zimmer zu halten oder eine Baumhütte zu bauen, ganz oben, wo sie mich nicht sehen konnten! Ich saß dann in meiner Baumhütte, und ich hatte ein Fernrohr, und ich konnte Leute beobachten. Sie wußten nicht, was ich tat, aber ich wußte, was sie taten!« Berg wollte sein wie »der Mann, der Gott spielte«./1/

Durch Prophezeiungen wurde ihm eine besondere Rolle und Aufgabe im endzeitlichen Heilsgeschehen zugesprochen. Berg schreibt: »Viele Propheten prophezeiten über mich, daß ich von Mutterleib an mit dem Heiligen Geist gefüllt sei, wie Johannes der Täufer. Es war vorausgesagt worden, daß ich viele große Dinge tun würde ... Verschiedene Male wurde prophezeit, daß ich wie Mose, Jeremia, Hesekiel, Daniel und sogar David sein würde in dem Dienst, den Gott mir zuteilen würde.«/2/ Praktische Konsequenzen hatte dies zunächst nicht, und Berg bekennt: »Davon abgesehen gaben meine Jugendjahre wenig Hinweis auf irgendeine künftige Größe. Ich war schwach, schüchtern und sehr zurückhaltend, ein wahrer Bücherwurm und Einsiedler, der es vorzog, sich in eine Welt des Studiums anderer Zeiten und Orte zurückzuziehen, anstatt an der Narrheit und den Schrecken der harten, grausamen Welt um mich herum teilzunehmen.«/3/ Dennoch soll sich die Wahrheit der Prophezeiungen in wichtigen Etappen seines Lebens erwiesen haben. So sei er z. B., als ihn im zweiten Weltkrieg die Armee wegen eines schweren Herzleidens wieder entließ, danach auf wunderbare Weise geheilt worden.

Im Jahre 1944 heiratete Berg Jane Miller. Aus dieser Ehe gingen vier Kinder hervor: Linda (Deborah), Faith (Faithy), Jonathan (Hosea), Paul (Aaron). Über die berufliche Entwicklung David Bergs ist wenig bekannt. Einige Zeit war er, wie seine Eltern, Prediger bei der Christian and Missionary Alliance. Von erheblicher Bedeutung scheint für ihn gewesen zu sein, daß ihn 1949 der Gemeinderat seiner Gemeinde in Valleys Farm (Arizona) wegen Differenzen beim Bau und der Ausgestaltung des Kirchengebäudes als Prediger entließ. »Zu dieser Zeit war ich schon überzeugt von der Untauglichkeit und Unschriftmäßigkeit des Kirchensystems und seiner korrupten Politik, die ich als junger Pastor erlebt hatte zusammen mit der überwältigenden Heuchelei seiner Führer und Anhänger! Dieser endgültige Akt grausamer Ungerechtigkeit und Undankbarkeit und ihre Gleichgültigkeit gegenüber dem Wohlergehen eines ihrer eigenen kleinen Seelsorger und seiner jungen Familie machte mich wütend, verbittert und angeekelt gegen das ganze heuchlerische Kirchensystem, daß ich fast ein Kommunist wurde.«/4/ Eine Zeitlang soll er als Zeichner bei einem Magazin tätig gewesen sein, dann arbeitete er wieder als Prediger oder Evangelist für kleinere christliche Gruppen. Bekannt ist seine Zusammenarbeit mit dem pfingstlerischen Evangelisten Fred Jordan. Der große Erfolg, die Erfüllung einer besonderen göttlichen Mission, wollte sich jedoch nicht einstellen. Es waren die Visionen seiner Mutter und anderer medial veranlagter Personen, die ihn immer wieder in seinem Sendungsbewußtsein stärkten.

Es ist dabei eine gewisse Entwicklung zu erkennen. Berg selbst sieht dies rückblickend so: »In den späten 40er Jahren haben wir dreimal die Prophezeiung des ›Schlüssels Davids‹ – Offbg. 3,7–10 bekommen, die unser zukünftiges Amt als Zeuge gegen die Kirchen, ihre Fehlschläge und Heuchelei anzeigen sollte. 1952 erhielt ich die Berufung Hesekiels 2 und 3, eine endgültige Bestätigung. 1962 erhielten wir die ›Botschaft von Jeremia‹, Gottes letzte Warnung an eine auf ihr Ende zugehende Nation und die Handlungsanweisung für Seine Propheten für die Zeit ihres Falls! ... 1965 erhielt meine Mutter die jetzt berühmte ›Warnungsprophezeiung‹ ... 1966 prophezeite meine Mutter, daß ich das Verständnis Daniels erhalten hatte ... das erfüllte sich in der ›70-Jahre-Prophezeiung‹, die wir 1970 erhielten, die genaue Anzahl der Jahre mit ihren Daten und Ereignisse beschreibend, die zwischen heute und dem Kommen Christi liegen. ... 1967 bekamen wir wieder eine Bestätigung unseres Auftrages des Amtes Davids in Hesekiel 34, durch eine andere wertvolle Prophetin ... 1968 haben wir die Prophezeiung des Psalms 68 erhalten ...« /5/ Das heißt mit anderen Worten, bereits seit Ende der vierziger Jahre versteht sich Berg insgeheim als Repräsentant der Gemeinde zu Philadelphia (Offb. 3,7–10), wähnt er sich im Besitz des »Schlüssels Davids, der auftut, und niemand schließt zu, der zuschließt, und niemand tut auf« (Vers 7). Seit dieser Zeit sind für ihn die Kirchen »Synagogen des Satans«, meint er, die Vertreter der Kirchen sollen im endzeitlichen Geschehen »kommen und niederfallen zu (s)einen Füßen und erkennen, daß ich [Gott] (ihn) geliebt habe« (Vers 9). Die Prophezeiungen der folgenden Jahre untermauern und vertiefen diese seine vermeintliche Mission noch weiter. Da er Hesekiel 2 und 3 ganz auf sich deutet, nimmt er das endzeitliche Richter- und Prophetenamt für sich in Anspruch: »Du Menschenkind, ich habe dich zum Wächter gesetzt über das Haus Israel. Du wirst aus meinem Munde das Wort hören und sollst sie in meinem Namen warnen« (Hes. 3,17). Mit dem ihm 1967 nach Hesekiel 34 übertragenen Amt Davids ist ein gewisser Höhepunkt erreicht. Als entscheidendes Schlüsselwort kann die dort gegebene Verheißung angesehen werden: »Und ich will ihnen einen einzigen Hirten erwecken, der sie weiden soll, nämlich meinen Knecht David. Der wird sie weiden und soll ihr Hirte sein, und ich, der Herr, will ihr Gott sein, aber mein Knecht David soll der Fürst unter ihnen sein« (Vers 23–24). Durch die prophetische Anwendung von Psalm 68 versteht er sich als König der endzeitlichen Christen.

Diese endzeitlichen wahren Christen glaubte Berg, in und durch die Hippies zu finden. Die »Blumenkinder« der sechziger Jahre hatten das »System«, die Gesellschaft, verlassen, opponierten gegen sie, wollten ganz anders sein. Sie zogen durch die Welt, ohne zu wissen wohin, sie waren nach Bergs Meinung »wie Schafe ohne Hirten«. Zu ihnen wußte er sich gesandt, um sie zu Kindern Gottes zu machen, sie in die Familie der Liebe als der Keimzelle des Reiches Gottes zu führen. Hier sah er *die* Mission auf sich zukommen, auf die er seit Jahrzehnten gewartet hatte.

Konkret wurde die Arbeit unter Jugendlichen offenbar von Bergs Kindern begonnen. Der »evangelistischen« Familientradition folgend, hatten sie zwei Jahre auf der New Yorker Weltausstellung missioniert und kamen im Frühjahr 1966 nach Texas, um dort unter Teenagern und Hippies zu evangelisieren. Berg beteiligte sich an dieser Arbeit. Sie reisten quer durch das Land und hatten Erfolge. Es entstand die Gruppe »Teens for Christ«. Berg missionierte unter Hippies in Kalifornien, aus seiner Arbeit gingen die »Revolutionäre für Jesus« hervor. Ein erster fester Kristallisationspunkt für beide Gruppen wurde der Light-Club in Huntington Beach (Kalifornien). Die Aktivitäten Bergs erregten Aufsehen, seine »Revolution für Jesus« stieß auf Kritik seitens der Kirchen. Im Frühjahr 1969 verließen Berg und seine Anhänger Kalifornien, nicht zuletzt unter dem Eindruck einer Prophezeiung über den bevorstehenden Untergang dieses Bundesstaates. Sie gingen nach Tucson (Arizona) und reisten dann durch die USA. Festere Formen machten sich nötig. Im Herbst 1969 wurde auf einer öffentlichen Versammlung in der Nähe von Montreal eine organisierte religiöse Gemeinschaft ins Leben gerufen. Durch Prophezeiung erhielt Berg hier den Namen Mose (MO). Wie einst Mose das Volk Israel aus der Knechtschaft in Ägypten führte, so sollte er nun das neue Gottesvolk aus der Knechtschaft der Gesellschaftssysteme führen. Er gab den »Kindern Gottes«, diese im Bericht eines Reporters auftauchende Bezeichnung setzte sich in der Öffentlichkeit durch, eine feste Führungsstruktur für den Weg aus den Systemen dieser Welt in das Reich Gottes. Berg ordinierte etwa 50 Bischöfe, Älteste, Diakone, Diakonissen und andere Amtsträger. Zum Symbol der Bewegung wurde ein Holzjoch. Geleitet wurden die Kinder Gottes von MO und seiner Familie, dabei spielten seine Frau, »Mother Eve«, und seine Tochter Faithy zunächst eine besondere Rolle.

Nach dem Aufenthalt auf Zeltplätzen in Texas im Winter 1969/70 ging die Gruppe im Februar 1970 auf eine Ranch bei Thurber, auf welcher der pfingstlerische Evangelist Fred Jordan, mit dem Berg früher in Beziehung stand, längere Zeit gearbeitet hatte. Es entstand gleichsam die »Ur-Kolonie« der Kinder Gottes in Form einer verbindlichen, im scharfen Gegensatz zur Außenwelt stehenden Wohngemeinschaft. Dabei, wie auch bei der Gestaltung seiner weiteren Verkündigung, kam den zunehmenden visionären Erlebnissen Bergs eine große Bedeutung zu. Seit dem Besuch einer Zigeunergruppe im Februar 1970 spricht durch Berg »Abrahim, der Zigeunerkönig«. Er soll als christlicher Zigeunerführer im 12. Jahrhundert in Bulgarien von den Türken umgebracht worden sein. Jetzt wirkt er als »gottgesandter Helfer« für MO, da er in den Kindern Gottes die rechten »Zigeuner für Jesus« erkannt hat. Die von ihm gegebenen Schilderungen des Lebens seines Zigeunervolkes standen in Parallele zu Leben, Aufbau und Selbstverständnis der Kinder Gottes dieser Zeit.

Mit dem Frühjahr 1970 traten die Kinder Gottes endgültig in das Licht einer breiteren Öffentlichkeit. Berg entwickelte einen Plan, um die ganze Welt mit Kolonien (Wohngemeinschaften der Kinder Gottes) zu überziehen. Bald entstanden Wohngemeinschaften an vielen

Orten der USA, und die Bewegung griff rasch über London und Amsterdam auf Gruppen revoltierender Jugendlicher in Westeuropa über. Bereits im Herbst 1971 trat Faith Dietrich, Bergs Tochter, auf einem Jesus-Festival mit 3000 Teilnehmern in Herne auf. Diese, wie sie die Presse nannte, »christliche Kommunardin« wurde zum »vielbeachteten Mittelpunkt des ersten Jesus-Festivals auf deutschem Boden«./6/ Den Kindern Gottes war der Einbruch in die westeuropäische Jugendszene dauerhaft gelungen.

Mit ihren wachsenden Erfolgen nahm aber auch der öffentliche Widerstand zu. 1971 formierte sich in den USA eine Elterninitiative, die, teilweise allerdings mit recht zweifelhaften, gewaltsamen Mitteln, den Kampf um die Rückkehr von Jugendlichen aus den Wohngemeinschaften der Kinder Gottes aufnahm und die Öffentlichkeit alarmierte. Im September 1974 legte der Generalstaatsanwalt von New York einen Bericht vor, in dem die Finanzgebaren, die Werbe- und Arbeitsmethoden der Gemeinschaft untersucht wurden. In Amerika wuchs die Kritik an MO und den Kindern Gottes. Dazu trugen auch die scharfen Angriffe Bergs gegen die USA und ihr Gesellschafts- und Wirtschaftssystem bei. In dem Brief »Der Dollar«, vom September 1971, hatte MO z. B. geschrieben: »Wir sind auf einer Talfahrt zum Bankrott. ... Zwei Drittel der Regierungsausgaben gehen in Zahlungen für den Krieg — destruktiv und verschwenderisch! Kriegsausgaben sind völlige Verschwendung. ... Die demokratische Kriegspolitik, die Geld ausgab für die verkehrten Sachen, und die Republikanische Geizpolitik, die für nichts Geld ausgeben will, sind beide anti-Gott, anti-biblische Finanzpolitiken.«/7/ In einem anderen Brief unter dem bezeichnenden Titel »Amerika, die Hure! Ist sie es wirklich wert?«, der Berg nach dem Anhören finanzpolitischer Meldungen im Radio durch eine Stimme »in einem starken, fremden Akzent« medial übermittelt wurde, heißt es gar: »Amerika, die Hure, hat die ganze Welt verführt und angesteckt. — Diese alte, häßliche, verseuchte, zusammengebrochene Hure! Sie kann nicht mehr –, und all ihre Geldzuhälter, die in sie investiert haben, werden pleite gehen, wenn sie nicht 'rausgehen! Sie müssen ihr

Geld holen und aus ihr 'rausgehen, daß sie nicht ihrer Sünden teilhaftig werden und an ihren Strafgerichten teilhaben! Sie gehen besser 'raus, wenn sie Gottes Volk sind, gesegnet von Gott! Sie werden aus der Hure Babylon 'rausgehen und sie sterben lassen, daß sie nicht teilhaftig werden ihrer Sünden! (Offb. 17 und 18).«/8/

1974 verließen die Kinder Gottes die USA, von deren Untergang sie überzeugt sind. Etwa 2500 junge Menschen folgten Bergs Aufforderung. Die meisten gingen nach Europa. Weltweit gab es zu diesem Zeitpunkt etwa 4000 Kinder Gottes in 170 Kolonien.

Berg lebt seit 1970 im Untergrund. Er verwirklicht so seinen Kindertraum, unsichtbar zu sein und doch alles zu leiten. Er spielt den »Mann, der wie Gott ist«. Offiziell begründete er diesen Schritt mit Sicherheits- und Gesundheitsrücksichten. Aus dem Untergrund heraus lenkt er die Kinder Gottes durch eine Fülle von Briefen, den MO-Briefen. Es sind zum größten Teil mediale Offenbarungen, die sich bei ihm an Gespräche, Anfragen, Filme, Nachrichten usw. anschließen. Es sprechen sowohl Tote als auch Lebende durch ihn. »Bergs Visionen und Träume werden von seiner Sekretärin aufgezeichnet und als Brief gedruckt. Anlaß und Situation sowie sein ganzes Verhalten während einer ›Entrückung‹ (Zungenreden, Beten, Weinen, Küsse in die Luft, Stimmwechsel etc.) werden sorgfältig mitangegeben. Dabei fällt auf, daß Berg seine Ausnahmezustände vor allem in den frühen Morgenstunden, im Halbschlaf, hat und sie durch Gebet sowie Alkoholgenuß zu verlängern sucht. Es können aber auch plötzliche Tagträume sein, die sich assoziativ an gerade Erlebtes anschließen.«/9/

Es gibt 7 verschiedene Arten, 7 Klassifizierungen von MO-Briefen./10/ Ein Teil der Briefe ist zum Verkauf in der Öffentlichkeit bestimmt, andere werden entsprechend der inneren Hierarchie nur einem bestimmten Personenkreis zugänglich gemacht. Die MO-Briefe sind tägliche Pflicht- und Studienlektüre der Kinder Gottes und stehen auch im Mittelpunkt ihrer intensiven Schulungen. Es besteht kein Zweifel, daß diesen Briefen größere aktuelle Bedeutung zugemessen wird als den Texten der Bibel. So rät Berg z. B. einem seiner Anhänger: »Darum möchte ich dir offen sagen, daß du vorzugsweise lieber das lesen solltest, was Gott heute sagt, als das, was er vor 2000 Jahren gesagt hat.«/11/ Die MO-Briefe sind meist in einer ausgesprochenen Teenager-Sprache verfaßt, enthalten stark kindliche Elemente und werden im Comic-Stil illustriert, vermutlich teilweise von Berg selbst. Ganz auffallend in Wort und Bild ist seit 1973 die freizügige, ja pornographische Hervorhebung sexueller Dinge.

Bei der Leitung der Organisation der Kinder Gottes spielt neben MO als Hirten, Propheten der Endzeit und König die ganze Familie Berg eine gewisse Rolle. Bis Mitte der siebziger Jahre hatte sich folgende hierarchische Gliederung der Kinder Gottes herausgebildet: MO – Premierminister – Minister – Erzbischöfe – Bischöfe – Regional-Hirten – Distrikt-Hirten – Kolonie-Hirten. Dieser Ämterfolge entsprach der Aufbau der organisatorischen Einheiten. Das Ganze wurde als »Kristallpyramide« bezeichnet. Im März 1975 verkündete Berg eine »Kolonierevolution«. Ihr Ziel war, alle Kolonien »von zahlenmäßig 12 oder mehr in zwei oder mehr Kolonien von nicht mehr als je sechs Erwachsenen« zu teilen, um so die Weltkolonisation weiter und vorteilhafter voranzubringen./12/ Zwei Jahre später, 1977, soll es 736 Kolonien in 70 Ländern mit 7000 Mitgliedern gegeben haben.

Im Januar 1978 griff Berg durch den in Rom herausgegebenen Brief »Re-Organisation Nationalisation Revolution!« umwälzend in die bisherigen Organisationsformen ein. Er beseitigte alle Zwischeninstanzen und ging zur »direkten Diktatur«, zur »Ein-Mann-Diktatur« über. Ein neuer Anfang sollte gemacht werden. Das frühere System der »Kette der Zusammenarbeit« sei zwar kein absoluter Fehlschlag gewesen, doch hätten sich viele Mißstände eingeschlichen.

Alle leitenden Funktionäre wurden auf Bergs Anordnung am 18. Februar 1978, seinem Geburtstag, entlassen, gleichzeitig sollte eine Neuwahl der örtlichen Leitung stattfinden. Hinzu kam eine »Nationalisierung«, mindestens 50% der Gruppenmitglieder und der Leitung müssen Einheimische sein. Die Basisgruppen wurden direkt dem »König«, der »Königin« und dem Rat an der Spitze unterstellt. Der tiefgreifenden Veränderung der Organisationsstrukturen gingen entsprechende Namensänderungen parallel. Die Kolonien wurden in »Heime« umbenannt, an die Stelle des Hirten und der Hirtin traten der »Servant und seine Handmaid« (Knecht und Magd). Auch die ganze Bewegung erhielt einen neuen Namen. In Punkt 28 seines Briefes von Januar 1978 schreibt MO: »Laßt uns auch versuchen, davon fortzukommen, ›Kinder Gottes‹ genannt zu wer-

zunutzen. Die eigene Herkunft und die Zugehörigkeit zu den Kindern Gottes/Familie der Liebe im Dunkeln zu lassen, den Eindruck einer bibeltreuen, entschieden christlichen Gruppe zu erwecken, zeichnen die missionarischen Bemühungen der letzten Jahre aus.

So traten nach Öffnung der Grenze 1989 die Kinder Gottes immer wieder mit Werbeaktionen auch im mitteldeutschen Raum auf, verschwiegen in Gesprächen ihre Identität, bezeichneten sich auf Befragen als »Christen«. Anderwärts tauchten Bezeichnungen auf wie »Der Club«, »Die Gruppe«, »Family Service«, »World Missions«, »Gospel Service«, »Royal Family«, »Weltdienst«, »Missionsarbeit«. Die von Bergs Anhängern vielfach verteilten bunten Faltblätter mit Themen wie »Die Zeichen der Zeit« und »Was jeder braucht ist Liebe« geben keine Auskunft, welche religiöse Gruppe dahintersteht. Nur die jeweiligen Schlußsätze lassen den Sachkenner die Herkunft erkennen. Es heißt da z. B.: »Wenn Du mehr darüber herausfinden möchtest, wie Seine Liebe Herzen verändern kann, lies die wunderbare Geschichte von Jesus in den Evangelien der Bibel und schreib uns heute an die unten angegebene Adresse, damit wir Dir mehr Information und wunderschöne Poster zusenden können. Wir lieben Dich!«/15/ Die Adresse ist »Heaven's Love« mit Postfach in Zürich. Schreibt jemand dorthin, erhält er das Angebot eines Besuches. Wie erfolgreich man mit dieser Werbung ist, muß offen bleiben, zuverlässige Zahlen liegen nicht vor. Die immer wieder genannte Zahl von ca. 10 000 »Zigeunern Gottes« in etwa 80 Ländern dürfte zutreffend sein. Daß durch die Werbung bereits Millionen von Menschen erreicht wurden, ist durchaus wahrscheinlich. Die innere Kommunikation ist trotz aller Veränderungen und der Tatsache, daß nicht alle Kinder Gottes mehr in Gemeinschaften zusammenleben, intakt geblieben. Dafür sorgen monatliche Berichte an die Zentrale, wohin auch der »Zehnte« (10 % des Einkommens) abgeführt wird, die »MO-Briefe« und andere interne Literatur, aber auch der »Besuch« von »Visiting Servants«. Weltaufseherin der Bewegung soll MOs Tochter Faithy Dietrich sein.

Wo sich David Berg und seine Sekretärin Maria, die er

nach der Trennung von seiner ersten Frau, »Mutter Eva«, geheiratet hat, aufhalten, ist nach wie vor unbekannt. Auch seine Familie scheint das nicht zu wissen. 1988 sagte Bergs ältester Sohn in Hongkong: »Nein, meine Kinder werden ihren Großvater nie sehen. Das geht nicht, wegen der Sicherheit.«/16/ Die letzten öffentlich bekannten Fotos von Berg stammen aus dem Jahre 1977, als ihn ein Stern-Reporter in Begleitung von mehreren seiner Anhängerinnen im Badeort Estoril bei Lissabon entdeckte. Auch über seinen Gesundheitszustand gibt es verschiedene Hinweise. »1982 offenbarte der MO-Brief ›My confession‹, daß er seit vier oder fünf Jahren Alkoholiker ist, was ihn bis zum ›delirium tremens‹ führte.«/17/ 1972 übrigens war Berg durch Prophezeiungen überzeugt, er werde 1989 sterben und Maria bis 1993, dem Jahr der Wiedergeburt Christi, leben./18/ Diese Prophezeiung ist – wie manche andere – nicht eingetroffen. Bergs Tochter Deborah, der wir ein erschütterndes »Bekenntnis« über das Leben im Führungskreis der Kinder Gottes von 1968–1978 verdanken/19/, berichtete 1990, die letzte Nachricht von ihrem Vater habe sie aus Japan erhalten, vermutlich lebe er in Südamerika (Brasilien).

Maria, die selbst Offenbarungen empfängt, spielt seit Jahren eine führende Rolle und soll offenbar nach seinem Tod die Bewegung leiten. MO schreibt über sie: »Maria hat die Archive und all die Briefe [Offenbarungen]. Wir haben überall Stapel von Briefen! Ihr habt keine Ahnung, wie viele Briefe wir haben, und ich werde sie niemals alle fertigbekommen, bevor ich sterbe! Der Herr gibt mir weiter neues Zeug, und ich habe nicht einmal Zeit, an dem alten Zeug zu arbeiten! So stapeln wir es im Speicher auf, im Lagerhaus, und so Gott will, mit ein bißchen Hilfe von der Geisterwelt, vielleicht von mir, wenn ich weg bin, kann ich Maria inspirieren, es rauszubringen. Sie sagt, sie kann nicht einmal schreiben und kann nichts verfassen, und sie weiß nicht, was sie tun soll. Der Herr sagte einmal, daß sie genau wie ein kleiner Roboter ist, der aufzeichnet, aber Gott wird ihr helfen müssen mit ihren Helfern, das Gold zu läutern und herauszubringen. Und obwohl sie ein scheues, sich zurückziehendes, zurückhaltendes kleines Mädchen ist, die denkt, sie kann überhaupt nichts tun, könnt ihr sehen, was sie getan hat, nur indem sie gehorsam ist und meine rechte Hand und eine treue Hüterin von Gottes Orakeln, sonst hätte es gar keine Revolution gegeben. Es wird also eine Menge da sein, um euch für einige Zeit weiterlaufen zu lassen. Der Herr hat sie in dieser Prophezeiung eine Prophetin genannt, was eine Gabe ist, die sie nicht sehr oft ausgeübt hat, solange ich da war. Sie hat sie schon seit langer Zeit, und gewöhnlich bekam sie kleine Botschaften vom Herrn, teilweise in Zungen, aber sie hatte nicht die Gabe der Auslegung oder nicht den Glauben dafür.«/20/

Es wäre zu einfach, Berg einfach als Betrüger abzutun, wenn er dies auch sein könnte. Doch seine Visionen scheinen subjektiv echt, in dieser Beziehung ist er tatsächlich »Prophet«. Ein Phänomen, das man tiefen- und religionspsychologisch erklären und werten kann, das aber aus biblisch-theologischer Sicht gerade im Falle Bergs eine besondere Dimension erhält, die des antichristlichen Lügenpropheten. Das Antichristliche besteht dabei nach neutestamentlichem Verständnis vor allem in der scheinbaren Bejahung christlicher Grundpositionen, in der Betonung christlicher Glaubens- und Lebensnormen, die aber an entscheidenden Punkten so ausgelegt werden, daß sie zu einer Verkehrung der christlichen Botschaft führen.

Sucht man nach einem Beispiel für die Aktualisierung der urchristlichen Charakteristika eines falschen Endzeitpropheten, so drängt sich die Gestalt des David Berg geradezu auf. Der Grund dafür liegt nicht nur in seiner Person, sondern auch in seiner Lehre und den Früchten, die aus ihr hervorgingen und hervorgehen.

2. Die Jesus-Revolution

(Lehrgrundzüge)

»Jesus war der drop-out [Aussteiger] aller drop-outs. Er mußte aus dem Himmel aussteigen, um aus Maria auszusteigen, um aus dem System auszusteigen, um aus diesem Leben auszusteigen, um uns alle aus der Hölle aussteigen zu lassen.«/21/ Das Volk Gottes ist nach David

David Berg (Vater MO) mit seiner Sekretärin Maria (rechts neben ihm) im Kreise der »Kinder Gottes«

Titelblatt einer Zeitschrift der Kinder Gottes

Werbung durch Angst

Werbung durch Sex

Berg eine Gemeinschaft von Aussteigern. Wer zu Jesus kommen will, muß Buße tun, d. h. umkehren und damit herausgehen aus den teuflischen Systemen dieser Welt. Glaube an Gott in der Nachfolge Jesu bedeutet den radikalen Bruch mit der Welt und fordert das Leben in einer neuen Gemeinschaft. In ihr verwirklichen die Kinder Gottes als Familie der Liebe das Reich Gottes. Wahre Kirche ist deshalb Gemeinschaft der aus den Systemen dieser Welt Ausgestiegenen. Das Kennzeichen der von Gott abgefallenen Kirchen ist demgegenüber ihre Verstrickung in die Macht- und Herrschaftsstrukturen dieser Welt. Die großen Gestalten der Heilsgeschichte und sämtliche dem wirklichen Fortschritt der Welt dienenden Persönlichkeiten sind in diesem Sinne Revolutionäre für Jesus. »All die berühmten Reformatoren, Weltveränderer, Pioniere, Märtyrer und andere junge radikale Revolutionäre waren Rebellen gegen die verfaulte, dekadente, veraltete, heuchlerische, selbstgerechte, starre, wohlhabende, selbstzufriedene, stolze, dickköpfige, ungehorsame, blinde, blutdürstige, gottlose, tote, selbstsüchtige, kirchliche, unveränderliche ältere Generation ihrer Tage.«/22/ Unverkennbar wird auch der Generationskonflikt mit in die Jesus-Revolution einbezogen.

Den Begriff Revolution löst Berg aus dem herkömmlichen politisch-sozialen Horizont und deutet ihn im Sinne der christlichen »Wiedergeburt« um. Vordergründige Entpolitisierung führt dabei indirekt zu handfester Politisierung. Die bedeutendsten politischen Systeme unserer Zeit werden entschieden abgelehnt. Das hindert Berg jedoch nicht, die Möglichkeiten und Vorteile dieser »Systeme« für sich und seine Bewegung in Anspruch zu nehmen. »Es ist nichts Falsches daran, das System zu benutzen. Es ist ja dazu da, uns zu dienen, mit seinen Menschen, seinem Geld und seinem Service ...«/23/ Berg ermutigt die Kinder Gottes, vom System auf Kosten des Systems zu leben: »Warum sollten wir uns damit abgeben, für materielle Dinge zu schuften, wenn das System genug davon hat. Laßt sie unsere Sklaven sein – nicht wir ihre ... Gott muß ein paar Systemiten dabei bleiben lassen, damit sie uns ihre Hosen geben und ihre letzte Mark, um uns zu füttern ... Seine Kinder müssen sich nicht mit so kleinen Dingen wie Lebensunterhaltverdienen abgeben.«/24/

Die Welt ist dazu da, um den Kindern Gottes zu dienen. Aber auch sie haben einen Dienst an der Welt zu leisten, sie müssen ihr die Botschaft von der Liebe Gottes bringen. Um die Verkündigung dieser Botschaft von der Liebe Gottes geht es im Schrifttum Bergs immer und immer wieder. In unzähligen Variationen taucht das Thema Liebe auf. »Lang lebe die Liebe«, »Blick der Liebe«, »Liebe macht Schlagzeilen«, »Liebe in Aktion«, mit diesen und ähnlichen Überschriften erscheinen immer neue Schriften bzw. Hefte. Liebe gilt als Zentrum der Verkündigung: »Das ist unsere Religion: LIEBE! Die Liebe Gottes und für Deinen Nächsten!« /25/ Jesus wird als der große Liebhaber der Menschen dargestellt. Alles ist ganz einfach, man braucht nach der Abkehr von der Welt nur zu lieben, wie ein Kind zu lieben, ein Baby zu werden, und sämtliche Probleme lösen sich. Eine sehr große Bedeutung wird auch dem Gebet beigelegt. Man glaubt an Gebetsheilungen, Wunder spielen im täglichen Leben eine beträchtliche Rolle.

Es könnte den Anschein haben, als handele es sich bei den Kindern Gottes um eine extrem pietistische Evangelisationsbewegung. Daß dies trotz unübersehbarer Parallelen nicht der Fall ist, zeigt allein schon die Füllung, das Verständnis des Begriffes »Liebe«. Im Mittelpunkt der biblischen Liebesbotschaft Jesu stehen die Gottesliebe und Nächstenliebe als Formen personaler Liebe (Agape). Berg bezieht nun die geschlechtliche und physische Liebe (Sexus und Eros) unmittelbar und ohne die biblischen Einschränkungen in sein Liebesverständnis ein. Er löst die partnerschaftliche bzw. eheliche Bindung sexueller Liebe auf, sieht in der »Privatehe« einen letzten Rest von Kapitalismus und Besitzdenken, fordert statt dessen die Gruppenehe und darüber hinaus die absolute Freiheit sexueller Liebe und begründet dies mit dem neutestamentlichen Liebesgebot. Liebe geben, heißt für ihn, alles geben. Die Liebe Gottes zu bezeugen erfordert nach Meinung Bergs die umfassende Bereitschaft der Hingabe an den, der Liebe braucht. Die Grenzen zwischen Nächstenliebe und sexueller Liebe werden bewußt aufgehoben, sexuelle Liebe wird ihrem Wesen nach entindividualisiert. Dies führt zur Pervertierung des christlichen Liebesbegriffes (Agape) und damit zur Pervertierung der christlichen Zentralbotschaft. Eine solche Theorie und Praxis machen die Lehre Bergs zu einer antichristlichen Herausforderung.

Es ist für die Gegenwart wohl einmalig, wie Berg sein Verständnis von Liebe biblisch begründet und die sich daraus ergebenden praktischen Konsequenzen seinen Anhängern im »Namen Jesu« zur Pflicht macht. Er schreibt:

»1. ›Die Liebe sei unparteiisch, ohne Falsch ... Was ihr getan habt einem unter diesen, Meinen geringsten Brüdern, das habt ihr Mir getan ... Und wer unter euch will der Erste sein, der (oder die) sei aller Knecht!‹ (Jak. 3:17; Röm. 12:9; Mt 25:40; Mk. 10:44).

2. Dies sind einige sehr schockierende Schriftstellen, wenn es dazu kommt, daß du sie buchstäblich auf ›alle Dinge‹ anwendest! – Und die Frage kommt sehr einfach darauf zurück, ob du sie glauben wirst oder nicht und ob du sie buchstäblich auf jede Situation anwenden wirst, einschließlich diejenigen körperlich zu lieben, die es brauchen, mit der Freiheit, die Gott uns jetzt durch Seine Gnade gegeben hat.

3. Welch bessere Art gibt es, um ihnen die Liebe Gottes zu zeigen, als dein Bestes zu tun, um ihr verzweifeltes hungriges Bedürfnis nach Liebe, Gesellschaft, Gemeinschaft, geistiger und geistlicher Verständigung auszufüllen und auch ihre körperlichen Bedürfnisse so wie: Essen, Kleidung, Unterkunft, Wärme, Zuneigung, ein sanfter, liebevoller Kuß, eine weiche, warme Umarmung, die heilende Berührung deiner liebevollen Hände, das angenehme Gefühl deines Körpers neben ihrem – ja, und sogar Sex, wenn es notwendig ist!

4. Kannst du wahrhaftig andere ›unparteiisch lieben‹ (Jak. 3:17), oder gibst du selbstsüchtig nur denen, von denen du nur wünschst zu empfangen? Wenn du ein Amt des Flirtigen Fischens antreten willst, dann warne ich dich, daß du lieber darauf vorbereitet bist, Gott für ›alle Dinge‹ zu vertrauen, einschließlich mit den Häßlichen tanzen, die Unliebsamen zu lieben, die Sabbern-

den zu küssen, dich für die Verschlingenden anzuziehen – oder auszuziehen – oder sogar mit den Hartnäckigen ins Bett zu gehen! ...
7. Jesus erfüllte Johannes 3:16, hast du 1. Johannes 3:16 erfüllt? – ›Daran haben wir erkannt die Liebe, daß Er Sein Leben für uns gelassen hat, und wir sollen auch das Leben für die Brüder lassen.‹ (1. Joh. 3:16) ›Was ihr getan habt einem unter diesen, Meinen geringsten Brüdern, das habt ihr Mir getan!‹ (Mt. 25:40).
8. Würdest du es für Jesus tun? – Warum dann nicht für andere? ›Wenn aber ein Bruder oder eine Schwester bloß wäre und Mangel hätte an der täglichen Nahrung (einschließlich Sex?), und jemand unter euch spräche zu ihnen: Gehet hin in Frieden, wärmet euch und sättiget euch, ihr gäbet ihnen aber nicht, was dem Leibe not ist (Sex?), was hülfe ihnen das?‹ (Jak. 2:15,16)
9. Bist du bereit, so weit zu gehen? – Wenn nicht, fang nicht einmal an, oder du kannst vielleicht nicht aufhören, bis du in einer festen Verbindung landest! Wie weit bist du bereit zu gehen? Nun, beim Flirtigen Fischen muß die Antwort sein: ›Den ganzen Weg!‹, von den ersten Anfängen, wenn es notwendig ist, auch wenn Gott es nie von dir verlangt, denn Er wird es vielleicht tun, und du mußt darauf vorbereitet sein.«/26/

Ein schockierenderer Mißbrauch des Neuen Testamentes als er hier geschieht, ist aus christlicher Sicht kaum denkbar. Freilich, auch Berg betont, Sex sei nicht Selbstzweck, sondern nur Mittel zum Zweck. Er ruft seinen jugendlichen Anhängerinnen, die zum »Liebes-Fischen« (Flirty Fishing) in die »Welt« geschickt wurden, zu: »Ich möchte, daß sie total ausflippen und sich in dich verlieben, das ist es, was wir beabsichtigen! Denn, wenn sie sich in dich verlieben, verlieben sie sich in Wirklichkeit in Gott in dir, auch wenn sie es anfangs nicht wissen. Habt also keine Angst, sie anzulocken und zu gewinnen und sie wegen euch ausflippen zu lassen. Ihr seid Gottes Repräsentanten. Sie sollten sich zuerst in euch verlieben und dann in den Herrn! Du und dein Fleisch und dein Geist und deine Liebe und wirkliche Zärtlichkeit, das ist jetzt der Köder. Aber besonders ist dein Fleisch der Köder.«/27/

Indem sie auf umfassende Weise unter sich in einer Familie der Liebe leben und der Welt diese Liebe bezeugen und anbieten, erweisen sich, so wird hervorgehoben, die Kinder Gottes unter Bergs Führung als das Gottesvolk der Endzeit. Sie sind die geistigen Kinder und Erben der großen Glaubensmänner und Systemgegner von Abraham über Mose, den alttestamentlichen Propheten, Jesus und seinen Jüngern bis zu Luther, Calvin, William Penn, John Wesley usw. Wo sie sind, ist die wahre Kirche Jesu, die sich in einem totalen Endkampf mit den Mächten des Bösen befindet. Die besondere Mission der Kinder Gottes besteht vor allem auch darin, daß sie die Erfüllung der großen heilsgeschichtlichen Traditionslinie bringen, denn das Ende der Welt, das Ende der gegenwärtigen Systeme und damit die Wiederkunft Christi stehen unmittelbar bevor. In Vater MO ist der gottgesandte Endzeitprophet gekommen, der die Kinder Gottes sicher in das kommende Reich Gottes führen wird.

Die Familie der Liebe ist eine ausgesprochen eschatologisch-apokalyptische Gemeinschaft. Politische, soziale, kulturelle und ökologische Krisensymptome unserer Zeit werden als Zeichen der Endzeit gedeutet. Die Endzeit ist nicht endlos. Datierte Endzeiterwartungen bestimmen wie in anderen Fällen, man denke an die Zeugen Jehovas oder die Vereinigungskirche, nachhaltig Selbstbewußtsein, Lebensführung und Arbeitsmethoden. Höchste Aktivität ist notwendig, denn die Welt befindet sich bereits mitten im endzeitlichen Gerichtsprozeß. Auch die politischen Zeitereignisse werden von daher gedeutet. Berg empfing und empfängt eine Fülle von Offenbarungen, die sich auf die endzeitlichen Geschehnisse beziehen. Vieles ist widerspruchsvoll und mußte bereits revidiert werden.

Der im Jahre 1972 veröffentlichte MO-Brief »70 Jahre Prophezeiung vom Ende!« läßt im einzelnen folgendes Schema des zeitlichen Ablaufs der Endereignisse erkennen. Die »Zeit der Heiden« endete »ungefähr im Jahre 1969, dem Jahr, als die Revolution und die Wiederherstellung der modernen Kinder Israels – die Kinder Gottes — anfing, voll in Schwung zu kommen! ...«/28/ In den späten siebziger und frühen achtziger Jahren erfolgte »der Aufstieg des Antichristen zur Macht«. Berg rechnet im Zusammenhang mit den endzeitlichen Geschehnissen mit einem Atomkrieg und der Zerstörung der Industrieländer. 1985 wird der Antichrist den Gipfel seiner Macht erreicht haben und den »Bund bekräftigen«. »1985 würde daher der Anfang der 70. Woche von Daniel 9 sein. Dies würden die Letzten Sieben Jahre der Weltgeschichte und der Herrschaft des Antichristen sein. Die Trübsal würde dann ungefähr gegen Ende des Jahres 1989 anfangen müssen. Der Herr würde dann genau 3 ½ Jahre später kommen, irgendwann während der ersten Hälfte von 1993! Halleluja!«/29/ Diese an sich sehr direkten Voraussagungen schränkt Berg allerdings immer wieder auch ein. Es gibt Unsicherheitsfaktoren. Er weist darauf hin, um im nächsten Moment wieder die Zuverlässigkeit dieser Angaben wahrscheinlich zu machen. Konkret sieht dies bei unserem Beispiel so aus: »Nur gehe bitte nicht umher und erzähle jedem, daß ich diese Daten vorausgesagt habe, denn ich habe es nicht getan! — Der Herr hat es getan! Und wenn sie nicht genau so geschehen, gib Ihm nicht die Schuld — sondern gib uns die Schuld, daß wir Seine Voraussagen nicht richtig ausgelegt haben. Aber ich persönlich neige dazu zu glauben, daß diese Daten gewaltig nahe, wenn nicht genau sind, und wenn es irgendeinen Fehler gibt, ist es wegen der Schwachheit unseres menschlichen Verständnisses und nicht wegen des Versagens Gottes. Drücke also nicht den Daumen, sondern strecke deine Finger zum Himmel in einem festen Gruß für die Revolution für Jesus, und diene Ihm weiter treu, bis diese Tage eintreffen und direkt weiter bis zum Ende, wann immer und wie immer es kommen mag! ...«/30/

Das Hauptinteresse Bergs liegt beim »Bald« der Wiederkunft Christi. Eindrücklich hämmert er seinen Anhängern ein: »Das Ende ist nahe! Es wird euch geschehen! Ihr werdet durch genau diese Tage der Endzeit leben! Denn ihr seid die Letzte Generation! Ihr seid der erwählte Überrest der Kinder Gottes, die erschaffen worden sind, um diese letzten mächtigen Ereignisse mitzuerleben und der Welt in ihren letzten sterbenden Tagen zu bezeugen! Ihr seid die Neue Generation! Jetzt ist die Endzeit, von der all die Propheten sprachen! Ihr seid die Generation — die Letzte Generation — von der all die Propheten sprachen, und sie träumten von euren Tagen!«/31/ Das zu wissen, verpflichtet zu höchster Aktivität. Wer diese Botschaft erfaßt und in absolute Hingabe an die Sache des Reiches Gottes umsetzt, wird größter Verheißungen zuteil; wer lau wird, verliert alles. Das Wissen um die Nähe der Endereignisse dient als Stimulans für die Sache der Familie der Liebe. »Es sollte dich erregen, ermutigen, inspirieren und anspornen, wie verrückt zu arbeiten, zu studieren, als ob du für eine Prüfung büffelst und zu bezeugen, als ob du Angst hättest, daß es aus der Mode kommt! Zu wissen, wie bald diese Dinge sein werden — zu wissen, daß sie ganz bestimmt sehr bald geschehen werden — genau ›die Anzahl der Jahre‹ zu wissen und wie wenig Zeit wir noch haben, sollte dich dazu veranlassen, zu beten, zu studieren, zu arbeiten und zu bezeugen, wie du es nie zuvor getan hast, denn du wirst es nie wieder tun! Dies ist die letzte Chance aller, damit anzufangen und loszulegen — denn es ist das Ende der Reihe! Was wirst du also tun? Wirst du beten, als ob alles vom Beten abhinge, und arbeiten, als ob alles vom Arbeiten abhinge, und studieren, als ob alles vom Studieren abhinge, und besorgen, als ob alles vom Besorgen abhinge, und lehren, als ob alles vom Lehren abhinge, und bezeugen, als ob alles vom Bezeugen abhinge? — Oder wirst du sagen: ›Nun ja, wir haben noch 20 Jahre! — Wir können es genausogut leicht nehmen!‹ Ich möchte dich warnen, DU hast vielleicht keine 20 Jahre mehr! — DEINE Zeit ist vielleicht schon herbeigekommen und DU stehst vielleicht kurz davor, geopfert zu werden, denn einige werden es nicht bis zum Ende schaffen, besonders so, wie diese Nation sich entwickelt und wie die ganze Welt sich entwickelt! Wird Er zu dir sagen: ›Wohlgetan, du guter und getreuer Knecht?‹ Es wird nicht mehr lange dauern!« /32/ Religiöser Leistungsdruck gehört zu den Wirkungen einer solchen Botschaft.

Was ist das nun für eine Welt, die Berg seinen Anhängern nach der Epoche des Gerichtes verspricht? Wie wird sich das Leben der Familie der Liebe dann gestalten? Die gottlosen Systeme dieser Welt sind in der Schlacht von Harmagedon vernichtet worden. Nur die Kinder Gottes und die armen Landarbeiter, welche sich nicht in diese teuflische Welt mit ihrer verderblichen

3. Heime der Liebe
(Lebensformen)

David Berg kann »nicht als ›religiöser Einzelgänger‹ gesehen werden, ... sondern muß im Zusammenhang mit den amerikanischen religiösen Kommunebildungen vor allem des 19. Jahrhunderts verstanden werden«./37/ Als Vorbild der von ihm als »Familien der Liebe« aufgebauten Kommunen ist mit großer Wahrscheinlichkeit die perfektionistisch ausgerichtete Oneida-Gemeinschaft (1847–1880) anzusehen. Ihr Gründer John Humphrey Noyes war, wie Berg, Prediger der Christian Church. »Die Übereinstimmungen in Organisation und Lehre zwischen den ›Children of God‹ und der Oneida-Gemeinschaft sind so groß, daß sie nicht mehr durch Zufall und ›allgemeine Ähnlichkeit‹ utopistischer Sekten erklärt werden können.«/38/ Wie bei den Gründern anderer religiöser Gemeinschaften der Gegenwart zeigt sich auch bei Berg, daß Traditionen weiterwirkten, aufgenommen und der Situation angepaßt wurden. Die Familie der Liebe ist eine spezifische Variante in der großen Zahl von Gemeinschaftsformen, welche die Geschichte religiöser Kommunen kennt.

Das Leben in der Familie der Liebe wird auf allen Ebenen durch die Ideen und Weissagungen Bergs bestimmt. Er lenkt und leitet die Prinzipien des inneren und äußeren Lebens. Eine dieser nach innen und außen prägend wirkenden Maximen ist die Werbung. Sie gehört von Anfang an zu den wichtigsten Aktivitäten seiner Anhänger und erfolgt in drei unterschiedlichen Formen.

Die verbreitetste Methode ist das »Litnessing«, das Verteilen von Literatur (MO-Briefen, Flugblättern, Zeitschriften usw.) verbunden mit der Bitte um eine Spende. Wie dies durchzuführen ist, wurde von Berg in dem Brief »Scheiner? – Oder Schämer!« selbst festgelegt und erklärt. Das Ganze ist überschrieben: »Zehn tip top Teller von eurem tipsigen alten Tippler, um die Tülle zu tippen! (Um euch zu helfen, den neuen Wein auszugießen, Dummchen! – Hohlelujah!).« Dort heißt es weiter:

»1. Lit ist Zeugnis! Die Literatur ist euer Zeugnis, also spart eure Predigten und bringt die Lit heraus! – Klar? Handle jetzt – rede später! Literatur erst, bezeugen später! Überschwemm erst, rette später! Verkauf erst, schrei später! – Wenn du so schnell du kannst ein Gebiet völlig bedeckt hast, wie einen Bahnhof, Park, Strand, Gehweg, Platz, Gebäude, Bus, Zug, Flugzeug usw., indem du es jedem anbietest, verkaufst oder gibst, dem du nur kannst, dann geh zurück und sieh, wer liest oder interessiert ist und rede mit ihnen ... aber nicht lange.
2. ... Unterschätze niemals die Macht von Großeltern! – Sie lieben Kinder und junge Leute und möchten ihnen helfen. Sie lieben junge Leute und es ist ihnen egal, was Eltern denken. Sie sind kurz davor zu sterben und wollen Gutes tun, so lange es geht – besonders für junge Leute. – Und sie haben die Güter, es zu tun! Vergoldet die Alten!
3. Umgeht die, denen's fehlt! – Denen's fehlt an Liebe, Verständnis und Geduld, wie möglicherweise Eltern und Polizei: es sind die eifersüchtigen Eltern und die brummigen Beamten, vor denen ihr euch vorsehen müßt! Wenn du Gefahr im Anzug siehst, versteck deine Muni und geh in die andere Richtung: denn wer kämpft und schnell haut ab, lebt und kämpft noch einen Tag! Nicht: Geschäftsplätze belästigen, auf Privatbesitz handeln, vor ihren Schaufensterdekorationen stehen oder um ihre Kunden wettstreiten! Halte dich von anderen Zeitungsverkäufern und Zeitungsständen fern: Sie werden dich anzeigen!
4. Sei ein Beispiel, keine Predigt! Beispiele verkaufen Predigten! Kein Beispiel, kein Verkauf! Du bist das Beispiel, die Lit ist dein Verkaufsgespräch. Du bist das Produkt und der Beweis, daß es wirkt! Lächeln verkauft Beispiele: Lächle, los lächle! Sie werden die Predigt kaufen, um herauszufinden, warum du glücklich bist.
5. Nimm ein Trinkgeld! Nur frei für Freaks, die pleite sind – und nur frei über deiner Quote: Freie frieren Fonds ein! Kein Lohn, kein Spaß, mein Sohn! Sie werden sich nicht wundern, kannst du nicht wechseln. Bedanke dich einfach für Spende! Und gib das Wechselgeld nicht in Form von extra Exemplaren! – Denk daran: Je einer zu Zehnen – nicht zehn für einen! Betrachte es als Geschenk.

6. Stell Quoten auf! – Wie mindestens 20 bis 40 Stück pro Person pro Tag; ein Minimum ihres Wertes an mitgebrachter Bezahlung, wie 10 bis 20 Mark pro Person pro Tag für Kolonieausgaben; und nicht weniger als drei bis fünf Stunden im Feld jeden Tag – ohne Begrenzungen nach oben.
7. Belohnungen! Wie 10 Prozent Kommission über der Quote? – Amen?
8. Freizeit! Könnt aufhören, wenn Quote früh erreicht!
9. Scheine den Scheinern! Extras und Ausflüge pro Top Teams!
10. Scham für Schämer! Flaschenwaschen für Flaschen.«/39/

Diese Form der Werbung wurde unter dem Druck der öffentlichen Meinung und in Verbindung mit dem teilweisen Rückzug der Kinder Gottes aus der Öffentlichkeit seit dem Ende der siebziger Jahre umgestellt. Das Prinzip ist geblieben, aber die Methoden sind verändert worden. Man sendet die Literatur potentiellen Interessenten zu und bittet um Überweisung einer Spende. Auf diese Art wird nach wie vor Literatur in die ganze Welt versandt.

Gewachsen ist die Bedeutung des »Witnessing«, des Bezeugens der Botschaft Bergs. Die persönliche Ansprache war vielfach mit dem Verteilen von Literatur verbunden, wurde aber inzwischen stärker zu einer eigenständigen Missionsmethode. Eng damit verknüpft sind Einladungen zum Besuch der »Heime der Liebe« (vormals »Kolonien«), zu Partys, Beatfesten usw. Einzelheiten werden den jeweiligen Umständen angepaßt. Eine westdeutsche Gruppe der Familie der Liebe, die 1982 ihre Arbeit in Delhi (Indien) begann, berichtet beispielsweise, daß sie kurze Zeit nach ihrer Ankunft und dem Beginn der Arbeit bereits ihre erste öffentliche Party durchführen konnte. In dem Bericht heißt es: »Der Höhepunkt dieses letzten Monats war unsere erste MWM-Party, zu der ca. 80 junge Leute kamen, die von der Musik mit einer Botschaft der Liebe und des Friedens fasziniert waren und über die lustigen Sketche lachten. Am Ende des Programms spielten die Kinder mit Hilfe ihres Papas den ›Herrn Problem‹ Sketch und führten nicht nur ihn, sondern das ganze Publikum in einem Gebet, das die Tür für Gottes Liebe in all diesen Herzen öffnete. Beim nächsten Mal erwarten wir schon mindestens 200 Interessierte und wollen daraus einen Bibelkreis aufbauen.«/40/

Die in der Öffentlichkeit bekannteste und umstrittenste Werbemethode war das bereits erwähnte »Flirty Fishing«. Hierfür führte Berg seine jugendlichen Anhängerinnen im »FF-er Handbuch! — eine große Zeitersparnis für neue & alte FF-er! vollständige Gebrauchsanweisung fürs FF-en!« in alle Details ein. Diese in ihrer Art beispiellose Schrift ist in folgende Abschnitte eingeteilt: »Der Köder; Der Fischer; Der FF Katzenjammer; Der Fisch; Der Teich; Fragen von der Beute; Sex; Das Zeugnis; Den Fisch an Land ziehen«. Im Abschnitt »Der Köder« schreibt Berg: »Du bist eine Priesterin der Liebe, du bist dort unten, um die Hungrigen und die Verlorenen ausfindig zu machen, und diejenigen, die der Liebe bedürfen, damit du ihnen mit Liebe dienst. Ihr seid dort unten als Gottes kleine Engel der Liebe und Barmherzigkeit, um ihnen die Schönheit Gottes und die Liebe Gottes zu zeigen, und um sie mit der Macht anzuziehen, die sie für Sex halten, aber es ist Sex-plus-Gott, eine unwiderstehliche Macht!«/41/ Wem gegenüber und auf welche Art diese »unwiderstehliche Macht« am effektivsten anzuwenden ist, wird u.a. in dem Abschnitt »Der Fisch« behandelt: »Ich denke, ihr müßt hinter denen her sein, die am einsamsten und am bedürftigsten sind. Ihr müßt vom Geist geführt sein, und ihr müßt das Feld und die Fische überschauen und sehen, ob ihr eine Bürde oder eine Führung des Herrn zu einer bestimmten Person fühlt.«/42/ »Fischen erfordert auch viel Geduld, besonders bei den Größeren. Sie verschlingen vielleicht deinen Köder und sind wirklich am Haken und an deiner Leine, aber du stellst vielleicht fest, — es sei denn, du gehst sehr sanft mit ihnen um und gibst ihnen viel Leine und Spielraum, bis ihr Widerstand erlahmt, — daß du sie nicht an Land bringen kannst, wenn du versuchst, sie zu schnell hereinzuziehen.«/43/ Berg verweist darauf, daß »große Fische«, d.h. bedeutende Persönlichkeiten, ebenso wie »ältere Fische« schwerer zu fangen sind, aber um so mehr Auf-

merksamkeit und Geduld verdienen als die »kleinen Fische«. »Die kleinen Fische, die kleinen, neuen Flaschen, die jungen, sie sind sehr empfänglich, haben keine großen Zweifel, sind nicht zynisch, sie haben keine großen Fragen. Sie sehen es, es ist guter Köder, sie nehmen es, sogar den Haken, und sie wissen nicht, was es wirklich ist oder was mit ihnen geschehen ist. Also nehmen sie es an, und es ist leicht, sie einzuholen, sehr leicht. Aber mit den großen, alten, klugen Fischen müßt ihr lange spielen. Wenn ihr versucht, ihn zu schnell einzuholen, wenn ihr versucht, ihn zu schnell zu einer Entscheidung zu bringen, dann verscheucht ihr ihn. Manchmal ist es besser, einfach tanzen zu gehen, mit dem Reden aufzuhören, und ihn spielen zu lassen! Laß ihn reden. Laß ihn mehr oder weniger die Führung übernehmen – oder den Haken! – Überlaß ihm das Reden – gib ihm einfach die Leine! Laß ihn die Leine nehmen, wo immer er sie auch hinnehmen will. Denk daran: Je größer der Fisch ist, desto weniger kannst du zu ihm predigen! Ihr drängt einige von ihnen zu sehr und zu bald – mit eurem Mund, meine ich! Gebt es ihnen zuerst mit Liebe, eurem Körper, und der Zärtlichkeit, die sie brauchen, mit ehrlichem Interesse an ihnen und ihren körperlichen Bedürfnissen, ehe ihr versucht, ihren Geist zu füttern.«/44/

Heute versucht man sich vom Flirty Fishing, einstmals auch als »Sexualmission« bezeichnet, zu distanzieren. Die Aids-Gefahr hat daran sicherlich erheblichen Anteil. In einer Erklärung vom März 1989 heißt es: »So haben z. B. in den Siebzigerjahren einige unserer Mitglieder die ziemlich umstrittene Missionstechnik des Flirty Fishing angewendet. In ihren Bestrebungen, Gottes Liebe und Erlösung mit anderen zu teilen, haben einige unserer weiblichen Mitglieder gedacht, daß manche einsame Männer ein so tiefes Bedürfnis nach einer Gefährtin – nach jemand, der zuhören kann, nach tröstender Berührung, nach einem verständnisvollen Freund – hätten, daß ihnen geistliche oder theologische Vorträge über die Liebe Gottes nicht genügten, ohne greifbare Beweise, daß jemand da oben sie wirklich liebt. Deshalb, um Gottes geistige Liebe anderen zu beweisen, fanden es einige für notwendig, sie auch physisch zu beweisen – manchmal sogar hingebend den ›ganzen Weg zu gehen‹!

Natürlich waren einige religiöse Menschen darüber entsetzt & brandmarkten diese Methode als ›religiöse Prostitution‹ & verdammten uns als Verräter am Glauben, weil wir solche radikale und extreme Wege beschritten, um zu versuchen, die Liebe Gottes anderen zu beweisen! Aber es kann nicht bestritten werden, daß so manche Seele, die nie über die Schwelle einer Kirche gegangen wäre, so erreicht werden konnte & einen soliden & dauerhaften Glauben an Gott erhielt als Ergebnis des Opfers von Frauen, die bereit waren, alles zu geben, um Gottes Liebe anderen zu beweisen.

Jetzt aber, in den späten 80er Jahren, haben wir offiziell diese umstrittene Missionstätigkeit unterbrochen & untersagt. Wie die ganze Welt die sexuellen Freiheiten wieder eingeschränkt hat – hauptsächlich wegen der AIDS-Gefahr – sind wir auch viel konservativer und restriktiver in dieser Beziehung geworden & halten uns jetzt an gebräuchliche Methoden der Missionstätigkeit & der Vermittlung der Liebe Gottes.«/45/

Auch von der Praxis des Sex zwischen Erwachsenen und Kindern, die offenbar nicht selten war, rückt man nun ab. MO selbst habe folgende schriftliche Erklärung abgegeben: »Wir stimmen Sex mit Minderjährigen nicht zu & hiermit widerrufen wir alle Schriften, die irgendwer in unserer Familie verfaßt hat, die den Eindruck erwecken könnten, daß wir das billigen! Wir verbieten es absolut!«/46/ Man wird den Ernst dieser Erklärungen an der Praxis in den Familien der Liebe und bei der »Mission« prüfen müssen.

Auch ohne Flirty Fishing gibt es für die Kinder Gottes noch viele Anknüpfungspunkte, um junge Menschen für sich zu gewinnen.

Wer durch Litnessing, Witnessing oder auf andere Art positiv angesprochen wurde, den lädt man zum Besuch eines Heimes der Liebe ein. Dort soll er die Gemeinschaft und ihre Lebensformen persönlich kennenlernen. In diesem Rahmen, das lassen viele Berichte erkennen, vollzieht sich meist der eigentliche Entscheidungsprozeß. Eine »liebevolle« Atmosphäre, Beten und Singen, Bibellesen und Gespräche bestimmen die Begegnungen. Entschließt sich der Interessent zu bleiben, bedeutet das den totalen Ausstieg aus seinem bisherigen Leben. Problematische Kandidaten, physisch oder psychisch Kranke werden in der Regel nicht aufgenommen. Auch ein mehr oder weniger zwangsweiser Beitritt soll nicht stattfinden. Theoretisch müßte jeder, der sich einem Heim der Liebe anschließt, wissen, was ihn erwartet und was von ihm gefordert wird. Berg hat »Revolutionäre Regeln« aufgestellt, die jedem Beitrittswilligen zur Kenntnis gegeben werden sollen. Es heißt darin u.a.: »7. Die Voraussetzungen für einen christlichen Revolutionär müssen deshalb sehr streng sein. Er ›muß wiedergeboren sein‹, eine ›neue Kreatur‹, ›verändert durch Erneuerung seines Sinnes‹ und ›nicht dieser Welt gleichgestellt‹ ... Er muß freudig Trübsal und Verfolgung leiden ... Er muß frei von Schulden, Abzahlungen und Familien- oder gesetzlichen Verpflichtungen sein. 8. Die Disziplin der Jesus Revolutionäre verlangt unbedingten ›Gehorsam gegenüber denen, die die Leitung haben, denn sie wachen über eure Seelen, als die da Rechenschaft geben sollen‹. ... 9. Die Regeln der Revolution sind streng: nimm an allen Klassen und Versammlungen teil, studiere und gehe bezeugen, übe deine Pflichten treu aus, steh auf, wenn du aufgeweckt wirst und geh schlafen, wenn das Licht ausgeht. ... 10. Die Stunden der Revolution sind anstrengend und ändern sich entsprechend den örtlichen Kampfverhältnissen. ... 11. Das Verhalten des Revolutionärs ist still, ordentlich, gehorsam, fröhlich, bereitwillig und treu, sowohl als auch gewissenhaft, respektvoll, aufopfernd und langmütig, sanftmütig, sanft, friedsam, liebevoll, selbstlos und freundlich. ... 12. Die Ausrüstung, Uniform und das Aussehen eines Revolutionärs hängen größtenteils von dem Kampffeld ab. ›Dem Jude wie ein Jude, dem Griechen wie ein Grieche, dem Römer wie ein Römer‹ – oder dem Hippie wie ein Hippie! Während du mit bestimmten Menschentypen zusammen bist, nimmst du die Tracht und Bräuche deines Missionsfeldes an, mit seltenen Ausnahmen. ... 13. Die Anschrift des Revolutionärs ist immer ungewiß, darum ist Post an deine Heimatkolonie zu schicken, und sie wird dir durch den Sekretär nachgeschickt, falls du umziehst. Informiere das Büro so bald wie möglich von deiner neuen Anschrift und auch dein Zuhause und deine Verwandten. Schreibe deinen Eltern oft über deinen Aufenthaltsort und deine Tätigkeiten, auch wenn sie feindlich sind. ... 14. Um ein Revolutionär für Jesus zu werden, mußt du diese biblischen Glaubensprinzipien und Regeln gebetsvoll studieren und lernen, akzeptieren und versprechen, ihnen zu folgen, bevor du dich uns anschließt. Du wirst freiwillig und freudig all deine weltliche Habe deiner örtlichen Kolonie beitragen, um sie mit deinen Brüdern und Schwestern zu teilen, je nachdem einer in Not ist, gemäß Apostelgeschichte 2:44–45 und 4:32–35. Du wirst nichts vor dem Herrn zurückhalten, auf daß du nicht das Schicksal von Ananias und Saphira in Apostelgeschichte 5 teilst! Noch werden dir diese Dinge zurückgegeben werden, denn du hast sie ›dem Herrn und nicht den Menschen‹ gegeben. Sogar dein Leben wird nicht länger dein eigenes sein, sondern Jesus gehören. ›Denn ihr seid nicht euer eigen‹, sondern Gottes! – 1. Kor. 6:19–20. Du wirst dich freudig einer Durchsuchung deiner Person und deiner Sachen nach Drogen oder anderen Dingen, die in unseren Kolonien nicht erlaubt sind, unterwerfen. Du bist frei, jederzeit zu gehen, aber informiere bitte deine Ältesten über irgendwelche Fragen. Wir möchten, daß du gesund und glücklich Jesus dienst!«/47/

Soldatische Hingabe an die Gemeinschaft und ihre Leitung auf dem Hintergrund des absoluten Bruchs mit der Welt durchziehen als innere Leitlinie diese Regeln. Die Familie der Liebe, die Arbeit für sie und ihren Propheten werden zum Lebensinhalt. Der einzelne wird ganz auf die Gemeinschaft orientiert. Alle persönlichen Beziehungen, die dabei stören könnten, müssen abgebrochen oder umgestaltet werden. Deshalb kein Privateigentum, keine berufliche Arbeit und Ausbildung in der Welt. Als Zeichen des Bruchs mit dem »System« findet ein Namenswechsel statt. An die Stelle des bürgerlichen Namens tritt ein biblischer Name.

Der Tagesablauf ist streng geregelt. »Der Tag in der Kolonie beginnt gewöhnlich um 7.00 oder 7.30 Uhr. Nach dem meist reichlichen Frühstück wird ein Bibelvers gelesen und besprochen. Anschließend gehen einige zum ›Litnessing‹, andere, besonders die Neuen, werden in MO-Ideologie unterrichtet (Babes' Classes). Zwischen MO-Brief-Lesen und Verse-Auswendiglernen fällt ihnen noch die Aufgabe des Hausputzes und Kochens zu. Nach dem Mittagessen steht ab etwa 15.00 Uhr ›MO-Letter Study Time‹ und ab 17.00 Uhr ›Witnessing‹ auf dem Programm. Abends kümmert man sich um eventuelle Gäste, singt und liest gemeinsam MO-Briefe (›Inspiration‹ genannt).«/48/

Ganz besonders einschneidend, das wurde bereits deutlich, erweist sich der neue Lebensstil im Bereich des ehelichen und familiären Zusammenlebens. Ehe und Familie im herkömmlichen Sinn gehören zu den falschen

Göttern, die wahren Gottesdienst verhindern. Berg hebt hervor: »Die private Familie ist die Grundlage des selbstsüchtigen, kapitalistischen freien Wirtschaftssystems und all seiner selbstsüchtigen Übel. ... «/49/ Individuelle Familie und Ehe sind eine Form widergöttlichen Privateigentums. Ein wahres Kind Gottes bricht deshalb damit. Es ist in erster Linie mit Gott und der Arbeit für seine Sache verheiratet. An die Stelle der individuellen Ehe und Familie treten in den Heimen der Liebe die Gruppenehe und die Großfamilie. Die Ehe als solche, soweit sie innerhalb der Gruppe geschlossen wurde, wird nicht aufgegeben, aber umgedeutet. Sie darf sich nicht zur festen Partnerbeziehung entwickeln und wird meist von dem jeweiligen Leiter arrangiert. Wo zu feste Bindungen entstehen, ist die Trennung gottgewollt, muß Gott »diese kleinen privaten Zweisamkeiten zerbrechen, um uns die größere Einheit der Familie bewußt zu machen«. Berg kann in diesem Zusammenhang feststellen: »Gott hat die Ehe von fast unserer gesamten Spitzenleiterschaft irgendwann einmal abgebrochen, mit ein oder zwei Ausnahmen, die sowieso die meiste Zeit von ihrem Partner getrennt sind ... Gott ist Spezialist im Zerbrechen von Familien – kleinen, privaten Familien! Wenn du nicht irgendwann einmal deinem Mann oder deiner Frau für den Herrn abgesagt hast, hast du nicht allem abgesagt!« /50/ Innerhalb der verheirateten Mitglieder besteht sexuelle Freiheit, nicht aber gegenüber unverheirateten Mitgliedern. Auch andere Arten sexueller Betätigung, mit Ausnahme der Homosexualität, sind erlaubt.

Wie das Eheverständnis ist auch das Familienverständnis ein kollektives. Ausgesprochene Elternbeziehungen, d.h. Mutterbeziehungen der Kinder soll es nicht geben. Die Kinder werden in der Großfamilie aufgezogen und sind an diese gewiesen. Da empfängnisverhütende Mittel abgelehnt werden, ist die Zahl der Kinder relativ groß.

Die Familie der Liebe kennt nur wenige kultische oder gottesdienstliche Handlungen. Offenbar wirken die antikultischen Formen evangelistischen amerikanischen Freikirchentums nach. Der Gottesdienst wird frei gestaltet mit Gesang, Gebet und Verkündigung. An die Stelle der christlichen Wassertaufe tritt die Taufe mit dem Heiligen Geist durch Handauflegung. Das Abendmahl wird als Gedächtnis- und Gemeinschaftsmahl ohne besondere kultische Zeremonien gefeiert. Die Trauung findet in den Heimen statt. Auch die Bestattungen werden in schlichter Weise mit Gesang, Gebet und Lesungen durchgeführt.

Alle Bereiche des menschlichen Lebens werden durch die Gemeinschaft geregelt. Die Heime der Liebe wollen als autarke Kommunen Zellen des kommenden Gottesreiches sein. Wer sich von ihnen löst, verspielt selbst sein Heil und seine Zukunft. Allerdings weiß man um äußere Zwänge, die es verschiedenen Gruppen junger Menschen zunächst unmöglich machen, in die Heime der Liebe zu ziehen und sich öffentlich zur Familie der Liebe zu bekennen. Für sie gibt es die Möglichkeit, »Katakombenjünger« zu werden. »Katakombenjünger sind Jungen und Mädchen, die aus verschiedenen Gründen verhindert sind, mit uns vollzeitig zu leben und Jesus zu dienen, sei es daß sie noch nicht volljährig sind, an einen Arbeitsvertrag gebunden oder was immer. Die meisten Katakombenjünger sind Schüler. In vielen Schulen haben wir schon ganze Katakombenkolonien. Katakombenjünger verbringen ihre Freizeit in der Kolonie, verteilen Literatur, bezeugen, treffen sich zu gemeinsamem Bibelstudium etc.«/51/

Über die persönlichen Erfahrungen mit den Kindern Gottes – Familie der Liebe – gibt es viele interessante Berichte. Sensationell aufgemacht und journalistisch zurechtgeschnitten führten sie oft zu Verzeichnungen oder billigen Einseitigkeiten, enthalten aber auch viel Charakteristisches. Als Antwort darauf meldeten und melden sich immer wieder Anhänger Bergs zu Wort, um ihrerseits über das Leben in der Gemeinschaft und die persönliche Sinngebung ihres Lebens durch den Anschluß an die Familie der Liebe zu berichten. Zwei Schilderungen sollen dies verdeutlichen. In der Zeitschrift »Liebe macht Schlagzeilen« erzählt Windy, »ein wunderschönes Gefäß zum Nutzen des Meisters«, von ihrem Lebensweg und ihrer Begegnung mit den Kindern Gottes. Windy ist am 13. Februar 1952 in Toledo (Ohio) geboren und entstammt väterlicherseits einer deutschen Mennonitenfamilie. Ihre Eltern gehörten der Methodistischen Kirche an. »Jeden Sonntag gingen wir in die Stadt zu der großen Methodistenkirche. Ich mochte all das Singen und die bunten Glasfenster wirklich gern. Ich habe nie daran gezweifelt, daß Jesus wirklich da war; ich war nur traurig, daß Er weggegangen war. Als ich 7 Jahre alt war, begann ich mit Klavierübungen, und ich liebte jede Minute. ... Mit 8 Jahren begann ich ... mit meinem Violinestudium. ... Vollbeschäftigt mit Schule, Klavierunterricht, Violineunterricht, Kunsterziehung, Orgelunterricht, Orchester- und Quartettproben, Schultheater, mir selbst Gitarrespielen beibringen, Kirchenchor und Versammlungen, hatte ich sehr viel zu tun. Im Alter von 12 bis 18 Jahren trug ich sogar noch Zeitungen aus und mußte daher fast jeden Tag um fünf Uhr aufstehen. Nachts, wenn alles still wurde, kamen dann die Fragen und ich wunderte mich was nach alledem hier wohl passieren würde. Gab es einen Himmel oder irgendetwas? Die Tage des In-Die-Kirche-Gehens kamen zum Ende und die Schultage auch und ich bereitete mich auf mein Studium an einer nahegelegenen Universität vor, das im Herbst beginnen sollte, hauptsächlich musikalische Fächer. Mein Vater wurde nach New Orleans, Louisiana, versetzt und meine Eltern zogen im Sommer 1970 zusammen mit meinen drei Schwestern dorthin. Ich blieb bei Freunden in Toledo und arbeitete den Sommer über in einem Krankenhaus, wo meine Mutter vorher gearbeitet hatte. ... Universität – das war eine ganz neue Welt von Leuten aus anderen Gegenden und mit neuen Gesichtern. Ich war so aufgeregt, alles kennenzulernen! Und das tat ich auch! Aber dann war der Spaß vorbei und um mein Studium als ernsthafte Musikerin fortzusetzen, hätte ich Stunden um Stunden mit genauestem Üben verbringen müssen um Vervollkommnung zu erlangen. Das konnte ich jedoch nicht! Das steckte einfach nicht in mir, ich konnte nicht allein bleiben, ich wollte mit anderen zusammensein. ... Musikmachen nach der Art der Universität klappte einfach nicht, aber eines klappte gut, und das war mein Gitarrespielen. Dadurch lernte ich Leute kennen. Wir saßen zusammen und sangen und diskutierten und rauchten, wie es die jungen Leute Anfang der 70er Jahre taten – mit neuen Gedanken und neuen Theorien.

Freundschaften jedoch enttäuschten mich am Ende immer ... sie hörten immer auf. Eines Tages, als ich den Flur des Wohnheims hinunterging, sprach mich ein Mädchen an und lud mich ein, in ihr Zimmer zu kommen. ... Wir sprachen miteinander und sie fragte mich, ob ich an Jesus glaubte. Sie fragte mich so einfach und aufrichtig, aber ich fühlte in ihrer Frage eine Tiefe, mehr als nur das, was ich von ihrer Stimme hörte, sondern es war als ob mich Jesus selbst fragte: ›Glaubst Du an Mich?‹ Ich hatte keinen Grund zu zweifeln. ›Ja‹, sagte ich, ›ich glaube!‹ Es war so schön, diese Worte zu sagen und von den Ereignissen, die folgten, glaube ich, daß dies der Moment war, in dem ich gerettet wurde: Ich bekannte Christus. Das Mädchen gehörte zu einer Gruppe, die sich die ›Navigatoren‹ nannte. ... Sie lud mich zu ihren Treffen ein, wo ich auch hinging, und ich spielte schließlich während des Singens Klavier. Aber ich bin nur einmal hingegangen, denn ich hatte diese Kirchenbewegungen schon mitgemacht, aber ich besuchte sie häufig und kaufte mir eine Bibel und begann, darin zu lesen. Nach einem Jahr Studium ging ich nach New Orleans und lebte bei meinen Eltern, um zu arbeiten und zu sehen, was passieren würde. ... Eines Abends ging ich mit meiner Schwester einige Freunde von ihr besuchen. Während des Abends fingen sie an zu telefonieren und luden noch mehr Leute ein. Ich ging in eins der Schlafzimmer der Wohnung, und dort an der hinteren Wand war ein Altar – ganz seltsam, mit seltsam geformten Kerzen und Statuen und kleinen Schalen. Ich dachte, sie praktizieren wohl eine östliche Religion, aber dann hörte ich eine Stimme: ›Das sind Hexen!‹ Ich erschreckte und ging zu meiner Schwester und sagte: ›Du hast es nicht gemerkt! Das sind Hexen! Wir müssen machen, daß wir hier wegkommen!‹ Sie glaubte mir nicht. Ihre Freunde stritten es ab! War es eine Falle? Weil ich darauf bestand, fuhr mich meine Schwester wieder nach Hause. Ich rannte nach oben in mein Zimmer und fiel in Tränen nieder. ... Ich schrie zu Jesus aus, daß Er mich erretten und mir zeigen sollte, was ich mit dem Leben, das Er mit gegeben hatte, tun sollte. Er hatte es gegeben, er mußte es auch führen! Von nun an blieb ich allein, fast wie ein Eremit – nur zur Arbeit und dann nach Haus. Ich machte noch nicht einmal mehr Musik und sang kaum noch. Der 21. Dezember 1971 war einer der seltenen Tage, an dem ich in die Stadt ging, und blieb ziemlich lange und spielte Frizbee unter dem Licht einer Straßenlaterne auf dem Jackson Square. Aus meinem Augenwinkel sah ich, wie sich ein paar Leute versammelten und einander mit Umarmungen und Küssen begrüßten! Der Frizbee sauste vorbei und ich verpaßte ihn. Ein Mädchen, das ein paar Meter hinter mir stand, hob ihn auf und gab ihn mir. Hast Du je jemanden getroffen und gedacht, Du hättest ihn schon einmal gesehen? Genau so war es! Und als ich ihre Freunde traf, war es auch so, als ob ich sie kannte. Ich besuchte ihre christliche Gemeinschaft außerhalb der Stadt, wo die harmonische Atmosphäre so wunderschön war. Allein ihr Beispiel und ihre Hingabe waren genug, um mir zu zeigen, daß ich vor einer Entscheidung stand, an einem entscheidenden Punkt, wo der Herr mich führen mußte. Die Entscheidung lag bei mir, und ich wußte, es war eine Wahl, die ich nicht leichtnehmen konnte. Was sah ich, wenn ich meine 3 Gitarren, 2 Violinen und ein Klavier anschaute? – ›Reichtümer auf Erden, wo die Motten und der Rost frißt und die Diebe nachgraben und stehlen.‹ (Matthäus 6:20) Ich beschloß, mein Herz in Gottes himmlischen Tresor zu tun! Am 28. Dez. 1971 trat ich der Familie der Liebe bei und begann mein neues Leben mit meiner neuen Liebe! Während der letzten 9 1/2 Jahre in der Familie habe ich hauptsächlich mit Musik und inspirationellen Tätigkeiten zu tun gehabt. In diesem letzten Jahr habe ich mit MWM in der Musik und mit der Kindererziehung gearbeitet und ich bin so dankbar für die Erfüllung, die ich fühle, und die Freude, die Er mir gegeben hat, seitdem ich für Jesus lebe! GSE! Liebe für immer!

Windy.«/52/

Soweit dieser Bericht. Er enthält vieles, was auch für andere Mitglieder der Familie der Liebe typisch ist und in ihren Mitteilungen immer wieder auftaucht. Ehemalige Kinder Gottes sehen die Dinge freilich ganz anders, sie kommen vor allem zu entgegengesetzten Schlußfolgerungen: »Ich fühlte mich in meinem Glauben isoliert. Ich sah niemanden, der seinen Glauben besonders ernst

1/ David Berg, Meine Liebe ist eine Legende, GP 77,1 – 12.11.1971, zitiert nach Friedrich-Wilhelm Haack, Jugendreligionen. Ursachen, Trends, Reaktionen, München 1979, 276
2/ Mose David, Überleben – Die wahre Geschichte von Mose und den Kindern Gottes, Gründer und Anführer der Jesus Revolution, Essen 1972, 10
3/ Ebd.
4/ Ebd., 12
5/ Ebd., 16
6/ Rüdiger Hauth, Die Kinder Gottes. Weg und Irrweg einer Jugendsekte, München ²1977, 3
7/ Mose David, Der Dollar, September 1971
8/ Amerika, die Hure! Ist sie es wirklich wert? Eine makabere Parabel, ohne Datum, ohne Seitenangabe
9/ Barbara Zinke, Christentum=Revolution=ewige Jugend. Die »Children of God«, in: Ludger Zinke (Hg.), Religionen am Rande der Gesellschaft. Jugend im Sog neuer Heilsversprechungen, München ²1978, 66
10/ Zu den Einzelheiten vgl. Bernhard Kosak, Jugendreligionen – Die »Kinder Gottes«, in: Religionsgemeinschaften neben den Kirchen. Von den Mormonen bis zu den Kindern Gottes, bearbeitet von Bernhard Kosak, Wolfgang Schwieder, Reimar Kakuschke, Göttingen 1980, 21
11/ GP, 329, September 1974
12/ Die Kolonie Revolution!, DFO 329 B – März 1975, Pkt. 35
13/ Die »Reorganisation Nationalisation Revolution«, DO 650 – Januar 1978, Pkt 28
14/ Allen J. Mendonca, Indian Express, Bangalore, 4.4.1985
15/ Was jeder braucht ist Liebe, Faltblatt, Mai 1990
16/ Friedrich-Wilhelm Haack, Ein Tag mit der »Royal Family« – die Kinder Gottes 1988, Forum Nr. 5, Mai 1988
17/ Kinder Gottes (Familie der Liebe), Materialdienst der EZW, 1985, 52
18/ 70 Jahre Prophezeiung vom Ende!, GP 156 – 1.3.1972, 2
19/ Vgl. Hans-Diether Reimer, Ein halbes Leben unter der Herrschaft des »Mose David«, in: Materialdienst der EZW, 1985, 47–50
20/ WIE ZU! Die neue Do-it-yourself Revolution!, Teil I, LTO 331 B – 2.3.1975, 13 f.
21/ Zitiert nach Barbara Zinke, Die »Children of God«, a.a.O., 59
22/ Revolution für Jesus! Wie man's tut! Grundlegende Unterweisungen von den Kindern Gottes, Gründer und Anführer der Jesus Revolution, Essen 1973, 27, zitiert nach Friedrich-Wilhelm Haack, Jugendreligionen, a.a.O., 270
23/ DFO 330 C – 1.2.1975, zitiert nach Bernhard Kosak, Jugendreligionen – Die »Kinder Gottes«, a.a.O., 29
24/ DO 27 – 15.12.1970, zitiert nach Bernhard Kosak, Jugendreligionen – Die »Kinder Gottes«, a.a.O., 29
25/ Liebe in Aktion, Nr. 27, Dezember 1982, 12
26/ FF-er Handbuch! — eine große Zeitersparnis für neue & alte FF-er! vollständige Gebrauchsanweisung für's FF-en, DO 559 – Januar 1977, 1 f.

27/ Ebd., 4
28/ 70 Jahre Prophezeiung vom Ende!, GP 156 – 1. 3. 1972, 2
29/ Ebd., 3
30/ Ebd.
31/ Ebd., 4
32/ Ebd., 5
33/ WANN ZU! Die neue Do-it-yourself Revolution!, Teil V, LTO 332 B – März 1975, 1 f.
34/ Himmlische Heime, GP 316 – 21. 10. 1974, 1
35/ Ebd., 3
36/ Warnung!, Copyrightet September 1977, 4, zitiert nach Friedrich-Wilhelm Haack, Jugendreligionen, a.a.O., 278
37/ Barbara Zinke, Die »Children of God«, a.a.O., 61
38/ Ebd., 60
39/ Scheiner? oder Schämer!, DO 241, zitiert nach Friedrich-Wilhelm Haack, Jugendreligionen, a.a.O., 283 f.
40/ Liebe macht Schlagzeilen, 1982, 11
41/ FF-er Handbuch, a.a.O., 4
42/ Ebd., 12 f.
43/ Ebd., 13
44/ Ebd., 14 f.
45/ Mißbrauch von Kindern? März 1989 by World Services, Zürich
46/ Ebd.
47/ Revolution für Jesus, a.a.O., 27–31, zitiert nach Friedrich-Wilhelm Haack, Jugendreligionen, a.a.O, 270–272
48/ Rüdiger Hauth, Die Kinder Gottes, a.a.O., 36
49/ Eine Frau, DO 249 – 28. 10. 1972, zitiert nach Friedrich-Wilhelm Haack, Jugendreligionen, a.a.O., 285
50/ Ebd., zitiert nach Barbara Zinke, Die »Children of God«, a.a.O., 70 f.
51/ Kinder Gottes, Neueste Nachrichten, Düsseldorf, Mai 1976, 8
52/ Liebe macht Schlagzeilen, 1982, 3 f.
53/ Bernhard Kosak, Jugendreligionen – Die »Kinder Gottes«, a.a.O., 43 f.

Die New Age-Bewegung

1. Im Zeichen des Wassermanns

(Herausbildung und Entwicklung)

Die Behauptung, ein neues Zeitalter habe begonnen, begegnet oft in der Geschichte. Dahinter steht eine bestimmte, meist religiös oder politisch motivierte Weltsicht. Für das Christentum ist mit Jesus von Nazareth *die* Zeitenwende gekommen, die Geschichte wird in eine Epoche vor und nach Christi Geburt eingeteilt.

Das neue Zeitalter (New Age), von dem hier die Rede sein soll, versteht sich als nachchristliches Zeitalter, als Ablösung des fast 2000jährigen christlichen Zeitalters, als neue Epoche einer umfassenden postchristlichen Evolution.

Das Denken in Epochen, in Zeitaltern, läßt sich in verschiedenen Religionen – erinnert sei an den Hinduismus – nachweisen. Auch im Christentum begegnen – freilich auf der Basis der grundlegenden Zeitwende in Christus – immer wieder Unterteilungen der Heils- und Weltgeschichte. Der Glaube an den Anbruch eines 1000jährigen Friedensreiches auf Erden (Chiliasmus) begleitet die Kirchengeschichte bis in unsere Tage, auch wenn er von der offiziellen Kirche verworfen wurde. Auch das Schema einer 6000 Jahre umfassenden Menschheitsgeschichte analog den sechs Schöpfungstagen und einem siebenten Jahrtausend der Ruhe und des Friedens entsprechend dem göttlichen Ruhetag, dem Sabbat, gehört heute nach wie vor zur Grundüberzeugung nicht weniger streng biblisch orientierter christlicher Kreise.

Zeiten tiefgreifender Umbrüche, aber auch die Nähe markanter historischer Daten wie Jahrhundert- oder gar Jahrtausendwenden haben »Epochenspekulationen« stets neuen Auftrieb gegeben. Die erste und die zweite christliche Jahrtausendwende regen dazu besonders an. Der italienische Abt Joachim von Floris (gest. 1201/02) erwartete für die erste Jahrtausendwende den Anbruch des Zeitalters des Geistes nach dem Zeitalter des Vaters und des Sohnes. Es ist kein Zufall, sondern ein Indiz verbreiteter Offenheit für New Age-Denken, daß Umberto Ecos Buch »Der Name der Rose« in dem die Thematik des Joachimismus aufgegriffen wird, zu einem der erfolgreichsten Romane der letzten Jahre wurde.

In unterschiedlichen neuzeitlichen religiösen Protest- und Reformbewegungen spielt das Zeitalterdenken oder speziell die Lehre von den drei Zeitaltern eine Rolle. Joseph Weißenberg (1855–1941), der Gründer der Johannischen Kirche, verkündete den Anbruch des Zeitalters des Geistes in unserem Jahrhundert und damit ein neues Geistchristentum auf der Grundlage der Testamente des Vaters (AT), des Sohnes (NT) und des durch Offenbarungen im Entstehen begriffenen Testaments des Heiligen Geistes./1/ Bemerkenswert ist auch, daß der Meeraner Weber August Hermann Hain (1848–1927), Gründer der Christlichen Gemeinschaft Hirt und Herde, die Heilsgeschichte ebenfalls in sieben Epochen einteilt und die letzte, glückliche Epoche in unserer Zeit beginnen läßt./2/ Von weit größerer, weil keineswegs von lokaler oder nur deutscher Ausstrahlungskraft ist das theosophische Denken in großen Zeitaltern und die damit verbundene aktuelle Hoffnung auf den Anbruch eines neuen Zeitalters unter der Führung einer spirituellen kosmischen Persönlichkeit, die auch Christus genannt werden kann. Als die Theosophische Gesellschaft unter Annie Besant in dem indischen Knaben Krishnamurti – der inzwischen übrigens zu den Wegbereitern von New Age gezählt wird – den im theosophischen Sinn reinkarnierten Christus, den neuen Heilsbringer, erkennen zu können glaubte, trennte sich 1913 Rudolf Steiner von ihr. Aber auch die von Steiner entwickelte Anthroposophie hielt grundsätzlich an diesem Epochendenken fest, ist der Meinung, seit der Jahrhundertwende beginne ein neues Zeitalter geistiger Entwicklung, nähere sich der kosmische Christus in besonderer Weise der Erde, sei »das neue Kommen Christi im Bereich der (ätherischen) Lebenskräfte« im Gange./3/ Auf diesem hier nur angedeuteten Hintergrund – es gibt noch weitere und ältere Modelle – ist die These, das Wort New Age in seiner heutigen Grundbedeutung stamme aus theosophischen Kreisen, überzeugend. Als Mutter dieses Begriffes gilt die amerikanische Theosophin Alice A. Bailey (1880–1949) mit ihrem Buch »Initiation – Menschliche und solare Einweihung« (1922).

Das New Age-Zeitalter wird auch als »Wassermannzeitalter« definiert. Diese Vorstellung ist nicht neu, der Begriff kommt aus der Astrologie./4/ Spekulationen über den Anbruch eines neuen Zeitalters verbinden sich seit jeher mit Berechnungen prophetischer Ketten, mit Zahlenmystik und mit astrologischen Deutungen. Letztere liefern auch im Falle von New Age neben spirituellen Wahrnehmungen und Erfahrungen, zeitanalytischen Überlegungen usw. entscheidende Argumente dafür, daß tatsächlich ein neues Zeitalter angebrochen ist. Es ist, so sagen diese Astrologen, das »Wassermannzeitalter«, das »Zeitalter der Aquarier«. Wie wird das begründet und interpretiert?

»Bedingt durch eine langsame Kreiselbewegung der Erdachse, wandern die Schnittpunkte zwischen Himmelsäquator und Ekliptik (die Äquinoktien) rückläufig über den Tierkreis der Ekliptik. Die ganze Kreiswanderung dauert ca. 26000 Jahre (sogenanntes Platonisches Jahr), die Wanderung über 1 Tierkreiszeichen ca. 2000 Jahre. Stand zwischen 2000 v. Chr. und Christi Geburt die Sonne zur Frühlings-Tag-und-Nacht-Gleiche im Sternbild Widder, so steht sie heute um die Wende zum 3. Jt. n. Chr. zwischen Fischen und Wassermann und im Begriff, in das Sternbild Wassermann einzurücken, was als Beginn des Wassermannzeitalters gilt. Das Tierkreiszeichen ›Wassermann‹ ist ein luftiges (›ätherisches‹) Zeichen, das ihm analoge mundane Haus das spirituelle elfte (das Haus der Freundschaft, geistigen Besitzes), seine Planetenregenten sind der ›Hüter der Schwelle‹ Saturn (Gesetz, Beschränkung) und der Transsaturnier Uranus (Neuorientierung, Intuition). Somit wird das anbrechende Zeitalter des Wassermanns gekennzeichnet sein durch Neuorientierung: Spiritualität, Intuition, universelle Freundschaft, Respektierung der Natur und ihrer Gesetze, Rückkehr zu freiwilliger Selbstbeschränkung.«/5/

In diesem Sinn erfolgt die große Wende »im Zeichen des Wassermannes«, weg von dem durch Christentum und Materialismus geprägten »Fischezeitalter«. Verschiedentlich werden auch Jahreszahlen genannt. Verbreitet ist der Hinweis auf 1962. Mit dem Wassermann hat die New Age-Bewegung neben dem spirituell verstandenen Bild des Regenbogens, dem Einhorn, dem Endlosband und dem Ying-Yang ein populäres Symbol.

Im Zeichen des Wassermannes trat New Age zunächst vor allem seinen Siegeszug in der Jugendszene an. Es war die Hippiekultur, die nicht nur einen entscheidenden Nährboden für die Jugendreligionen, sondern auch für die New Age-Bewegung unter jungen Menschen und in breiteren Schichten bot. Bekanntes Beispiel dafür ist das auf dem Hintergrund des Vietnamkrieges 1967 in den USA entstandene Musical »Hair«. Vor seiner Einschiffung nach Vietnam findet ein junger Mann Anschluß an eine Hippiekommune. Es drängt sich ihm die Frage nach dem Lebenssinn auf, er sucht grundsätzliche Neuorientierung:

»Wo geh ich hin?
Folg ich den Wolken?
Wo ist der Weg, den ich nicht seh?
Wer weiß die Antwort auf meine Frage,
warum ich lebe und vergeh?«

Die Antwort erfolgt im Zeichen des Wassermannes, Symbolfigur und Hoffnungsträger in New Age:

»Wenn der Mond im siebten Hause steht
und Jupiter auf Mars zugeht,
herrscht Friede unter den Planeten,
lenkt Liebe ihre Bahn.
Genau ab dann regiert die Erde der Wassermann.«

Einfach und verständlich, und deshalb besonders eindrucksvoll werden die Grundprinzipien des neuen Zeitalters verkündet:

»Harmonie und Recht und Klarheit,
Sympathie und Licht und Wahrheit.
Niemand wird die Freiheit knebeln,
niemand mehr den Geist umnebeln.
Mystik wird uns Einsicht schenken,
und der Mensch lernt wieder denken,
dank dem Wassermann, dem Wassermann.«

Musik und New Age blieben weiterhin in Beziehung zueinander./6/

Das neue Denken im Geiste von New Age ist der breiten Öffentlichkeit in den USA und in Europa vor allem durch eine Ende der siebziger Jahre ständig zunehmende Zahl von Publikationen bekannt geworden. In

Deutschland wurde New Age zuerst durch das 1978 im Fischer Taschenbuchverlag erschienene Buch des Amerikaners David Spangler »New Age. Die Geburt eines neuen Zeitalters« populär. Er beschreibt darin eines der ersten und größten New Age-Zentren, die 1962 in Schottland gegründete Findhorn-Kommune. Mittlerweile ist die New Age-Literatur kaum mehr zu überblikken. Das gilt auch für die Sekundärliteratur./7/

Von den meistgelesenen Autoren, die freilich jeweils eigenständig unterschiedliche Aspekte des New Age-Denkens betonen, sei an erster Stelle die amerikanische Wissenschaftsjournalistin Marilyn Ferguson genannt. 1980 erschien in Los Angeles ihr Buch »The Aquarian Conspiracy« (Die Wassermannverschwörung). Auf den deutschen Buchmarkt kam es 1982 mit einem Vorwort von Fritjof Capra unter dem Titel »Die sanfte Verschwörung. Persönliche und Gesellschaftliche Transformation im Zeitalter des Wassermanns«. Für viele gilt dieses längst zum Bestseller gewordene Buch als das Handbuch der New Age-Bewegung und als ihre Programmschrift. In der Tat beginnt das Buch mit einem eindrucksvollen New-Age-Programm: »Ein führerloses, aber dennoch kraftvolles Netzwerk arbeitet, um in dieser Welt eine radikale Veränderung herbeizuführen. Seine Mitglieder haben sich von gewissen Grundkonzeptionen westlichen Denkens losgesagt und dabei möglicherweise sogar die Kontinuität der Geschichte unterbrochen.

Dieses Netzwerk ist die Sanfte Verschwörung im Zeichen des Wassermanns. Eine Verschwörung ohne politische Doktrin. Ohne Manifest. Mit Verschwörern, die Stärke suchen, nur um diese weiterzuverbreiten – ihre Strategien sind pragmatisch, sogar wissenschaftlich; ihre Perspektiven klingen jedoch so mystisch, daß sie sich darüber zu diskutieren scheuen. Aktive Verschwörer stellen verschiedene unbequeme Fragen und fordern somit das Establishment von innen her heraus.

Weitreichender als Reformen, tiefgehender als eine Revolution hat diese beginnende Verschwörung im Hinblick auf eine neue Epoche der Menschheit die schnellste kulturelle Neuorientierung der Geschichte ausgelöst. Bei dem großen, erdbebenartigen, unwiderruflichen Umschwung, der auf uns zukommt, handelt es sich weder um ein neues politisches noch um ein religiöses oder philosophisches System. Es handelt sich um einen neuen Geist – eine aufsehenerregende, neue Sicht der Welt nimmt ihren Anfang, die bahnbrechende Erkenntnisse der Wissenschaft und Einsichten ältesten menschlichen Gedankengutes umfaßt.

Die Verschwörung des Wassermanns erstreckt sich über alle sozialen und intellektuellen Schichten. Es finden sich hier Schullehrer und Büroangestellte, berühmte Wissenschaftler, Regierungsbeamte und Gesetzgeber, Künstler und Millionäre, Taxifahrer und Berühmtheiten, führende Persönlichkeiten der Medizin, des Bildungswesens, der Rechte, der Psychologie. Einige bekennen sich öffentlich zu der Verschwörung, und ihre Namen mögen uns vertraut sein. Andere bewahren Stillschweigen über ihr Dazugehören, da sie glauben, der Sache mehr dienen zu können, wenn sie nicht mit Ideen identifiziert werden, die allzu oft mißverstanden worden sind.

Es gibt unzählige Verschwörer. Sie befinden sich in Firmen, Universitäten und Krankenhäusern, in Lehrerkollegien, in Fabriken und Arztpraxen, in Bundes- und Staatsämtern, in Stadträten und an Regierungssitzen, bei gesetzgebenden Organen, bei gemeinnützigen Organisationen; im Grunde genommen in allen Bereichen des Landes, wo Politik gemacht wird.

Wie unterschiedlich ihr Bildungsstand auch sein mag, die Verschwörer sind miteinander verbunden, blutsverwandt durch ihre inneren Entdeckungen und ihr Aufgerütteltwerden. Du kannst alte Begrenzungen, ehemals vorhandene Trägheit und Furcht durchbrechen und zu Ebenen der Erfüllung gelangen, die bisher unmöglich schienen ... hin zu einem Reichtum an Wahl, Freiheit, menschlicher Verbundenheit. Du kannst produktiver, selbstsicherer sein und dich angesichts deiner Unsicherheit besser fühlen. Probleme können als Herausforderungen, als eine Chance zur Erneuerung und nicht als Streß erfahren werden. Gewohnheitsmäßige Abwehr und Sorgen können wegfallen. Es kann alles anders sein.«/8/

Der wohl bekannteste Vertreter der britischen New Age-Bewegung ist Sir George Trevelyan, von 1947 bis 1971 Leiter eines Colleges für Erwachsenenbildung. Von Rudolf Steiner und der Anthroposophie beeinflußt, hatte er schon 1965 zu der Findhorn-Gemeinschaft Kontakt und wurde später einer ihrer Treuhänder. Sein 1977 in englisch und 1980 in deutsch erschienenes weitverbreitetes Buch »Eine Vision des Wassermann-Zeitalters« leitet er mit folgenden Feststellungen ein: »Dieses Buch ist ein Versuch, eine spirituelle Weltsicht darzustellen – eine neue Werthierarchie, die dem Leben in einem schwierigen Zeitalter hoffentlich einen tieferen Sinn zu geben vermag. Eine solche Darstellung kann zwangsläufig nur ein grober Umriß sein; jeder mag dann den eigenen, spezifischen Weg suchen, der dem eigenen Temperament am meisten entspricht. Es gibt viele Wege den Berg hinauf, aber alle führen zum Gipfel. Diesen Gipfel strebt heute eine immer größere Zahl von uns an. Die Suche nach Sinn ist eine bemerkenswerte Entwicklung unserer Zeit. Sie erfaßt Menschen jeden Lebensalters und aller Schichten. Sie spiegelt eine tiefgehende Unzufriedenheit und Enttäuschung mit den materialistischen Werten und mit der häufig damit verbundenen Habgier wider. Der Mensch sucht jetzt nach einer Vision, die ihn hinaushebt über eine Perspektive, die sich als unfähig erwiesen hat, Erfüllung zu bringen. Der Wind des Geistes weht erneut durch unser Bewußtsein und bringt ein neues Gefühl der Freude und des Enthusiasmus mit sich – ein Wort, dessen ursprüngliche Bedeutsamkeit wir vergessen haben, das aber einst ›von Gott erfüllt‹ bedeutete.«/9/

In Fortsetzung seines Buches »Eine Vision des Wassermann-Zeitalters« schrieb Trevelyan »Unternehmen Erlösung. Hoffnung für die Menschheit« (englisch 1981; deutsch 1983). Das Vorwort endet mit der Erkenntnis: »Wir leben in einer Zeit dramatischer, ja sensationeller Veränderungen. Das große Thema lautet, daß es keine Erneuerung ohne Sterben geben kann und keinen Tod ohne Auferstehung. So dürfte das Geschehen in den nächsten beiden Jahrzehnten von apokalyptischer Art sein – damit umfaßt es, was ich ›Unternehmen Erlösung‹ genannt habe, eine große Hoffnung, daß

Heimsuchung und läuternde Wandlung das Vorspiel einer kommenden Morgendämmerung sind.«/10/

Zu den wichtigsten und erfolgreichsten New Age-Autoren, auch wenn er sich selbst als solcher nicht versteht, gehört in besonderer Weise der aus Wien stammende amerikanische Physiker Fritjof Capra. Seine Bestsellerliste ist beeindruckend. 1982 in erster Auflage erschienen, später ergänzt und überarbeitet, ist sein Buch »Wendezeit. Bausteine für ein neues Weltbild. Der Aufbruch zu einem Neuen Bewußtsein in Wissenschaft und Gesellschaft« heute weltweit verbreitet. Den ersten Teil »Krise und Wandlung« leitet Capra mit der Behauptung ein: »Zu Beginn der beiden letzten Jahrzehnte unseres Jahrhunderts befinden wir uns inmitten einer tiefgreifenden, weltweiten Krise. Es handelt sich um eine vielschichtige, multidimensionale Krise, deren Facetten jeden Aspekt unseres Lebens berühren – unsere Gesundheit und Lebensführung, die Qualität unserer Umwelt und unsere gesellschaftlichen Beziehungen, unsere Wirtschaft, Technologie und Politik. Es ist eine Krise von intellektuellen, moralischen und spirituellen Dimensionen, von einem Umfang und einer Eindringlichkeit, wie sie in der aufgezeichneten menschlichen Geschichte ohne Beispiel dasteht.«/11/ Den Ausweg aus dieser Krise versucht Capra in seinen Schriften zu zeigen. Sie tragen meist programmatische Titel./12/

Neues, d.h. komplex-ganzheitliches Wahrnehmen und Denken ist Capras Forderung. Umfassendes Begreifen der Welt sei das Gebot der Stunde. Im letzten Kapitel von »Wendezeit«, das die Überschrift »Der Übergang ins Solarzeitalter« trägt, konstatiert er den Verfall aller alten politischen, wissenschaftlichen und kulturellen Institutionen und stellt demgegenüber fest: »Die gesellschaftlichen Bewegungen der 1960er und 1970er Jahre repräsentieren die aufsteigende Kultur, die jetzt für den Übergang ins Sonnenzeitalter bereit ist. Während die Umwandlung im Gange ist, verweigert sich die niedergehende Kultur dem Wandel und klammert sich immer fester an überholte Ideen. Auch wollen die beherrschenden gesellschaftlichen Institutionen ihre führende Rolle nicht den neuen kulturellen Kräften überantworten. Doch werden sie unweigerlich ihren

Niedergang fortsetzen und verfallen, während die aufsteigende Kultur stetig wachsen und schließlich die führende Rolle übernehmen wird. In einer Wendezeit, wie wir sie erleben, bildet die Erkenntnis, daß evolutionäre Wandlungen solcher Größenordnung durch kurzfristige politische Aktivitäten nicht verhindert werden können, unsere stärkste Hoffnung für die Zukunft.«/13/

Kulturkritik im umfassenden Sinn auf dem Hintergrund der Überzeugung vom Anbruch eines neuen Zeitalters mit der entscheidenden Wende nach innen ist für alle New-Age-Autoren charakteristisch./14/ Wir müssen es bei diesen Beispielen bewenden lassen. Es ist unmöglich, auch nur die namhafteren New Age-Verfasser im einzelnen vorzustellen. Genannt werden sollen wenigstens noch: Peter Russell, Ken Wilber, Stanislav Grof, Theodore Roszak, Elmar R. Gruber, Rupert Sheldrake, Morris Berman. Anschaulich wird die Breite des Spektrums der zu Recht oder zu Unrecht der New Age-Bewegung zugeordneten Autoren in Sammelbänden wie »Neues Bewußtsein – neues Leben. Bausteine für eine menschliche Welt«./15/ Als »Wegbereiter der Wendezeit« werden mit Beiträgen aus ihren Schriften auch Persönlichkeiten wie Pierre Teilhard de Chardin, Werner Heisenberg, Carl Gustav Jung und Erich Fromm präsentiert. Der New Age-Buchmarkt – 1988 erschienen z. B. 3200 dem New Age zugerechnete Bücher – expandiert noch immer, der osteuropäische Raum bietet je länger, je mehr neue Möglichkeiten. Das Buch spielt ebenso wie Presse, Funk und Fernsehen für die Ausbreitung von New Age eine große Rolle. Viele New Age-Zeitschriften erschienen auf dem Markt. Auch bekanntere wie »Magazin 2000«, »Hologramm«, »Das Neue Zeitalter«, »Geist und Natur« oder »Good Times« und »Shanti« konnten sich nur einige Jahre halten. Neue kamen. Zur Zeit ist im deutschsprachigen Raum wohl »Connection, Spiritualität und Lebenskunst« (seit 1985) die bekannteste, aber auch die »esotera« muß mit genannt werden.

Da sich aber New Age nicht als Theorie versteht, kommt aus dieser Sicht dem sich wandelnden Menschen und seiner Ausstrahlungskraft entscheidende Bedeutung beim Anbruch des neuen Zeitalters zu.

Die Gruppen, wenn auch nicht in der autoritären Struktur wie bei den Jugendreligionen das Zentrum, gehören zur New Age-Bewegung, sind für sie wichtige Keimzellen. Beispiele dafür sollen später ausführlicher vorgestellt werden. Grundsätzlich gilt, neues Bewußtsein wird in einer wachsenden Zahl von New Age-Zentren gelehrt, erlernt, praktiziert. »Gelehrt wird ein neuer Lebensstil, die Lebensform einer bewußt humanen und humanitären Gesellschaft, die Schranken und Hindernisse von Tradition und Vorurteil und alteingefleischte Regeln über Bord geworfen hat.«/16/ Diese Art Lernen setzt die Bereitschaft und den Willen zur Selbstveränderung, der Arbeit an der eigenen Persönlichkeit voraus, ist also an gewisse Vorbedingungen gebunden. »Um das institutionalisierte Programm der ›bewußtseinsöffnenden‹ Schulen des Neuen Zeitalters zu seinem Vorteil nutzen zu können, muß man schon einen Funken des Geistes der Zukunft in sich tragen. Sonst wird man nur verwirrt.«/17/

In der Tat ist das ungeheure Angebot an bewußtseinsöffnenden Wegen und Praktiken unter dem Stichwort New Age verwirrend. »Es gibt viele Wege den Berg hinauf, aber alle führen zum Gipfel«, hatte George Trevelyan festgestellt. Die New Age-Bewegung ist in ihrem Wesen zutiefst synkretistisch. »Das New Age-Bewußtsein läßt sich ganz allgemein beschreiben als eine Mischung aus Esoterik und östlicher Philosophie, humanistischer Psychologie und alternativen Lebensentwürfen.«/18/ Die Zugänge zum neuen Bewußtsein können in und aus den unterschiedlichsten religiösen, philosophischen, wissenschaftlichen und kulturellen Traditionen erfolgen. Nur einige der wichtigsten seien genannt./19/

– Alte und neue okkulte, esoterische, mystische, ja gnostische und astrologische Traditionen und Praktiken in ihrer gewaltigen Vielfalt. Neben jüdischer Kabbalah und Gnosis in ihren historisch-klassischen sowie ihren neuzeitlichen Spielarten sind viele Persönlichkeiten der christlichen Ketzergeschichte und auch des mystischen Spiritualismus mit ihrem Gedankengut und ihren Entwürfen unter den Geburtshelfern zu neuem Denken vertreten. So schreibt Marilyn Ferguson: »Unter den

keit effektivere Arten der Welterfahrung gibt als die, mit unzählig vielen, überlangen spitzen Stöcken in ihr herumzustochern, wie es die Wissenschaft versucht. Noch prinzipieller stellt sich die Frage, ob eigentlich das Ganze, als welches ich als Erlebender und Erkennender die Welt – mich als erkennendes Ich eingeschlossen – begreife, ob eigentlich das Ganze sich überhaupt als Summe von Teilchen verstehen läßt, d. h., ob eine analytische, zerlegende Betrachtungsweise, wie sie von der Naturwissenschaft praktiziert wird, überhaupt ein geeignetes Mittel des Weltverständnisses ist.«/25/

Wesentlich zugespitzter werden diese Probleme immer wieder von Fritjof Capra angesprochen und im Sinne von New Age beantwortet. Er spricht im Vorwort zur deutschen Ausgabe der »Sanften Verschwörung« von M. Ferguson mit Blick auf die 80er Jahre von einer »tiefgreifenden, weltweiten kulturellen Krise«, die er als »komplexe, mehrdimensionale Krise« charakterisiert, welche alle menschlichen Lebensbereiche betrifft. Auffallendes Zeichen dieser Krise ist für ihn, »daß Leute, die als Experten auf verschiedenen Gebieten galten, nicht länger mit den vordringlichen Problemen fertig werden, die in ihren Fachbereichen entstanden sind. Ökonomen sind unfähig, die Inflation zu begreifen, Ärzte sind sich uneinig über die Ursachen von Krebs, Psychiater stehen vor dem Rätsel der Schizophrenie, die Polizei ist hilflos angesichts der steigenden Verbrechensrate; die Liste ließe sich beliebig fortsetzen.« Capra sieht in all dem den Ausdruck einer umfassenden »Ideenkrise«. In den maßgeblichen gesellschaftlichen Institutionen und bei den sie bestimmenden Führungskräften herrsche ein »zu enges Weltbild« vor. Das verhindert von vornherein eine echte Lösung der anstehenden Probleme, denn diese sind »›systemische‹ Probleme, das heißt, sie sind eng miteinander verbunden und stark voneinander abhängig«. Die herkömmlichen »fragmentarischen Methoden« »lösen keine unserer schwierigen Probleme, sondern schieben sie in dem komplexen Netz gesellschaftlicher und ökologischer Beziehungen eher hin und her. Eine Lösung kann nur gefunden werden, wenn die Struktur des Netzes verändert wird, und dies bedingt radikale Transformation unserer gesellschaftlichen Institutionen, Wertbegriffe und Vorstellungen.«/26/

Ein neues Weltbild, das der Wirklichkeit voll entspricht, dem dann auf allen Gebieten des menschlichen Lebens Rechnung zu tragen ist, muß also an die Stelle des alten treten. Das kartesianisch-newtonsche Weltbild wird abgelöst von dem holographischen Weltbild (Holismus – Lehre, die alle Erscheinungen des Lebens aus einem ganzheitlichen Prinzip ableitet). Es läßt sich kurz so charakterisieren: »Das *Ganze* ist mehr als seine Teile (und nicht einfach auf seine Teile rückführbar). Jeder Teil widerspiegelt durch seine systemische Beziehung zu anderen Teilen des Ganzen und zum Ganzen das Ganze selbst. Der wissenschaftliche Beobachter eines Systems wird selber Teil des beobachteten Systems (ist nicht bloß distanzierter ›Protokollant‹). Materie und Geist sind keine Gegensätze mehr wie im kartesianischen Modell, sondern Teile eines das Raum-Zeit-Kontinuum übergreifenden systemischen Ganzen. ... Eine dergestalt wiederverzauberte Welt offenbart sich in: holistischer Wissenschaft, in lateralem Denken, in analogem (ikonischem, nonverbalem) Wissen, in holotropem Bewußtsein.«/27/

Daß dieses Weltbild an das alte vorkartesianische »magische Weltbild« anknüpft, ist unübersehbar und wird auch von New Age-Vertretern ausdrücklich bestätigt. Denn im magischen Weltbild wurde die Welt als ein unteilbares Ganzes betrachtet, standen alle Teile der Welt und der Wirklichkeit überhaupt zueinander in »sympathischer« Beziehung, galt der Grundsatz, das Obere spiegele sich im Unteren und umgekehrt, galt das Prinzip von Urbild und Abbild, war man überzeugt, im Teil habe man das Ganze. Die Wissenschaften beschränkten sich nicht auf das materiell Erfaßbare, wie sich am Beispiel der Chemie und Alchemie, der Astronomie und Astrologie, aber auch der Medizin zeigen läßt. Diese Weltsicht wurde in der Neuzeit entzaubert, entmythologisiert. Das führte zu entscheidenden Wirklichkeitsverlusten, deren Folgen jetzt, auf der Höhe der reduktionistischen Wissenschaftsentwicklung, weltweit in katastrophalen Zuspitzungen sichtbar werden. Als Reaktion darauf erfreut sich das magische Weltbild, insbesondere viele seiner führenden Vertreter, im New Age-Denken großen Interesses und hoher Wertschätzung.

Erklärtermaßen will also das neue holistische oder holographische Weltbild an das alte magische anknüpfen und es in umfassender, teilweise auch korrigierend-zeitgemäßer Form fortführen. Das setzt zunächst einmal als aktuelle Aufgabe die Überwindung des noch vorherrschenden kartesianisch-newtonschen Weltbildes voraus. Dieser Vorgang, der Übergang vom Industriezeitalter zum postindustriellen Zeitalter, in dem sich die Welt zur Zeit befindet, wird als »Paradigmenwechsel« bezeichnet. Das ist ein Schlüsselwort im New Age-Denken. Unter Paradigma ist »die Weltanschauung einer Wissenschaftlergemeinschaft zu einem bestimmten Zeitpunkt« zu verstehen./28/ M. Ferguson definiert Paradigma als »Gedankenrahmen«. »Ein Paradigma ist ein Schema, um gewisse Aspekte der Wirklichkeit zu verstehen und zu erklären. ... Ein Paradigmenwechsel ist eine eindeutig neue Denkweise im Hinblick auf alte Probleme.«/29/ Paradigmenwechsel charakterisiert auf allen Gebieten den Übergang vom alten zum neuen Zeitalter. Als »möglicherweise« wichtigsten »aller Paradigmenwechsel« nennt M. Ferguson: *»Individuen lernen, einander zu vertrauen – und sich über die Änderung ihrer Meinung zu verständigen.«*/30/ Für alle Gebiete des menschlichen Lebens werden in der New Age-Literatur alte und neue Paradigmen einander gegenübergestellt./31/ Das zeigt, daß New Age-Denken alle Bereiche, einschließlich des politisch-gesellschaftlichen Raumes, verändern will, von daher als umfassende, weltanschaulich-religiös motivierte Reformbewegung zu verstehen ist.

Als Beispiel sei eine der vielen Paradigmentabellen wiedergegeben/32/: Tabelle siehe S. 406f.

Die Zeit der Paradigmenwechsel, auch »Grenzbereich der Aquarier« genannt, ist eine sehr bewegte Epoche. Der Kampf zwischen Neuem und Altem tobt. Auf die Frage, ob das schon angebrochene Zeitalter gleichsam automatisch sich durchsetzt, gibt es unterschiedlich nuancierte Antworten, unterschiedliche Vorstellungen. Allgemein wird dieser Prozeß als ein sehr komplexer angesehen, in dem viele Komponenten mitspielen, freilich nicht die eines persönlichen Weltenschöpfers und Erhalters wie im Christentum. Für die astrologische Version des neuen Zeitalters, des »Wassermannzeitalters«, sind die Dinge relativ klar. Hier wird alles in das kosmische Geschehen, das ja auch mit dem Wassermannzeitalter noch lange nicht sein Ende gefunden haben wird, hineingezogen. Von der Theosophie oder esoterisch-okkultistischen Traditionen ausgehende New Age-Gruppen und -Denker erwarten teilweise das Auftreten eines großen Weltenlehrers, der, selbstverständlich in den Grenzen der vorgegebenen Weltordnung, zeigt, wo besondere, rasche Entwicklungsmöglichkeiten liegen. Kosmisch-evolutionäre Aspekte, die den Menschen als Teil des Ganzen in besonderer Weise einschließen, treten bei vielen von den Naturwissenschaften herkommenden New Age-Denkern hervor.

Da ein persönlicher Gott im New Age-Denken meist nicht vorkommt, von ihm der evolutionäre Prozeß nicht gesteuert werden kann, nimmt dessen Stelle die Erde oder auch der Kosmos ein. Die Erde wird vielfach als Lebewesen, als Gottheit verstanden. Ihr Gehirn bildet die gesamte Menschheit. Ein planetares Bewußtsein wird durch die weltweite Vernetzung der Menschen zu einem Organismus mit einem globalen Gehirn entstehen. In der Gaia-Hypothese (Gaia – griechische Göttin der Erde) werden diese Gedankengänge entfaltet./33/ Auch die Idee eines galaktischen Superorganismus hat Anhänger. Dem Menschen kommt bei all dem keinesfalls eine durch kosmischen Automatismus gekennzeichnete Rolle zu. Deshalb ist grundsätzlich eine Vernichtung der Menschheit, etwa durch eine atomare Katastrophe, möglich. Andere Formen bewußten Lebens würden in einem solchen, allerdings nicht wahrscheinlichen Fall von der Erde oder dem Kosmos entwickelt.

	Altes Paradigma	Neues Paradigma
Macht und Politik	1. Betonung liegt auf starker, zentraler Regierungsmacht.	Begünstigt den umgekehrten Trend: Dezentralisierung der Regierung wo immer möglich; horizontale Machtverteilung.
	2. Entweder pragmatisch oder visionär.	Pragmatisch *und* visionär.
	3. Regierungen halten die Menschen in Gleichschritt (Disziplinarrolle) oder sind die großzügigen Eltern.	Regierungen fördern Wachstum, Kreativität, Kooperation, Transformation, Synergie.
	4. Menschheit als Eroberer der Natur, Ressourcen dienen der Ausbeute.	Menschheit als Partner der Natur, Betonung auf Erhaltung und ökologischer Gesundheit.
Wirtschaft	1. Fördert Konsum, was immer es koste – durch geplanten Mangel, Werbungsdruck oder künstlerische »Bedürfnisse«.	Sinnvoller Konsum, Bewahren, Behalten, Wiederverwenden, Qualität, Handarbeit.
	2. Aggression, Wettbewerb, Geschäft um des Geschäftes willen.	Kooperation. Menschliche Werte transzendieren das »Gewinnen«. »Spiele hart, spiele fair, verletze niemanden.«
	3. Kurzsichtige Ausbeute begrenzter Ressourcen.	Ökologisch sensibel gegenüber Folgekosten. Verwaltung, Haushalten.
	4. »rational« nur zu Daten Vertrauen.	Rational und intuitiv. Datenlogik wird erweitert durch Ahnung, Gefühl, Scharfblick, nicht-linearem (holistischem) Sinn für Strukturen.
	5. Zentralisierte Unternehmungen.	Dezentralisierte Operationen wo immer möglich. Mensch als Maßstab.

Medizin	1. Behandlung von Symptomen.	Suche nach Strukturen und Ursachen, zusätzliche Behandlung von Symptomen.
	2. Professionell sein heißt: emotional neutral.	Professionelle Fürsorge ist ein Teil der Heilung.
	3. Körper und Geist sind getrennt. Psychosomatische Erkrankungen sind mentaler Natur und werden an den Psychiater verwiesen.	Körper-Geist-Perspektive: psychosomatische Erkrankungen fallen in den Zuständigkeitsbereich aller Heilberufe.
	4. Placebo-Effekte beweisen die Macht der Suggestion.	Placebo-Effekte beweisen die Rolle des Geistes bei Krankheit und Heilung.
Erziehung	1. Betonung der Inhalte, in der Absicht, sich ein für allemal einen Satz »richtiger« Informationen anzueignen.	Betont wird, das Lernen zu lernen: wie man gute Fragen stellt, die Aufmerksamkeit auf die richtigen Dinge lenkt, offen ist für neue Konzepte und wie man sie untersucht; zur Information Zugang haben. Was man jetzt »weiß« kann sich ändern. Wichtig ist der *Sinnzusammenhang*.
	2. Lernen ist *Ergebnis*, ein Ziel.	Lernen ist ein *Prozeß*, eine Reise.
	3. Vorrang hat, etwas zu »machen« etwas zu leisten.	Vorrang hat das Selbstverständnis: der Motor von Handlung und Leistung.
	4. Betonung analytischen, linearen, linkshemisphärischen Denkens.	Zielt auf eine Erziehung des ganzen Gehirns ab. Steigert die linkshemisphärische Rationalität durch holistische, nicht lineare und intuitive Strategie.
	5. Befaßt sich mit Normen.	Befaßt sich mit den individuellen Leistungen; sieht sie als Ausdruck eines Potentials (das entwickelt werden kann – Anmerkung der Red.).
	Quelle: Brendan O'Reagan, »The Aquarian Conspiracy: Grounds for Optimism« in: Newsletter des Institute of Noetic Sciences, Vol. 8/1, Winter 1980. Übersetzung: Fritz Hoffmeister.	

Grenzbereich

Jüdisch-christliche Wiedergeburt

Neuer Pfingstglaube (Jesus-Sekten und Kommunen)

Charismatische Gemeinden innerhalb der Großkirchen

»Right on« (das Sprachrohr der christlichen Befreiungsfront)

»Havurot»-Bewegung (die jüdische Gegenkultur)

Chabad-Häuser

Haus der Liebe und des Friedens in San Francisco (Rabbi Shlomo Carlebach)

Nyingmapa-Institut (Tarthang Tulku)

Sri Aurobindo

Meister Muktananda

Sri Chinmoy

Kirpal Singh

Guru Bawa →

Baghwan Shree Rajneesh

Eknath Easwaran

Gopi Krishna

Meister Subramuniya

Buba Free John

Baba Ram Dass

Östliche Religionen

Zen

Tibetanischer Buddhismus

Tantrismus

Yoga

Sufismus

Subud

Baha'i

Taoistischer Naturmystizismus

I Ging

Einzelne Gurus sowie Massenbewegungen:

Krishna-Bewußtsein (Meister Bhaktivedanta)

Transzendentale Meditation (Maharishi Mahesh Yogi)

»Divine Light Mission« (Maharadshi)

»Healthy-Happy-Holy-Organisation: 3HO (Yogi Bhajan)

Totaler Yoga (Meister Satchidananda)

Ananda Marga-Yoga

Meher Baba

»Naropa Institute-Dharmadatu (Chögyam Trungpa)

Der Aquarier

Esoterische Wissenschaften
Vergleichende Religionswissenschaft (Zeitschrift der Traditionalisten)
Esoterische Gruppen:
Theosophie
Anthroposophie (Rudolf Steiner)
Gurdjieff – Ouspensky – J. G. Bennett – A. A. Bailey
Kabbalismus
Astrologie
»Humanistische Astrologie« (Dane Rudhyar)
Alchimie
Tarot
Magie
Erdwahrsagung (Korn- und Kraftfelder)
Okkulte Geschichte (Atlantis etc.)

Eupsychische Therapien
Jungsche Psychiatrie
Gestalttherapie
Psychosynthese
Primärtherapie
Arica
Erhard-Seminar
»Centering«
Humanistische Psychologie
Transpersonelle Psychologie
Logotherapie
Synanon-Spiele
»Silva Mind Control«
Geist-Dynamik (A. Everett)

Geist-Heilung
Integrales Heilen
Akupunktur
Polaritätstherapie
Autogenese
Homöopathie
Naturopathie
Hypnotherapie
Aura-Seminare
Gehirn-Chirurgie
Regenbogendeutung
Yoga asana-Therapie
Elektronik
Pflanzenkunde
Juwel- und Blumenkunde
Introspektive
Biotonik
Medizinische Astrologie
»Aletheia Foundation« (Jack Schwarz)

Körpertherapien
Sinnliche Wahrnehmung
Strukturelle Integration (Rolfing)
Strukturelles Planen
Bioenergetik
Orgonomie
Alexander-Methode
Feldenkreis-Methode
Gesunde körperliche Arbeit
Massage
Körperlehre
T'ai chi ch'uan, Aikido und andere östliche Meditationsformen
Therapeutische Athletik (Esalen-Sportzentrum)

Grenzbereich

Neoprimitivismus und Heidentum
Philosophische Mythologie (Jung, Eliade, J. Campbell)
Hexenkult und Schamanentum (Don Juan, Rolling Thunder)
Freiwillig gewählter Primitivismus als Lebensstil
Anpassung an primitives Wissen und primitive Rituale

Organizismus
Ökologischer Mystizismus
Kulte der natürlichen Ernährung
Makrobiotik
Organische Landwirtschaft
Biorhythmus
Vegetarische Kost

»Wilde« Wissenschaft
Veränderte Bewußtseinszustände
Biofeedback
ASW und Parapsychologie
Traumforschung
Psychometrie
Psychedelische Forschung
Kirlianische Fotografie
Schmidt-Maschinen
Lebensfelder
Erforschung des gespaltenen Bewußtseins
Hypnose der Zeitrückkehr
Morphische Wissenschaft (Whyte)
Visionäre Physik (das Universum als Bewußtsein)
Psychoenergetische Systeme
Parapsychisch/physische Grenzbereiche
Thanatologie (Tod und Sterben)
Synergistik (metaphysische Geometrie: B. Fuller)
Forschungszentren:
Institut für Geisteswissenschaft (Edgar Mitchell)
Stiftung für Geistesforschung: Geistspiele (Jean Houston)
Kundalini Forschungsinstitut
Zentrale für Prämonition

Der Aquarier

Psychologen, Spiritisten, okkulte Gruppen
Edgar Cayce
Uri Geller
Echankar
Stele-Gruppen
»One World Family«
»Höchstes Lichthaus«
»The Process«
Pyramidenforschung
Gnostica (okkulte Zeitschrift)

Psychotronik
Neutrale Kybernetik
Medienmystizismus und Elektroneuronik
Manipulation des Gehirns durch Drogen und Elektronik

Pop-Kultur
Science-fiction
Metaphysische Phantasie
UFO-Studiengruppen
Schwert- und Hexenromanzen (Tolkien, Peake, Cabell, Lovecraft)
Phantasie der Comics
Punk Rock
Light shows und Multimedienspektakel
Filmfaszination
Drogen und unkontrollierte Bewußtseinserweiterung

verschieben. Andere Gruppen leiten durch Boykotte, Tauschhandel, Großeinkauf und Geschäftspraktiken die ökonomische Macht in andere Kanäle.«/41/

Die New Age-Bewegung nimmt für sich in Anspruch, auf diesem Weg der Transformierung der Gesellschaft durch Transformierung von Menschen schon ein großes Stück vorangekommen zu sein. Die geistigen, d.h. inneren Anschubkräfte für so manche positive Veränderung in der Welt, einschließlich der Entwicklungen im kommunistischen Lager, gehen in dieser Sicht vom neuen Bewußtsein aus. Die Parallelen zu gleichen oder ähnlichen Ansichten in Meditationsbewegungen, wie z.B. der Transzendentalen Meditation mit dem Maharishi-Effekt (vgl. S. 137), sind unübersehbar.

Bei all dem gilt, wie wir schon sahen: Das neue Zeitalter ist erst im Anbruch, der neue Mensch nur in einzelnen Vertretern da. Der neue Mensch, der das neue Zeitalter bestimmen wird, ist der Mensch auf einer neuen Bewußtseinsstufe, es ist der vergottete Mensch. Hans-Jürgen Ruppert stellt deshalb zu Recht fest: »Letztes Ziel des ›Durchbruchs zur Innenwelt‹ im New Age-Verständnis und des darauf aufbauenden ›Lehrplans‹, darüber sollte man sich keine Illusionen machen, ist die Schaffung des *›Neuen Menschen‹*, im Vergleich zu dem der heutige Mensch als ›das unvollendete Tier‹ (Th. Roszak) erscheint; Ziel des Transformationsprozesses ist die eigene *Gottwerdung* des Menschen – nicht ›aus Gnade‹, sondern durch Selbsterschaffung und Selbsterlösung auf einem geistigen Entwicklungsweg.«/42/

Den neuen Menschen zeichnen folgende Qualitäten aus: Offenheit nach innen und außen; Prozeßbewußtsein; Skepsis gegenüber Wissenschaft und Technologie; Skepsis gegenüber Institutionen; innere Autorität; Anteilnahme; Nähe; Ökologische Einstellung; Verlangen nach Ganzheit; Unwichtigkeit materieller Belange; Sehnsucht nach dem Spirituellen. »Der neue Mensch denkt global und handelt regional.«/43/ Er ist von den neuen Paradigmen bestimmt. Ganzheit und Selbstverwirklichung kennzeichnen den neuen Menschen. Das bedeutet u.a. auch, das jeweils andere Geschlecht in sich zu integrieren. Der neue Mensch ist androgyn. Die große Bedeutung des Feminismus im New Age-Denken hängt eng damit zusammen. »Für den Feminismus stellt die Androgynität die Vision jener zukünftigen Gesellschaft dar, in der der Geschlechterdualismus aufgehoben sein wird.«/44/

Auch ein neues Verhältnis zum Tod und ein neuer Umgang mit dem Tod sollen in diesem Zusammenhang wenigstens erwähnt werden. Der Tod wird als transpersonales Erlebnis verstanden. Eine reichhaltige Literatur mit Erlebnissen bereits einmal klinisch toter Menschen, Erfahrungen in Todesnähe oder anderen paranormalen Phänomenen, einschließlich vorgeburtlicher Erfahrungen im Mutterleib, illustriert das. Im New Age-Denken ist die Überzeugung der Wiedergeburt (Reinkarnation) weit verbreitet. Reinkarnation gehört zum Entwicklungsweg des alten und des neuen Menschen. Sie ist hier aber nicht wie im indischen Denken eine Belastung infolge der notwendigen Abarbeitung von Karma, sondern eine positive Chance der Entwicklung. Es wird mit Reinkarnationstherapien gearbeitet./45/

Noch viele weitere Aspekte verdienten Erwähnung. Aber auch dann wäre New Age noch nicht umfassend beschrieben, New Age als geschlossenes System gibt es nicht. Wir haben es mit einer in allen Farben des Regenbogens – einem der großen New Age-Symbole – schillernden Bewegung zu tun. Eine New Age-Dogmatik kann es nicht geben, faßbar sind nur Grundgedanken einer neuen Welt- und Menschensicht, die in der Hoffnung auf ein neues Zeitalter gipfeln. Die schillernde Vielfalt dokumentiert sich auch dort, wo uns New Age konkret entgegentritt: in »Netzwerken«, Kommunen, Gemeinschaften, Zentren, wo es unmittelbar den Lebensvollzug seiner Anhänger und Mitdenker bestimmt.

3. Die Netzwerke der sanften Verschwörung

(Zentren und Lebensformen)

Die New Age-Anhänger verstehen sich als Teil einer Weltgemeinschaft. Es ist das nicht wie im Falle der meisten »Jugendreligionen« eine weltweite Organisation, sondern eine innere, geistige Vernetzung auf dem Weg ins neue Zeitalter, beim Durchbruch zum kosmischen

Bewußtsein. Die persönliche Transformation muß jeder selbst vornehmen. Eine Gemeinschaft soll und kann ihm aber dabei helfen, wie er seinerseits wieder der Gemeinschaft hilft. »Wir haben überlebt, indem wir einander halfen«, stellt M. Ferguson mit Blick auf die Menschheitsgeschichte fest und will diesen Grundsatz offenbar auch für die neue Menschheit angewandt wissen./46/

Die ersten New Age-Gruppen entstanden in den sechziger Jahren in den USA. Zentrum war Kalifornien und ist es auch heute noch. In dem Rundschreiben einer Gruppe der Anfangszeit heißt es: »Eines unserer Ziele besteht darin, zu zeigen, daß es einer Gruppe ganz gewöhnlicher Menschen möglich ist, zusammenzufinden und eine Gemeinschaft des ›neuen Zeitalters‹ zu errichten. Die Gemeinschaften des neuen Zeitalters werden nicht von mächtigen Regierungen oder großen Industrieunternehmen aufgebaut werden, was wohl sowieso keine besonders originelle Idee wäre. Wir meinen, daß es für die Menschen wünschenswert ist, ihr Leben selbst in die Hand zu nehmen, selbstsicher zu werden (als Gruppen) ... Wir wollen zeigen, daß das Leben einfacher gelebt werden kann, in Harmonie mit der Natur, innerhalb der Beschränkungen der Natur, kooperativ, schöpferisch, menschlich ... Wir hoffen, daß ein Netzwerk aus Gemeinschaften des neuen Zeitalters entsteht, die untereinander teilen, miteinander arbeiten und einander helfen.«/47/ Dieses Netzwerk ist bis zum Beginn der neunziger Jahre in reichem Maße entstanden und vergrößert sich noch. Die Zahl der Gruppen, die sich dazu zählen oder die man mit einiger Berechtigung dazu zählen kann, ist nicht auszumachen. Das »Spirituelle Adreßbuch 86/87« nennt für den deutschsprachigen Raum, damals natürlich ohne die DDR, bereits über 1000 Gruppen. Inzwischen haben sie sich auch »nach Osten« ausgebreitet oder sind gerade dabei. Weltweit muß man mit einigen tausend Gruppen rechnen, alle Schätzungen beruhen mehr oder weniger auf Vermutungen. Manche Gruppen lösen sich nach einiger Zeit wieder auf, während neue entstehen.

Die Notwendigkeit von »Ausbildungsstätten im Zeichen des Wassermanns« bzw. »Zentren der Zeitenwende« wird von New Age-Vertretern immer wieder hervorgehoben. »Das neue Bewußtsein etabliert sich nicht von selbst, es muß gelehrt werden.«/48/ Das New Age-»Magazin 2000« schrieb 1986: »Was wir jetzt brauchen, sind neue Mysterienschulen.« Sie sollen zu »Keimzellen der neuen Gesellschaft, des neuen Zeitalters werden. Erst dann, wenn es in kleinen Gruppen bereits vorgelebt wird, kann sich das Neue Bewußtsein durchsetzen. Aus diesen Keimzellen heraus muß dann der politische Protest erwachsen. Die Gesellschaft muß durch die Mysterienschulen verändert werden, denn Mystik ist Kulturrevolution.«/49/

Die älteste und bekannteste Mysterienschule dieser Art in den USA ist das 1962 in der Nähe von Los Angeles gegründete Esalen-Zentrum. Hier lehrten zunächst u. a. Gerald Heard, Alan Watts, Arnold Toynbee, Linus Pauling, Norman O. Brown, Carl Rogers, Paul Tillich und Rollo May. Der Psychologe Abraham Maslow mit seinem Konzept der Selbstverwirklichung spielte eine besondere Rolle. Esalen wurde zu einem Ausgangspunkt und Zentrum der Human Potential Movement (Bewegung des menschlichen Potentials). Fritz Pearls entfaltete dort seine Gestaltpsychotherapie. Stanislav Grof, LSD-Forscher und »Kartograph des Unbewußten«, gehört zu den bekanntesten Lehrern und Forschern. Bestimmte das Experiment mit Formen der Selbstfindung die Arbeit in den sechziger Jahren, so wurde später die Forschungsarbeit und die Angebotspalette noch wesentlich breiter.

Seinen Namen hat das am Pazifik bei Big Sur gelegene Zentrum von dem dort befindlichen Kultplatz eines Indianerstammes. »Auch heute noch kann man in kühlen Sommernächten an der Küste bei Big Sur seltsame magische Gesänge hören und schattenhaft im Kreis auf dem Gras liegende und sitzende menschliche Figuren sehen, die seltsame Rituale durchführen: es sind die Zeremonien der neuen Medizinmänner und Schamanen, die einmal mehr versprechen, den geplagten Geist in diesem sterblichen Körper zur Natur, Seele und Erde, zu ›paradiesischer‹ Einheit zurückzuführen.«/50/

Nach Meinung eines seiner Programmdirektoren ist Esalen »ein Laienkloster, wohin Suchende jeder Richtung kommen, um Licht zu finden. Indem sie aus den zerfallenden Strukturen ihrer Vergangenheit ausbrechen, finden sie sich selbst.«/51/ Tatsächlich war und ist Esalen das Mekka vieler New Age-Anhänger. Sein reiches Angebot an Seminaren, Kursen, Workshops usw. wird von anderen Zentren, von denen viele nach dem Vorbild von Esalen entstanden sind, kaum erreicht.

In Europa ist Findhorn mit seinem berühmten Garten das älteste und bekannteste New Age-Zentrum./52/ Der Garten gilt im New Age als Symbol des sanften Umgangs des neuen Menschen mit der Natur, als Beispiel behutsamer, harmonischer Kultivierung.

Im Herbst 1962 kamen der arbeitslos gewordene Hoteldirektor Peter Caddy und seine Frau Eileen mit ihren drei Kindern und ihrer früheren Mitarbeiterin Dorothy McLean in einer Wohnwagensiedlung in der Findhorn-Bucht bei Iverness im Nordosten Schottlands an. Sie hatten ihre Stellungen und ihr Vermögen verloren. Ohne fachliche Vorkenntnisse begannen sie, in der unwirtlichen Gegend einen Garten anzulegen. Eileen Caddy und Dorothy McLean waren medial veranlagt. Sie nahmen angesichts großer Schwierigkeiten bei der Anlage des Gartens und der Pflege der Pflanzen Kontakt mit »Gott im Inneren« und mit Engeln und Elementargeistern auf, die sie »Devas« nannten. Darunter sind »Baumeister der Pflanzenwelt« zu verstehen. Diese baten sie um ihren Rat und ihre Hilfe. Fast täglich erfolgten auf medialem Wege theoretische und praktische Belehrungen. Eileen wurde u. a. gesagt, »daß für die Gesundheit und Lebenskraft des Gartens die Qualität ihres Bewußtseins, das heißt die Energie des Geistes und des Herzens, die sie ausstrahlten, ein sehr wirksamer Faktor sei«./53/ Sie befolgten die Hinweise und Ratschläge. Die Ergebnisse waren großartig. Sir George Trevelyan, der bekannte britische New Age-Autor, berichtet von einem Besuch bei Peter Caddy zu Ostern 1968, daß er in Findhorn trotz des rauhen Klimas ungewöhnlich große Osterglocken und Narzissen vorgefunden habe. Besseres Gemüse als in Findhorn habe er noch nie kennengelernt. Die Erklärung der Caddys für diese ungewöhnlichen Erfolge, daß sie das alles der Beratung durch eine hohe geistige Ebene und den »Devas« verdanken, wurde von Trevelyan akzeptiert. Das Wirken von Elementargeistern spielt übrigens nicht erst in der Anthroposophie Rudolf Steiners, sondern schon bei Paracelsus eine Rolle. Kooperation mit der Natur und den in ihr und hinter ihr waltenden Kräften, das ist eine der zentralen Botschaften aus Findhorn, die heute zu den wichtigsten Elementen des New Age-Denkens gehört. Mensch und Natur als Teil des Einen und Ganzen bilden eine harmonische Lebensgemeinschaft. »Dorothy hieß jede neue Pflanze willkommen, die Peter in den Garten brachte, und nahm mit der jeweiligen Deva Kontakt auf. Fragen allgemeiner Natur beantwortete der Landschaftsengel als Sprecher aller Devas, der ihnen mitteilte, sie sollten diesen Garten und die Pflanzen mehr unter dem Aspekt von Strahlungen und Schwingungen sehen, als sie chemisch-zergliedernd als Ansammlung von Molekülen und Elementen sich vorzustellen. Die Gärtner erfuhren so, daß das Allerwichtigste, das sie tun konnten, sei, den Pflanzen von innen heraus ein Gefühl von Liebe und Achtung entgegenzubringen; so könnte auch jeder andere teilhaben an Gottes Schöpfung. ›Peters Schwingungen sind kräftig und bestimmt; diese Eigenschaften können wir gut verwenden und dem Wachstum der Pflanzen zukommen lassen. Jeder Gärtner steuert seinem Garten unbewußt auf diese Weise bei; geschieht dieser Beitrag bewußt, ist er viel wirkungsvoller. Bestimmte Menschen können das Pflanzenwachstum stimulieren, andere haben eher einen niederdrückenden Effekt und ziehen von der Pflanze selbst Kräfte ab. Fröhlichkeit hat eine sehr gute Wirkung auf Pflanzen, auch spielende Kinder. Unsere Strahlungen sind viel mehr verflochten, als du wahrnimmst. Die Naturgeister verstecken sich scheu vor den Menschen; sie können nicht anders, da sie sich verletzt fühlen durch deren Schwingungen, denn sie sind offene Geschöpfe ohne die vielen Schalen, die die Menschen um sich haben.‹«/54/

1980 zählte die Gemeinschaft von Findhorn 200 Mitglieder. Jährlich kamen Hunderte Kursteilnehmer und Besucher. Unter ihnen war auch der aus Kalifornien stammende Amerikaner David Spangler. Er, der selbst Offenbarungen durch zwei Wesen, die sich »Grenzenlose Liebe und Wahrheit« und »John« nannten, empfangen haben will, entwickelte die »Findhorn-Spiritualität« weiter, ergänzte und vertiefte sie. Sein bereits erwähntes Buch »Die Geburt eines neuen Zeitalters« machte Findhorn zu einer Art Markenzeichen der europäischen New Age-Bewegung. Ihr amerikanischer (Esalen) und europäischer Zweig befruchteten sich zunehmend.

Die Gemeinschaft von Findhorn ist für viele andere New Age-Gemeinschaften zum Vorbild geworden. »Ein Aufenthalt in Findhorn ist im allgemeinen so inspirierend, daß die meisten Leute nach der Rückkehr in ihre Herkunftsländer daran gehen, etwas von der New Age-Idee in ihrem Alltag oder gar beruflich zu verwirklichen, allein oder mit andern ›Findhörnern‹. So entsteht da ein Buchladen, dort ein Kurszentrum, hier eine Tanzgruppe, eine Wohngemeinschaft, ein Meditationszirkel.«/55/ In Deutschland kann als Beispiel dafür auf den »Lebensgarten Steyerberg« bei Nienburg im Nordwesten von Hannover verwiesen werden. Wilhelm Knackstedt beschreibt und charakterisiert diese Gemeinschaft so:

»Die Gebäude, die heute vom ›Lebensgarten‹ bewohnt und genutzt werden, wurden 1938 für Facharbeiter einer Munitionsfabrik gebaut. Daneben gab es später ein großes Barackenlager für meist russische Gefangene. Die fünfstöckig in die Erde reichenden Anlagen existieren noch und werden als Lagerstätte für schwach radioaktive Stoffe und angeblich auch für Waffen genutzt.

Als oberirdische Teile der Anlage zum Verkauf standen, wurden sie von einer Berliner Familie erworben (aus dem Erlös vom Verkauf einer Kunststoffabrik). Für die Bewohner des ›Lebensgartens‹ sind diese Bezüge zu lebensbedrohenden und umweltfeindlichen Dingen wichtig. Sie möchten mit ihrer spirituellen Existenz dagegen wirken. Ursprünglich wollte die Berliner Familie das Gelände zu einer Feriensiedlung umgestalten. Dann aber hatten sie eine sie tief bewegende Begegnung mit der *›Findhorn-Gemeinschaft‹* im Norden Schottlands. Diese Begegnung war so tiefgreifend, daß der Entschluß gefaßt wurde, in Steyerberg eine ähnliche Gemeinschaft, den ›Lebensgarten‹, zu gründen.«

Die Mitglieder arbeiten teils im »Lebensgarten«, teils

außerhalb in ihrem jeweiligen Beruf. Die Familien leben in eigenen Häusern, die im wesentlichen durch Nachbarschaftshilfe errichtet wurden. Das Zusammenleben soll durch große gegenseitige Offenheit geprägt sein. Wer gemeinsam essen will, kann dies im Gemeinschaftshaus. »Es gibt eine Halle, in der man sich trifft. Andachten werden von den einzelnen nach eigenem Bedürfnis gestaltet. In der Meditationshalle wird Zen-Meditation praktiziert, aber man fühlt sich nicht an diese eine Form gebunden. Alle vereint jeweils am Letzten eines Monats die Weltfriedensmeditation. Ansonsten aber gilt, daß es keine gemeinsame Ideologie oder Weltanschauung gibt. Einige fühlen sich der Kirche zugehörig, andere üben östliche Frömmigkeitsformen. Im ›Lebensgarten‹ leben auch einige ehemalige Sannyasins.

Einmal wöchentlich findet ein Treffen aller Bewohner statt mit Gesprächen über die gemeinsamen Aufgaben. Dabei geht es darum, die Freuden und Sorgen miteinander zu teilen: Man sitzt im Kreis und ist zunächst einmal still. Dieses Treffen wird abwechselnd von einem Mitglied geleitet; ein anderes schreibt Protokoll. Man denkt nach, was in den einzelnen Gruppen geschehen ist. Man ›teilt einander mit‹. Diskussionen (›Zerschneidungen‹) sollen nicht sein, denn sie zielen auf Abgrenzungen. Statt dessen sucht man das Gemeinsame. Was geschieht, darf niemandem schaden, niemand darf Nachteile haben. Man versucht, sich bei Entscheidungen ›lenken zu lassen‹. Die Bitte um ›Führung‹ spielt eine große Rolle. Die Lebensgarten-Mitglieder erzählen von ›Wundern, die geschehen, wenn sie sich einig sind im geistig-geistlichen Konzept‹.

Sie betonen, daß sie keine ›Botschaft‹ hätten, sondern daß ihr Leben eine ›Haltung‹ sei. Die Erfahrungen, die sie machten, sei die Botschaft. Da jeder die Weisheit in sich habe, könne es nicht um gegenseitiges Belehren gehen. Darum könnten auch keine Dinge ›forciert‹ werden; es sei eine Kraft, die sie zusammengebracht habe und der sie sich zu überlassen versuchten.

Befragt nach dem gemeinsamen Weg, antworten die Lebensgarten-Bewohner, indem sie betont von ihrem persönlichen Weg berichten. Sie verstehen sich als Gruppe mit einer Idee, vor allem mit dem Wunsch, mit der Natur in Einklang zu leben, aber sie seien ›Menschen auf dem Weg‹. ›Suchende‹, die sich gegenseitig helfen, die weitergeben, was sie persönlich als heilend und wohltuend erkannt haben.

Auf die Frage nach kritischer Begleitung dieses Weges wird geantwortet: ›Wenn ich zur Ruhe komme, mich nicht mehr rechtfertigen muß, dann bin ich meines Weges gewiß.‹ Natürlich gehe es nicht immer nur fröhlich und friedlich zu. Das andere sei auch da. Was beunruhigt, sei auch wichtig. Da sei der ›ruhige Punkt, der in mich hineinreicht, Gott, der alles umfaßt und durchdringt‹. Und auch das ›Negative‹ wolle mich belehren.

Neben diesem gemeinsamen Leben und Arbeiten gibt es im ›Lebensgarten Steyerberg‹ den Seminarbereich. Das Programm des ersten Halbjahres 1987 weist – ähnlich wie in vielen anderen solcher Zentren – eine breite Palette verschiedener Angebote aus: ›Das neue Jahr schöpferisch gestalten – Releasing – Bioenergetik – Zen-Meditation – Lebe dein höchstes Potential – Einführung in Tarot – Erfahre dich selbst stark, gesund und weise – Einführung in den Kurs in Wundern – Ökologisches Seminar – Raumrad – Vollwertkochen – Mein Lieblingsmärchen – Körpererfahrung und Kontakt – Trance und Bauchtanz für Männer und Frauen – Einführung in die Azidose-Behandlung – Rhythmus und Trance ...‹

Ein Schwerpunkt liegt auf dem ganzheitlichen Heilen. Z. Zt. ist ein ›Heilehaus‹ im Bau. Nach eigenen Angaben sollen mehrere Ärzte und Heilpraktiker im ›Lebensgarten‹ mitarbeiten, die Fastenkuren, Diät, Musiktherapie, Reflexzonenmassage anbieten. Eine große Rolle spielt die Be-Hand-lung, heilen durch Handauflegen. Die heilenden Kräfte im Menschen sollen entdeckt und entwickelt werden, es geht um Heilwerden an Leib und Seele.«/56/

Konferenzen und Feste spielen für die Ausbreitung des New Age-Bewußtseins seit vielen Jahren eine große Rolle. Hier auch nur die wichtigsten New Age-Veranstaltungen zu nennen ist unmöglich. Es seien einige beispielhaft erwähnt.

Zwei neuzeitliche Schamanen, der indianische Medizinmann Harley Swift Deer und der argentinische

Kunsthistoriker José Argüelles, hatten für den 16./17. August 1987 eine »Harmonische Konferenz« angeregt. Viele New Age-Netzwerke und Einzelpersonen folgten dieser Anregung. Die Feier der »Morgendämmerung einer neuen Zeit« war dem New Age-Verständnis entsprechend global angelegt. In den USA soll es 300 lokale Projekte gegeben haben, in Westdeutschland 60. Gefeiert wurde vor allem an Kultorten, auf heiligen Bergen, an heiligen Quellen, an heiligen Steinen, so z. B. an den Pyramiden von Gizeh, in Assisi, auf keltischen Kultplätzen in England, auf germanischen in Deutschland. Beispielhaft für letzteres berichtete das Magazin 2000 »über die Ereignisse in der Wutachschlucht im Schwarzwald, wohin zu einem ›Fest für Mutter Erde‹ unter der Leitung des Regenbogenschamanen BergMondWanderer und der Azteken Xokonoschtletl und Nanacatzin eingeladen worden war. In einem Kreis von etwa 400 meist jungen Leuten um ein ›Medizinrad‹ der heiligen Gegenstände tanzten die Azteken ihre rituelle Zeremonie und brachten ein Weihrauchopfer dar. Am Abend erfolgten indianische Reinigungszeremonien in sog. ›Schwitzhütten‹. Was es damit auf sich hat, beschreibt das Magazin 2000 so: ›Die Schwitzhütte selbst ist ein Symbol für den Mutterleib und zugleich für den Leib von Mutter Erde. Man geht nackt wie man geboren wurde, in das Innere der Hütte. Glühende Steine werden in die Grube in ihre Mitte getragen, es wird gebetet und losgelassen, und bei jedem Gebet gießt der Schwitzhüttenmeister Salbeiwasser auf die Steine, heißer Dampf steigt auf. Eine Schwitzhütte hat fünf Runden. In der ersten Runde ruft der Leiter die Kräfte an. In der zweiten Runde bittet jeder Teilnehmer für sich, in der dritten Runde für andere, in der vierten läßt er los, was er an negativen Eigenschaften ablegen will. In der fünften Runde betet der Leiter noch einmal zu den Kräften ... Dann verläßt jeder Teilnehmer rücklings die Hütte, legt sich nackt, wie er ist, auf den kühlen Boden von Mutter Erde. Über ihm ist der kühle Nachthimmel, funkeln die Sterne. Jede Schwitzhütte ist auch eine Geburt ...‹ (Magazin 2000 Nr. 71, S. 61 f) Den neuen Tag erwartet man meditierend, um sich gegen Mittag in einer kleinen Gruppe noch einmal zur Meditation um den ›Sechsstern‹ zu treffen – sechs Bergkristalle in Form eines Davidsterns angeordnet, in der Mitte ein Amethyst, um das Ganze Zweige gruppiert.«/57/

Ziel dieser und ähnlicher Veranstaltungen ist es, zur Heilung der Erde beizutragen.

Die »Harmonische Konferenz« hatte eine Reihe von Vorläufern, 1970 bereits fand ein »Erd-Tag« statt; 1983 der erste »Planetaren Kongreß«; 1985 »Life Aid«; 1986 die »Spiele des guten Willens«, die Aktion »Millionen Minuten für den Frieden« und ein »Weltheilungstag« mit weltweiter Meditation./58/

Nach einem New Age-Festival »Bewußt Sein« in Berlin fand vom 21. bis 27. Mai 1988 in Hannover unter der Schirmherrschaft des damaligen Ministerpräsidenten Albrecht ein großer internationaler Kongreß »Geist und Natur« statt. Es sollte ein wissenschaftlicher Kongreß mit dem Ziel einer erkenntnistheoretischen und philosophischen Auseinandersetzung mit den weltanschaulichen Folgen der neuzeitlichen naturwissenschaftlichen Erkenntnisse sein. Namhafte Wissenschaftler wie Carl Friedrich von Weizsäcker traten auf. Dennoch zeigte gerade dieser Kongreß, wie fließend heute die Übergänge zwischen »wissenschaftlichen« Fragestellungen und New Age sind. Der Kongreß »Geist und Natur«, so urteilten kompetente Beobachter, »war eben auch ein New Age-Kongreß, ein Supermarkt aller möglichen esoterischen und spirituellen Angebote, versammelt unter dem Dach der großen Wendezeithoffnung«./59/ Trotzdem ist ein derartiger Kongreß eher die Ausnahme als die Regel. New Age-Supermärkte und Messen von London über Basel bis Berlin ziehen heute jährlich Tausende Interessenten an. Es kommt dabei zu recht unterschiedlichen Mischungen. Aus neuerer Zeit sei noch die im Herbst 1990 in Amsterdam durchgeführte Konferenz »Kunst trifft Wissenschaft und Spiritualität in einer sich verändernden Wirtschaft« erwähnt. Die Idee dazu war 1982 bei einem Treffen des Künstler-Schamanen Joseph Beuys mit dem Dalai Lama entstanden. Der Dalai Lama war dann in einer illustren Runde von Repräsentanten der Wissenschaft, Kunst und Wirtschaft ebenso vertreten wie der Aufsichtsratvorsitzende der Deutschen Bank.

Die Konferenzen, Messen, Treffen unter dem ausgesprochenen und unausgesprochenen Stichwort New Age gehen weiter.

4. Eine überholte Bewußtseinsstufe?
(New Age und Christentum)

Das Christentum ist für viele New Age-Denker eine überholte Bewußtseinsstufe, die Religion der auslaufenden Epoche der Fische. Entsprechend geht man mit Christentum und Kirche um. Die Skala des Umgangs reicht im einzelnen von absoluter Negierung bis zu bösartigen Angriffen. Jesus findet durchaus Beachtung, aber meist nur als kosmischer Christus und erleuchteter Meister im Sinne der Theosophie oder als Esoteriker. Die Behauptung, er sei ein Esener gewesen, taucht ebenso auf wie die alte gnostische Meinung, er sei gar nicht am Kreuz gestorben, sein Grab befinde sich in Kaschmir usw. Das ist vom Anliegen her verständlich, denn die zentrale christliche Botschaft vom stellvertretenden Leiden und Sterben Jesu Christi und damit verbunden der Erlösungsgedanke passen nicht in das New Age-Konzept.

Die Hinwendung vom traditionellen Christentum zu New Age oder einer damit zusammenhängenden neuzeitlichen Esoterik kann auch immer wieder biographisch festgemacht werden. Ein wohl extremes Beispiel dafür ist der ehemalige schweizerische reformierte Pfarrer Hans-Dieter Leuenberger (Jg. 1931). Er hat sich aus den »Verwicklungen« – natürlich den christlichen – »ent-wickelt«./60/ Die Biographie signalisiert in unserem Zusammenhang Allgemeintypisches: Studium der Theologie und der Theaterwissenschaften, Regieassistent, Heirat einer Schauspielerkollegin (2 Söhne), Übernahme einer Pfarrstelle, Konflikt mit der traditionellen Prägung und Frömmigkeit einer Dorfgemeinde. 1970–1979 Kirchenbeauftragter für das Schweizer Fernsehen, erlebte er, »wie da gemauschelt und Politik gemacht wurde«. 1975 erhielt er den »entscheidenden ›Kick‹ für die Esoterik«. Er wollte einmal drei Wochen lang keinen Kirchturm sehen (!) und buchte deshalb einen Flug nach Bali. »Dort angekommen, fühlte er sich wie ›... endlich nach Hause zurückgekehrt. Ich dachte: Das ist es!‹ sagt er.« Was es war, ist aufschlußreich. »Zum Beispiel stellte da das Zimmermädchen morgens eine Lotosblüte mit einem Räucherstäbchen vor die Tür, um das Haus zu segnen. Solche kleinen Riten beeindruckten mich [den durch Ritenfeindlichkeit seiner Kirche geprägten reformierten Pfarrer]. Ich begriff, daß die Menschen dort überall das Göttliche sehen.«/61/

Ein weiteres, für New Age-Denken wichtiges Stichwort taucht auch in der Biographie Leuenbergers auf: Astrologie. Schon als Student habe er sich damit befaßt. Nach seiner Bali-Reise wird sie ihm wieder wichtig. Durch Astrologie kommt er zum angeblich paranormale Informationen vermittelnden Kartenspiel Tarot, dem »Spiel des Lebens«, von den meisten New Age-Anhängern hoch geschätzt. »›Je mehr ich mich auf die Karten einließ‹, ... um so deutlicher wurde mir, was in diesen Bildern für eine Botschaft liegt. Daß sie einen Einweihungsweg in uraltes Wissen darstellen.« 1977 dann ein Vortrag über Tarot auf einer »kosmobiologischen Tagung«, schließlich Durchführung von Tarotkursen und Erarbeitung einer dreibändigen »Schule des Tarot«. Nach seinem Ausscheiden aus dem kirchlichen Dienst eröffnete er 1980 in Bern eine psychotherapeutische Praxis. Hier arbeitet er besonders mit Hilfe von Bioenergetik. 1977 hatte er sich scheiden lassen. Durch ihr Interesse für Tarot lernte er eine junge Zahnmedizinerin kennen, sie heirateten. »So hat mir der Tarot auch eine Ehefrau beschert.«/62/

Diese bemerkenswerte Biographie bildet den Hintergrund für schärfste Angriffe gegen die christliche Kirche. Leuenberger wirft ihr vor, sie praktiziere durch die Feier des Heiligen Abendmahls »schwarze Magie«. »Magie, die die Kräfte der Ausbeutung evoziert. Diese Ausbeutung ist, was die Kirche das gesamte Fischezeitalter hindurch gemacht hat. Die gesamte Kirchengeschichte ist für mich nichts anderes als ein Resultat dieses jeden Tag überall wieder zelebrierten schwarzmagischen Rituals. Von daher kann ich mir alle Entartungen des Christentums logisch erklären.« Das Abendmahl wird hier zum Ausgangspunkt für die Zersetzung der christlichen Kirche. Diese hat keine Zukunft, Reformversuche sind zwecklos. Die Kirche »wird sterben. Der Prozeß ist unaufhaltsam. Deshalb bemühe ich mich auch, nichts Böses über sie zu sagen [!], denn wer sagt schon Böses über einen Sterbenden? Man sollte ihr eine gute Sterbehilfe geben.« Die besteht darin, den Menschen deutlich zu machen: »Die Welt geht nicht unter, wenn es keine Kirche mehr gibt.«

Auch im New Age-Denken Leuenbergers kommt der astrologisch begründeten Lehre vom Übergang des Fische- in das Wassermannzeitalter grundlegende Bedeutung zu. Sie wird aber eigenwillig entfaltet. Kirche und Kommunismus sind beide Kinder dieses Zeitalters. Die Tatsache, daß die Kirchen bzw. Christen in Osteuropa bei der Überwindung des Kommunismus einen beachtlichen Beitrag geleistet und ihre Vitalität unter Beweis gestellt haben, paßt freilich nicht in dieses Konzept. Deshalb waren bei diesen Veränderungen nicht Kräfte des christlichen Glaubens, sondern die Energien des Wassermannzeitalters wirkungsmächtig. »Ich finde, daß sich die Energie, die in der Luft liegt, in den letzten Monaten [Frühjahr 1990] so verändert hat! Im Moment befinden wir uns total in der Energie des Wassermannzeitalters. Denken Sie nur an die Dinge, die in der DDR passieren. Die Kirche ist ein Bestandteil des patriarchalen, hierarchischen Fischezeitalters, genau wie der Kommunismus. Sie hat sich damit identifiziert, also wird sie damit sterben.« Allerdings, wann das geschieht, weiß Leuenberger exakt ebensowenig zu benennen wie den Beginn des Wassermannzeitalters. Aber die totale Wandlung wird rasch geschehen. »Und irgendwann ist es dann einmal voll da. Das, was jetzt mit der DDR, mit Polen und Ungarn passiert ist, stelle ich mir in ein paar Jahrzehnten mit der Kirche vor. Da wird es innerhalb eines Jahres einfach krachen.« Mit der Vernichtung der Kirchen bricht die neue Epoche voll an, in der die rechte Harmonie aller Dinge, selbstverständlich ohne alle Erlösung, wieder hergestellt wird. »Wenn damit [Kirche] Schluß ist beziehungsweise schon dann, wenn die Menschen aufhören, das schwarzmagische Ritual der Verwandlung von Brot und Wein zu praktizieren, gibt es meiner Auffassung nach eine gute Chance dafür, daß wir wieder in Einklang mit der Natur kommen: wenn die Menschen anfangen, bewußt zu leben und zu merken, daß der Weg zum Göttlichen in ihrer eigenen Verantwortung liegt und nicht in der einer Institution oder eines Priesters.«/63/

Gewiß ist es ein extremes Beispiel, das wir hier vorführen. Dabei ist noch zu beachten, Leuenberger versteht sich selbst als »Esoteriker«, nicht als New Age-Denker, gehört aber objektiv zweifellos in diesen Kontext. Bei anderen klassischen New Age-Autoren, wie M. Ferguson, kommen Christentum und Kirche, wie ein Blick in das Register der »Sanften Verschwörung« zeigt, gar nicht erst vor, gibt es auch keine Polemik, ist das Ganze offenbar einfach uninteressant, überholt.

Christlicherseits gibt es mittlerweile von Vertretern aller Kirchen eine breitgefächerte Auseinandersetzung mit New Age./64/ Die Skala der Urteile reicht von dem Versuch, im New Age den Heiligen Geist am Werke zu sehen/65/, bis zu der Überzeugung der »Internationalen Konferenz Bekennender Gemeinschaften«, daß sich in dieser Bewegung »Konturen jenes widergöttlich-totalitären Welteinheitssystems« abzeichnen, das »mit der Warnung vor dem kommenden Antichrist vorhergesagt« ist./66/

Sicher ist, New Age fordert die christlichen Kirchen und ihre Theologie heraus, besonders da, wo sie durch Entmythologisierung und Entspiritualisierung ihrer Botschaft und des praktischen christlichen Lebensvollzuges sich auf ein weithin materialistisch-mechanistisches Selbst- und Weltverständnis eingelassen haben. New Age kann christliche Theologie, die sich eng an ein neuzeitlich-aufklärerisches Weltbild anlehnt und den Mut zur Ganzheit, zur sichtbaren und unsichtbaren Schöpfung und damit auch zur Transzendenz verloren hat, auf gravierende Defizite aufmerksam machen. New Age greift viele berechtigte Fragen des heutigen Menschen auf. Die weithin gegebenen Antworten stellen aber den Menschen ganz auf sich, stellen ihn in die Härte und Kälte kosmischer Gesetze und eines keine Gnade, keine väterliche Liebe, keine Erlösung kennenden Entwicklungsweges. Der katholische Theologe Josef Sudbrack meint: »Das Christentum muß die Herausforderung, die in New Age sichtbar wird, annehmen. In der Geschichte der christlichen Mystik liegen Antworten auf die berechtigten Anliegen dieser Herausforderung bereit. In beiden christlichen Kirchen sind sie aber weithin in Vergessenheit geraten. Im Anliegen der christlichen Mystik liegen auch die Korrekturen bereit, die – nicht nur aus christlicher Sicht – an dem mit New Age Gemeinten anzubringen sind. Es wäre zu wünschen, daß mit diesem Fundus von Jahrtausenden die Auseinandersetzung mit New Age differenziert geführt würde, differenzierter auf jeden Fall, als es weithin in den Kirchen geschieht.«/67/

New Age, diese Behauptung darf nach fast 2000 Jahren Geschichte des Christentums gewagt werden, wird das Christentum nicht ablösen oder gar vernichten können. Wider Willen könnte New Age das neuzeitliche Christentum in einigen Punkten sogar bereichern. Wir leben in einer Zeit rascher Wandlungen. Nach Fritjof Capra, der nie mit der New Age-Bewegung identifiziert werden wollte, ist die New Age-Bewegung in den USA bereits von einer »Nach-New-Age-Bewegung« abgelöst worden./68/ Sie ist, so meint er, stärker ökologisch, feministisch und sozial ausgerichtet. Es ist zu fragen, ob das so stimmt. Sicher scheint, die New Age-Bewegung ist im Begriff, sich noch stärker zu differenzieren. Der gemeinsame Nenner war ja ohnehin nie sehr groß. Ihre zentralen Anliegen und Grundgedanken bleiben aber aktuell, kleiden sich nur zunehmend in eigenständige Formen.

1/ Helmut Obst, Apostel und Propheten der Neuzeit. Gründer christlicher Religionsgemeinschaften des 19./20. Jahrhunderts, Berlin [3]1990, 348–370
2/ Ebd., 325–347
3/ Gerhard Wehr, Christusimpuls und Menschenbild. Rudolf Steiners Beitrag zur Erweiterung des religiösen Bewußtseins, Freiburg/Basel/Wien 1974, 106
4/ Vgl. Hans-Jürgen Ruppert, Durchbruch zur Innenwelt. Spirituelle Impulse aus New Age und Esoterik in kritischer Beleuchtung, Stuttgart 1988, 58–61
5/ Hans-Peter Hasenfratz, New Age – Religion im Zeichen des Wassermanns, in: Saeculum XXXIX, Heft 3–4 (1988), Freiburg/München, 372
6/ Vgl. Peter Bubmann, Urklang der Zukunft. New Age und Musik, Stuttgart 1988
7/ Verwiesen sei auf die Literaturübersicht bei Hans-Jürgen Ruppert, New Age-Bewegung, in: Verkündigung und Forschung, 33. Jg., Heft 2, 72–78; Christof Schorsch, »New Age« – was ist das?, in: Der evangelische Buchberater, 42. J., Nr. 4, 285–294; Josef Sudbrack, Literaturbericht, New Age, und was davon bleiben mag, in: Geist und Leben, 1/2 1989, 45–63. Aus der Fülle der deutschsprachigen Literatur seien folgende kritische Monographien genannt: Detlef Bendrath, New Age – eine einführende Information und kritische Beurteilung, Lübeck 1989; Horst Bürkle (Hg.), New Age. Kritische Anfragen an eine verlockende Bewegung, Düsseldorf 1988; Hansjörg Hemminger (Hg.), Die Rückkehr der Zauberer. New Age – Eine Kritik, Hamburg [2]1990; Medard Kehl, New Age oder Neuer Bund, Mainz 1988; Kurt Koch, New Age eine vitale Herausforderung an das Christentum, Freiburg (Schweiz)/Konstanz 1989; Willi Obrist, Neues Bewußtsein und Religiosität, Olten 1988; Hans-Jürgen Ruppert, New Age – Endzeit oder Wendezeit?, Wiesbaden 1985; ders., Durchbruch zur Innenwelt, Stuttgart 1988; Christof Schorsch, Die New Age-Bewegung. Utopie und Mythos der Neuen Zeit, Gütersloh 1988; Josef Sudbrack, Neue Religiosität – Herausforderung für die Christen, Mainz 1988. Zu verweisen ist ferner auf: Elmar R. Gruber/Susan Fassberg, New-Age-Wörterbuch, Freiburg i. Br. 1986; Joachim Friedrich Grün, Die Fische und der Wassermann. Hoffnung zwischen Kirche und New Age, München 1988
8/ Marilyn Ferguson, Die sanfte Verschwörung, Basel 1982, 25 f.
9/ George Trevelyan, Eine Vision des Wassermann-Zeitalters. Gesetze und Hintergründe des »New Age«, Freiburg i. Br. 1980, 17
10/ George Trevelyan, Unternehmen Erlösung. Hoffnung für die Menschheit, Freiburg i. Br. 1983, 8
11/ Fritjof Capra, Wendezeit. Bausteine für ein neues Weltbild, Bern/München/Wien [14]1987, 8
12/ Neben der bereits erwähnten »Wendezeit« seien noch genannt: Das Tao der Physik. Die Konvergenz von westlicher Wissenschaft und östlicher Philosophie; Der kosmische Reigen. Physik und östliche Mystik – ein zeitgemäßes Weltbild; Das neue Denken. Aufbruch zum neuen Bewußtsein. Die Entstehung eines ganz-

heitlichen Weltbildes im Spannungsfeld zwischen Wissenschaft und Mystik

13/ Fritjof Capra, Wendezeit, a.a.O., 473 f.

14/ Zu den ersten Verfassern, bei denen dies nachzuweisen ist, gehört der amerikanische Historiker Theodore Roszak mit seinem Buch »Das unvollendete Tier« (1977).

15/ Neues Bewußtsein – neues Leben. Bausteine für eine menschliche Welt, hrsg. v. Michael Schaeffer u. Anita Bachmann, München 1988

16/ Elmar R. Gruber, Zentren der Zeitenwende. Ausbildungsstätten im Zeichen des Wassermanns, in: New Age – Zeugnisse der Zeitenwende, hrsg. v. Gert Geisler, Freiburg i. Br. [2]1987, 139

17/ Ebd.

18/ Hans-Jürgen Ruppert, Durchbruch zur Innenwelt, a.a.O., 37

19/ Vgl. dazu auch S. 196–203 der vorliegenden Ausgabe

20/ Marilyn Ferguson, Die sanfte Verschwörung, a.a.O., 52

21/ Hans-Jürgen Ruppert, Durchbruch zur Innenwelt, a.a.O., 88

22/ Vgl. Helmut Obst, Selbstverwirklichung in »Jugendreligionen«, in: Selbstverwirklichung als theologisches und anthropologisches Problem, hrsg. v. Friedrich de Boor, Halle 1988, 31–45

23/ Hans-Peter Hasenfratz, New Age – Religion im Zeichen des Wassermanns, a.a.O., 370. Auf diesen prägnanten Beitrag sei in diesem Zusammenhang besonders verwiesen.

24/ Hans Peter Dürr, Naturwissenschaft und Wirklichkeit. Der Beitrag naturwissenschaftlichen Denkens zu einem möglichen Gesamtverständnis unserer Wirklichkeit, in: Neues Bewußtsein – neues Leben, a.a.O., 201 f.

25/ Ebd., 203

26/ Fritjof Capra, Vorwort zu Marilyn Ferguson, Die sanfte Verschwörung, a.a.O., 11 f.

27/ Hans-Peter Hasenfratz, New Age – Religion im Zeichen des Wassermanns, a.a.O., 370

28/ Ebd.

29/ Marilyn Ferguson, Die sanfte Verschwörung, a.a.O., 29

30/ Ebd., 469 f.

31/ Vgl. ebd., Macht/Politik 245–247; Medizin/Gesundheitswesen 290 f.; Erziehungswesen/Lernen 335–337; Wirtschaftsleben/Wertsysteme 380–382

32/ Brendan O'Regan, »The Aquarian Conspiracy: Grounds for Optimism«, in: Newsletter des Institute of Noetic Sciences, Vol. 8/1, Winter 1980, zitiert nach: New Age-Zeugnisse der Zeitenwende, a.a.O., 132 f.

33/ Vgl. Peter Russell, An der Schwelle zur Spiritualisierung der ganzen Menschheit. Die kühne These vom »globalen« Gehirn der Erde: Über die Zukunft eines spirituellen Zeitalters des Bewußtseins, in: New Age-Zeugnisse der Zeitenwende, a.a.O., 185–195

34/ Peter Ripota, Die Geburt des Wassermann-Zeitalters, München 1987, 34

35/ Im Sachregister zu Marilyn Fergusons »Sanfter Verschwörung« findet sich das Stichwort Mensch überhaupt nicht.

36/ Hans-Peter Hasenfratz, New Age – Religion im Zeichen des Wassermanns, a.a.O., 373
37/ Theodore Roszak, Der Grenzbereich der Aquarier, in: Neues Bewußtsein – neues Leben, a.a.O., 516–519
38/ Marilyn Ferguson, Die sanfte Verschwörung, a.a.O., 72
38/ Marilyn Ferguson, Die sanfte Verschwörung, a.a.O., 72
39/ Ebd., 249
40/ Ebd.
41/ Ebd., 253
42/ Hans-Jürgen Ruppert, Durchbruch zur Innenwelt, a.a.O., 158
43/ Katalog nach Carl Rogers, vgl. Hans-Peter Hasenfratz, New Age – Religion im Zeichen des Wassermanns, a.a.O., 374 f.
44/ Lutz von Padberg, New Age und Feminismus, Asslar 1987, 98
45/ Vgl. Werner J. Meinhold, Der Wiederverkörperungsweg eines Menschen durch die Jahrtausende. Reinkarnationserfahrung in Hypnose, Freiburg i. Br. 1989
46/ Marilyn Ferguson, Die sanfte Verschwörung, a.a.O., 384
47/ Ebd., 388 f.
48/ Elmar R. Gruber, Zentren der Zeitenwende, a.a.O., 139
49/ Zitiert nach Hans-Jürgen Ruppert, Durchbruch zur Innenwelt, a.a.O., 90
50/ Elmar R. Gruber, Zentren der Zeitenwende, a.a.O., 143
51/ Ebd.
52/ Vgl. dazu Paul Hawken, Der Zauber von Findhorn, ein Bericht, Reinbek 1985
53/ Karl Ledergerber/Peter Bieri, Was geht New Age die Christen an? Brücken zum gegenseitigen Verständnis, Freiburg i. Br. 1988, 14
54/ Paul Hawken, Der Zauber von Findhorn, a.a.O., 120 f.
55/ Karl Ledergerber/Peter Bieri, Was geht New Age die Christen an?, a.a.O., 14
56/ Die New Age-Bewegung. Darstellung und Kritik, von Wilhelm Knackstedt u. Hans-Jürgen Ruppert, EZW-Texte, Information Nr. 105, V/1988, 6 f.
57/ Ebd., 10 f.
58/ Ebd., 9
59/ Hansjörg Hemminger/Friederike Valentin, Zeitwende oder Glaubenswende? Der Kongreß »Geist und Natur« vom 21. bis 27. Mai 1988 in Hannover, in: Materialdienst der EZW, 1988, 204
60/ Irene Dalichow, Esoterik-Experte Hans-Dieter Leuenberger. Vom Pfarrer zum »König der Schwerter«, in: esotera 1990/6, 19
61/ Ebd., 20
62/ Ebd., 21
63/ Ebd., 22 f.
64/ Vgl. z. B. Otto Bischofsberger/Oswald Eggenberger/Carl A. Keller/Joachim Müller (Hg.), New Age – aus christlicher Sicht, Freiburg/Zürich 1987; Reinhart Hummel, New Age: Das »neue Zeitalter« als Herausforderung für die alten Kirchen, in: Aus Politik und Zeitgeschichte, B 40/89; Medard Kehl, Die Heilsverheißung des New Age. Eine theologische Auseinandersetzung, in: Geist und Leben, Zeitschrift für christliche Spiritualität, 62. Jg.,

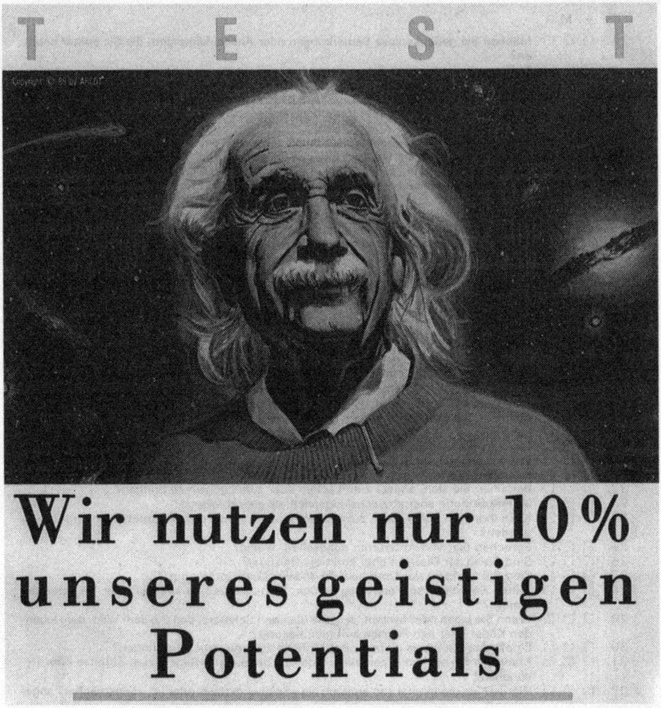

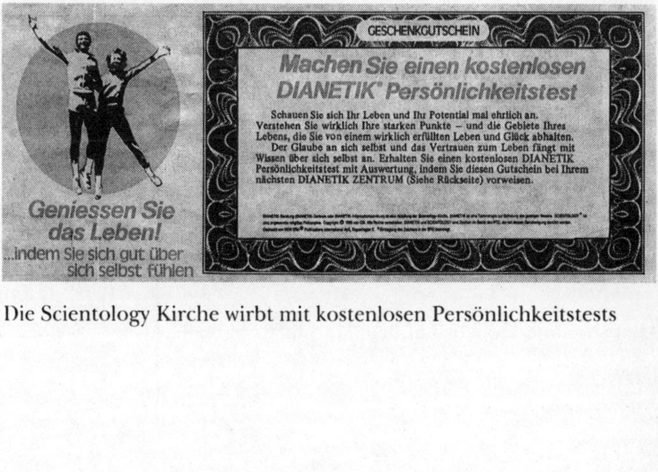

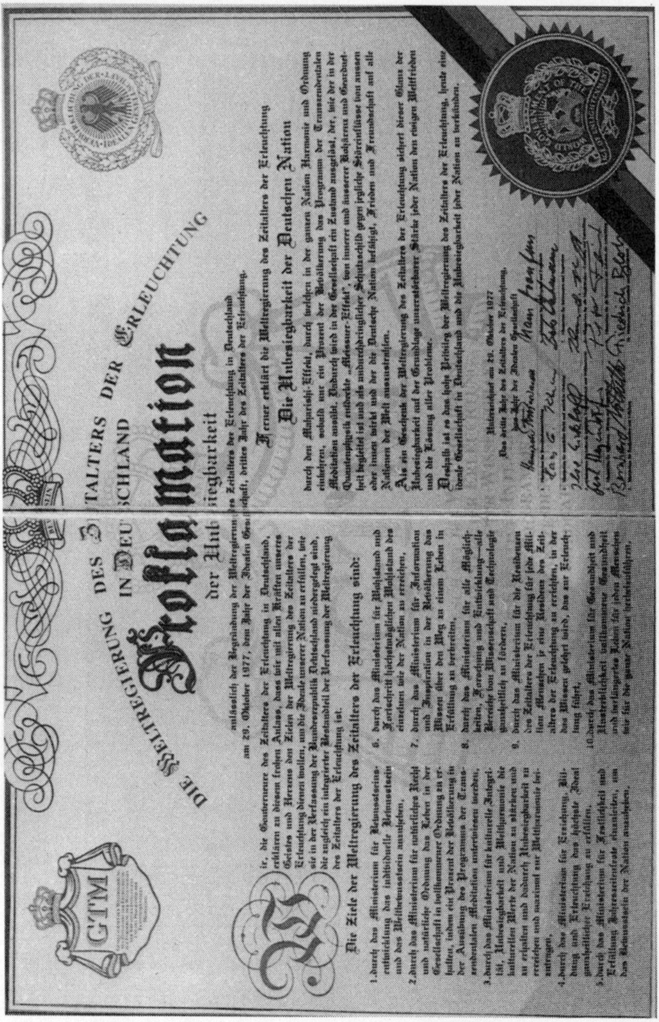

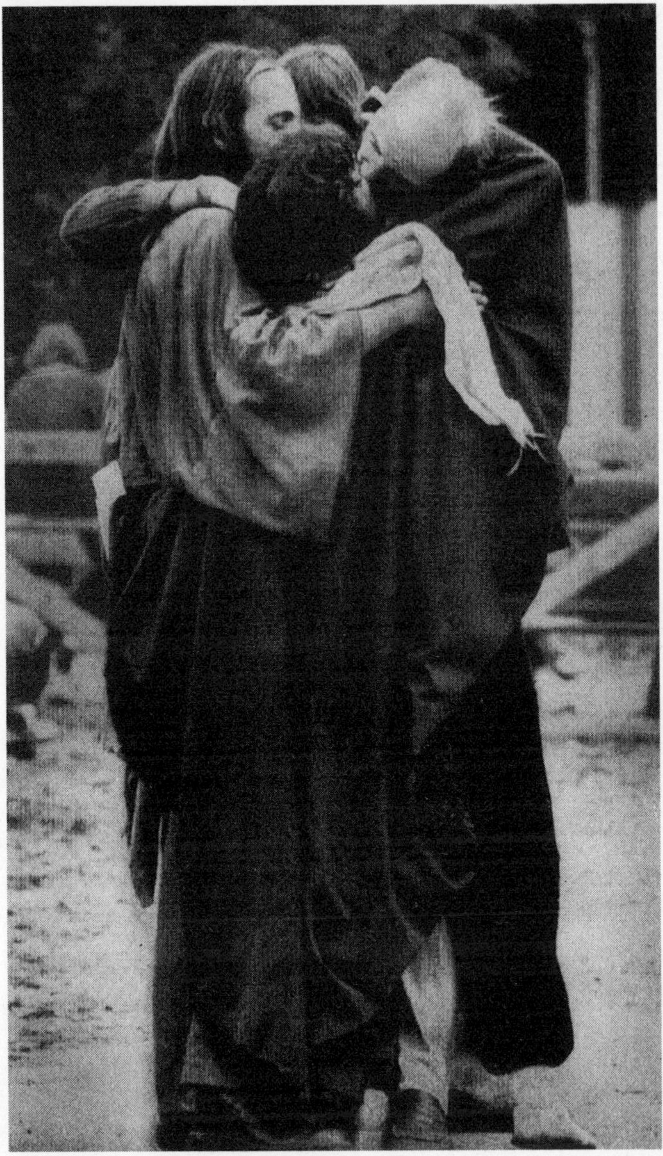

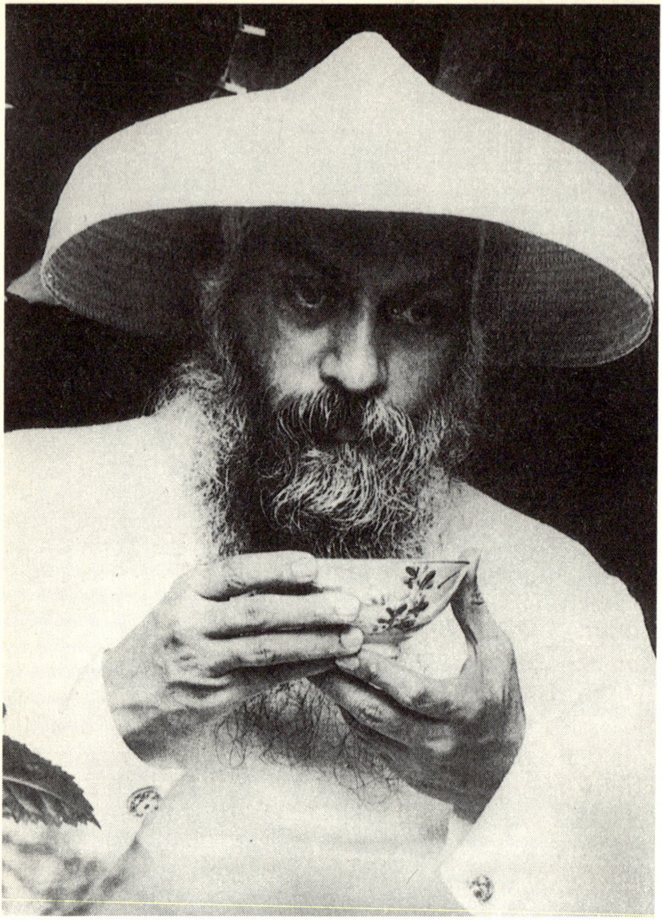

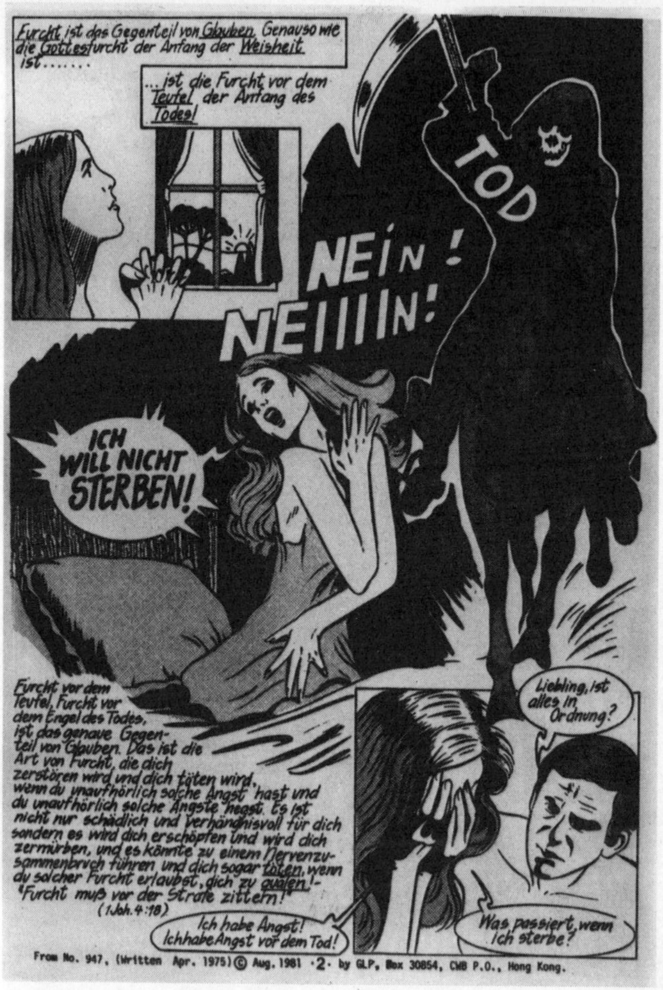

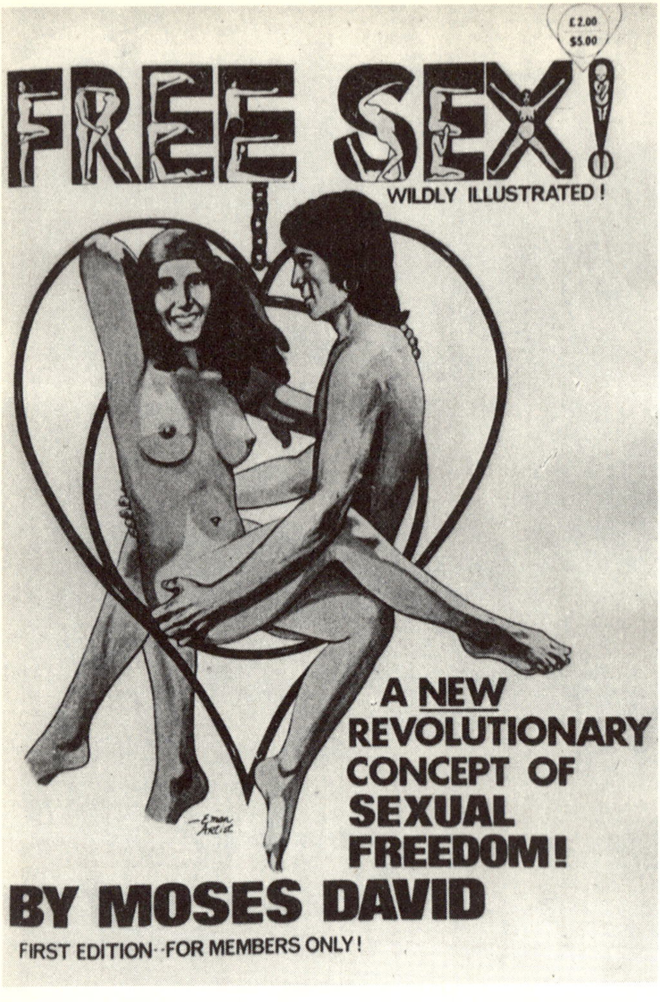

Nr. 1, 4–18; ders., New Age oder Neuer Bund, a.a.O.; Kurt Koch, New Age eine vitale Herausforderung an das Christentum, a.a.O.; Hans-Jürgen Ruppert, Durchbruch zur Innenwelt, a.a.O., 154–239; Hans Joachim Türk, New Age und christlicher Glaube, in: Stimmen der Zeit, Heft 10, 1988, 664–678; Christen und New Age, Informationen für Religionslehrer, 3/1987; New Age, in: Wort und Antwort, 29. Jg., Heft 3

65/ Vgl. Günther Schiwy, Der Geist des Neuen Zeitalters. New Age – Spiritualität und Christentum, München 1987

66/ New Age im Spiegel christlicher Beurteilung (Dokumentation), in: Materialdienst der EZW, 1988, 11

67/ Josef Sudbrack, New Age und Neue Religiosität, in: Aus Politik und Zeitgeschichte. Beilage zur Wochenzeitung Das Parlament, B 40/89, 29

68/ Fritjof Capra – Prophet des New Age, in: 4. Connection, 6. Jg., Nr. 7

Nachbemerkung

Wachsender religiöser Pluralismus gehört zum Bild unserer Zeit. Er läßt sich rational leicht erklären und analysieren. Die persönlich-existentielle Verarbeitung dieses Phänomens ist jedoch dort, wo es zu unmittelbarer Betroffenheit kommt, weit schwerer, diffiziler und stark von subjektiven Faktoren abhängig.

Jede Religion kennt Abspaltungen, hat ihre Ketzer und »Sekten«. Dahinter stand und steht nicht zuletzt der Kampf um Wahrheit. Auch die Geschichte des Christentums ist reich an Abspaltungen. Sie gibt es seit den Tagen der Urapostel. Teils gingen sie aus dem Ringen um die wahre Lehre und das rechte Leben hervor, teils waren Einflüsse aus anderen Religionen und nichttheologische Faktoren dafür ausschlaggebend. War der Kampf zunächst ein geistiger, ein Wettstreit um den rechten Glauben und die ihm entsprechenden Lebensformen, so wurde er mit der Herausbildung der Staatskirche zum blutigen, gewaltsamen Ringen ungleicher Gegner.

Das europäische Mittelalter kannte nur noch eine Kirche. Wer von ihr abwich, war Gegner des Staates; Ketzer wurden so – auch gegen ihren Willen – zu Revolutionären. Allerdings, religiöser Aufbruch und religiöser Protest haben sich noch nie mit staatlichen Machtmitteln beseitigen lassen. Die Katharer und Waldenser, Hussiten und Böhmischen Brüder legen neben anderen ein beredtes Zeugnis dafür ab.

In der Reformationszeit entstanden neue – lutherische, reformierte und anglikanische – Kirchen, von religiöser Toleranz war man jedoch noch weit entfernt, wie die Geschichte der Täufer zeigt. Für religiöse Außenseiter war offiziell kein Platz. Ihre Zahl stieg dennoch. Verfolgt, oft von Land zu Land gejagt, wurde schließlich neben den Niederlanden Nordamerika zu ihrem Refugium. Schwenkfelder, Mennoniten, Quäker, Baptisten und separatistische Pietisten, Unitarier und mystische Spiritualisten konnten sich dort neben anderen Religionsgemeinschaften frei entfalten, als ihnen in Europa noch blutige Verfolgungen drohten.

Die große Zeit religiöser Gruppenbildung außerhalb der traditionellen Kirchen setzte im 19. Jahrhundert ein. Mit den bürgerlichen Freiheiten wuchs auch in Europa die Zahl der Religionsgemeinschaften unaufhaltsam. Dieser Prozeß war und ist äußerst vielgestaltig, dennoch sind gewisse Hauptlinien zu erkennen./1/

Auseinandersetzungen um die rechte und zeitgemäße Bewahrung der Tradition führten zu Spaltungen in den großen Konfessionskirchen. Minderheiten warfen der Mutterkirche Abkehr von der wahren Lehre vor. Es entstanden altkatholische, altlutherische und altreformierte Kirchen. Wo eine starke nationale Komponente auftrat, entstanden »Nationalkirchen«. Unter dem Einfluß rationalistischer und liberaler Ideen bildeten sich freireligiöse Gemeinden und Zusammenschlüsse.

Neben die alten klassischen Freikirchen trat eine Fülle neuer. Erweckungen, der Hang des Pietismus und mystischen Spiritualismus zur Separation, das Vordringen kongregationalistischer und independentistischer Ideen begünstigten diesen Prozeß. Der Ruf nach Wiederherstellung urchristlicher Verhältnisse angesichts einer durch die Krisen der Zeit neu belebten Enderwartung ließ neben ähnlich motivierten freikirchlichen Typen (Darbysmus) neue Gemeinschaftsformen entstehen, so in Form der apostolischen Gruppen (Katholisch-apostolische Gemeinden, Neuapostolische Kirche).

Ein weiterer wichtiger Grund für das sprunghafte Anwachsen religiöser Gruppen auf dem Boden des Christentums während des 19. Jahrhunderts ist die große Zahl von Neuoffenbarungen. »Propheten« und »Seher« traten mit dem Anspruch auf, in ihrer Zeit an ihre Zeit eine besondere göttliche Botschaft verkündigen zu müssen. Von den Kirchen meist abgelehnt, bildeten sich um sie selbständige Gemeinschaften. Das Spektrum ist auch hier sehr breit. Es reicht von betonter Bibelnähe, wie im Fall der Siebenten-Tags-Adventisten, bis hin zu Gemeinschaften mit den Zügen einer Neureligion, wie im Fall

1/ Vgl. dazu Helmut Obst, Außerkirchl. Protestbewegungen der Neuzeit, Kirchengesch. in Einzeldarst., III/4, Berlin 1990 der Mormonen. Auch der Spiritismus mit seiner Grundthese von einer möglichen Kommunikation zwischen Diesseits und Jenseits vermittels dafür geeigneter Menschen (Medien) ist in seiner Bedeutung für die religiöse Gemeinschaftsbildung kaum zu überschätzen. Die Propagierung einer religiös-okkulten Weltsicht, wie sie sich in mancherlei Geheimgesellschaften und im neuen Rosenkreuzertum zeigte, hat diese Tendenzen gefördert.

Von erheblicher Auswirkung, vor allem im letzten Drittel des 19. Jahrhunderts, ist die breit angelegte basiswirksame Begegnung des Christentums mit anderen Religionen, wie auch die Begegnung der Weltreligionen untereinander, die den Prozeß gegenseitiger Beeinflussung verstärkte. Das 19. Jahrhundert, oft als das Jahrhundert der Mission bezeichnet, brachte die weltweite Ausbreitung des Christentums. Zu den Reaktionen auf die christliche Missionstätigkeit gehört das allmähliche Wiedererstarken anderer Weltreligionen, ihr beginnender Versuch, gleichsam zum Gegenangriff überzugehen. Die direkten Erfolge waren zunächst scheinbar gering, erwiesen sich aber langfristig als bedeutungsvoll. In Europa und Nordamerika entstanden religiöse Strömungen, die christliche und nichtchristliche Elemente, meist solche aus östlichen Religionen, breitenwirksam miteinander verbanden. Ein Beispiel dafür ist die 1875 in New York von der Russin Helena Petrowna Blavatsky gegründete Theosophische Gesellschaft. Auf dem 1893 in Chicago tagenden Weltparlament der Religionen kündigte sich eine neue Entwicklung auch mit Blick auf die kultischen Formen von Religion an. Entstehung und Ausbreitung des Bahaismus lassen diese Tendenzen selbst im Kontext islamischer Traditionen erkennen.

Diese hier nur in einigen Hauptsträngen aufgezeigte Entwicklung setzte sich im 20. Jahrhundert unter veränderten Bedingungen und mit Akzentverschiebungen fort. Spaltungen innerhalb der Großkirchen aus konfessionellen Gründen entstanden kaum noch, im Gegenteil, durch die ökumenische Bewegung kam es zur Annäherung zwischen einzelnen Kirchen, in einigen Fällen sogar zu Zusammenschlüssen.

Auch die Freikirchen täuferischer und pietistischer Prägung bildeten nicht mehr den Hauptnährboden für neue Gruppen, obwohl mit der Pfingstbewegung (1906) auch hier ein bedeutungsvolles Element hinzukam und die Situation in Europa anders ist als in Übersee.

Die Zahl der Religionsgemeinschaften nahm in den ersten Jahrzehnten des 20. Jahrhunderts vor allem durch Abspaltungen von schon bestehenden apostolischen, spiritualistischen und apokalyptischen Gruppen wie auch durch zahlreiche Neuoffenbarungen zu. In Deutschland traten über zwei Dutzend Religionsgemeinschaften neu auf.

Doch Zentrum religiöser Gemeinschaftsbildung waren nicht Deutschland oder Europa, sondern die USA. Spätestens nach dem Ende des zweiten Weltkrieges bildeten sich neue Schwerpunkte in Ländern Lateinamerikas, Afrikas und Asiens. Die Begegnung verschiedener Religionen, Rassen und Kulturen führte in Übereinstimmung mit einem weltweiten synkretistischen Trend zu einer unübersehbaren Zahl von Gemeinschaften mit religiös-kultischen Mischformen. Der Kampf um rassische Gleichberechtigung und politisch-soziale Befreiung ging vielfach mit dem Kampf um religiöse Unabhängigkeit und nationale Identität parallel. Besonders auffällig ist das in Afrika. Hier setzte diese Entwicklung bereits am Ende des 19. Jahrhunderts ein. 1890 entstand in Südafrika die erste unabhängige afrikanische Kirche, eine Vielzahl anderer folgten. Meist nennen sie sich »äthiopische« (afrikanische) oder »zionistische« Kirche. 1960 wies die offizielle Liste der Kirchen in Südafrika allein 2030 Bantukirchen aus. Heute spricht man von etwa 6000 Kirchen, von denen aber nur relativ wenige als christliche Kirchen im herkömmlichen Sinn anzusprechen sind. Christliches Gedankengut und christlicher Kultus wurden mehr oder weniger mit Vorstellungen aus afrikanischen Stammesreligionen verbunden. Die Leitung liegt meist in Händen von Propheten oder charismatischen Führern. Wenn auch nicht in dem Maße wie in Südafrika, so sind doch ähnliche Entwicklungen in allen Ländern Schwarzafrikas festzustellen. Ein Beispiel dafür ist – in sehr gemäßigter Form – der Kimbanguismus in Zentralafrika (Kirche Jesu Christi auf Erden durch den Propheten Simon Kimbangu) oder die Kitawala-Bewegung. Letztere entstand um die

Jahrhundertwende unter dem Einfluß der Internationalen Vereinigung Ernster Bibelforscher – Zeugen Jehovas –, sie zerfällt in viele »Schulen« und ist in Afrika weit verbreitet. – Andere Beispiele ließen sich auf dem Hintergrund der jeweiligen Religionen und Kulturen für Asien nennen, hier besonders aus Japan, Südkorea, Vietnam und Indien.

Explosionsartige Formen hat der weltweite Prozeß religiöser Pluralisierung in den letzten Jahrzehnten in Lateinamerika angenommen. Eine der größten neureligiösen Bewegungen ist die Umbanda-Bewegung in Brasilien. Sie gilt nach dem Katholizismus, dem Protestantismus und dem Spiritismus inzwischen als die vierte der großen religiösen Gruppen des Landes. Als synkretistische Strömung war sie im religiösen Untergrund lange schon vorhanden, trat aber erst Ende der sechziger Jahre mit wachsendem Erfolg an die Öffentlichkeit. In ihr verbinden sich religiös-mythische Überlieferungen Afrikas, die durch Sklaven ins Land kamen, mit indianischen Vorstellungen, Praktiken des Volkskatholizismus, Elementen aus dem kardecischen Spiritismus, Ideen theosophisch-esoterischer Gruppen und indischer Religiosität.

Die Zahl neureligiöser Gruppen und Gemeinschaften ist im Weltmaßstab inzwischen zur Unzahl geworden, eine Gesamtübersicht sprengt die Grenzen des Möglichen. Den meisten gelingt es nicht, über einen national oder geographisch begrenzten Raum hinaus Fuß zu fassen. Zum »gelobten Land« der international erfolgreichsten unter ihnen wurden die USA. Das knüpft an alte Traditionen an, hat heute aber andere Gründe als zur Zeit der großen Einwanderung. Hunderte von alten und neuen Religionsgemeinschaften haben sich in den USA etabliert. Der Weg in die Welt, in die westliche Welt, führt in unseren Tagen meist über die USA. Einst exportierte Europa seine »Ketzer« in die Neue Welt, nun sind die USA der Welt größtes Exportland in Sachen Religion geworden. Vieles davon ist selbst importiert und wird nur amerikanisch vermarktet. Dennoch wäre es zu kurz gegriffen, dieses Phänomen allein mit dem Stichwort »Geschäft« erklären zu wollen. Sicherlich, Geschäft ist mit dabei, auch übles Geschäft, doch diese Erklärung trifft nicht den Kern des Problems.

Der Aufbruch synkretistischer Neureligionen und der New Age-Bewegung, die tiefgreifenden und mannigfaltigen Spaltungsprozesse in den traditionellen Religionen signalisieren Defizite im religiösen, gesellschaftlichen und persönlichen Leben vieler Menschen. Hier liegt die eigentliche und letzte Herausforderung.

Sich ihr zu stellen, ist kein nur rationaler Vorgang. Viele Menschen, insbesondere auch junge Menschen, sehen sich einem neuen, verlockenden religiösen Alternativangebot ausgesetzt. Es trifft sie meist unvorbereitet, in einer persönlichen Krisensituation. Was auf dem »freien Markt« der Waren und Dienstleistungen zur Selbstverständlichkeit geworden ist, zwischen verschiedenen Angeboten zu prüfen, sich erst einmal kundig zu machen, gilt für den »religiösen Markt« weithin nicht. Aber »Verbraucherschutzorganisationen«, d. h. in diesem Fall zuverlässige Informationen und eine sachlich-kritische Einschätzung der verschiedenen religiösen Gruppen und Bewegungen, sind hier besonders notwendig. Viele wissen nicht, worauf sie sich einlassen. Das erste Angebot einer neuen, zur christlichen Tradition alternativen Welt- und Lebenssicht verbunden mit erfahrbarer Transzendenz kann so faszinieren, daß keinerlei kritische Prüfung erfolgt, sondern totale Bindung. Das Angebot der neuen Lehre und Lebensform durch Menschen, die davon selbst völlig ergriffen sind, macht diese glaubwürdig. Die neue Gruppe bietet sich sofort als Lebensraum an. Gemeinschaftserlebnisse entfalten große Anziehungskraft, innere Mechanismen und Zwänge der Gruppe werden zunächst nicht erkannt. Menschliche Zuwendung läßt die eigenartigsten Lehren in einem bezaubernden Licht erscheinen. Es sind nicht selten von dem Versuch schrankenlosen Auslebens der eigenen Persönlichkeit, von der »Selbstverwirklichung« enttäuschte Menschen, die nun Geborgenheit und Glück in der Autorität suchen. Sie *wollen* sich vom »heiligen Meister« und seinem »rettenden Rezept« in der »geretteten Familie« binden lassen.

Wie ist darauf zu reagieren?

Das Phänomen der »Jugendreligionen« darf nicht isoliert betrachtet werden. Aggressives Vorgehen, Verleumdungen, der Ruf nach dem Staat oder gar gewaltsame »Deprogrammierung« von Betroffenen helfen nicht weiter. Die Entscheidungen fallen, das gilt auch für die New Age zu, »vor Ort« existentiell in den Herzen und Hirnen der Menschen. Ausschlaggebend ist letztlich die geistliche Dimension der Auseinandersetzung. »Mißbrauch von Machtpositionen, um die Religionsfreiheit einzuschränken«, diesen Vorwurf dürfen sich gerade die christlichen Kirchen angesichts ihrer geschichtlichen Erfahrungen bis in die jüngste Zeit hinein nicht mit Recht machen lassen./2/

Deborah Berg, Tochter des Gründers der »Kinder Gottes – Familie der Liebe«, warnt nach bittersten eigenen Erfahrungen Eltern und Freunde von Betroffenen vor Aggressivität, Deprogrammierungsversuchen oder wilder Polemik, sondern sagt: »Seid empfindsam für sie ... Besucht sie persönlich und redet mit ihnen während dieser Zeit. Sprecht nicht so scharf gegen die Sekte – das überzeugt sie nur noch mehr, daß ihr der ›Feind‹ seid, den sie in euch sehen. Ermutigt sie, nach Hause zu kommen, um etwas Ruhe zu haben, um aus dem Alltagstrott herauszukommen und etwas lesen zu können. Normalerweise dürfen Cult-Mitglieder nicht lesen, außer das Material ihrer Gruppe. Bringt sie dazu, einige andere Dinge zu lesen! ... Mein eigenes Leben ist Zeugnis dafür, daß Gott größer ist als alle Sünde und mächtiger als jede Sekte. Gebt niemals die Hoffnung auf!«/3/

Der wachsende religiöse Pluralismus und mit ihm das Phänomen der »Jugendreligionen« und von New Age sind Zeichen unserer Zeit. Man wird und muß, je nach Standpunkt, diese Zeichen verschieden erklären und deuten. Christliche Kirche und Theologie, die sich besonders angefragt fühlen, werden eigene Versäumnisse erkennen und diese Erkenntnisse positiv zu verarbeiten haben. Sie sollten aber gleichzeitig die eschatologische Dimension dieser Zeichen der Zeit nicht übersehen.

2/ Norbert Thiel, der Kampf gegen neue religiöse Bewegungen. Anti-»Sekten«-Kampagne und Religionsfreiheit in der Bundesrepublik Deutschland, Mörfelden-Walldorf 1986, 21

3/ Hans-Diether Reimer, Ein halbes Leben unter der Herrschaft des »Mose David« Materialdienst der EZW, 1985, 50